农产品经纪人国家职业资格培训教材
新型职业农民和农村实用人才培训教材

农产品经纪人中高级培训教程

张西华 ● 主编

厦门大学出版社 国家一级出版社
全国百佳图书出版单位
XIAMEN UNIVERSITY PRESS

《农产品经纪人中高级培训教程》编写委员会

主 任：申屠步生

副主任：劳赐铭　周文根　郭伟刚　许宝峰

　　　　陈锡锋　董伟统　张西华

编 委：（按姓氏拼音顺序排列）

　　　　包中海　陈锡锋　陈新农　梁海红　潘茜茜

　　　　钱丽霞　沈　飚　司银霞　熊传光　许宝峰

　　　　许益亮　颜　青　杨　刚　姚水琼　张西华

序 言

"三农"问题始终是党和政府工作的重中之重。习近平总书记在2014年中央农村工作会议上指出,农村经济社会发展,说到底,关键在人。没有人,没有劳动力,粮食安全谈不上,现代农业谈不上,一切都谈不上。

当前,我国正处在传统农业向现代农业加快发展的进程中,农村劳动力大量流动,存在农村空洞化、农业兼业化、农民老龄化等"三化"现象,导致农业劳动力出现断层。同时每年能够接受系统培训的人数不多,这些问题成为制约"三农"发展的瓶颈。因而,"谁来种地"这个问题,实际上就是愿不愿意种地、会不会种地、什么人来种地、怎样种地的问题。充分调动人的积极性,把加快培育新型农业经营主体作为一项重大战略,正是破解种地困局的关键所在。而解决问题的根本之举就在于让农民掌握更多的农业技术和经营管理等知识和技能,使农民成为新型职业农民,成为一种真正得到社会广泛认可的职业,吸引更多年轻人投身农业。

随着农业现代化和农产品市场化的快速发展,农产品流通领域中新型经营业态和交易方式不断呈现,以及消费者对食品安全越来越关注,需要培养大量的既懂技术又懂经营管理的农产品经营人才,以适应现代流通领域的发展。正是顺应这一社会需求,作为新型职业农民的一种重要类型——农产品经纪人应运而生。供销社是农村现代流通领域的主要力量,在农产品经纪人的培养和管理上责无旁贷。农产品经纪人要努力成为服务农民生产生活的生力军,各级农产品经纪人协会要努力成为为农服务的综合平台,谱写发展农业、富裕农民、繁荣城乡的新篇章。

近年来,我省供销社在农产品经纪人培训和鉴定工作上,取得了一定成效,连续五年被全国总社授予"国家职业资格认证、农产品经纪人星火科技培训突出贡献单位"。为适应新形势需要,浙江省供销社专门组织一批长期从事农产品流通领域工作和理论研究的国家职业资格考评员和专家学者,重新编写了《农产品经纪人中高级培训教程》。该书充分考虑到现代农业产业化发展和农产品营销方式、农产品经纪人自身的特点,突出了农产品经纪人经营过程中所需要的知识与技能,增加了大量的、真实的农产品经营案例,内容丰富、体系完整,适合新型职业农民等农村实用人才培训需要,将有助于推进新型职业农民的培育。

一分耕耘,一分收获。站在新的发展起点上,希望全省各级供销社,以认真贯彻落实习近平总书记在纪念全国供销社成立60周年批示精神为指引,把培育农产品经纪人等新型职业农民工作为重点,找准定位,服务好三农,服务好农业现代化,服务好新兴产业发展,在建设现代农业、发展农村现代流通、服务农民生产生活中发挥更大作用!为全面建成小康社会、实现中华民族伟大复兴的中国梦作出新的更大贡献。

浙江省供销合作社联合社党委书记

2014年6月于杭州

前 言

改革开放以来,我国率先在农业领域进行了市场化改革,逐步放开了农产品市场,极大地解放和发展了农业生产力,使得农产品供应日趋丰富,但同时也导致农产品市场波动加剧,加之其他多种因素的综合影响,使农产品特别是鲜活农产品滞销卖难现象时有发生。《中共中央、国务院关于做好2000年农业和农村工作的意见》(中发[2000]3号)这一文件提出:"改革以来日益活跃的农民经纪人队伍和各种形式的民间流通组织,是搞活农产品流通的重要市场中介,是推动农业结构调整的一支重要力量。"其中农产品(农民)经纪人就是伴随着我国农村经济改革而出现的一个新的职业群体,已成为农产品市场主体中的骨干力量和最活跃的群体,在带领农民进入市场、搞活农产品流通、帮助农民解决农产品"卖难"、提高农产品附加值、增加农民收入等方面发挥着重要作用。据中国农产品流通经纪人协会统计,2009年全国已有农产品经纪人600多万,加上季节性的从业者则各达1 000多万。

随着现代农业的不断发展、农业标准化的不断推进、农产品流通体制改革的深入、农产品流通渠道的日益多样化,许多农产品经纪人在营销规模、品牌营销能力和自身素质等方面已跟不上现代化农业发展的步伐。为此,根据新农村发展的特点以及农产品进入城市的发展,在研究农产品经纪人职业资格国家标准的基础上,结合目前农业现代化的发展、农产品流通业态和营销方式的变化、农产品市场准入门槛的提高,作者对农产品经纪人经营过程中所需要的知识与技能进行了重新调研和梳理,在原有《农产品经纪人》中高级培训教程的基础上进行了重新设计,新增现代农产品流通方式、农业标准化、农业项目申报等新内容,使之与现代农业发展趋势相一致。本书在编写过程中,结合了现代农业产业化的发展和农产品营销、农产品经纪人自身的特点,调研收集整理了大量的营销案例,避免了传统培训教材理论知识的枯燥性,使教材具有通俗性、可读性和易懂性。

本书的出版得到了浙江省级优势专业建设项目和农村商品流通培训院级师资团队的经费支持,由浙江经贸职业技术学院张西华老师负责本书的框架构建、统稿和定稿等,浙江省供销合作社联合社和浙江经贸职业技术学院的专家和教师参与具体编写工作。章节写作分工如下:

第一章　农产品经纪人职业标准与职业道德(许宝峰、张西华)
第二章　农产品市场营销基础(潘茜茜、梁海红)
第三章　农产品经营风险和法律法规(陈新农)
第四章　农产品国际贸易(张西华、钱丽霞)
第五章　市场信息采集与分析(张西华、潘茜茜)
第六章　客户拓展与维护(颜青、姚水琼)
第七章　农产品质量分级与鉴别(包中海、张西华)
第八章　农产品物流(司银霞)
第九章　金融和财税管理(沈飚)
第十章　农产品经营业态(张西华、杨刚、熊传光)
第十一章　农业标准化管理(包中海、张西华)
第十二章　农业项目申报与管理(陈锡锋、许益亮)

本书在编写过程中,得到了浙江省供销合作社联合社、浙江省供销社职业技能鉴定中心、各地市供销社、农业企业、专业合作社和厦门大学出版社有关领导的支持和帮助,在此表示衷心的感谢!

限于编者的水平与能力,本书中的不足之处在所难免,敬请批评赐教。

编　者
2013 年 12 月

目 录

上篇 基础知识

第一章 农产品经纪人职业标准与职业道德 ... 3
  第一节 农产品经纪人职业特点 ... 4
    一、农产品经纪人的作用 ... 4
    二、农产品经纪人的职业特点和类别 ... 5
    三、农产品经纪人队伍的现状 ... 7
  第二节 农产品经纪人职业资格与职业标准 ... 8
    一、农产品经纪人职业资格 ... 9
    二、农产品经纪人职业标准 ... 10
    三、农产品经纪人应具备的从业水平 ... 12
  第三节 农产品经纪人职业道德与规范 ... 15
    一、职业道德内涵 ... 15
    二、职业道德与规范 ... 16
  第四节 农产品经纪人组织和管理 ... 17
    一、组织机构 ... 17
    二、组织管理 ... 18

第二章 农产品市场营销基础 ... 20
  第一节 农产品市场 ... 21
    一、农产品市场 ... 21
    二、农产品营销 ... 22
  第二节 目标市场营销 ... 24
    一、市场细分战略 ... 24
    二、目标市场战略 ... 27
    三、市场定位战略 ... 29
  第三节 农产品营销组合策略 ... 31
    一、产品策略 ... 31

　　二、定价策略 ·· 34
　　三、渠道开发策略 ·· 36
　　四、促销策略 ·· 38
第三章　农产品经营风险和法律法规 ·· 40
　第一节　农产品经营风险 ·· 41
　　一、自然风险 ·· 41
　　二、市场风险 ·· 42
　　三、政策风险 ·· 43
　第二节　农产品质量安全与食品安全法律法规 ······································ 43
　　一、《食品安全法》·· 43
　　二、《农产品质量安全法》 ·· 47
　第三节　农产品销售过程中的若干民事法律问题 ·································· 49
　　一、农产品销售方式的法律分析 ··· 49
　　二、销售合同的法律实务问题 ··· 51
　　三、拟定条款完善、规范的农产品销售合同 ··································· 53
　　四、农产品销售业务货款回收中应当注意的法律问题 ··················· 54
第四章　农产品国际贸易 ·· 57
　第一节　农产品国际贸易基本理论 ··· 57
　　一、农产品国际贸易分类 ··· 58
　　二、农产品国际贸易流程 ··· 58
　第二节　国际市场与农产品贸易保护 ··· 60
　　一、国际农产品市场 ·· 60
　　二、农产品贸易保护政策 ··· 61
　　三、中国农产品国际贸易现状 ··· 63
　第三节　进口食品管理 ·· 64
　　一、进口食品特点 ·· 65
　　二、进口食品管理 ·· 65

下篇　职业技能

第五章　市场信息采集与分析 ·· 71
　第一节　市场信息采集 ·· 71
　　一、市场信息的内涵 ·· 72
　　二、市场信息采集的内容和途径 ··· 72
　第二节　市场信息分析 ·· 78
　　一、市场信息分析类型 ·· 78
　　二、农产品经济地理信息分析 ··· 82
　第三节　农产品市场预测 ·· 88

一、市场预测内容 ………………………………………………………… 89
　　二、市场预测方法 ………………………………………………………… 91

第六章　客户拓展与维护 93
第一节　客户开发 93
　　一、客户开发途径 ………………………………………………………… 93
　　二、客户开发流程 ………………………………………………………… 95
　　三、开发新客户注意事项 ………………………………………………… 96
第二节　贸易谈判 97
　　一、谈判的原则和要素 …………………………………………………… 97
　　二、谈判的内容 …………………………………………………………… 98
　　三、谈判的流程 …………………………………………………………… 100
　　四、谈判的技巧 …………………………………………………………… 101
第三节　客户维护 102
　　一、客户分类管理 ………………………………………………………… 102
　　二、客户维护途径 ………………………………………………………… 104
　　三、客户维护流程 ………………………………………………………… 104
　　四、客户维护技巧 ………………………………………………………… 105

第七章　农产品质量分级与鉴别 107
第一节　农产品分级与鉴别 108
　　一、农产品质量分级要素 ………………………………………………… 108
　　二、农产品质量鉴别程序 ………………………………………………… 108
第二节　谷物类品级鉴别 112
　　一、大米 …………………………………………………………………… 112
　　二、小麦及小麦粉 ………………………………………………………… 114
　　三、豆类 …………………………………………………………………… 116
　　四、玉米 …………………………………………………………………… 118
第三节　蔬菜品级鉴别 119
　　一、根菜类蔬菜 …………………………………………………………… 119
　　二、茎菜类蔬菜 …………………………………………………………… 122
　　三、叶菜类蔬菜 …………………………………………………………… 122
　　四、花菜类蔬菜 …………………………………………………………… 124
　　五、果菜类蔬菜 …………………………………………………………… 125
第四节　果品品级鉴别 127
　　一、苹果 …………………………………………………………………… 127
　　二、梨 ……………………………………………………………………… 130
　　三、柑橘 …………………………………………………………………… 133
　　四、葡萄 …………………………………………………………………… 137
　　五、西瓜 …………………………………………………………………… 139

        六、核桃 …………………………………………………………… 142
        七、枣 ……………………………………………………………… 145
    第五节 茶叶品级鉴别 ………………………………………………… 148
        一、绿色食品茶叶 ………………………………………………… 149
        二、浙江绿茶 ……………………………………………………… 150
        三、白茶 …………………………………………………………… 150
        四、红茶 …………………………………………………………… 152
    第六节 水产品品级鉴别 ……………………………………………… 156
        一、鲜活水产品 …………………………………………………… 157
        二、干制水产品 …………………………………………………… 158
        三、盐渍水产品 …………………………………………………… 160
        四、水产调味品 …………………………………………………… 163
    第七节 食用菌品级鉴别 ……………………………………………… 165
        一、香菇 …………………………………………………………… 165
        二、黑木耳 ………………………………………………………… 166
        三、双孢蘑菇 ……………………………………………………… 167
        四、绿色食品食用菌 ……………………………………………… 168

第八章 农产品物流 ……………………………………………………… 170
    第一节 农产品物流 …………………………………………………… 170
        一、农产品物流特点 ……………………………………………… 171
        二、农产品物流类别 ……………………………………………… 171
    第二节 农产品物流运作 ……………………………………………… 172
        一、农产品仓储 …………………………………………………… 172
        二、农产品运输 …………………………………………………… 175
        三、农产品配送 …………………………………………………… 177
        四、农产品物流信息化 …………………………………………… 179
    第三节 农产品冷链物流 ……………………………………………… 181
        一、冷链物流流程 ………………………………………………… 181
        二、适用范围 ……………………………………………………… 182
        三、冷链物流成本 ………………………………………………… 183

第九章 金融和财税管理 ………………………………………………… 185
    第一节 金融票据 ……………………………………………………… 185
        一、农村金融机构 ………………………………………………… 185
        二、票据及票据的关系人 ………………………………………… 187
        三、支付密码器 …………………………………………………… 189
    第二节 财务管理 ……………………………………………………… 190
        一、发票管理 ……………………………………………………… 190
        二、财务管理 ……………………………………………………… 192

第三节　税务管理 ·· 194
一、税收类型和要素 ·· 194
二、农产品业务涉及税种 ······································ 196
三、新农村税收优惠政策 ······································ 202

第十章　农产品经营业态 ·· 204
第一节　农产品进超市 ·· 204
一、农产品进超市的内涵 ······································ 205
二、农超对接的模式 ·· 206
三、农产品进超市的条件 ······································ 207
第二节　农产品连锁经营 ·· 208
一、农产品连锁专卖店 ··· 208
二、农产品展示展销中心 ······································ 208
三、农产品连锁配送 ·· 209
四、农产品会展经济 ·· 212
第三节　农产品直供直销模式 ······································ 214
一、门店专卖模式 ·· 214
二、定点配送模式 ·· 216
三、电子商务模式 ·· 218
第四节　农产品网络营销方式 ······································ 220
一、博客营销 ··· 220
二、搜索引擎营销 ·· 222
三、口碑营销 ··· 223
四、病毒式营销 ··· 226
五、无站点网络营销 ·· 228
六、网络团购促销 ·· 229
七、农产品拍卖 ··· 231
第五节　农产品期货 ·· 233
一、期货交易特点 ·· 234
二、期货农业 ··· 235
三、农产品期货品种 ·· 236

第十一章　农产品标准化管理 ·· 238
第一节　农业标准化与食品安全 ·································· 238
一、农业标准化 ··· 238
二、食品安全 ··· 240
第二节　三品一标认证 ·· 242
一、无公害农产品 ·· 242
二、绿色食品 ··· 244
三、有机农产品 ··· 247

· 5 ·

四、农产品地理标志 …………………………………………………………… 254
第三节　农产品国际认证体系 …………………………………………………… 259
　　一、良好农业规范(GAP) …………………………………………………… 259
　　二、良好生产规范(GMP) …………………………………………………… 265
　　三、危害分析和关键点控制体系(HACCP) ……………………………… 268
　　四、食品质量安全体系(SQF) ……………………………………………… 270
第四节　农产品品牌标准化 ……………………………………………………… 271
　　一、品牌的相关概念 ………………………………………………………… 271
　　二、品牌设计元素 …………………………………………………………… 273
　　三、农产品品牌化的一般程序 ……………………………………………… 275
　　四、农产品品牌建设主体类型 ……………………………………………… 278
　　五、农产品品牌形态 ………………………………………………………… 280
　　六、农产品区域公用品牌 …………………………………………………… 282
　　七、农产品品牌运作管理 …………………………………………………… 288

第十二章　农业项目申报与管理 ……………………………………………… 289
第一节　农业项目类型和申报 …………………………………………………… 289
　　一、农业项目类型 …………………………………………………………… 290
　　二、农业项目申报审批流程 ………………………………………………… 292
第二节　农业项目管理与验收 …………………………………………………… 293
　　一、一般要求 ………………………………………………………………… 293
　　二、验收内容 ………………………………………………………………… 294
　　三、验收程序 ………………………………………………………………… 295
　　四、验收标准 ………………………………………………………………… 295
第三节　农业项目可行性研究报告编写 ………………………………………… 296
　　一、总论 ……………………………………………………………………… 296
　　二、项目实施方案 …………………………………………………………… 297
　　三、项目预期效益分析 ……………………………………………………… 299
　　四、项目组织与管理 ………………………………………………………… 299
　　五、附件 ……………………………………………………………………… 300

参考文献 ………………………………………………………………………… 301

上篇

基础知识

第一章 农产品经纪人职业标准与职业道德

农产品经纪人要有现代营销技能

为农产品找"婆家",彻底解决农民的"卖难"问题,是农产品经纪人最重要的工作。据不完全统计,在宁波市所有的农产品销售中,专业合作社产品经纪人占了70%以上的销售额。然而,随着现代农业的不断发展,很多农产品经纪人在营销规模、品牌营销能力和自身素质等方面已跟不上农业发展的步伐。主要存在以下几个问题:

1.规模偏小,渠道单一。宁波市全市共有218家农业龙头企业,但资产总和不足200亿元。在1 001家农民专业合作社中,80%以上的注册资金在30万元以下,100万元以上的屈指可数。规模小容易导致销售量的相对不足,而且往往还衍生出营销渠道比较单一的问题。目前,宁波市绝大多数农民专业合作社的营销渠道集中在市内一些农贸市场和农产品批发市场,并且在市内连锁经营的比例也不足20%,更不要说开拓省外市场了。小商小贩式的农产品经营模式,已越来越不适应农业产业化的要求。

2.缺乏品牌营销意识。由于品牌发展支撑力量薄弱、品牌建设投入不足、缺乏"品牌"意识等原因,导致以区域品牌为核心的品牌营销战略尚未获得广大农产品经纪人的足够重视。鄞州区绿洲专业果业合作社主要经销翠冠梨,在没有注册"翠姑娘"品牌前,每年只能销售100多万元的产品。而自从2007年注册"翠姑娘"品牌后,每年的销售量激增到近千万元。同样的,余姚市河姆渡茭白专业合作社,在与河姆渡农业综合开发公司合作后,充分利用其授权的"古址"牌商标,使去年的销售量突飞猛进,销售总额达1 600多万元。

3.期待更多"持证"经纪人。农产品经纪人在我国已成为一种职业,目前全市共有各类农产品经纪人60多万名,可是,拥有农产品职业资格证书的不足千人。很多农产品经纪人不仅不具备作为一个经济人所应有的基本素质,缺乏涉及蔬菜、水果在包装、冷冻和运输过程中等相关专业知识,而且特别缺乏现代营销的知识和技能,导致其市场开拓能力十分有限。尽管国家规定从事农产品购销的经纪人要有资格证书,但受各种条件限制,传统的农产品经纪人将会在相当长一段时间内仍然存在。但随着农产品经纪人管理的不断规范,拥有职业资格证书的农产品经纪人将会越来越多。

资料来源:宁波日报,2010年7月26日,经作者整理改编。

农产品经纪人已逐步成为农村新型社会化服务体系的重要组成部分，是农村市场经济的主要参与者，是农业产业化发展的重要力量。《中共中央、国务院关于做好2000年农业和农村工作的意见》（中发[2000]3号）提出："改革以来日益活跃的农民经纪人队伍和各种形式的民间流通组织，是搞活农产品流通的重要市场中介，是推动农业结构调整的一支重要力量。"

第一节 农产品经纪人职业特点

农业部发布的《全国农业和农村经济发展第十个五年计划(2001—2005)》指出："要积极引导、扶持和发展由农民自愿组织起来的专业协会、产销服务队、专业合作社等多种形式的农民专业合作经济组织，大力发展和规范农民经纪人队伍。"

一、农产品经纪人的作用

农产品经纪人是指从事农产品收购、储运、销售以及销售代理、信息传递、服务等中介活动而获取佣金或利润的经纪组织和个人。随着城乡经济的进一步繁荣和发展，农产品经纪人在促进地方经济发展、推动农业产业化进程、加快脱贫致富等多方面发挥着积极的作用，主要表现在以下四个方面。

（一）连接农户和市场，实现产销对接

农产品经纪人的出现把千家万户的小生产和千变万化的大市场进行了有效对接，成为农产品进入市场的载体。随着农村社会生产力水平的不断提高，农产品的商品率也越来越高，但由于农户受分散经营、生产规模小、供应能力弱等因素影响，他们难以适应市场变化和风险。农产品经纪人具有专业性强、信息灵、反应快等特点，能按市场需求有效地组织生产和销售，不断将农民生产出来的产品推向市场，实现产销衔接，减少风险，较好地解决了农民一家一户的生产经营难以克服的问题。如王玉龙是嘉兴平湖市有名的农产品销售"红娘"，经他的"穿针引线"，2011年成功销售的农产品产值达到1亿多元，引领1 300多户农户走上了农产品深加工的致富路。

（二）加速农产品商品化，搞活农产品流通

改革开放后，农村经济得到了极大的发展，逐渐形成了一大批具有专业性质的农产品基地。因此，需要有良好的流通渠道将农产品推向市场，加快农产品流转化为商品的速度。而农产品经纪人就可以将本地的农产品资源介绍给市场，把市场需求和本地生产紧密连接起来，在本地形成强大的商品优势，使资源优势能快速转化为市场优势，有效地促进农产品的生产和流通。据浙江省调查显示，蔬菜、水果、花卉、生猪等主要农产品流通量的80%以上由农产品经纪人完成。据青海、内蒙古、甘肃、宁夏等农产品经纪人协会调查，土豆、蔬菜、小杂粮90%以上的流通量由经纪人完成。目前各类农贸市场、农产品批发市场90%的货源来自农产品经纪人，其中山东金乡县所有外销的大蒜基本由经纪人所掌控。

（三）加快农业产业化经营，推动区域发展

农产品经纪人的经纪活动能够促进各地农业产业结构合理化。一方面，他可以作为生产和消费的纽带,使农民的生产经营与市场需求相适应,使农业的产业结构顺应市场发展趋势。另一方面,他是促成农民与他人交易的关键联结点。农产品经纪人掌握着农产品的供求状况,担负着传递农产品市场变化信息的任务,对农业生产起着一定的引导作用。而且他能够把零散的农产品集中起来进行交易,从而加快农业产业化的经营,推动了区域生产的发展。农产品经纪人为满足购销,一方面使自身生产规模不断扩大,另一方面引导和带动了左邻右舍的发展生产,以邻带邻、以户带户,逐步形成了"一乡一品"、"一村一品"的区域生产特色和区域生产格局。如湖南省津市宝河堤镇中南村支书兰国品引进了鳝鱼养殖技术,到2007年带动了全村养殖鳝鱼网箱发展到2.2万口,总产值近1 200万元。

(四)传播科技新成果,提高农民市场意识

农产品经纪人直接面对市场,在具体经纪活动的过程中,必须具有较强的市场经济意识,对市场信息变化感觉敏感,熟悉市场行情和了解当地市场优势,掌握农产品的生产、包装、储运、销售等方面信息,善于引进国内外新品种、新信息和先进技术来开辟自己的生产领域。而农民进行生产迫切需要的就是市场信息和新的科技成果。农产品经纪人将新的信息、好的观念带到农村,传给农民,从而培养和加强农民的市场意识,实现以市场为向导,引导农民进行种、养、加工,使农产品更快、更好地走向市场。农业的市场化实质就是农业的信息化,农产品经纪人把市场信息反馈给农户,能够促进生产布局调整,克服农业生产的盲目性、稳定产品市场,提高资源配置效率。但据调查,我国多数农村农户缺乏信息指导,真正做到信息化农业生产的不足2%。杨国春是游仙区国春芦笋专业合作社理事长,他在掌握了羊肚菌栽培技术后,在魏城实现了羊肚菌栽培的商业化。羊肚菌是珍稀食(药)用菌,氨基酸含量居食用菌之首、蛋白质、矿物质等营养元素丰富,国内外市场需求巨大。国内市场新鲜羊肚菌的收购价格达150元/千克以上,干品出口到欧美等发达国家可高达300美元/千克,具有很大的市场发展空间。

二、农产品经纪人的职业特点和类别

随着新农村建设和现代农业的发展,农产品经纪人已成为农产品流通和营销主体之一,并作为一种新的职业存在。由于农产品的范围广、区域经济发展水平差异大、各地经营方式和消费习惯等存在不同,呈现出了销售型、科技型、信息型和复合型等四种类型的农产品经纪人。

(一)销售型经纪人

销售型经纪人又称供求农产品经纪人,是指直接从事购销业务的经纪人,主要是为当地农产品找市场,把农产品销售出去,但绝大多数属于初入市场的。由于受农产品数量大、品种多、流通周期短、销售渠道不畅等因素影响,农民时常增产不增收。为了解决农产品卖难问题,实现产销衔接,需要从事农产品收购和促销的专门人员。

案例 1-1

销售型经纪人

2009年7月初,桐乡市殷家漾蜜梨专业合作社农产品经纪人与嘉兴市农产品市场商谈并建立了合作关系,免收进场费用。同样,叶柏林从花生小贩变为种粮大户,先后荣获"农村青年致富带头人"、第十三届"中国十大杰出青年农民"、"全国五四青年奖章"等荣誉。他第一个给花生取了名字,从骑着自行车走村串户当"花生红娘",到成为网上从事交易的"花生经纪人";他从承包数千亩地的花生规模种植大户,再到"百林"牌领衔的正阳县百林粮油购销有限公司的创办人,叶柏林就是典型的销售型经纪人。

(二)科技型经纪人

农业现代化是指从传统农业向现代农业转化的过程和手段。现代农业的发展必然是农业综合生产力水平的持续提高和农业经济的快速发展,以实现优质、高产、高效目标。因此,需要一批既懂农业技术,又懂经营的人才,以科技"土专家"的身份帮助农民引进并推广各种农业新品种、新产品、新技术,达到优质、高产、高效的目的。如2010年国家农村科普带头人杜文忠,作为金华市绿丰水产专业合作社的领头羊,为社员举办了生态甲鱼养殖技术培训班,积极带动周围的农户发展水产养殖,并无偿提供咨询服务和技术指导。

案例 1-2

科技型水产经纪人

江苏省兴化市涌现出了一批科技型水产经纪人,他们所做的事情是优化水产业养殖结构和品种。2012年全市70多万亩的水产养殖面积中,70%放养的是市场畅销的银鲫、青虾等品种,避免了以往"千军万马同挤独木桥"的现象。同时他们还向养殖户们提供了80多万元的无息生产定金,指导他们按市场需求,养殖革胡子鲶、黑鱼等品种。

(三)信息型经纪人

信息型经纪人是指根据农产品实际经营需要,利用各种可以利用的信息源为农民或农业企业服务,从而获得一定利润的个人或组织。由于农产品进入市场离不开大量、迅速、准确的市场信息,因而农民迫切需要掌握农产品市场价格变化、农产品销售渠道、农产品销售技术、农业产业结构调整、农村剩余劳动力等各种信息。而信息型经纪人一般熟悉农产品经营业务,农产品商品知识丰富,具有一定的特殊技能和经验,并且与各种渠道联系广泛,办事效率高,因而能有效地为交易双方牵线搭桥,提供种养殖和加工的最新科技、市场价格行情、劳动力需求等有益的信息服务。如随着电子商务的快速发展,部分经纪人开发了专业网站搜集和提供果蔬等方面的供需信息,以及新品种、种植、保鲜、储藏、加工技术等信息。

案例 1-3

种植技术信息传递

海口市琼山区的光明之路种养专业合作社社长吴应献,将圣女果苗嫁接在野茄子根上,不仅有效抵抗了害虫,而且使产量大幅提升,收益相当可观。如果按照收购价3元/斤算,70亩圣女果估计可盈利80多万元。

(四)复合型经纪人

复合型经纪人是指既从事农业生产或加工储运业务,又利用自身广泛的销售渠道和市场信息等优势开展农产品购销业务的经纪人。他是生产者,又是信息提供者,也是销售者,同时扮演中间人角色,为别人提供信息和市场,除了从生产经营中获利外也从中间人中获取佣金。2010年度评出的全国百强农产品经纪人的一个共同点就是综合经营。

案例1-4

复合型农产品经纪人

四川宜宾市珙县红欢堂粮油专业合作社的经纪人何保良,就属于复合型的农产品经纪人。他每天第一件事就是上网查阅全国各地的农产品供求信息,在掌握了农产品的供求信息后,到社员家中了解他们在生产环节的情况。除了给农户提供销售信息和渠道外,他还会利用闲暇时间来到田间地头,帮助农户解决在生产中遇到的困难,指导农户科学栽种。

三、农产品经纪人队伍的现状

农产品经纪人已逐步成为农村新型社会化服务体系的重要组成部分,是农村市场经济的主要参与者,是带动农民进入市场的排头兵,是农业产业化发展的重要力量。

(一)农产品经纪人队伍的特点

随着市场经济的发展,农业现代化水平的提高,新农村建设内涵的不断丰富,农产品经纪人已发展成为农产品市场主体中的骨干力量和最活跃的群体,并呈现出三个显著特点。

1.经营层次不断提升。经营模式上,农产品经纪人已逐步走出小规模贩运式自产自销的阶段,从分散经营向规模经营转变,公司化、集团化经营成为农产品经纪人的发展方向。经营领域上,农产品经纪人不再单纯地从事农副产品的经纪活动,开始逐步向相关产业链延伸,向生产、加工、保鲜、贮藏、运销等一体化经营转型发展。经营手段上,农产品经纪人运用现代化的营销手段,尤其是通过互联网开展农产品营销,扩大区域范围和提高农产品流通效率。中国农产品流通经纪人协会自2009年起开展了全国优秀农产品经纪人评选表彰活动,2009年评出了全国十强农产品经纪人、全国农产品经纪人十大创业模范、全国农产品经纪人十大合作模范、全国百佳农产品经纪人。浙江省已于2011年开展首届浙江省百佳农产品经纪人评选。

2.组织化程度逐步提高。随着市场竞争日益加剧,越来越多的农产品经纪人意识到小规模分散经营难以在竞争中得到生存和发展。因此,农产品经纪人开始依托农村流通网络体系等资源,通过创办农业企业、专业合作社、农业协会等组织服务实体,或通过加入各类行业协会、专业合作社等形式,实行与经纪人、与生产者、与社区组织、龙头企业之间的联合,以提高组织化程度、经营水平和市场占有率。据调查表明,60%以上农民专业合作社由农产品经纪人领办。目前浙江省已成立各级农产品经纪人协会,形成了省、市、县农产品经纪人协会组织体系,为广大农产品经纪人提供了一个自我管理、自我服务、自我发展的公共平台。这有利于提高全省农产品经纪人的组织化程度,促进农产品经纪人健康发展。

3.经纪队伍不断壮大。农产品经纪人队伍正呈螺旋上升式发展,人员总体数量在扩大,人员综合素质有较大提高。许多农产品经纪人已从个体经营逐步发展成为跨区域、综合性的集团化经营,成长为农产品批发交易市场、农产品生产加工贸易公司、农民专业合作社、农产品专业协会的创办人和主要经营管理者。据2009年11月27日《人民日报》报道,目前全国已有农产品经纪人600多万,加上季节性的从业者则高达1 000多万,省、市、县级和乡镇级农产品经纪人协会已有2 609家,各级协会及农产品经纪人每年直接收购和帮助农民推销农产品近万亿元。

(二)农产品经纪人经营存在的问题

农产品经纪人队伍虽然得到了长足的发展,但由于受农产品市场供求关系变化大、市场信息了解不及时和农业产业结构不合理等因素影响,还处于成长的初期,在经营过程中存在以下一些主要问题:

1.市场准入相对较为混乱,服务水平不高。由于市场准入门槛较低,部分农产品经纪人进入市场具有很大的偶然性和随意性,缺乏从事经纪活动的经验、资金、场所等支持,承受市场风险的能力弱。同时由于农产品经纪人长期以来处于无序自发发展状态,一部分农产品经纪人缺乏诚信经营的理念和长远的经营战略,社会认知度不高,存在信任危机。

2.从业人员素质低,经营不规范。绝大多数农产品经纪人以个人经营为主,基本仍是传统的农产品营销模式,缺乏必要的营销知识,从生产领域走向流通领域,没有经过专门培训,无论在规范经营方面,还是在文化素质上都亟待提高。从文化程度上看,以初高中文化程度为主,小学文化程度次之,也有少量的大专毕业生。少数农产品经纪人在业务经营活动中存在销售假冒伪劣、农药超标等农产品的问题。因此,需要分期分批地对农产品营销经纪人进行执业规范培训。

3.组织化程度低,竞争力较弱。受传统小农经济思想的影响,农产品经纪人在参与产品流通中,多数处于分散、小规模经营的状态,相互争夺市场,造成产品价格失真,市场带动力不强等问题。由于对市场总体趋势的把握能力、应对风险的能力都十分有限,在市场经营中容易跟风,很容易造成市场的大起大落。随着市场竞争的加剧和风险的加大、客观上要求走向联合与合作,提高组织化程度。

4.整体规模偏小,区域发展不平衡。从地区分布上看,东部地区与西部地区相比,无论是从业人员数量,还是经营规模上,东部地区都明显占优势。截至2009年11月,全国只有农产品经纪人600多万,加上季节性的从业者也只有1 000多万,农产品经纪人队伍整体规模偏小。同时各地区发展不平衡,地域性和行业差异较为突出。

第二节 农产品经纪人职业资格与职业标准

根据国家行业准入制度要求,为了规范农产品流通领域的各种中介行为,引导农产品经纪人队伍健康发展,国家劳动和社会保障部制定了农产品经纪人职业资格制度,所有从事农产品经营中介活动的人员都需要持证上岗。国家劳动和社会保障部已将农产品经纪人职业资格的管理行为授权给中华全国供销合作总社,由中华全国供销合作总社根据授权实施行业培训,制定行业标准以及资格证书的管理工作。

一、农产品经纪人职业资格

(一)职业资格和等级

1.职业资格。学历文凭主要反映受教育者学习的经历,是文化理论知识水平的证明,而职业资格是对从事某一职业所必备的学识、技术和能力的基本要求,包括从业资格和执业资格。从业资格是指从事某一专业(职业)学识、技术和能力的起点标准。执业资格是指政府对某些责任较大、社会通用性强、关系公共利益的专业(职业)实行准入控制,是依法独立开业或从事某一特定专业(职业)学识、技术和能力的必备标准。

2.职业资格等级。又被称为职业技能资格等级或工人技术等级等,它是指通过对职业的分析与评价,根据职业范围的宽窄、职业技术复杂程度高低及从业者掌握职业技能所须培训时间的长短,合理地设定的国家职业资格五级结构(表1-1)。

表1-1 国家职业资格五等级要求

等级	职业要求
国家职业资格五级 (初级技能)	1.能够运用基本技能独立完成本职业的常规工作。
国家职业资格四级 (中级技能)	1.能够熟练运用基本技能独立完成本职业的常规工作; 2.在特定情况下,能够运用专门技能完成较为复杂的工作; 3.能够与他人进行合作。
国家职业资格三级 (高级技能)	1.能够熟练运用基本技能和专门技能完成较为复杂的工作; 2.完成部分非常规性工作; 3.能够独立处理工作中出现的问题; 4.能指导他人进行工作或协助培训一般操作人员。
国家职业资格二级 (技师)	1.能够熟练运用基本技能和专门技能完成较为复杂的、非常规性的工作; 2.掌握本职业的关键操作技能技术; 3.能够独立处理和解决技术或工艺问题; 4.在操作技能技术方面有创新; 5.能组织指导他人进行工作; 6.能培训一般操作人员,具有一定的管理能力。
国家职业资格一级 (高级技师)	1.能够熟练运用基本技能和特殊技能在本职业的各个领域完成复杂的、非常规性的工作; 2.熟练掌握本职业的关键操作技能技术; 3.能够独立处理和解决高难度的技术或工艺问题; 4.在技术攻关、工艺革新和技术改革方面有创新; 5.能组织开展技术改造、技术革新和进行专业技术培训; 6.具有管理能力。

(二)农产品经纪人职业资格

1.农产品经纪人职业资格。它是指对从事农产品经纪活动所必备的学识、技术和能力的基本要求,反映了劳动者为适应职业劳动需要而运用特定的知识、技术和技能的能力。职业资格与职业劳动的具体要求密切结合,更直接、更准确地反映了特定职业的实际工作标准和操作规范,以及劳动者从事该职业所达到的实际工作能力水平。

2.农产品经纪人职业资格等级。目前本职业共设三个等级:初级(国家职业资格五级)、中级(国家职业资格四级)、高级(国家职业资格三级)。

二、农产品经纪人职业标准

《农产品经纪人国家职业标准》是经当时劳动和社会保障部批准,自2003年8月18日起施行的。它以客观反映当时农产品经纪人职业的水平和对从业人员的要求为目标,在充分考虑经济发展、科技进步和产业结构变化对本职业影响的基础上,对职业的活动范围、工作内容、技能要求和知识水平做了明确规定。但随着现代农业经济发展和初级农产品经纪人队伍不断壮大,其职业标准的部分内容已与现阶段的发展要求不能很好地相适应。因此,在参照原有职业标准(见表1-2、表1-3)的基础上,应结合农业现代化发展的需求和市场变化,并侧重于农产品经纪人中高级的实际工作要求,删除过时的内容并增加新的内容。

表1-2 农产品经纪人(中级)工作要求

职业功能	工作内容	技能要求	相关知识
1.市场信息采集与分析	1.1市场信息采集	1.1.1能通过广播、电视、报刊等渠道采集所经营农产品市场信息	1.市场调查的基本知识
	1.2市场分析	1.2.1能对采集的市场信息进行分析筛选和判断	1.市场分析的基本知识
2.建立客户与谈判订约	2.1建立客户	2.1.1能同客户有效沟通 2.1.2能根据市场供需情况找到一定数量的客户	1.公共关系的基本知识
	2.2谈判订约	2.2.1能以协议形式表达双方的合作意向	1.商务谈判的基本知识
3.产品鉴别及等级评定(按所经营的产品的类别,选择表中所列六项中一项的一个品种)	3.1粮食品级鉴别	3.1.1能鉴别样品的品种及定级,误差率不超过规定标准的30%	1.主要粮食作物的品种鉴别及规格质量标准
	3.2果蔬及花卉品级鉴别	3.2.1能识别果蔬及花卉的品种 3.2.2能鉴别果蔬及花卉的绿色环保等级 3.2.3能鉴别果蔬及花卉样品的质量、等级,误差率不超过规定标准的30%	1.主要果蔬及花卉的品种、质量、等级的知识 2.主要果蔬及花卉的鉴别方法及规格质量标准 3.绿色产品等级知识
	3.3林产品品级鉴别	3.3.1能鉴别样品的品种及等级,误差率不超过规定标准的30%	1.主要林产品的品种、性状、特点、鉴别方法及规格质量标准 2.国家对林木采伐的政策及有关规定

续表

职业功能	工作内容	技能要求	相关知识
	3.4 畜禽产品品级鉴别	3.4.1 能估算畜禽的出肉率,误差率不超过规定标准的6% 3.4.2 能鉴别病、健畜禽胴体	1.畜禽屠宰的常识 2.畜禽胴体的卫生检疫知识
	3.5 水产品品级鉴别	3.5.1 能识别主要水产品的种类 3.5.2 能判断主要水产品的鲜活程度 3.5.3 能鉴别样品的品种并定级,误差率不超过规定标准的20%	1.主要水产品的品种、质量、等级知识 2.主要水产品的产地分布情况 3.主要水产品保鲜知识 4.主要水产品的鉴别方法及规格质量标准
	3.6 其他农副产品品级鉴别	3.6.1 能鉴别样品的品种并定级,误差率不超过规定标准的30%	1.其他农副产品的品种、性状、特点、鉴别方法及规格质量标准
4.农产品储运	4.1 储存	4.1.1 能根据农产品的特性进行分类储存、保管和养护	1.主要农产品仓储知识
	4.2 运输	4.2.1 能根据农产品的地理分布选择合理的运输路线 4.2.2 能根据农产品的特性选择合理的运输工具	1.运输工具及路线优化选择方法
5.核算与结算	5.1 核算	5.1.1 能对经营商品的成本、费用、税金进行一般核算	1.成本核算的一般知识
	5.2 结算	5.1.2 能用信用卡进行结算	1.信用卡的使用知识

表1-3 农产品经纪人(高级)工作要求

职业功能	工作内容	技能要求	相关知识
1.市场信息采集与分析	1.1 市场信息采集	1.1.1 能通过互联网采集所经营农产品市场信息	1.互联网的应用常识
	1.2 市场分析	1.2.1 能在广泛采集信息的基础上,对所经营农产品的供求情况做出分析判断	1.市场预测与决策相关知识
2.建立客户与谈判订约	2.1 建立客户	2.1.1 能同客户密切沟通、广泛联系 2.1.2 能稳定地维系一批客户	1.商务谈判的技巧 2.与所经营农产品相关的法律、法规知识
	2.2 谈判订约	2.2.1 能通过洽谈,促成交易的实现,避免风险 2.2.2 能以书面形式签订有效合同	

续表

职业功能	工作内容	技能要求	相关知识
3.产品鉴别及等级评定（按所经营的产品的类别，选择表中所列六项中一项的一个品种）	3.1 粮食品级鉴别	3.1.1 能鉴别样品的品种并定级，误差率不超过规定标准的20%	1.国内市场主要粮食作物的品种鉴别及规格质量标准 2.国际市场主要粮食品种及质量标准
	3.2 果蔬及花卉品级鉴别	3.2.1 能识别国内主要果蔬及花卉的品种 3.2.2 能应用仪器设备鉴别果蔬及花卉的绿色环保程度 3.2.3 能鉴别国内主要果蔬及花卉样品的质量、等级，误差率不超过规定标准的20%	1.国内市场主要果蔬及花卉的品种、质量、等级的知识 2.国内市场主要果蔬及花卉的鉴别方法及规格质量标准 3.我国果蔬及花卉品种及产地分布情况 4.有机产品知识 5.国际市场主要果蔬及花卉品种及质量标准
	3.3 林产品品级鉴别	3.3.1 能鉴别样品的品种及等级，误差率不超过规定标准的20%	1.国内市场主要林产品的品种、性状、特点、鉴别方法及规格质量标准 2.国家森林保护有关法律、法规 3.国际市场主要林产品品种及质量标准
	3.4 畜禽产品品级鉴别	3.4.1 能估算畜禽的出肉率，误差率不超过规定标准的4% 3.4.2 能鉴别病、健畜禽副产品	1.畜禽屠宰的基本流程 2.畜禽副产品的卫生检疫知识 3.国际市场主要畜禽产品品种及质量标准
	3.5 水产品品级鉴别	3.5.1 能识别我国主要水产品的种类 3.5.2 能鉴别样品的品种并定级，误差率不超过规定标准的10%	1.我国主要水产品的品种、质量、等级知识 2.我国主要水产品的鉴别方法及规格质量标准 3.我国主要水产品的产地分布情况 4.国际市场主要水产品的质量标准
	3.6 其他农副产品品级鉴别	3.6.1 能鉴别样品的品种并定级，误差率不超过规定标准的20%	1.国内市场其他农副产品的品种、性状、特点、鉴别方法及规格质量标准 2.国际市场其他农副产品的产地及质量标准

三、农产品经纪人应具备的从业水平

农产品经纪人要在现代市场经济中生存，并更好地服务于农村经济的发展，就应该掌

握商品、物流、财务、法律、管理等综合知识,从而具备一定的从业素质和能力。

(一)综合知识

1.基础知识。农产品经纪人从事农产品经纪活动应具备一定的文化水准,能理解和运用相关的基本知识;会运用现代化的通信工具和手段捕捉及传递信息,为供需双方起到有效沟通作用。相对而言,文化基础程度越高,并且对业务变化的适应能力越强,成为优秀农产品经纪人的可能性就越大。

2.农产品及相关专业知识。农产品经纪人要在瞬息万变的市场中求发展,必须要与农产品打交道,和交易双方进行沟通,还要和其他农产品经纪人往来,这些方面的活动要求农产品经纪人必须具备多方面的专业知识。

(1)农产品商品知识。农产品涉及的范围非常广泛,农产品经纪人要熟知农产品的商品分类、等级标准、农业标准、深加工等知识。随着市场经济的发展和消费需求的多元化,农产品细分化的趋势愈加明显,如农产品可以分为普通农产品、无公害农产品、绿色食品和有机农产品等。农产品经纪人应根据自己的实际情况有针对性地掌握自己所经营的农产品的产地分布、品种类别、等级标准、市场价格、市场容量、冷链保鲜等相关内容。同时,也应了解经纪范围之外的农产品情况,以发现新的市场机遇,拓宽经纪领域。

(2)经营管理知识。农产品经纪活动不是简单地联系农产品供需双方,而是一系列的经营活动,如需要了解农产品市场需求,掌握农产品的采购、销售的若干方法;需要根据实际情况对农产品发展趋势做出合理的判断与预测;需要对农产品成本做出正确的核算,不仅要核定自己的经营成本、利润等问题,而且还要为交易双方提供涉及农产品成本、利润等相应的咨询服务。

(3)相关法律知识。在市场经济体制下,需要用法律法规来规范、约束市场主体的经济活动。因此,农产品经纪人必须研究和遵循《食品安全法》等相关法律、法规,使自己经纪的农产品符合食用、使用的标准,使自己的经纪活动合理、合法,既能很好地完成委托人交给的任务,又可以运用法律武器保护自己的合法权益。

3.公关谈判知识。农产品具有很强的地域性,农产品经纪人要和不同层次、不同地域的客户联系,因此需要熟知各地的风俗习惯和公关知识等,掌握客户的需求,发展更为广泛的经纪地域。同时农产品经纪人在经纪业务时,需要用谈判的手段来解决诸多的问题和争端。因此,通晓谈判程序和掌握谈判技巧对于农产品经纪人来讲,是至关重要的。

4.信息知识。在现代社会中,信息是一种很重要的资源,因为信息的价值和质量是决定经纪效益的重要因素。由于农产品受时间限制、地域差别、价格多变等诸多因素影响,因此做到及时、准确地了解产销分布、农产品品牌、流通渠道、营销方式等各方面的信息尤为重要。因此,农产品经纪人必须要不断学习和利用现代信息技术知识及手段,通过借助于各种媒体、查阅文献资料、咨询相关部门、调查实际市场等方式来获取信息,使自己在最短的时间内掌握最新的信息。

(二)从业素质

农产品经纪人的内在素质在很大程度上决定了经纪业绩,因此需要不断提高自身的综合素质。农产品经纪人应具备以下基本素质:

1.职业道德素质。在社会主义市场经济体制下,农产品经纪人是为农村经济的发展、为提高农民的收入服务的。作为经纪人来讲,必须有比较高的政治思想觉悟,正确领会和贯彻党和国家的各项方针政策,有强烈的使命感和责任心,使自己成为一个新型农产品经纪人。同时,还需要讲求职业道德,对产品、客户、消费者负责,使经纪活动运行在良性发展的轨道之上。

2.身心素质。健康的体魄和良好的心理素质,是经纪人取得成功必备的条件之一。一般而言,农产品经纪人的身心素质包括以下几个方面:

(1)健康的体魄,旺盛的精力。农产品经纪人的经纪领域有很强的地域性,经常要走村串户,往返于城乡之间,甚至为收购农产品翻山越岭、跋山涉水,消耗大量的体力和精力。因此,健康的体魄、旺盛的精力是农产品经纪人必须具备的身体素质。

(2)良好的性格,稳定的情绪。良好的性格有助于人际沟通和增加客户的信任。农产品经纪人在开展业务活动的过程中,面对复杂多变的情况,要克服自己性格中不利的因素,善于控制自己的情绪,做到冷静而礼貌、耐心而果断,避免喜形于色,怒而变色,要经常保持较为平和的心态,使自己有比较好的心理承受能力。

(3)坚强的意志,坚定的信心。拥有持之以恒、百折不挠的意志品质,同时遇败不馁、树立必胜的信心,才可以使农产品经纪人在变化无穷的市场竞争中求得生存,发展壮大。

(三)从业能力

农产品经纪人的能力水平表现为最终解决问题的能力。在农产品经纪活动中,政策的把握、经济动向的观察、信息筛选、人际交往以及应变创新等能力,都是农产品经纪人顺利开展工作的根本保障。

1.市场观察能力。观察能力是人们本着特定目的,带着计划,按照一定步骤去观察客观事物的现象时,能掌握现象中具有本质的、典型的外部特征的一种能力。观察能力对农产品经纪人而言,尤为重要,他们既要观察市场经济的变化,也要了解具体农产品的外观、性状等指标。因此要加强学习和勇于实践来培养这种能力,做到勤看、多想、善记,能够客观、及时、准确、全面、周密地去观察。

2.信息鉴别能力。随着市场经济的发展,科学技术的进步,信息传播的数量不断地加大、速度不断地加快,从膨胀的信息中鉴别出有价值的内容,是当务之急。在这种情况下,农产品经纪人应注重以下几个环节:

(1)善于捕捉信息。农民经纪人应该以自己经纪的业务为核心,围绕着相关的农业和农产品项目主动、及时地去捕捉信息,为经纪活动提供有预见性的、指导性的参考信息。

(2)提高鉴别水平。获取一定的信息资料后,应学会运用科学的方法,把原始的信息通过归纳、分析、对比、综合等手段,去粗取精,去伪存真,提炼出有价值的信息。

3.社交公关能力。社交公关能力反映的是一个人与社会融和、与他人交往沟通的能力,可以体现自身与公众利益之间建立起来的相互了解和信赖关系的能力。农产品经纪人是买卖双方的纽带,连接着城乡之间,活动的范围比较广泛。因此,良好的社交能力可以充当农产品经纪活动的润滑剂,调整农产品经纪人与他人之间的各种关系。使用一定的公关手段,可以让经纪人迅速打开经纪局面。从以下几个方面来培养农产品经纪人良好的社交公关能力:

(1)真诚待人,利义并重。真诚待人,是做人的基本原则,比如在此基础上,要注重利与义的结合。对农产品经纪人而言,单纯突出任意一个方面,都是不恰当的。

(2)随机应变,灵活把握。市场是变化的,社会是发展的。农产品经纪人面对变化的局面,必须讲究灵活,注意策略,具体问题具体分析。

(3)知晓公关知识,掌握社交技巧。农产品经纪人应适当运用新闻宣传、广告宣传和实物宣传等公关手段,注重礼节,注意个人的仪容仪表,使自己举止得当,语言规范。在与人交往过程中,要做到以理服人、以情动人,形成一个畅通的社交渠道。

第三节 农产品经纪人职业道德与规范

一、职业道德内涵

职业道德是指与人的职业活动紧密联系的、符合职业特点所要求的道德准则、道德情操与道德品质的总和,它既是对本职人员在职业活动中的行为要求,又是职业对社会所负的道德责任与义务。它是在社会上占主导地位的道德或阶级道德在职业生活中的具体体现,是人们在履行本职工作中所遵循的行为准则和规范的总和。每个从业人员,不论从事哪种职业,在职业活动中都要遵守道德。

(一)职业道德的主要内容

职业道德的内容,鲜明地表达了职业义务、职业责任以及职业行为上的道德准则。它主要反映职业、行业乃至产业特殊利益的要求,是在特定的职业实践的基础上形成的,往往表现为从事某一职业的人们所特有的道德心理和道德品质,甚至会造成从事不同职业的人们在道德品貌上的差异。职业道德的内容主要体现在以下几个方面:

1.长期以来自然形成的一种职业规范,受社会普遍的认可;

2.主要内容是对员工义务的要求,没有确定形式,通常体现为观念、习惯、信念等;

3.大多没有实质的约束力和强制力,依靠文化、内心信念和习惯以及员工自律实现;

4.标准多元化,代表了不同企业可能具有不同的价值观,承载着企业文化和凝聚力。

(二)职业道德的特点

1.适用范围的有限性。每种职业都担负着一种特定的职业责任和职业义务,由于各种职业的职业责任和义务不同,从而形成具有各自特点的职业道德。

2.发展的继承性。由于职业具有不断发展和世代延续的特征,因此不仅其技术世代延续,其管理员工的方法、与服务对象打交道的方法也有一定的历史继承性。如"爱岗敬业"、"诚实守信",从古至今始终是经营这一行业的职业道德。

3.表达形式的多样性。在表现形式方面,职业道德比较具体、灵活、多样。比如可以从本职业的交流活动的实际出发,采用制度、守则、公约、承诺、誓言、条例以及标语口号之类的形式,这些灵活的形式既易于为从业人员所接受和实行,也易于形成一种职业的道德习惯。

4.纪律的规范性。纪律也是一种行为规范,但它是介于法律和道德之间的一种特殊的规范。它既要求人们能自觉遵守它,但又带有一定的强制性。就前者而言,它具有道德色彩;就后者而言,又带有一定的法律的色彩。因此,职业道德有时又以制度、章程、条例的形式出现,让从业人员认识到职业道德是具有纪律的规范性的。

(三)职业道德的社会作用

职业道德是社会道德体系的重要组成部分,它一方面具有社会道德的一般作用,另一方面又具有自身的特殊作用,具体表现在:

1.调节职能,调节职业交往中从业人员内部以及从业人员与服务对象间的关系。它一方面可以调节从业人员内部的关系,即运用职业道德规范约束职业内部人员的行为,促进团结与合作;另一方面,又可以调节从业人员和服务对象之间的关系,如规定了制造产品的工人要如何对用户负责,营销人员如何对顾客负责等等。

2.维护和提高行业信誉。一个行业、一个企业的信誉包括其形象、信用和声誉,是指企业及其产品与服务在社会公众中的被信任程度。要提高企业的信誉主要靠产品质量和服务质量,而从业人员的高职业道德水平是产品质量和服务质量的有效保证。若从业人员的职业道德水平不高,很难生产出优质的产品和提供优质的服务。

3.促进行业企业发展。行业、企业的发展有赖于高经济效益,而高经济效益源于员工的高素质。员工素质主要包含知识、能力、责任心三个方面,其中责任心是最重要的。而职业道德水平高的从业人员其责任心必定是极强的,因此,职业道德能促进本行业的发展。

4.提高社会的道德水平。职业道德是整个社会道德的主要内容。一方面,它涉及每个从业者如何对待职业,如何对待工作,反映出一个从业人员的生活态度、价值观念;同时,它也是一个人的道德意识、道德行为发展成熟的标志,具有较强的稳定性和连续性。在另一方面,它是一个职业集体、一个行业全体人员的行为表现。如果每个行业、每个职业集体都具备优良的道德,那对整个社会道德水平的提高肯定会发挥积极的推动作用。

二、职业道德与规范

农产品经纪人作为一种职业也有自己的职业道德要求。一个合格的农产品经纪人应具备以下几个方面的基本职业道德:

(一)爱岗敬业,诚实守信

1.爱岗敬业。它是职业道德的基础和核心,是对从业人员工作态度的一种普遍要求。农产品经纪人应该立足农村经纪事业,全心投入,高度负责,不断提高自身的农产品知识和技能水平,更好地为农村经济服务。

2.诚实守信。它是职业活动中调节从业人员与工作对象之间关系的重要行为准则。诚实守信是社会主义市场经济条件下经营者应当具备的商业道德,这一点对农产品经纪人尤为重要。农产品经纪业务的特点决定了经纪人的信誉对经纪业务的影响至为重要,只有诚实守信才能赢得客户的信任,才能赢得业务。良好的信誉是经纪人从事经纪业务的重要资本,是事业发展的源泉和经营活动的立足之本。

(二)遵纪守法,办事公道

1.遵纪守法。农产品经纪人应自觉遵守宪法和法律,在其范围内进行农产品经纪活动。由于农产品经纪人所从事的职业有其特殊性,在进行收购、储运、销售以及代理、信息传递等中介服务活动中,会涉及《食品安全法》《合同法》等一系法律法规,因此必须在法律允许范围内从事经营活动。同时农产品经纪人要善于运用法律武器来保护自身的合法权益。

2.办事公道。它是在爱岗敬业、诚实守信的基础上提出的更高一个层次的职业道德的基本要求。所谓办事公道是指从业人员在要站在公正的立场上,按照同一标准和同一原则处理问题的职业道德规范。因此,无论是大客户,还是对普通顾客,从业人员都要做到周到接待、平等交易。

（三）精通业务,讲求效益

1.精通业务。精通业务是农产品经纪人必须具备的条件。经纪人应根据所从事的业务内容,不断学习,努力钻研,全面掌握相关农产品的属性特点、鉴别方法、最新的发展状况等,使自己能对与经纪活动相联系的知识运用自如。

2.讲求效益。讲求效益是指要依据一定的条件,以最小的投入获取较大的收益。这是经纪人进行工作的内在动力,也是维持经纪活动继续的一个保证。这就要求农产品经纪人在活动的过程中,要厉行节俭,做好经济核算,使效益最大化。

（四）服务群众,奉献社会

1.服务群众。服务群众是农产品经纪人进行经纪活动的宗旨。农产品经纪人大多来自农民,其活动直接促进了农产品的流通。只有本着为群众服务的宗旨,才能更好地从事农产品的经纪活动。

2.奉献社会。奉献社会是农产品经纪人高尚品格的体现。农产品经纪人在经纪活动中,应站在一定的高度,在坚持效益的前提下,乐于奉献,为农村经济的发展出力,为社会主义社会的建设添砖加瓦。

（五）规范操作,保障安全

规范操作,保障安全是对农产品经纪人在经纪活动过程中的具体要求。农产品经纪活动经常涉及农产品的加工、保鲜、储藏、运输等业务,在操作过程中,从业人员应熟悉食品生产的要求、交通工具和机械设备的正确使用并学习一些自救等安全知识,这样才可能使自身和他人及整个经纪活动得到安全的保障。

第四节 农产品经纪人组织和管理

随着市场经济发展和农产品经纪人队伍的壮大,为了提高农产品经纪人的组织化和职业化程度,建设市场和信息网络,建立诚信自律制度,全国各地纷纷建立了各级农产品经纪人协会,为农产品经营搭建沟通交流平台,以管理和规范农产品经纪人经营活动。

一、组织机构

目前全国已陆续建立了国家、省、市、县四级农产品经纪人协会,同时也成立了各种专业性协会,共同管理农产品经纪人队伍。

（一）中国农产品流通经纪人协会

2007年11月,中国农产品流通经纪人协会成立,它是我国农产品经纪人的首个全国性组织。协会是由中华全国供销合作总社牵头,国家工商总局、共青团中央、全国妇联共同发起组建的全国性、行业性、非营利性的社团组织。目前协会拥有骨干会员队伍2 000

多家,联系着全国3 000多个各级农产品(农民、农村)经纪人协会和600万各级各类农产品经纪人。会员主要由中国境内从事农产品流通的个人、企业、专业合作社、社团组织、科研院所、教育培训单位、供销合作社以及有关的专家、学者等联合组成。

(二)浙江省农产品经纪人协会

浙江省农产品经纪人协会成立于2007年,是一家以农产品经纪人为主要服务对象的专业性、非营利性、全省性的社团组织。截至2013年年底,全省已组建了82家农产品经纪人协会,其中省协会1家,市级11家,县(市、区)级70家,拥有直接会员12 000多个,拥有一大批覆盖全省的间接会员,这些会员由浙江省内从事农产品流通及相关产业的个人、企业、专业合作社、社团组织、科研院所、教育培训机构、供销合作社以及有关的专家、学者等组成。

(三)浙江省农产品流通行业协会

浙江省农产品流通行业协会成立于2012年,整合了一批主要市场流通主体,以提高行业组织化水平,推进行业自律发展,促进政企信息沟通为目标,成为全省完善农产品流通行业服务网络体系的重要依托。该协会第一届理事会由29家单位理事和1名个人理事组成,设会长、常务副会长、副会长和秘书长。由浙江省农村发展集团担任会长单位,浙江新农都实业有限公司为常务副会长单位,浙江新田园农产品股份有限公司、杭州蔬菜物流有限公司、杭州联华华商集团有限公司、慈溪市农副产品批发市场有限公司、浙江人本超市有限公司、嘉兴水果市场、舟山水产品中心批发市场有限责任公司、衢州东方商厦有限公司、浙江华统肉制品股份有限公司为副会长单位。

二、组织管理

(一)会员类型

1.单位会员。凡行政区域内农产品流通企业、农产品批发市场、专业合作社,以及其他相关的机关、团体、科研单位等,如承认并遵守协会章程,均可申请加入协会,符合条件者,由协会接纳为单位会员。

2.个人会员。凡行政区域内具有农产品经纪人资格证书、从事农产品工作的个人,以及关心和支持发展农村合作经济组织的专家、学者、管理人员,均可申请加入协会,符合条件者,由协会接纳为个人会员。

(二)入会程序

1.向协会提出申请并填写《会员申请表》;

2.提供申请单位或个人有效证件的复印件;

3.秘书处审核后报理事会审议;

4.经审议批准后正式成为会员。

(三)百强农产品经纪人评选

1.全国百强农产品经纪人和百佳农产品品牌。截至2014年3月,全国共开展了3届全国百强农产品经纪人评选活动。在2012年9月启动了第三届全国百强农产品经纪人和百佳农产品品牌评选。全国百强农产品经纪人候选人和百佳农产品品牌候选产品由各级协会(供销合作社)、妇联、共青团组织逐级推荐,中国农产品流通经纪人协会各分支机构直接推荐,以及个人自荐三种方式产生。申报单位可同时申报两个项目。各级农产品经纪人协会、中国农村青年致富带头人协会的会员享有优先推荐权。入选者可以享受以下服务举措:

(1)凡是进入2012年度百强农产品经纪人和百佳品牌序列的企业可据此申请"中国驰名商标",中国农产品流通经纪人协会将给予重点推荐支持。

(2)优先优惠通过中国农产品流通经纪人协会《流通中国》等电视平台、权威媒体,以及我会会刊、网站给予大力宣传。凡获2012年度全国百强农产品经纪人称号的单位,将优先推荐到中央电视台相关涉农栏目。

(3)优先优惠推荐入驻"中国农产品精品中心"等常设展示展销机构,进行长期展示和销售。在"中国红橙文化节"期间,将开辟专区进行品牌展示和贸易对接。

(4)优先优惠提供品牌宣传、品牌定位、品牌包装、品牌培训、投融资等服务。

2.省百强农产品经纪人和优秀农产品品牌。为了提高我省农产品经纪人的社会地位和行业影响力,进一步促进地方经济发展,省农产品经纪人协会开展了第一届百佳农产品经纪人和第二届百强农产品经纪人评选。目前正在开展2013年度浙江省百强农产品经纪人排名和优秀农产品品牌评选活动。

(1)入选省百强农产品经纪人的要求为能推进农业生产结构调整,帮助解决农村剩余劳动力100人以上;经营业绩突出,年营业额在1 000万元以上,带动农户100户以上。具体指标分经营(销售)收入、净利润、资产、带动农户、安排就业、荣誉等六项。

(2)入选省优秀农产品品牌的要求为农产品及其加工品品牌有一定的品牌知名度和影响力。具体指标分品牌潜力、经营(销售)额、净利润等三项,主要按品牌潜力进行核定排名。其中品牌潜力由品牌注册已使用年限、产品国外销售情况、产品品质认证和品牌获奖情况四部分组成。

第二章 农产品市场营销基础

导入案例

"天壤"寿康鸡四大创新

安吉天壤科技有限公司通过养殖技术、经营理念、营销方式、生产模式四次创新,养殖出了每公斤300多元的"天价"鸡。在2008年浙江省品牌创新大会上,公司总经理高健被授予"新农村·养殖业品牌创新先锋"称号,也成为省内养殖业唯一获此殊荣的人。这一成就的取得主要来源于以下四点:

1. 技术创新:首推中草药养鸡。大多数农产品对生产、加工技术等要求不高,一般人都容易掌握,往往一个新产品、新品种刚刚上市,大家就跟风一哄而上,最后导致供大于求,产品质量良莠不齐,只能贱卖。但中草药养鸡的养殖技术要求相对比较高,一般养殖户想要模仿有一定难度。高健刚开始搞中草药养鸡时,连续几年都没有成功,后来专程到杭州、上海,请教有关食品营养方面专家,对原来的中草药配方进行调整,添加了人参、黄芪等许多名贵中草药,并调整了鸡品种。他边试养边拿到当地市场上销售,并请市民帮助提意见,以此不断改进配方和养殖技术。经过3年左右的努力,他终于养殖出社会认可、品质优良的中草药鸡,并取名寿康鸡。

2. 理念创新:定位高端消费群体。在寿康鸡正式推向市场前,高健决定打破常规,改变农产品价格定位低的格局,选择了高端消费人群为销售主体对象。给中草药喂养的寿康鸡价格定位为:母鸡每公斤276元,公鸡每公斤356元。对一部分消费群体来说,讲究的是消费质量,就是要让他们觉得寿康鸡货真价高,花高价吃寿康鸡值得。

3. 营销创新:先打品牌再销售。高健的营销思路既不是拎着产品找市场,也不是根据订单再生产,而是先打品牌,以品牌的影响来营造市场。在注册商标、申报发明专利等一系列准备工作完成之后,高健选择在杭州新新饭店、上海新华宾馆、台州椒江春蕾宾馆先后举办了3次寿康鸡美食节,为寿康鸡的出场做铺垫。农产品价格一贯走低,但寿康鸡卖到如此高价,自然引起了社会各界的广泛关注。2006年,中央电视台七频道《致富经》栏目专程来安吉采访,对寿康鸡进行了专题报道,提升了寿康鸡的知名度。

4. 管理创新:营造不饱和市场。寿康鸡的销售模式是独家经营和限量供应,顾客上门购买或电话联系订货,每年只向市场投放1万只鸡,让市场始终处于饥饿状态,达到掌握市场主动权,而不是依赖市场的局面,这样品牌效益才能真正体现出来。农产品生产要达到高效必须走精品之路,品牌化经营。寿康牌中草药鸡,不是面对大众的普通土鸡,销售对象是高端消费群体,不是以量取胜,而是以质取胜。在 2007 年浙江农产品博览会展销会上,天壤公司养殖 5 年的寿康牌中草药公鸡卖出了 7 600 元每公斤的"天价",寿康牌中草药鸡蛋每个则卖到 18 元。

资料来源:中国养殖网,http://www.chinabreed.com/,2008-04-28,经作者整理改编

随着现代农业发展,农业标准化作为组织现代农业生产和流通的有效手段的作用日益凸显,农产品经纪人只有了解农产品市场营销的基础知识,掌握水果、蔬菜等农产品的特性和营销技能,才能够在农产品的收购、储运、销售、信息传递等中介服务中获得有利的商机,取得最佳的经济效益。

第一节 农产品市场

农产品营销活动贯穿于农产品生产、流通等交易全过程。加强农产品市场营销,对于推动农产品市场需求和增加农民收入,具有重要意义。

一、农产品市场

在现代市场经济条件下,农业企业、农民专业合作社必须按照市场要求组织生产。狭义的农产品市场是买卖双方进行农产品交换的场所,而广义的农产品市场是由那些具有特定需要或欲望,愿意并能够通过交换来满足这种需要或欲望的全部顾客所构成,是农产品的现实购买者与潜在购买者需求的总和。

(一)市场的构成要素

市场包含三个构成要素:有某种需要的人、为满足这种需要的购买能力和购买欲望。用公式来表示就是:市场=人口×购买力×购买欲望。这三个因素是互相制约、缺一不可的,只有三者结合起来才能构成现实的市场,才能决定市场的规模和容量。

(二)农产品市场体系

农产品市场体系是流通领域内农产品经营、交易、管理、服务等组织系统与结构形式的总和,是沟通农产品生产与消费的桥梁和纽带,是现代农业发展的重要支撑体系之一。农产品市场体系由市场主体、市场客体、市场机制、市场组织和市场类型构成。

1.市场主体。市场主体是指交换客体进入市场并使之发生市场关系的当事人,是交换物的占有者或商品的所有者。在农产品市场中,农民专业合作组织、农业龙头企业、农产品经纪人已成为农产品营销的主体。目前我国农产品经纪人有 600 万,截至 2012 年底农民专业合作社数量已达 68.9 万家;截至 2012 年 2 月,农业产业化国家重点龙头企业总数已有 1 253 家,占全国各类龙头企业总数的 1% 左右。统计数据显示,自 2006 年商务部建立农产品销售电子平台以来,即时发布农产品供需信息,累计促成农副产品销售 8 000 多万吨,成交额 613 亿元。

2.市场客体。市场客体是指当事人之间,发生交换关系的媒介物,包括商品、货币和流通中的各种基础设施。农产品市场客体的发育成熟度实质上是农产品商品化的过程,农村剩余产品的增多及经济市场化程度的提高,推动着农产品商品化率的不断提高。

3.市场机制。市场机制是指在市场经济条件下的生产、分配、交换、消费等社会经济活动环节及其组成要素(价格、供求、竞争、利息、工资等),它们通过市场相互联系、相互制约并实现自我调节和平衡的功能。市场机制的运行过程就是社会供求动态平衡的自我协调过程,包括供求机制、竞争机制、价格机制。

4.市场组织。市场组织是指为保证商品交换顺利进行而建立的协调、监督、管理和服务等部门,如中国农产品市场协会等各种行业协会。2009年连云港市四季农产品交易中心人民调解委员会正式挂牌成立,是全市首个农产品交易领域的行业调解组织。

5.市场类型。市场类型是根据不同的标准而划分的市场类别,主要包括批发市场和零售市场。截至2013年7月,全国亿元以上批发市场已达1 884家,亿元以上农产品批发市场占农产品批发市场总数量的比例达到70%,其中排名前30名的农产品批发市场的交易总额为3 564.27亿元。我国当前农产品零售终端主要包括农贸市场、社区菜市场、连锁超市、集市、网络销售等。截至2010年年底,我国农贸市场数量稳定在2.5万家左右,与农产品零售相关的超市连锁总店(含折扣店,超市、大型超市和仓储会员店)568家,门店数量4.0113万家,商品销售总额5 893.96亿元。截至2011年年底,我国有6 000多家生鲜超市,已有1.56万家合作社与超市企业建立了稳定的产销对接关系。

二、农产品营销

市场营销是一种从市场需要出发的管理过程,它的核心思想是交换是一种买卖双方互利的交换。农产品营销是市场营销的重要组成部分,是指农产品生产者与经营者在农产品从农户到消费者的流通过程中,实现个人和社会需求目标的各种产品创造和产品交易的一系列活动。

(一)农产品营销的特点

农产品营销与一般工业品营销不同,它具有以下几个特点:农产品具有较强的自然性和生物性,销售产品具有季节性和期限性,市场需求的批量性和多样性,主流产品的稳定性和政府干预的必然性。

(二)农产品交易方式

交易方式是市场主体之间建立和实现商品交易关系的途径、方法、条件和手段。目前农产品交易方式可以根据交易时间、交易量大小、技术手段等标准进行分类。

1.按照农产品交易批量的不同,可分为批发交易和零售交易。

(1)农产品批发交易。批发主要是为中间性消费者进行的购销活动,是一种购销行为。批发交易每次的交易量大,但交易频率相对较低。根据批发市场不同,可分为产地批发交易与销地批发交易,但一般都集中采用现货批发交易的形式,这样既可以使买卖双方扩大运销规模和交易空间,又节省了一定的交易成本,在一定程度上解决了农业小生产与大市场之间的矛盾。

(2)农产品零售。农产品零售交易每次的交易量小,但交易频繁。由于我国各地的农产品生产不平衡,这种交易方式可方便满足社会对不同农产品的消费需求。目前全国各地都在积极探索农产品零售直销模式,如引导大型农产品基地到城市建立蔬菜基地直营店,推进品牌蔬菜直接进入直营店;鼓励建立社区平价菜市场,引导农业合作社和农民进入城市社区、街道直销蔬菜等。

2.按照交易时间的不同,可划分为现货交易、远期交易、期货交易。

(1)现货交易。现货交易是指买卖双方出自对实物商品的需求与销售实物商品的目的,根据商定的支付方式与交货方式,采取即时或在较短的时间内进行实物商品交收的一种交易方式。在现货交易中,随着商品所有权的转移,商品实体的交换与流通也同时完成。它是商品交易的最初形式,是我国目前农产品集贸市场和零售市场普遍采用的交易方式。现货交易具有存在时间最长、覆盖范围最广、交易随机性最大、交收时间最短、成交价格信号短促等特点。

(2)远期交易。远期交易是指交易双方先达成交易契约,签订远期合同,然后在未来某一时期进行实物交割的一种商品买卖形式,是目前各类商品交易会、展会等批发买卖业务采用的主要交易形式。远期交易对象是交易双方私下协商达成的非标准化合约,它主要采用商品交收方式,并且具有很高的信用风险。大宗农产品远期交易市场模式是以现货交易为基础、以远期交易为主体、以期货交易为机制的一种B2B的电子商务平台。大蒜、普洱茶、生猪等大宗农产品电子盘不是变相现货,也不是变相期货,而是一种典型的中远期交易市场模式。近几年来,大宗农产品远期交易市场快速发展,到2010年全国已注册并运行的大宗农产品交易所已达70余家,交易品种涵盖了蔬菜类、食用菌类、水果类、粮食类、畜产品类、水产品类等农产品。

(3)期货交易。期货主要不是货,是以某种大宗产品如棉花、大豆等及金融资产等为标的标准化可交易合约。因此,期货交易是一种跨越时间的交易方式。期货交易方式是指在期货交易所内,按照一定规则制度买卖标准期货合约的行为。期货交易是在远期交易基础上产生发展起来的,它对市场价格的发现、回避市场风险、维护生产者和经营者利益、促进市场健康发展有着很重要作用。

3.按照技术手段的不同,可划分为代理、寄售、展卖、对销等传统交易和现代交易。

(1)代理销售。它是指销售的产品不是自产自销的,而是销售转交他方,如经销商、代理商、专卖店、商场完成。销售代理是在签订合同的基础上,为农业企业或专业合作社等委托人销售某些特定农产品或全部产品的代理商,对价格、条款及其他交易条件可全权处理。

(2)寄售。它是一种委托代售的贸易方式,是指委托人(货主)先将货物运往寄售地,委托国外一个代销人(受托人),按照寄售协议规定的条件,由代销人代替货主进行销售,在货物出售后,由代销人向货主结算货款的一种贸易方式。在国际贸易中采用的寄售方式,与通常的卖断方式比较有所不同:出口方作为寄售人,与代销人的关系是委托代销关系,而非买卖关系。

(3)展卖。它是利用展览会和博览会及其他交易会形式,对商品实行展销结合的一种贸易方式。2008年4月28日,台湾农产品首次京郊展卖,展卖会上共有台湾古坑农会、台湾麻豆农会、台湾澎湖特产等17家农会带来的古坑咖啡、玫瑰梅、碳熏乌梅、冻顶老茶王、绿茶蜜梅等十余种台湾农产品,价格从10元到100元不等公开展卖。

(4)对销。也称对等贸易、反向贸易或互抵贸易,是一种以货物或劳务(包括工业产权和专有技术等无形财产)作为偿付贷款手段的一种贸易方式。它把进口和出口结合起来,组成相互联系的整体交易,交易双方都有进有出,并求得各自的收支基本平衡。

第二节 目标市场营销

目标市场营销有三个主要步骤：第一步，市场细分，根据购买者对产品或营销组合的不同需要，将市场分为若干不同的顾客群体，并勾勒出细分市场的轮廓；第二步，确定目标市场，选择要进入的一个或多个细分市场；第三步，定位，建立市场上传播该产品的关键特征与利益，并使其在目标市场顾客群中形成独特印象。其中，选择和确定目标市场、明确具体服务对象，是企业制定营销战略的首要内容和基本出发点。因此，农业企业、专业合作社或农产品经纪人必须在细分市场中正确选择目标市场，并进行准确定位。

一、市场细分战略

在买方市场条件下，市场细分是当前我国农产品营销成败的关键，也成为农业发展和农民增收的有效措施。农产品市场细分就是根据农产品总体市场中不同地区的消费者的需求特点、购买行为和购买习惯等方面的差异，将市场划分为若干个不同类型的消费者群的过程，而每个细分市场内的消费者具有相同的需求和欲望。如案例 2-1 就是余姚榨菜产业的一个市场细分战略。

案例 2-1

余姚榨菜产业的奇迹

传统观念认为，只有川渝地区才是榨菜之乡，但浙江余姚却好像在不经意间构建起了一个完整而系统的榨菜产业，并造就了 12 亿的年产值，成为余姚市十个农业主导产业中产业化水平最高、规模最大的特色农业产业。1962 年，一位余姚农民"试种"成功，使得榨菜在短短 20 年内迅速成为余姚经济作物中的主导。但是，大面积种榨菜仅仅是余姚榨菜产业发展的起点，分散而粗放的种植并不能带来高效益。此时，有人看中了榨菜加工，在经历了最初的家庭作坊加工阶段后，1985 年余姚榨菜走上了企业加工道路。随后，榨菜进入精加工时代，新技术水平提高，榨菜产品的加工率由 80% 提升至了 100%。现在，余姚一共有 51 家榨菜加工企业，其中 27 家是市级以上龙头企业，占余姚全市龙头企业的 1/4。到 2007 年，余姚榨菜产量占到了全国榨菜市场的 50% 以上，余姚也成了国内最大的榨菜生产基地。榨菜产业同时带动了余姚的机械、包装、印刷、交通、运输等产业的发展。对于余姚市政府和余姚市的几十家榨菜企业来说，他们已把眼光投向了外部，榨菜营销市场开拓已经逐渐走向成熟。在上海，余姚榨菜正在"扫街式"普及，成为大部分农贸市场商家批发的首选。而"上海模式"还将不断复制，余姚榨菜的营销野心远远不止一个上海。据统计，余姚销往江苏的榨菜量就比去年增加了 30%。

资料来源：中国农产品销售网，http://www.nongnet.com，2009 年 9 月 4 日，经作者整理改编。

（一）市场细分的方法

由于消费者在年龄、职业、收入水平、消费观念等方面存在差异,这使得农产品消费呈现出多层次、多样化局面。市场细分使农产品的市场经营找到了更多新的商机(见案例2-2)。

案例 2-2

细分市场商机多

北方一些城市的聪明的鸡蛋商贩,把鸡蛋的蛋黄和蛋清分开卖,拆零拆出了大市场。爱吃蛋黄的消费者买蛋黄,爱吃蛋清的消费者买蛋清,各取所需,消费者因此得到实惠,商贩也因分开卖赚到了以前赚不到的钱。同样,一只鸡也能被内蒙古草原兴发集团开发出140余种深加工产品,仅鸡肉脯就有8个产品之多。鸡脖子附近的食管、气管在国内售价仅4 000元/吨,将其深加工成串后在日本市场可以卖到1.2万元/吨。经过分割加工,一只鸡至少增值10元以上。加工能使农产品增值,但要真正实现增收,关键是要积极开拓市场,并使加工后的农产品能够赢得市场。细分市场是开拓市场的利器,无论是蛋黄蛋清分开卖的粗加工,还是草原兴发鸡都赢得了市场。这说明农产品加工同样需要细分市场。对同类农产品而言,由于人们的消费观念、经济状况、年龄大小等情况存在差异,需求也各不相同,故而它的市场是呈多层次、多样化的。因此,要对市场进行有效细分,不仅要细分需求类,更要从类中深入细分,找准多层次、多样化的需求点,推出各种适宜的加工农产品,这样就一定可以赢得市场和更大的利益。

资料来源:二界沟镇人民政府网站,http://ejg.panjin.gov.cn/zfxx/zfxx7.htm,经作者整理改编。

市场细分的方法有很多,主要有地理变量、人口变量、心理变量和行为变量四种。农产品企业一般是组合运用有关变量来细分市场,而不是采用单一变量。

1.按地理变量细分市场。由于不同区域的消费者对于同一类农产品往往有不同的需求与偏好,对农产品销售采取的营销策略与措施也会有不同的反应。因此,可以按照地理位置、人口密度等细分变量对相应的农产品市场进行细分(表2-1)。

表 2-1 按地理变量细分市场

细分变量	细 分 市 场
地区	东部(地区)市场、西部(地区)市场
城市规模	特大城市、大城市、中城市、小城市
人口密度	城市、郊区、乡村
气候	热带、亚热带、温带、寒带

2.按人口变量细分市场。消费者对农产品的需求、偏好与人口统计变量有着密切的关系,如收入水平高的消费者可能成为高档水果的经常买者。人口统计变量比较容易衡量,获取有关数据也相对容易(表2-2)。

表 2-2　按人口变量细分市场

细分变量	细分市场
年龄	老年人、中年人、青年人、少年儿童
性别	男性、女性
家庭人口	1～2人、3～4人、5人以上
收入	高收入者、中收入者、低收入者
职业	工人、农民、教师、公务员、公司职员等
宗教	佛教、天主教、基督教、犹太教、伊斯兰教等
国籍	中国、美国、法国等
家庭生命周期	单身、新婚、满巢、空巢、孤独

3.按心理变量细分市场。根据购买者所处的社会阶层、生活方式、个性特点等心理因素细分市场。心理因素对购买农产品的影响也很大，如追求冒险和刺激的人会对奇瓜异果有一定量的消费(表2-3)。

表 2-3　按心理变量细分市场

细分变量	细分市场
社会阶层	高消费人群、中等消费人群、低层消费人群
生活方式	追求冒险、追求稳定、追求简朴
个性	自信、自主、支配、顺从、保守、适应等

4.按行为变量细分市场。根据购买者对产品的了解程度、态度、使用情况及反应等将市场划分成不同的群体。行为变量更能直接地反映消费者的需求差异，因而成为市场细分的最佳起点(表2-4)。

表 2-4　按行为变量细分市场

细分变量	细分市场
使用时机	普通时机、特殊时机
追求的利益	质量、经济、服务、舒适、耐用等
使用者状况	从未用过、曾用过、首次使用、经常使用等
使用率	常用者、不常用者、一般使用者
品牌忠诚度	无、一般、强烈、绝对
对产品的态度	热情、积极、不关心、否定、敌视等

(二)市场细分的程序

1.选定产品市场范围。任何企业都有自己的任务和追求的目标，并以此作为制定发展战略的依据。产品市场范围应以市场需求来确定，必须贯彻"以消费者的需求为中心"

的思想。一旦需求发生了变化,整个细分市场也要作相应调整。

2.列举潜在顾客的基本需求。选择了产品市场范围后,企业可以从地理、人口、心理等方面列出影响产品市场需求和顾客购买行为的各项变量。

3.分析潜在顾客的不同需求。企业对不同的潜在顾客进行抽样调查,对需求变量进行评价,了解顾客的共同需要,因为它们将成为企业市场细分的基础。

4.对市场细分的初步确定。为子市场暂时命名,并进一步分析各子市场特点,决定是否有必要再分或重新合并。这一步骤是对以上三步骤的重新认识和必要的更正,这形成了细分市场的雏形。

5.调查分析和评估各细分市场。具体包括:取得选定变量的相关资料,衡量各细分市场的规模,分析各细分市场的盈利潜力,预测未来市场的竞争程度。最后,结合本企业的资源状况,对各细分市场的可进入性进行综合分析。

6.确定可进入的细分市场,制定相应的营销策略。根据企业的经营目标和资源优势,选择并确定目标市场,制定营销组合。

二、目标市场战略

农业企业通过市场营销调研和市场细分,可以发现许多市场机遇,这时,就面临着选择采取何种目标市场营销战略的问题。目标市场是指企业决定进入的、具有共同需要或特征的购买者集合。农产品企业可以根据自身情况选择其中一种目标市场战略。

(一)目标市场战略类型

1.无差异性营销策略。也称为大量营销,是指企业不考虑细分市场的差异性,把整体市场作为目标市场,只推出一种产品、只运用一种市场营销组合,为整个市场提供服务的营销策略。在这一策略中,企业不进行市场细分,把整个市场视作一个大的、同质的目标市场,营销活动只注意市场需求共性,而忽略其差异性。实施无差异市场营销策略的企业,可以推出一种类型的标准化产品,使用统一的包装与商标、相同的促销手段,试图以此吸引尽可能多的购买者,为整个市场服务。该策略的主要优点表现为成本的经济性。

2.差异性营销策略。差异性市场营销策略是在市场细分的基础上,选择两个或两个以上乃至全部细分市场作为目标市场,分别为之设计不同的市场营销组合,以满足各个细分市场的需要。采用该策略的企业一般是大企业,较为雄厚的财力、较强的技术力量和素质较高的管理人员,是实行该策略的必要条件。该策略的优点是可以提高企业产品的适销率和竞争力,减少经营风险,提高市场占有率(如案例2-3)。该策略的缺点是:由于运用这种策略的企业进入的细分市场较多,而且针对各个细分市场的需要实行了产品和市场营销组合的多样化策略,那么随着产品品种增加、销售渠道多样化以及市场调研和促销宣传活动的扩大,企业各方面经营成本支出必然会大幅度增加。但如果要想在市场上塑造出农产品强有力的鲜明特点与个性,必须采取差异性营销战略。

案例 2-3

黑土豆市场定位策略

"黑美人"土豆是近年来为了适应市场竞争需要推出的一种个性化产品,主要定位于高端的消费群。在甘肃省定西市,普通的土豆卖1元1斤,而黑美人卖7元1斤,足足高出了5—6倍,可谓是土豆中的贵族了。黑土豆种植没有特殊要求,但收获比较费时。普通土豆亩产平均3 000公斤,而黑土豆平均在2 000公斤左右,按每公斤4元的收购价计算,一亩黑土豆的纯收入基本上是5 000元。黑土豆经过包装后就成为一份高档的礼品,它凭借独特的长相和更为丰富的营养,为土豆产业开辟了一个新的市场。

资料来源:作者调研整理

3.集中性营销策略。集中性市场营销策略是指企业选择一个或少数几个细分市场作为企业的目标市场,集中使用企业的有限资源,力求在选定的狭小的目标市场中占有较大的市场份额。许多企业利用它开拓市场,就是大企业在占领某市场时也十分重视集中性市场营销策略(如案例2-4)。但是,集中性市场营销有较大的风险,因为它的目标范围较小,回旋余地也自然较小,承受力不大,在受到特大环境因素变动时,企业很容易陷入困境。集中性营销战略适合生产规模小,其他产品在短期内替代的机会小的产品。通过市场细分,将产品定位于某个特定的消费群或通过特供销售渠道实施营销。

案例 2-4

第三代水果的集中市场营销策略

目前在国际市场上开始出现了第三代水果产品,如蓝莓、红莓、树莓等,突出食品保健功能,受到了消费者的欢迎。但因其生产规模小,难储存,因此在供给上还不能满足大众需求。我国的山东某地也开始投入生产这种产品,并采用了集中市场策略,将产品定位于高端保健、营养消费群,并通过集中采摘营销吸引高端消费者。同时,为了延长产品在市场上的经营时间,开发了果浆、果汁、果酱等加工产品。

资料来源:根据2010年1月山东台新闻整理

(二)影响目标市场战略选择的因素

企业在选择目标市场战略时,需要考虑以下几个影响因素。

1.企业生产经营的资源。主要指企业、经济合作组织、生产基地的人力、物力、财力和技术状况。如果企业实力雄厚,可采用无差异性营销策略和差异性营销策略,否则应采用集中性营销策略。

2.农产品特点。面粉、食盐等许多农产品是同质性产品,差异性较小,产品的竞争主要表现在价格上,较适宜采用无差异性营销策略;而对于乳制品、水果等差异性较大的产品,则适宜于采用差异性营销和集中性营销策略。

3.农产品消费需求的特点。如果消费者对农产品的需求比较接近,口味相同,每次购买的数量大致相同,对销售方式也无特别要求,就可以采用无差异性营销策略。反之,市场需求的差别很大,就应采用差异性营销或集中性营销策略。

4.农产品市场发展的周期性。由于农产品的特殊性,其市场生命周期有自己的特点:

(1)农产品在市场上消费需求持续的时间长,米、面等农产品具有永久性需求,无法被其他产品替代。

(2)农产品消费具有特殊性,由于饮食习惯、社会习俗等因素的作用,即使有其他新产品进入市场,可以替代传统产品,原有产品也不可能都退出市场,还是会与新产品处于同台竞争的局面,如粮食、蔬菜等。

(3)当某类农产品市场需求减少,营销利润降低或难销售,造成产量下降时,还可以通过调整生产和经营策略,维持其生产并获得较高的利润回报。

(4)有些农产品因生产规模大,市场竞争激烈,销售难,利润低,造成农民生产规模压缩或转产。一旦生产规模下降,消费总量不变,就会出现市场供给困难,此时因农产品生产时间长,农户无法在短期内立即调整生产品种,该类产品就会成为市场供给的紧俏商品,利润率立即提升,并在3～5年内对市场有较长的影响。

三、市场定位战略

随着市场经济的发展,在同一市场上有许多同一品种的产品出现。市场定位是企业根据竞争者现有产品在市场上所处的位置,针对顾客对该类产品某些特征或属性的重视程度,为本企业产品塑造与众不同的、给人印象鲜明的形象,并将这种形象生动地传递给顾客,从而使该产品在市场上确定适当的位置。市场定位实质上是使本企业与其他企业严格区分开来,使顾客明显感觉和认识到这种差别,从而在顾客心目中占据特殊的位置(案例2-5)。

案例 2-5

无公害农产品的市场定位

无公害农产品的市场定位随着消费市场而变。随着无公害技术的进步和产品范围的扩大,它在不同的发展阶段有着不同的市场定位。现阶段,面向国内市场,以大宗农产品为开发对象,以大众化消费为层次,市场销售价格适中,以质量树形象,以数量求效益,以此明确无公害农产品的市场定位。无公害农产品就在于质量优势,质量是其生命线。品牌形象、产品信誉是无公害农产品占领市场的关键,只有过硬的产品质量,才有品牌形象、产品信誉,无公害农产品才能被更多的消费者接受。

资料来源:杭州龙网,http://www.hzagro.com,2004-05-23

(一)市场定位的步骤

市场定位的关键是企业要设法在自己的产品上找出比竞争者更具有竞争优势的特

性。竞争优势一般有两种基本类型：一是价格竞争优势，即在同样的条件下比竞争者定出更低的价格。这就要求企业努力降低单位成本。二是偏好竞争优势，即能提供一定的特色来满足顾客的特定偏好。这就要求企业努力在产品特色上下功夫。因此，企业市场定位可以通过以下三大步骤来完成：

1.确认本企业的竞争优势。该步骤的中心任务是要回答以下三个问题：一是竞争对手的产品定位如何？二是目标市场上足够数量的顾客的欲望满足程度如何，以及还需要什么？三是针对竞争者的市场定位和潜在顾客的真正需要，企业应该和能够做什么？因此，企业市场营销人员必须通过调研，系统地设计、搜索、分析并报告有关上述问题的研究结果，最后可以从中把握和确定自己的潜在竞争优势。

2.准确地选择相对竞争优势。相对竞争优势是企业能够胜过竞争者的能力，这种能力既可以是现有的，也可以是潜在的。通常的方法是分析、比较本企业与竞争者在经营管理、技术开发、产品生产、市场营销、财物资金和产品服务等方面哪些是强项，哪些是弱项。

3.实现独特的竞争优势。该步骤的主要任务是企业要通过一系列的宣传促销活动，将其独特的竞争优势准确传播给潜在顾客，并在顾客心中留下深刻印象。首先，应使顾客了解、熟悉、认同、喜欢和偏爱本企业的市场定位，并在顾客心目中建立与该定位相一致的形象。其次，通过强化目标顾客的感情来巩固与市场相一致的形象。最后，注意目标顾客对其市场定位理解出现的偏差，或由于企业市场定位宣传上的失误而造成的目标顾客模糊、混乱和误会，及时纠正与市场定位不一致的形象。

（二）市场定位方法创新

市场定位策略是在竞争环境下，为满足市场需求和针对竞争对手采取的经营手段（如案例2-6）。改变或创新市场定位也是获得较好的经营效果的策略之一。

1.避强就虚策略。企业应力图避免与实力最强的或较强的其他企业直接发生竞争，而要找到市场"空隙"，将自己的产品定位于另一市场区域内，使自己的产品在某些特征或属性方面与最强或较强的对手有比较显著的区别，避开与强有力的竞争对手正面竞争。

2.强势迎击策略。又称为迎头定位策略，即企业根据自身的实力，为占据较佳的市场位置，采用与竞争对手重合的市场位置，争取同样的目标顾客，但在产品、价格、分销、供给等方面稍有差别，取得与市场上居于支配地位的竞争对手"对着干"的策略优势。

3.目标转移策略。通常是对那些销路少、市场反应差、没有竞争优势的产品，就应考虑重新定位。一般来讲，重新定位是农产品经纪人摆脱经营困境，寻求重新获得竞争力的手段。

4.创新定位策略。寻找新的尚未被占领但有潜在市场需求的位置，填补市场上的空缺，生产市场上没有的、具备某种特色的产品。采用这种定位方式时，企业应明确创新定位所需的产品在技术上、经济上是否可行，有无足够的市场容量，能否为企业带来合理而持续的盈利。

案例 2-6

有机农产品定位的依据

目前有机农产品的市场定位存在很多问题,由于经营者仅依据其生产难度大、成本高、产量少,就定位于高消费群以及高价位,结果出现同类产品都卖完了,而有机产品没人愿意购买的尴尬处境。有机农产品价格定位的依据有三点:第一,由于其生产难度大、要求高、经营成本高,定价必然要高于绿色食品和无公害农产品。第二,在这种标准下生产的产品更有益于人体健康,从这个角度出发,可以选择较高的价格定位。第三,消费者的承受能力,具有某种营养功能的同样的产品,一般情况人们会选择较便宜的产品,因此有机农产品价格的市场定位只能选择有一定承受能力的群体。

资料来源:中国有机食品网,http://www.cnyjsp.com/

第三节 农产品营销组合策略

营销组合是指为生产与目标市场互相满意的交换而设计的产品、定价、分销、促销的特定组合。为满足目标市场的需求,需要对营销组合策略进行不断地调整,它反映了企业为获得竞争优势而制定的基本营销策略。

一、产品策略

产品策略是指企业在其产品营销战略确定后,在实施中所采取的一系列有关产品本身的具体营销策略,主要包括商标、品牌、包装、产品组合、产品生命周期等方面。

(一)农产品整体概念

农产品的产品策略是指针对产品的不同形式,为实现多层次、多角度的营销策划,开发产品各种形式的功能,推进产品经营的创新的这样一个策略。在产品策略理论中,一般将产品分为三个层次:产品核心层、产品形式层和产品附加层。

1.农产品核心层。它是指农产品提供给消费者的实际利益和效用,并由此产生的经营效果,这是最基本的层次。如2007年,宁波市农产品加工研究所(中心)自主研制出第一个加工产品——甬茶1号,它是以新时期消费者对农产品及食品的质量、安全和健康的需求,利用宁波绿茶,配一些具有保健作用的天然植物和花卉,经过科学配制和现代工艺精制而成的新一代优质饮品,具有调节血脂、调节血压、调节免疫、减肥、抗疲劳、美容等功效。同样,2013年阿根廷研制出了一种具有保健功能抗癌的超级奶。

2.农产品形式层。它是指由农产品核心层决定的外部特征也就是农产品在销售时产品借以体现的形式,一般表现为产品的外观、品质、特色、包装、品级及品牌等(如案例2-7)。

案例 2-7

引导消费者全面了解产品形式

2008年,延庆县的豆腐宴出了名,吸引了很多的游客上门品尝。过去不起眼的豆腐,如今成了消费者关注的品牌产品。这是由于当地农民组织起来,形成豆腐制作—销售—加工成豆腐宴—农家乐销售等模式。他们的经营方式定位于健康、快乐,并对准了城市居民、中老年消费群、家庭消费群。特别是吃过豆腐宴后,消费者对产品从外观到品质都有了深刻认识,引起了消费欲望,于是又大批地购买当地制作的大块、三色豆腐。这种方式为生活在城市里的人提供了一种集休闲、娱乐、饮食为一体的消费形式。

资料来源:食品商务网,www.21food.cn

3.农产品附加层。它是指为实现农产品营销所提供的必要服务和条件,是消费者购买农产品时所获得的全部附加服务和利益,包括咨询、运送、保证、支付方式、品尝或更换等。

(二)农产品品牌策略

品牌是一个名称、名词、符号或设计,或者是它们的组合,一般包括两个部分:品牌名称和品牌标志,是用来表示产品生产者的一种标识,为了向消费者声明自己的身份或来历,并使之同竞争对手的产品有所区别。

由于农产品质量的隐蔽性与区域性,以及农业生产经营的分散性,建立农产品品牌成为必需。但农产品实施品牌化经营面临着不少难题:第一,同质化严重,在市场上消费者无法区别其优劣。第二,农产品初级产品较多,导致一流产品、三流价格(如案例2-8)。第三,产品标准化程度不高,无法将产品的优势突显出来。农产品品牌策略,就是要针对这些问题,挖掘农产品的优势,突显农产品的特色,提升农产品竞争力。

案例 2-8

赣州脐橙面临的品牌建设问题

美国"骑士"——脐橙刚进入中国市场时,每斤销售价格15元。但当时我国赣州的脐橙,市场价格只有2元/斤。于是当地的经营者针对两种同质不同价的产品进行分析,发现赣州脐橙在外观光洁度、可溶性和固形物等含量方面均好于美国脐橙,但是价格却与进口产品相差7倍多。后来发现其根本原因在于美国脐橙是有名的"骑士"牌,作为品牌具有较高的竞争力,而国产赣州的脐橙仅是地区产品,无名气,自然当作一般脐橙销售。于是,当地开始着手打造赣州的脐橙品牌。

资料来源:改编自《农产品品牌"亮剑"要避免食品安全的多米诺骨牌效应》,www.chinavalue.net

(三)农产品包装策略

对绝大多数的农产品来说,包装是农产品运输、储存、销售不可缺少的必要条件和产品增值的组成部分。

1.包装分类

(1)运输包装。又称大包装、外包装,主要是将货物装入特定容器或以特定方式成件或成箱地包装,主要是为了保护货物在长时间和远距离的运输过程中不被损坏和散失,方便货物的搬运、储存和运输。它分为单件运输包装和集合运输包装,前者是指农产品在运输、装卸、储存中作为一个计件单位的包装,如纸箱、木箱、铁桶、纸袋、麻袋等;后者是指将一定数量的单件包装组合成一件大的包装或装入一个大的包装容器内,包括托盘、集装袋等。

(2)销售包装。又称小包装、内包装或直接包装,是指产品以适当的材料或容器进行的初次包装。它除了能保护农产品的品质外,还有美化农产品,宣传推广,便于陈列展销,吸引顾客和方便消费者进行识别、选购、携带和使用等功能,从而能够起到促进销售,提高农产品价值的作用。

2.设计原则。新型包装材料、包装形式和包装技术的出现,为农产品的包装工业拓展了新的发展空间。随着物流新技术的不断开发应用,尤其是配送受到重视和研究以后,对包装又提出了更高更新的要求。

(1)安全性。设计的包装一是要能够保证产品运输途中和销售时的安全,如鸡蛋的包装一定要结实、有弹性、防震性好,保证鸡蛋在运输和销售过程中不会因运送颠簸或多次摆放而破损。二是还要保证消费者使用的安全,如果冻的包装能防止幼童吃果冻时被噎住喉咙窒息等情况的发生。

(2)便于存放。一般长、方形状包装有利于节省空间和方便运输时的摆放,圆形的盒子占空间大,不利于存放。同时,要方便消费者的多样性需求和使用,可以促进产品的销售。目前许多农产品为了消费者食用方便,在量上采用小包装、一次性的包装形式,如山西的小黄米,在设计精美的图案箱里,采用每袋200克的小包装,便于家庭食用和保存。

(3)美观大方。美观大方的包装设计能给消费者带来视觉冲击,吸引消费者的注意力,激发消费者的购买欲望。从心理学的角度来说,红色、橙黄色、紫色与金黄搭配,白色与蓝色搭配,黄色与黑色搭配等,都可以吸引人的视觉注意,灰色是最不能引起人们注意的颜色。

(4)与产品质量匹配。高质量的产品要通过精美的包装来体现,否则,消费者会从视觉上对产品的质量降低认同感。如我国东北长白山的人参质量上乘,开始时只能卖"萝卜价",原因之一在于采用了透明的塑料真空袋。虽然包装内有营养水,保证人参的活性,但显现不出产品名贵的档次,消费者认可度不高。相比之下,韩国、朝鲜的"高丽参",包装讲究,售价是我国人参的10倍之多。当然,高档精美包装不能过度,否则也会降低消费需求。

(5)适宜性。包装设计要充分考虑消费者的审美观念和风俗习惯等文化因素以及法律法规。不同时代和区域的消费者在消费观念、风俗习惯等方面以及法律法规存在较大差异,如销往非洲某国家的水果罐头,包装上设计了一个美女的头像,结果可能无人问津。因为当地消费者认为包装外观上的形象与里面的产品是一致的。同样,我国的食品安全法中对食品的包装材料、外观都有明确规定。

(6)产品介绍完整、清楚。印在包装外部的产品介绍必须完整、清楚,具体包括产品名称、别名或俗称,产品产地及其生产单位、联系方式、地址,产品特性、产品要素及含量、产品适宜的人群、产品功效,产品食用方法或操作程序、产品食用或使用时的禁忌或注意事项、产品食用或使用的有效期限、产品技术含量或标准、产品生长或生产环境及其相应采用的新的管理手段等。有些特色农产品甚至要说明使用的土质或水源、气候环境。对于一些出口的农产品还须用相应的外文给予说明,否则对进口国消费者或在国际市场上难以销售。

3.农产品包装策略

(1)统一包装策略。也称为相似包装策略,指同一个厂家的不同产品包装,从材料选用、图案设计、颜色搭配等方面都采用统一的风格,这样可以树立产品的厂家品牌形象,使人容易分辨。

(2)等级包装策略。指按照农产品的等级,采用相应的包装、使消费者通过包装能分辨产品的档次,如水果在销售时经常使用等级包装策略。

(3)配套包装策略。将各种常用的农产品放在一个包装物中,通常礼盒形式的包装都属于配套包装。

(4)再使用包装策略。又称为复用包装策略,指农产品的包装在产品用完之后还可以用于其他的用途。如澳大利亚昆士兰一家土豆片容器公司制作的土豆片容器,其味道并不逊于盛装的土豆片,从而可以使人享受到大嚼容器之快。

(5)赠品包装策略。指将不同的产品放在一起,其中有主卖产品,也有附赠品,这种包装也会因附赠品的使用价值,引起消费者的购买欲望,达到促销目的。

(6)特殊包装和创新包装。如一些农产品销售时附带礼券,注明购买该产品,可以参加抽奖,有机会到郊区某地一日游等。

二、定价策略

在营销组合中,价格是唯一能创造收益的因素,而其他因素都表现为成本。价格是最容易调节的营销组合因素,同时也是企业或产品的意愿价格同市场交流的纽带。

(一)农产品定价方法

1.成本加成定价法。这是农产品定价常用的一种方法。指在计算农产品生产、包装、运输、营销等成本费用后,根据产品的市场需求状况,再加上产品销售利润,制定农产品的出售价格。如白菜进价是0.5元/斤,加上运费、摊位费和人工等费用,零售价则为1元/斤。

2.需求导向定价法。根据市场调查所了解的消费需求,或消费者对所经营农产品的认知价值来制定农产品的价格,而不是根据成本来定价。如2013年,由日本培育的方形西瓜受到了俄罗斯富人的追捧。方形西瓜在俄罗斯最初售价700美元,随着需求增加,每个方形西瓜的价格一路飙升到860美元,是普通西瓜价格的300倍。

3.竞争导向定价法。根据竞争者产品在市场上的出售价格来制定自身产品的价格,或者根据行业的平均价格来定价。如2013年浙江省山核桃产业协会公布了山核桃收购的指导价,山核桃干籽的定价在28~30元/斤。

第二章 农产品市场营销基础

(二)农产品定价策略

1.新产品定价策略。农产品的新产品上市常采用撇脂定价和渗透定价两种定价策略。

(1)撇脂定价策略。由于农产品具有一定的生产周期,当一种新农产品进入市场,而其他生产者在短期内难以生产同类农产品时,企业可以定一个较高的价格,以便在这个时间差内获取高额利润(案例2-9)。

案例 2-9

美国大黑樱桃撇脂定价

俗话说"樱桃好吃,树难栽"。由于科技创新,目前在冬季人们也能吃到新鲜的樱桃。某生产基地通过科技推广技术,引种并培育了美国大黑樱桃。2010年1月开始在北京上市,此时其他种植户想要种植,需要2~3年时间。在"人无我有"的特殊市场供给下,该经营者将樱桃以每斤80~90元的价格出售,很好地实现了销售目标。

资料来源:作者调研整理

(2)渗透定价策略。现在市场上同质产品多,竞争激烈。当农产品刚投放到市场时,可以采取较低价位吸引大量的消费者,引起他们的关注和兴趣,并产生购买欲望。这是一种迅速扩大市场占有率的定价方法(案例2-10)。

案例 2-10

血皮菜渗透定价赢得市场

随着科技大棚的推广,很多北方地区的农村利用温室大棚种植特种蔬菜。血皮菜(观音菜)是一种可生食、叶子紫红色、营养价值较高的蔬菜,是从南方引进到北方的大棚中种植的。开始时,北方人根本不认识这种蔬菜,也不敢食用。于是农产品经纪人请来游客,免费食用,在市场上以1元/斤的价格出售。很快,食用过的人都觉得很好吃,于是市场被迅速打开。现在这种蔬菜能卖到10元/千克。

资料来源:作者调研整理

2.产品组合定价策略

(1)系列产品定价策略。根据产品的不同定位和产品系列,或产品的营养价值、效用或质量规格,来确定系列产品的不同档次及其价格的方法(案例2-11)。企业可以将某一系列的不同农产品按照工艺、投入和市场需求区别定价,获取较高利润,并降低该类单一产品经营时面临的市场风险。

案例 2-11

贡牌西湖龙井茶产品定价

2013年,明前AAA特级传统纸包装(半斤)市场价为1 270元,雨前A级传统纸包装群体种(半斤)市场价为479元,雨前A级听装群体种(2两)市场价为210元,雨前B级铁罐实惠装(1两)市场价为84元。

(2)附带产品定价。一般以较低价格销售主要产品,引起消费者产生"价廉的感觉",同时利用消费者对附带产品的需求或兴趣,以较高价格销售备选和附属产品,达到增加利润的目的。

3.心理定价策略

(1)零头定价。即农产品价格以零头(非整数)结尾。大多数消费者在购买产品时,尤其是购买一般农产品时,乐于接受尾数价格。尽管尾数大小并不影响收益,但对消费者却有一定的心理作用。如5元与4.78元,尽管只差0.22元,但消费者会认为这种价格是经过精确计算的,购买不会吃亏,从而产生信任感。同时,价格虽离整数仅相差几分或几角钱,却让人有一种便宜的感觉,符合消费者的心理愿望。这种策略通常适用于日常生活用品。

(2)尾数定价。采用吉利数字作为尾数的定价,如1.98元、9.98元等。目前很多人到商店或逛超市,并不一定购买什么,但当看到某个感兴趣的数字,也会决定购买该产品。如北方秋天的核桃最贵时卖到25～30元/斤,但在出售时,标价24.98元/斤的核桃常常比25元/斤的更容易卖出。

(3)声望定价。针对消费者"便宜无好货、价高质必优"的心理,对消费者心目中享有一定声望、具有较高信誉的产品制定高价。高档品牌采用了新技术的农产品,或老字号知名度高声誉好的名优产品,如山西的大枣、东北的人参、西藏的虫草等产品,往往采取高价位策略。购买这些产品的消费者,大都不在乎价格,而更多关心的是产品能否显示其身份和地位。因此,这类商品价格越高,越能满足消费者的心理需求。

三、渠道开发策略

农产品销售渠道开发是目前农产品经纪人最关注的难题之一。农产品销售渠道,也称为销售途径或方式,是指农产品所有权转移途径的选择,可以分为直接销售、间接渠道和创意渠道三大类。

(一)农产品直接销售

直接销售渠道(简称直销)是生产者不经过中间环节,将产品直接出售给消费者或用户的销售方式。街头摆摊等传统的直销方式都是小批量的销售,成本高,收益低。随着社会发展,成本低、效益高、见效快的直销方式成为生产者、经营者和消费者欢迎的形式。

1.订单直销。订单直销是由农产品加工企业或最终用户与生产者在安排生产之前,直接签订购销合同的直销形式(案例2-11)。粮食、蔬菜、畜禽产品等许多农产品,由于市场变化大,产销衔接不畅,影响了生产效益和农民收入,因此可以考虑和大专院校、部队、机关、企事业单位的食堂、餐饮业饭店、宾馆等建立合作关系。"订单"农业可以解决农产品的销售问题,为产销对接奠定良好的基础。但同时订单直销也存在一些问题(如案例2-11)。

案例 2-11

蔬菜订单销售的问题

某乡镇的菜农,由镇政府搭桥与某蔬菜加工公司签订了300亩白萝卜(作为原料)的生产订单,并注明收购价为0.15元/斤。到收购时,白萝卜行情急转直下,市场价格每斤只有0.05元,结果该公司没有按订单收购,使农民每亩只收入50元,比订单价格少收100元,300亩地少收3万元,给农民造成经济上的损失。同样,某经营者与农户签订了大豆销售订单,到收购时,国外生产基地因自然灾害造成大豆歉收,市场供给发生变化,外销大豆紧俏,国内市场价格也飙升,于是一些农户不愿将大豆卖给该经营者,结果给带来经济损失。

资料来源:中国蔬菜网,http://www.vegnet.com.cn/

2.社区直供直销。随着城市快速发展,人口越来越集中,社区消费潜力增大,成为推进农产品营销最具吸引力的目标。因此,农业企业、政府都在大力推动农产品社区直销经营(案例2-12)。

案例 2-12

直销压下昆明菜价

2010年由昆明市商务局组织的蔬菜直销点进社区后,位于滇缅大道160号、云南省人才市场、胜利广场、和顺里、北门街附近的多个蔬菜直销点拥有丰富的蔬菜品种,每个摊位日销量均达2到3吨,基本满足一个拥有400户的居民小区需要。蔬菜直销点进社区近两周后,昆明各大农贸市场受此波动,菜价稍有下浮,对平抑蔬菜价格上涨起到了良好作用。

资料来源:中国新闻网,http://www.chinanews.com/,2010-12-03,经作者整理改编

3.田间地头直销。地头直销是传统的农产品销售方法,销售成本低、保险又保鲜,对生产者更有利。随着消费观念的转变和收入水平提高,很多城市居民常常利用假期直接到田间地头购买新鲜的蔬菜、水果等农产品。

(二)农产品间接销售

渠道策略是农产品从生产者到消费者的市场通路。营销渠道策略包括渠道的拓展方向、分销网络建设和管理、区域市场的管理、营销渠道自控力和辐射力的要求,是整个营销系统的重要组成部分。

1. 批发市场渠道。批发市场是一个汇聚买卖双方的集散地,是一个购销平台,可以成批量地实现农产品的销售,成为目前农产品销售的主渠道之一。与批发市场的经销商建立起客户关系,对于开发农产品市场具有积极的帮助。

2. 现代超市渠道。超市是近10年来兴起的新兴零售业态,也是农产品一条可供选择的销售渠道。如生鲜连锁超市,主要是以生鲜食品为主的社区型小型超市,在各大城市迅速发展,具有很大的潜力。

3. 打包外销渠道。"打包外销"就是避开在国内市场与同行的竞争,通过外销渠道与境外采购商进行合作,将农产品出口。现在已经有不少蔬菜等农产品基地,已经通过航空运输等方式把农产品销售到境外地区,获得了良好的收益。

(三)文化创意经营渠道

农产品文化创意经营渠道包括观光旅游、农产品开采节、民族节日、民俗文化、假日农业等与社会文化生活密切联系的农产品市场开发与销售。

1. 大型采摘节营销。近年来,许多规模化的生产基地或生产园区都积极开展各种农产品的采摘文化活动,如葡萄节、樱桃节、草莓节、杨梅节等。通过观光采摘、垂钓等方式,使消费者在直接观赏接触中,激发其消费欲望,促进农产品的直接销售。同时也会将商户直接吸引到产地来,借助休闲娱乐活动实现农产品的批量销售。如山里辛庄苹果园开展的"打造会说话的苹果"劳动体验活动。

2. 民俗农家院营销。目前农家小院已经成为各地新农村建设的亮点,同时各地政府对借助节假日和周末游开发农产品销售渠道都给予积极的政策扶持。农家院营销不仅可以为消费者提供满意的生活娱乐服务,还能提供各类需要的农产品、民俗文化产品等,如位于密云桃源仙谷风景区的桃源仙谷城乡情缘民俗院。

3. 创意文化节营销。利用地方民族文化遗产,大力营造文化特色氛围,形成地方特色的文化活动项目,可以使该地区成为具有稳定旅游价值的消费市场。如浙江遂昌县汤显祖文化·劝农节活动促进了当地农产品的消费,给当地农民带来了较高的额外收入。

四、促销策略

农产品促销是指运用各种方式,传递农产品相关信息,使消费者通过视觉、味觉、嗅觉等体验,感受农产品功能、特点、品质等,形成购买需求和行为,实现农产品的快速销售。常见的有人员推销、广告促销以及农产品展销会等形式。

(一)季节性热卖促销

根据农产品收获季节周期,设计合适的促销方案,选择适合产品运输和消费者光临的地点,组织好货源,开展促销活动。如2008年11月,针对柑橘销售出现的波动,无锡朝阳农产品大市场一方面在公司所属的超市进行特价促销活动,另一方面加大宣传力度,通过当地广播、电视、报纸和网络媒体,进行柑橘品种的介绍。同时对即将上市的橙类品种销售作好积极准备。

(二)网络广告促销

电子网络广告的方式已成为最便捷、低成本的一个促销方式。要实现网络促销,应进行产品市场细分,根据消费者的收入层次和需求确定产品市场定位,确定广告内容。2010

年12月,由国家商务部举办的为期一个月的"2010年秋季农产品网上购销对接会"中,重庆城口县在网上发布产品供求信息34条,促成网上交易2 250万元,其中,实际交易1 188万元,达成意向交易1 062万元。

(三)电视宣传促销

电视促销是最便捷、受众最多、传播最快的方式,通过形象和音乐冲击听觉和视觉,引起消费者高度注意,产生消费。如江苏省绿办与省电视台联合打造农产品促销宣传平台,以一种产品介绍和质量安全宣传相结合的全新手段,有效地在农产品供需两端架起一座桥梁,成为农产品促销、农业宣传的新平台。

(四)设计有创意的活动

随着人们生活需求的多样化,将农产品的物质需求与文化生活、健康保健、人际交往等社会文化和精神生活联系起来,具有很大的市场潜力。因此,可以设计和开展有创意的活动项目,在注重人们在物质生活方面的追求的同时注重人们在精神生活方面的追求。如在2008上海创意产业活动周上,上海庄行创意农园展示了所生产的创意农产品,即五颜六色、形状怪异的各种瓜果,不仅能食用,还能当工艺装饰品。

(五)农产品推介会

农产品推广会是以产销对接与品牌推介为主要内容,集中展示新农业和新成果,对企业名优特农产品进行推介,促进产销直接见面,为合作双方带来利益的一种促销形式,包括现场推介和网络推介。2011年10月23日,在第二届中国(山西)农博会临汾特色农产品推介会上,富有地方特色的翼城花鼓、壶口唢呐、歌舞表演等节目吸引了众多客商。2013年10月,"莱芜生姜"暨优质农产品北京推介会在全国农业展览馆举行,集中展示了山东省莱芜市莱城区的现代农业,尤其是生姜产业的新品种、新科技、新成果等。

(六)新闻发布会

新闻发布会又称记者招待会,是一个社会组织直接向新闻界发布有关组织信息,解释组织重大事件而举办的活动。如2008年5月10日,江苏农垦集团弦港农场有限公司"弦农"牌西瓜荣获中国名牌农产品新闻发布会在江苏省南京市召开,主要介绍了"弦农"牌西瓜独特的生长环境、技术规程、风味品质以及其深厚的历史文化渊源。

第三章 农产品经营风险和法律法规

食品安全问题成国人最大不安

食品安全问题是中国消费者的最大不安所在,也是中国政府的一块心病。2010年6月12日,中国卫生部食品安全综合协调与卫生监督局局长苏志在出席"后危机时代的国际食品安全合作"论坛时指出,中国是一个农业大国,实行小农经济,分散的种植和养殖是影响我们食品安全统一监管的制约因素;另外,中国目前有40多万家食品加工企业,90%是中小企业,还有很多是个体作坊,这对政府食品安全监管带来巨大的挑战。

中国食品安全监管体制历来饱受批评——即"多龙治水",监管顾虑太多。世界卫生组织的食品安全专家康彼得(Peter Ben Embarek)还记得七年前中国有一句很著名的话:六个部门都不能保证一个食品安全。"这个问题并不关于到底有多少部门在监管这个事情,其实它是关于如何使这些不同的职责部门协调起来工作。"康彼得说。

2010年2月9日,一个被寄予厚望的高层食品安全议事协调机构——国家食品安全委员会成立。这个委员会由三位副总理担任主任和副主任。"食品安全问题现在已经在政治层面上被摆到一个非常高的高度。这是中国的特点。"康彼得说,"我希望这种政治意愿也能传递到下面的机构,就是在农场里、工厂里、市场上也能有这样的意愿。"

不过相对于监管体制,中国工程院院士、中国疾控中心营养与食品安全所研究员陈君石更强调生产者即农户是食品安全的第一责任人。"安全的食品是生产出来的,不是靠监管出来的,更不是靠检测出来的。但是让中国的2亿多农户遵守农产品的安全标准,在目前这种分散经营的状况下是办不到的。"目前在中国,已有农民自己组织起来成立合作社,或者由一个中间机构把农民组织起来,从事规模化、规范化生产,在一些地方有试点,但在全国推广还不是很快的事。

资料来源:新浪网,http://www.sina.com.cn,2010年06月30日

根据我国《宪法》、《立法法》的规定,我国制定法法律体系主要由宪法、法律、行政法规和行政规章等组成。这些法律法规结合在一起,较为全面地规范了我国政治、经济、社会各方面的各利益相关方的权利、义务、责任,因而农产品经纪人在为社会提供农产品经营服务过程中,必然会受到我国相关法律法规的约束与保护。熟悉、掌握并运用农产品经

的相关法律法规,就成为农产品经纪人维护自身权益、取得事业成功的必然要求。

第一节 农产品经营风险

农业是一个高风险、低收益的弱质产业,具有生产周期长、环境影响大、回报见效慢等特点,并容易受到自然、市场、技术和政策等多种因素的影响,如2013年春季爆发的禽流感就让家禽产业遭受了重创。目前我国农业现代化滞后,农业综合生产成本上升,农业种植利润空间微薄,农产品生产经营者却又必须面对国际竞争的压力,内外部环境都十分严峻,风险也越来越大。因此,如何规避农业生产和农产品经营风险,已成为农产品生产经营者需高度重视的问题。

一、自然风险

农业是受自然灾害影响较大的产业,外部自然环境条件的好坏及其变化在很大程度上存在不可预测性,会直接影响到农业生产的效率和农业生产经营者的收益。农业风险是指在农业生产或经营过程中灾害损失发生的可能性,分为自然风险、市场风险和政策风险。

(一)自然风险的概念

自然风险是指由于自然因素的不确定性给企业带来的风险,如洪水、干旱等,通常是具有灾难性,多数情况为人力无法抗拒的。如果是非设施栽培,气候条件、自然灾害对农产品生产经营有很大的风险。近年来我国农业抵御自然风险的能力虽然得到增强,但气候异常,极端天气多发、频发,也增加了防范的难度。土壤中化肥农药成分越来越高,对农业生产很可能转化为自然风险。如大米镉超标事件,广东省食安办2013年5月23日公布了广州市等10市大米镉含量抽检数据,8市共检出120个批次大米不合格。其中广州检出不合格批次最多,清远产的连州油籼米镉超标最严重,接近标准值的6倍。

(二)自然风险的表现形式

由于自然力的不规则变化而给农业带来的损失,主要表现为农业气象灾害、农业生物灾害、农业地质灾害和农业环境灾害风险等。

1.农业气象灾害风险。它是指不利气象条件给农业造成的灾害风险,如由温度因子引起的有热害、冻害、霜冻、热带作物寒害和低温冷害等。农业气象灾害的影响往往是大范围的,其中危害最大的是干旱和洪涝。

2.农业生物灾害风险。它主要指由严重危害农作物的病、虫、草、鼠等有害生物在一定的环境条件下爆发或流行造成农作物及其产品巨大损失的自然变异过程。

3.农业地质灾害风险。它是指由于自然或地质作用或人为作用,地质表层及其地质体发生变化并达到一定程度时,给农业生产造成的危害风险,如土壤酸化、重金属污染、农业污染等水土污染。

4.农业环境灾害风险。它是指因生态环境被破坏或生态恶化对农业生产造成危害的风险,如物种资源衰竭、水土流失、水土污染和温室效应等,对农业基础的破坏是最严重的。

(三)自然风险的管理方式

1.地方政府补贴。各级地方政府出台相关奖励和补贴政策,加大政府自身的发展能力,提高对自然风险的介入能力和介入水平。

2.农业直接补贴。它是政府将财政补贴资金直接发放给农民或直接让农民受益的一种补贴方式,包括粮食、农机具购置等专项补贴和农资综合补贴。2013年1月,中央预拨农资综合补贴资金1 071亿元,种粮直接补贴151亿元,农资综合补贴1 071亿元,农机购置补贴范围涵盖12大类48个小类175个品目。

3.政策性农业保险。它是以保险公司市场化经营为依托,政府通过保费补贴等政策扶持,对种植业、养殖业因遭受自然灾害和意外事故造成的经济损失提供的直接物化成本保险。政策性农业保险是一项支农惠农政策,主要特点在于农户参保、政府补贴、投保人支付少额保费、政府补贴大部分保费。截至2012年底,温州市政策性农业保险参保率为87%,达到历史最高水平,排名全省第一位。其中,保费收入3 855万元,同比增长163%;赔款达566万元。

二、市场风险

农业的市场风险集中表现在农业产业链的流通环节中,由于市场环境的不确定性对产业链各主体造成损失的可能性很大,即在农业生产和农产品销售过程中,由于市场供求失衡、农产品价格的波动、经济贸易条件等因素变化、资本市场态势变化等方面的影响,或者由于经营管理不善、信息不对称、市场前景预测偏差等都可能导致农业企业、农户遭受经济上损失的风险。

(一)市场风险的形成原因

1.价格变动。价格波动是影响农业生产的重要因素,影响着农业生产所需的生产资料价格上涨、农产品价格的下跌以及农业所需生产资料价格上涨高于农产品价格上涨。由于农业生产的周期较长和农产品消费常年性的矛盾,导致市场交易调节的滞后性,农产品的价格易发生较大的变动。随着市场化进程的加快,农产品流通体制的改革以及价格管制的逐步放开,农产品价格波动幅度和频率逐渐增强,农业的市场风险的影响日趋上升。

2.信息不对称。由于农业的分散经营和土地经营权的细碎化,农产品流通体系不够健全,农户、专业合作社在搜集、辨析和处理有关市场信息的能力较弱,无法准确地把握市场信息,极易出现"一哄而上、一哄而下"现象,造成市场进入的盲目性和市场均衡的脆弱性,阶段性、品种性、区域性供求失衡现象时有发生,特别对不宜长时间保存的鲜活产品来说更是如此,导致部分农产品价格出现暴涨暴跌,如"豆你玩"、"蒜你狠"等现象。

3.流通专业化。随着越来越多的农产品经营主体直接进入市场,导致农产品流通领域的专业化发展趋势明显,社会分工越来越细,如农产品经纪人、生鲜超市、配送中心、批发市场、社区店等业态的出现。同时将许多社会因素引入到农产品价格的形成过程中,造成农产品价格的形成存在更多的不确定因素,这也加剧了农产品市场的风险性。

(二)规避市场风险的策略

1.加强信息引导。完善国家、省、市、县四级农业信息网络中心建设,建立并完善农产品信息价格监测预警和发布制度,提供农产品市场分析和预测报告,帮助农民增强对自然灾害、市场变化等信息的预测预报能力,减少生产的盲目性和损失。

2.发展订单农业。订单农业可有效地将产销双方的利益有机联结起来,实现"生产看市场,销售按合同"的目标。农民按"订单"种养,企业负责"买单"销售,既可提高农产品质量安全,降低市场风险,又可维护和保障农民的根本利益。如2012年重庆江津区吴滩镇蔬菜种植1.3万余亩,共有23个专业合作社和种植大户,通过"农民+合作社+公司"等多种模式,直接进入超市销售,使蔬菜销售渠道畅通,价格比销往农贸市场高10%左右。

3.完善农产品营销方式。加快建立以现代物流、连锁配送、电子商务、期货市场等现代市场流通方式为先导,以批发市场为中心,以集贸市场、零售经营门店和超市为基础,具有较高现代化水平的农产品现代流通体系。推动农产品运销企业和物流配送企业向专业化、规模化方向发展,积极发展农产品连锁经营,加快发展农产品电子商务和农产品期货市场。

三、政策风险

政策风险是影响农业生产和经营的重要因素,主要来源于与农业生产和经营相关的政策转换及政策改变两个部分,如农业政策等经济环境的变化给农业生产和经营造成的损失。中国茶叶流通协会的2013年统计显示,受国内外经济环境的影响,尤其是"限制三公消费"以来,除云南普洱茶和福鼎白茶价格继续保持上涨外,其他高档名优茶则大幅下跌,跌幅在10%至50%之间,高档茶叶礼盒也卖不动。

第二节 农产品质量安全与食品安全法律法规

根据法律法规所调整的社会关系的特点的不同,我国农产品相关法律法规基本可以分成调整横向平等主体之间的财产关系的民事性法律规范以及调整纵向管理与被管理关系的行政管理性法律法规两大部分。

一、《食品安全法》

为保证食品安全,保障公众身体健康和生命安全,针对"三聚氰胺"等严重食品安全问题,中华人民共和国第十一届全国人民代表大会常务委员会第七次会议于2009年2月28日通过了《食品安全法》,自2009年6月1日起施行。该法针对食品生产和加工,食品流通和餐饮服务,食品添加剂的生产经营,用于食品的包装材料、容器、洗涤剂、消毒剂和用于食品生产经营的工具、设备的生产经营,食品生产经营者使用食品添加剂、食品相关产品,对食品、食品添加剂和食品相关产品的安全管理等五大问题进行了全面的规定。经过加工的农产品是重要的食品或食品原料、配料,而作为农产品生产经营者的农产品经纪人,有必要掌握我国《食品安全法》中所规定的我国食品安全的行政监管体制,掌握食品生产者、经营者的食品安全义务,做好食品安全工作。

根据企业是"食品安全第一责任人"的原则,《食品安全法》及其实施条例,全面细致地规定了食品生产经营者在食品安全方面的具体义务：

（一）取得食品经营许可证

《食品安全法》第29条规定国家对食品生产经营实行许可制度，未取得食品生产经营许可证的不得从事食品生产经营。从事食品生产、食品流通、餐饮服务，应当依法分别向县级以上质量监督、工商行政管理、食品药品监督管理部门申请取得食品生产许可、食品流通许可、餐饮服务许可。但农民个人销售其自产的食用农产品，不需要取得食品流通的许可。

（二）满足食品生产经营条件的义务

《食品安全法》第27条规定了食品生产经营应当满足的软硬件基本条件：

1.具有与生产经营的食品品种、数量相适应的食品原料处理和食品加工、包装、贮存等场所，保持该场所环境整洁，并与有毒、有害场所以及其他污染源保持规定的距离；

2.具有与生产经营的食品品种、数量相适应的生产经营设备或者设施，有相应的消毒、更衣、盥洗、采光、照明、通风、防腐、防尘、防蝇、防鼠、防虫、洗涤以及处理废水、存放垃圾和废弃物的设备或者设施；

3.有食品安全专业技术人员、管理人员和保证食品安全的规章制度；

4.具有合理的设备布局和工艺流程，防止待加工食品与直接入口食品、原料与成品交叉污染，避免食品接触有毒物、不洁物；

5.餐具、饮具和盛放直接入口食品的容器，使用前应当洗净、消毒，炊具、用具用后应当洗净，保持清洁；

6.贮存、运输和装卸食品的容器、工具和设备应当安全、无害，保持清洁，防止食品污染，并符合保证食品安全所需的温度等特殊要求，不得将食品与有毒、有害物品一同运输；

7.直接入口的食品应当有小包装或者使用无毒、清洁的包装材料、餐具；

8.食品生产经营人员应当保持个人卫生，生产经营食品时，应当将手洗净，穿戴清洁的工作衣、帽；销售无包装的直接入口食品时，应当使用无毒、清洁的售货工具；

9.用水应当符合国家规定的生活饮用水卫生标准；

10.使用的洗涤剂、消毒剂应当对人体安全、无害；

11.法律、法规规定的其他要求。

（三）禁止生产经营违法食品的义务

《食品安全法》第29条规定，食品生产经营者不得生产经营以下食品：

1.用非食品原料生产的食品或者添加食品添加剂以外的化学物质和其他可能危害人体健康物质的食品，或者用回收食品作为原料生产的食品；

2.致病性微生物、农药残留、兽药残留、重金属、污染物质以及其他危害人体健康的物质含量超过食品安全标准限量的食品；

3.营养成分不符合食品安全标准的专供婴幼儿和其他特定人群的主辅食品；

4.腐败变质、油脂酸败、霉变生虫、污秽不洁、混有异物、掺假掺杂或者感官性状异常的食品；

5.病死、毒死或者死因不明的禽、畜、兽、水产动物肉类及其制品；

6.未经动物卫生监督机构检疫或者检疫不合格的肉类，以及未经检验或者检验不合

格的肉类制品;

7.被包装材料、容器、运输工具等污染的食品;

8.超过保质期的食品;

9.无标签的预包装食品;

10.国家为防病等特殊需要明令禁止生产经营的食品;

11.其他不符合食品安全标准或者要求的食品。

(四)食品经营企业建立食品安全管理内控制度的义务

《食品安全法》第32条规定,食品经营企业应当建立健全本单位的食品安全管理制度,加强对职工食品安全知识的培训,配备专职或者兼职食品安全管理人员,做好对所经营食品的检验工作,依法从事食品生产经营活动。食品经营企业的食品安全管理制度一般应包括经营食品查验和记录制度、库房管理制度、食品销售与展示卫生制度、从业人员健康检查制度、从业人员食品安全知识培训制度、食品用具清洗消毒制度和卫生检查制度等。《食品安全法》对上述具体安全管理内控制度也提出了明具体法律要求:

1.食品经营从业人员取得健康证明后方可从事食品流通经营活动。每年应当进行健康检查;患有痢疾、伤寒、病毒性肝炎等消化道传染病的人员,以及患有活动性肺结核、化脓性或者渗出性皮肤病等有碍食品安全的疾病的人员,不得从事接触直接入口食品的工作。

2.食用农产品生产者应当依照食品安全标准和国家有关规定使用农药、肥料、生长调节剂、兽药、饲料和饲料添加剂等农业投入品。食用农产品的生产企业和农民专业合作经济组织应当建立食用农产品生产记录制度。

3.食品生产者采购食品原料、食品添加剂、食品相关产品,应当查验供货者的许可证和产品合格证明文件;对无法提供合格证明文件的食品原料,应当依照食品安全标准进行检验;不得采购或者使用不符合食品安全标准的食品原料、食品添加剂、食品相关产品。

4.食品生产企业应当建立食品原料、食品添加剂、食品相关产品进货查验记录制度,如实记录食品原料、食品添加剂、食品相关产品的名称、规格、数量、供货者名称及联系方式、进货日期等内容。食品原料、食品添加剂、食品相关产品进货查验记录应当真实,保存期限不得少于两年。

5.食品生产企业应当建立食品出厂检验记录制度,查验出厂食品的检验合格证和安全状况,并如实记录食品的名称、规格、数量、生产日期、生产批号、检验合格证号、购货者名称及联系方式、销售日期等内容。食品出厂检验记录应当真实,保存期限不得少于两年。

6.食品经营者采购食品,应当查验供货者的许可证和食品合格的证明文件。食品经营企业应当建立食品进货查验记录制度,如实记录食品的名称、规格、数量、生产批号、保质期、供货者名称及联系方式、进货日期等内容。实行统一配送经营方式的食品经营企业,可以由企业总部统一查验供货者的许可证和食品合格的证明文件,进行食品进货查验记录。《食品安全法实施条例》规定,从事食品批发业务的经营企业销售食品,应当如实记录食品的名称、规格、数量、生产批号、保质期、购货者名称及联系方式、销售日期等,或者保留载有上述信息的销售票据。进销货台账的保存期限不得少于两年。

(五)食品经营者在食品运输、装卸和贮存环节的义务

《食品安全法》规定食品经营者贮存、运输和装卸食品的容器、工具和设备应当安全、无害,保持清洁,防止食品污染,并符合保证食品安全所需的温度等特殊要求,不得将食品与有毒、有害物品一同运输。食品经营者应当按照保证食品安全的要求贮存食品,定期检查库存食品,及时清理变质或者超过保质期的食品。食品经营者贮存散装食品,应当在贮存位置标明食品的名称、生产日期、保质期、生产者名称及联系方式等内容。

(六)食品经营者对预包装食品依法加贴标签的义务

《食品安全法》第42条规定,包装食品的包装上应当有标签或说明书,无标签的预包装食品禁止销售。食品标签、说明书,应当清楚、明显,容易辨识,不得含有虚假、夸大的内容,不得涉及疾病预防、治疗功能。生产者对标签、说明书上所载明的内容负责。与其标签、说明书所载明的内容不符的食品,不得上市销售。标签应当标明下列事项:

1.名称、规格、净含量、生产日期。

2.成分或者配料表。

3.生产者的名称、地址、联系方式。

4.保质期。

5.产品标准代号。

6.贮存条件。

7.所使用的食品添加剂在国家标准中的通用名称。

8.生产许可证编号。

9.法律、法规或者食品安全标准规定必须标明的其他事项。专供婴幼儿和其他特定人群的主辅食品,其标签还应当标明主要营养成分及其含量。

(七)依法使用食品添加剂的义务

《食品安全法》规定,食品生产者应当依照食品安全标准关于食品添加剂的品种、使用范围、用量的规定使用食品添加剂;不得在食品生产中使用食品添加剂以外的化学物质和其他可能危害人体健康的物质。生产经营的食品中不得添加药品,但是可以添加按照传统既是食品又是中药材的物质。

(八)问题食品的停止经营和召回的义务

《食品安全法》规定,食品经营者发现其经营的食品不符合食品安全标准,应当立即停止经营,通知相关生产经营者和消费者,并记录停止经营和通知情况。食品生产者认为应当召回的,应当立即召回;食品生产者发现其生产的食品不符合食品安全标准,应当立即停止生产,召回已经上市销售的食品,通知相关生产经营者和消费者,并记录召回和通知情况。食品生产者应当对召回的食品采取补救、无害化处理、销毁等措施,并将食品召回和处理情况向县级以上质量监督部门报告。

(九)食品安全事故防范与报告的义务

《食品安全法》规定,食品生产经营企业应当制定食品安全事故处置方案,定期检查本企业各项食品安全防范措施的落实情况,及时消除食品安全事故隐患。如发生食品安全事故,应当立即予以处置,防止事故扩大。事故发生单位应当及时向事故发生地县级卫生行政部门报告。任何单位或者个人不得对食品安全事故隐瞒、谎报、缓报,不得毁灭有关证据。

(十)禁止虚假食品广告的义务

《食品安全法》规定,食品广告的内容应当真实合法,不得含有虚假、夸大的内容,不得涉及疾病预防、治疗功能。在广告中对食品质量作虚假宣传,欺骗消费者的,将依照《中华人民共和国广告法》的规定给予处罚。

二、《农产品质量安全法》

我国《产品质量法》只适用于经过加工、制作的产品,一般即指工业品,不适用于未经加工、制作的农业初级产品;而当时的《食品卫生法》(现修改为《食品安全法》)不调整种植业、养殖业等农业生产活动;为了从源头上保障初级农产品质量安全、维护公众的身体健康、促进农业和农村经济的发展,十届全国人大常委会第二十一次会议于2006年4月29日审议通过了《中华人民共和国农产品质量安全法》,于同年11月1日起施行。

我国《农产品质量安全法》中所称农产品,是指来源于农业的初级产品,即在农业活动中获得的植物、动物、微生物及其产品。而农产品质量安全,是指农产品质量符合保障人的健康、安全的要求。《农产品质量安全法》就与农产品质量安全相关的农产品质量安全标准、农产品产地、农产品生产、农产品包装和标识、农产品质量安全监督检查及法律责任等问题作了基本的规定,是农产品经纪人从事农产品经营所必须了解掌握的。

(一)农产品质量安全标准的强制实施制度

农产品质量安全标准是指依照有关法律、行政法规的规定制订和发布的农产品质量安全的强制性技术规范。一般是指规定农产品质量要求和卫生条件,以保障人的健康、安全的技术规范和要求。如农产品中农药、兽药等化学物质的残留限量,农产品中重金属等有毒物质的允许量,致病性寄生虫、微生物或者生物毒素的规定,对农药、兽药、添加剂、保鲜剂、防腐剂等化学物质的使用规定等。

《农产品质量安全法》第八条规定:禁止生产、销售不符合国家规定的农产品质量安全标准的农产品。因此,生产和销售农产品的主体,如农产品生产企业、农民专业合作经济组织、农产品销售企业、批发市场、农贸市场、配送中心和超市,必须按照农产品质量安全标准的要求组织生产和销售,确保生产和销售的农产品各项参数达到农产品质量安全标准的要求。

《农产品质量安全法》规定,国家应建立健全农产品质量安全标准体系。农产品质量安全标准由国家有关部门依照有关法律、行政法规的规定制定和发布,并由农业行政主管部门商有关部门组织实施。

(二)农产品产地管理制度

由于农产品的生产与工业品生产有很大不同,其质量安全与产地的土质、水体水质等自然因素有着极大的关联性,因此防止因农产品产地土壤、水体、空气等污染而危及农产品质量安全,就成为保障、提高农产品质量安全的前提。

《农产品质量安全法》规定,县级以上政府应当加强农产品产地管理,改善农产品生产条件。禁止违反法律、法规的规定向农产品产地排放或者倾倒废水、废气、固体废物或者其他有毒有害物质;禁止在有毒有害物质超过规定标准的区域生产、捕捞、采集农产品和建立农产品生产基地。县级以上地方政府农业主管部门应按照保障农产品质量安全的要求,根据农产品品种特性和生产区域大气、土壤、水体中有毒有害物质状况等因素,认为不适宜特定农产品生产的,应当提出禁止生产的区域,报本级政府批准后公布执行。

(三)农产品生产者的农产品质量安全义务

《农产品质量安全法》规定了农产品生产者农产品质量安全义务,主要包括:

1.依照规定合理使用农业投入品。农产品生产者应当按照法律、行政法规和国务院农业主管部门的规定,合理使用化肥、农药、兽药、饲料和饲料添加剂等农业投入品,严格执行农业投入品使用安全间隔期或者休药期的规定,禁止使用国家明令禁止使用的农业投入品,防止因违反规定使用农业投入品危及农产品质量安全。

2.依照规定建立农产品生产记录。农产品生产企业和农民专业合作经济组织应当建立农产品生产记录,如实记载使用农业投入品的有关情况、动物疫病和植物病虫草害的发生和防治情况,以及农产品收获、屠宰、捕捞的日期等情况。农产品生产记录应当保存两年。禁止伪造农产品生产记录。农产品生产企业、农民专业合作经济组织未建立或者未按照规定保存农产品生产记录的,或者伪造农产品生产记录的,责令限期改正;逾期不改正的,可以处两千元以下罚款。

3.对其生产的农产品的质量安全状况进行检测。农产品生产企业和农民专业合作经济组织应当自行或者委托检测机构对其生产的农产品的质量安全状况进行检测,经检测不符合农产品质量安全标准的,不得销售。

(四)农产品的包装和标识制度

根据《农产品质量安全法》和农业部《农产品包装和标识管理办法》的规定,农产品生产企业、农民专业合作经济组织以及从事农产品收购的单位或者个人销售的农产品,对获得无公害农产品、绿色食品、有机农产品等认证的农产品(鲜活畜、禽、水产品除外),省级以上人民政府农业行政主管部门规定的其他农产品须经包装后方可销售。包装应当符合农产品储藏、运输、销售及保障安全的要求,要便于拆卸和搬运,防止机械损伤和二次污染。

农产品生产企业、农民专业合作经济组织以及从事农产品收购的单位或者个人对包装销售的农产品,应当在包装物上标注或者附加标识标明品名、产地、生产者或者销售者名称、生产日期、保质期等内容。有分级标准或者使用添加剂的,还应当标明产品质量等级或者添加剂名称;对未包装的农产品,应当采取附加标签、标识牌、标识带、说明书等形式标明农产品的品名、生产地、生产者或者销售者名称等内容。未加标注或附加标识的,不得销售。销售的农产品未按照规定进行包装、标识的,责令限期改正;逾期不改正的,可以处两千元以下罚款。

农产品生产企业、农民专业合作经济组织以及从事农产品收购的单位或者个人,应当对其销售农产品的包装质量和标识内容负责。

(五)农产品质量安全监督检查制度

依法实施对农产品质量安全状况的监督检查,是防止不符合农产品质量安全标准的产品流入市场、进入消费,危害人民群众健康、安全后果的必要措施,《农产品质量安全法》规定对含有国家禁止使用的农药、兽药或者其他化学物质的;农药、兽药等化学物质残留或者含有的重金属等有毒有害物质不符合农产品质量安全标准的;含有的致病性寄生虫、微生物或者生物毒素不符合农产品质量安全标准的;使用的保鲜剂、防腐剂、添加剂等材料不符合国家有关强制性的技术规范的等不符合农产品质量安全标准的农产品禁止销售。

县级以上人民政府农业行政主管部门应当按照保障农产品质量安全的要求,制定并组织实施农产品质量安全监测计划,对生产中或者市场上销售的农产品进行监督抽查。监督抽查检测应当委托经省级以上人民政府农业行政主管部门或者其授权的部门考核合格并经计量认证合格的农产品质量安全检测机构进行;不得向被抽查人收取费用,抽取的样品不得超过国务院农业行政主管部门规定的数量;上级农业行政主管部门监督抽查的农产品,下级农业行政主管部门不得另行重复抽查。

农产品生产者、销售者对监督抽查检测结果有异议的,可以自收到检测结果之日起五日内,向组织实施农产品质量安全监督抽查的农业行政主管部门或者其上级农业行政主管部门申请复检。采用快速检测方法进行农产品质量安全监督抽查检测,被抽查人对检测结果有异议的,可以自收到检测结果时起四小时内申请复检。复检不得采用快速检测方法。

农产品批发市场应当设立或者委托农产品质量安全检测机构,对进场销售的农产品质量安全状况进行抽查检测;发现不符合农产品质量安全标准的,应当要求销售者立即停止销售,并向农业行政主管部门报告。

农产品销售企业对其销售的农产品,应当建立健全进货检查验收制度;经查验不符合农产品质量安全标准的,不得销售。

县级以上人民政府农业行政主管部门在农产品质量安全监督检查中,可以对生产、销售的农产品进行现场检查,调查了解农产品质量安全的有关情况,查阅、复制与农产品质量安全有关的记录和其他资料;对经检测不符合农产品质量安全标准的农产品,有权查封、扣押。

第三节 农产品销售过程中的若干民事法律问题

农产品销售所涉及的法律,主要是民事法律中的合同法,当然也与公司法、消费者权益保护法、民事诉讼法等有关联。学习、分析、运用农产品销售中重要的民事法律法规,是农产品经纪人依法经营、维护自身合法权益的重要保障。

一、农产品销售方式的法律分析

(一)批发与零售

1.批发和零售的定义。通常按照销售数量的不同,可以将农产品销售行为分成批发与零售两类。批发是指将物品或服务售给为了转卖或者其他营利性用途购买的组织或个人的销售活动,由于购买者具有经营目的的原因,一般其数量均相对较大;零售是相对批发来理解的,一般是指少量的、零星的销售同种商品的行为,正是因为其数量较少,所以其购买者一般为该产品的终端消费者,特别是指个人消费者。

2.区别。区分批发与零售的法律意义在于法律适用。批发行为当事人之间的权利义务应当适用《中华人民共和国合同法》的相关规定;零售则因销售对象是消费者,故应依法适用《中华人民共和国消费者权益保护法》。这两个法的最大不同在于,《消费者权益保护法》给商品的购买者即消费者予特殊的保护,即法律让商品的销售方承担起更多的义务,这种特殊保护不以销售方的规定或双方的约定而排除;而《合同法》坚持交易主体之间的平等关系,双方当事人的权利义务,如无相反规定,则依当事人之间的约定,即便是通常情况之下一方的权利也可因当事人的约定而排除。

(二)凭说明交易、凭样品交易与依现状交易

质量是农产品交易中最为重要的交易条件之一。根据交易中卖方对所销售的产品的品质担保方式的不同,农产品销售可以分成凭说明交易、凭样品交易与依现状交易三种交易方式。

1.凭说明交易。即指销售者用文字、符号、图表、相片等多种方式来说明贸易双方成交商品的品质的交易方式。在该种交易方式中,卖方有义务提供与相关说明相符品质的商品的义务。

2.凭样品交易。又称货样买卖,是按货物样品确定买卖标的物的品质的交易方式。在该种交易方式中,卖方有义务提供与当事人保留的样品具有相同品质的商品的义务。

3.依现状交易。它是以货物现有状况来确定买卖标的物的品质的交易方式。在该种交易方式中,卖方仅提供货物,卖方对货物的品质状况不作任何其他担保。

在通常的农产品交易中,三种交易方式均较为常见,但大宗的农产品交易,往往以凭说明交易和凭样品交易为主,有时是这两者的结合,既凭样品,又凭说明。

(三)买断与代销

农产品交易中,根据付款及退货条件的不同,可以分成买断与代销两种销售方式。买断,又称包销,是指买方应按合同约定的时间及条件付款,如无质量等问题,无论买方能否将所买之货物销售完毕,均不能退货。代销是指合同约定买方可以根据其销售货物的进度付款,在约定期限届满时,无论货物是否存在质量等问题,买方均可将未及销售的货物退还卖方。

从法律的角度来看,所谓买断就是纯粹意义上的买卖合同,毫无疑问应当遵守《合同法》关于买卖合同的相关规定。但是所谓的代销则不是法律的概念,如依法律角度分析,农产品代销合同可能构成下列三种合同中的一种:

1.委托代理销售。法律上的委托代理销售,又称直接销售代理,是指销售商在授权范围内,以产品所有人(生产商、批发商)的名义与买方签订销售合同,而因销售合同而产生的后果直接归属于委托人承担,自己则按比例收取代理销售佣金的销售方式。当事人相互间的权利义务责任应依照《民法通则》有关代理的规定。其重要的法律特征有:(1)代理人是以被代理人的名义而不是自己的名义与第三人签约;(2)被代理人对代理人的行为后果在授权范围内负全责(如交货、收款、售后服务等,当然被代理人也可授权代理人从事这些具体事务);(3)销售商的收入一般依赖于按销售额提取的代理佣金而非价差,销售费用无约定则由委托人承担;(4)货物所有权归委托人。

2.行纪销售。行纪,又称间接代理销售,是行纪人(受托人,销售商)以自己的名义为委托人从事销售活动而与第三人签订买卖合同,委托人支付报酬的销售方式。当事人相

互间的权利义务责任应依照《合同法》第22章有关行纪合同的规定。其重要的法律特征有：(1)销售商以自己的名义订立销售合同；(2)销售商所签销售合同由销售商履行和负责，销售商与委托人的关系按行纪合同确定；(3)销售商利润来源为价差或佣金，销售费用无约定则由销售商承担；(4)货物所有权归委托人。

3.附余货退回条件的销售。附余货退回条件的买卖合同，是指在一般的买卖合同中，双方特别约定，在一定期间内买方有权选择对未能销售的货物可以退回的特殊买卖合同。在本质上而言，该种合同是一种特殊的买卖合同，当事人相互间的权利义务责任应依照《合同法》第9章有关代理的规定。其重要的法律特征有：(1)买卖合约中有一定期间内买方有权选择对未能销售的货物可以退回的约定；(2)产品的买方再次对外销售时是以其自己的名义；(3)销售商利润来源为价差，销售费用由销售商承担；(4)货物所有权在余货退回前归销售商(即附余货退回条件的买卖合同中的买方)。

二、销售合同的法律实务问题

(一)合同的形式问题

《合同法》第10条规定，"当事人订立合同，有书面形式、口头形式和其他形式。法律、行政法规规定采用书面形式的，应当采用书面形式。当事人约定采用书面形式的，应当采用书面形式。"从该条规定来看，在形式并无法律上涉及效力性的规定。因而订立农产品销售合同，只要有证据说明合同的相关具体情况，无论采用何种方式法律并无限制。但是作为一种规范化的操作方式，特别是在交易金额较大时，签订书面形式的农产品销售合同仍实属必要。

就书面形式具体而言，是指合同书、信件和数据电文(包括电报、电传、传真、电子数据交换和电子邮件)等可以有形地表现所载内容的形式。其中又以合同书最为规范、科学。近些年来，为了支持"三农"工作，各地工商行政管理部门和农业部门制定了不少具体的农产品买卖(销售)合同书示范文本，对此农产品经纪人应当认真学习并学会使用。以传真件、电子邮件、QQ通讯记录等来证明签订合同及合同当事人权利义务而言，由于对民事诉讼证据规则理解不同的原因，其法律证明力存在疑问，应谨慎采用。当事人采用信件、数据电文等形式订立合同的，最好在合同成立之前要求签订确认书，签订确认书时合同才成立。

农产品经纪人在业务中，特别是在与连锁超市等较大型企业签订合同时，可能碰到格式合同或格式条款的问题。格式条款是当事人为了重复使用而预先拟定，并在订立合同时未与对方协商的条款。在这种格式合同(条款)中，经常会发现一些对自己特别不利的交易条款，农产品经纪人因种种原因有时被迫接受。作为一般合同法原则，自己签字确认的合同条款显然是对双方有约束力的，但在格式条款中，有时并不尽然。《合同法》规定，格式条款具有该法第52条和第53条规定情形的，或者提供格式条款一方免除其责任、加重对方责任、排除对方主要权利的，该条款无效；格式条款和非格式条款不一致的，应当采用非格式条款；对格式条款的理解发生争议的，应当按照通常理解予以解释。对格式条款有两种以上解释的，应当作出不利于提供格式条款一方的解释。从上述规定可以看出，即便农产品经纪人已经在格式合同上签章确认，也并非说这些格式条款定然全部有效，应当具体认真地进行分析,即便在事后分析也是有意义的。

(二)合同的签字盖章问题

依照合同法,双方当事人就合同具体交易条件达成一致意见时合同成立。《合同法》第32条规定,当事人采用书面形式订立合同的,自双方当事人签字或者盖章时合同成立。

1.合同盖章签字具有重要的作用。对合同当事人而言,合同上加盖印章或签字,表明双方当事人订立合同的要约、承诺阶段的完成和对双方权利、义务的最终确认,从而标志合同经双方协商而成立,并对当事人双方发生法律效力,当事人应当基于合同的约定行使权利、履行义务。在民事诉讼中,各方当事人是否在合同上盖章或签字是人民法院判定该合同是否已经有效成立的重要证据,一般说来,某个合同一旦由双方当事人盖章或签字,当事人将不必另行举证证明合同已经成立,由此产生的后果便是法官将不对合同是否成立进行审理,法官将基于这一法定事实直接判定当事人义务的履行情况。因而我们常规交易做法是在制作完成合同文书后,通常还要办理签字盖章的手续。

2.在办理签字盖章手续时,我们应当注意以下问题:

(1)签约时最为稳妥的做法是既签字又盖章。《合同法》第32条规定的签字或盖章是选择关系,意味着要么签字,要么盖章,要么签字盖章同时具备,这三种情况对于合同成立的意义是相同的。但我们应当注意的是,单纯的盖章或签名存在着一定的不确定性。一方面,由于印章极易被伪造,并且印章的名义所有者(即印文所表示其姓名或名称的印章拥有者)与实际控制者极易分离,所以,单纯的印章的证明力在本质上低于签名的证明力。我们在交易活动中应当更重视签名,因为签名与签名人之间联系的确定性要远远大于印章与印章名义人之间的联系,对方当事人只要当面签名,就可以在相当程度上保证其签名的效力与证明力。另一方面,农产品经纪人大量业务中交易对手的经办人员只是普通的业务人员或部门负责人,而不是营业执照上所记载的法定代表人,用法律的眼光来看这种经办人员是属于单位的代理人,在未加盖单位印章的情况下,有时其签名并不能代表单位,在对方单位否认其签名的代表效力时,则徒增己方的举证证明义务。因而,为减少争议与不确定性,签约时最为稳妥的做法是先由经办人或法定代表人签名再加盖单位印章,简单讲就叫签章。

(2)如何签章的问题。合同当事人主体法律上分三类,自然人、法人和其他组织。自然人订立合同一般由订立合同的自然人签字或盖上自己的姓名章;法人、其他组织订立合同一般是由法人的法定代表人、其他组织负责人或者代理人签名或盖上单位的公章。法人、其他组织应该盖什么章,我国《合同法》未作明确规定。现实中,法人、其他组织的公章种类很多,有行政章、合同专用章、财务专用章、收发货专用章及各职能部门的公章等。一般而言,合同专用章、行政章都能作为合同章,至于财务专用章、各部门的公章的效力则要看具体情况,如果仅仅证明诸如欠款金额(企业之间对账单)这样的财务方面的问题,那么财务章也是有效的。

签章时最安全的方法是,签字要页签(在每一页上都签字),盖章要加盖骑缝,以保证合同的完整性和避免被篡改。签字时最好用蓝黑色的墨水,易于分辨是否是原件。许多人习惯用碳素墨水,虽利于长年保存。但当原件与复印件发生分辨困难时,就会徒增举证困难。

（三）农产品销售合同的法律效力问题

所谓合同效力，是法律赋予依法成立的合同所产生的在当事人之间的与法律一样的约束力。一般而言，依法成立的合同，自成立时生效。依法生效的合同，对当事人具有法律约束力。当事人应当按照约定履行自己的义务，不得擅自变更或者解除合同，当事人的权利依法受到保护，当事人应按合同约定履行合同义务，否则要承担违约责任。因此，合同当事人若意图使自己在合同中的权利得到法律保障，则必须确保合同有效。

1．有效合同。根据《民法通则》第55条的规定，可以归纳出作为一个有效合同主要应具有行为人具有相应的民事行为能力、当事人意思表示真实和不违反法律或者社会公共利益三大条件。完全符合这些条件的合同是有效合同，不完全符合甚至完全背离这些条件的合同是无效或者效力有瑕疵的。依据我国《合同法》的规定，合同的效力除可分为有效合同与无效合同两大基本类别外，还有效力待定合同、可变更可撤销合同两个效力有瑕疵的亚类别。

2．无效合同。根据《合同法》第52条的规定，下列合同无效：一方以欺诈、胁迫的手段订立合同，损害国家利益；恶意串通，损害国家、集体或者第三人利益；以合法形式掩盖非法目的；损害社会公共利益；违反法律、行政法规的强制性规定的。

3．撤销、可变更合同。根据《合同法》第54条的规定，在下列三种情况下订立的合同为可撤销、可变更合同，当事人一方有权请求人民法院或者仲裁机构变更或者撤销合同：因重大误解订立的；在订立合同时显失公平的；一方以欺诈、胁迫的手段或者乘人之危，使对方在违背真实意思的情况下订立的合同。当事人的合同撤销请求权因自知道或者应当知道撤销事由之日起一年内没有行使以及知道撤销事由后明确表示或者以自己的行为放弃两大原因而丧失。

4．效力待定合同。根据《合同法》第47、48、51条的规定，下列三种合同为效力待定合同：限制民事行为能力人订立的合同；行为人没有代理权、超越代理权或者代理权终止后以被代理人名义订立的合同；无处分权的人处分他人财产的合同。

合同无效或者被撤销后，因该合同取得的财产，应当予以返还；不能返还或者没有必要返还的，应当折价补偿。有过错的一方应当赔偿对方因此所受到的损失，双方都有过错的，应当各自承担相应的责任。当合同部分无效而并不影响其他部分的效力的，其他部分仍然有效。而且当合同被确认无效、被撤销或者终止后，不会影响合同中独立存在的有关解决争议方法条款的效力。

农产品销售合同作为合同的一种，法律有关合同效力问题的规定自然是全部适用的。但是一般农产品经纪人订立的农产品销售合同如无《农产品质量安全法》第33条规定的不符合农产品质量安全标准情况和《食品安全法》第28条规定的禁止销售不符合食品安全标准或者要求的食品外，并无其他无特殊规定，故只需掌握《合同法》有关合同效力问题的一般规定，就能依法保证农产品销售合同的有效性，从而更好地维护农产品经纪人自身的合法权益。

三、拟定条款完善、规范的农产品销售合同

在农产品经纪人的业务经营过程中，确保订立一份较为完善、规范的书面农产品销售

合同,明确具体地规定当事人双方在交易中的权利义务责任,明确具体地规定交易中可能出现的各种情况的处理预案,是有效地减少纠纷、保障交易的安定性、维护各自合法权益的重要前提。

在具体业务中,农产品经纪人一定要学会利用各级政府部门制定的各类农产品买卖示范合同文本。当然对于一些比较特殊的交易,也可请专业人员协助制定合同文本。

1.制定农产品销售合同的思路。制定农产品销售合同文本时,其基本思路或方法是:首先要确定交易的主要内容,并以时间发展为线索,确定双方交易或合作的过程;其二要分析本单位和对方在本次交易中的核心利益,分析可能出现的问题与规范方法;第三要制作合同条款提纲,再制作正式合同文本。

2.农产品销售合同条款规定。在农产品销售合同中,双方交易的一般内容是:卖方及时提供保质保量的货物,提供销售指导与服务,买方的主要义务是支付价款,接受对方履行。因此需要规定以下条款:

(1)当事人的名称或者姓名和住所;

(2)货物的名称、规格、商标、生产厂家、原产地等基本状况;

(3)货物的数量及计量方法、超欠交幅度、正负尾差、合理磅差、余货处理方法等;

(4)货物的具体质量要求或质量标准代码,对于没有国家标准、行业标准、企业标准或者买方的要求与该标准有差异的,应明确约定质量要求,并提出特殊质量要求的理由,同时应当清楚表达质量不符要求时的不同处理方法;

(5)价款条款应当包括单价与总价、计价方法标准,货款的支付时间、额度、方式的安排;

(6)交货条件条款应当清楚表明交货各批次的品种、数量、期限、地点、运输方式与运费负担、发货通知、收货确认、检验时间、地点、方法、质量异议的时间限制等;

(7)违约责任条款应当清楚表达卖方不交货或少交货以及买方中途违约不收或拒收货物的违约金额度;卖方交货延迟或买方付款迟延的违约金计算方法、额度;卖方交货不符合合同约定的退换货条件、方法、程序及损失分担等。

总之,一份条款完善、规范的农产品销售合同,应当各方权利义务、交易程序清晰明了,合同文字表达意思准确、无歧义、无矛盾,主次分明、行文简洁、条理清晰,具有可操作性与可执行性。

四、农产品销售业务货款回收中应当注意的法律问题

由于大量的农产品是处于买方市场,故实践中许多情况下销售农产品都是先发货后收款,因而货款回收是农产品销售业务中的最重要的甚至是致命的环节。妥善地处理好交易环节的各种法律技术安排,就成为最大可能回收销售货款的重要条件。

(一)选择规范信用的交易对手是确保货款回收的基本保障

交易对手的资信状况和企业组织形态很大程度上决定了交易的安全性。就企业的组织形态而言,有法人型企业与合伙型企业、个体工商户、一人有限公司之分;法人型企业有公司制的法人企业与非公司制的法人企业之分。公司制企业又有股份有限公司和有限责任公司之分。对于法人型企业,应当明确的是,法人的投资者(开办单位、股东)是对企

的债务负有限责任,企业的财产与投资者的财产、企业工作人员(无论是负责人还是一般人员)的财产各自独立。因此,企业的债务只能向特定的企业主张而与投资者与工作人员无关。特别是对于有限责任公司制企业来说,由于新《公司法》规定的注册资本的最低限额将为仅三万元,故公司实际的资产状况可能还不如一个个人,与这样的交易对手的交易,其风险甚至大于与个体工商户或者合伙企业,因为个体工商户是以其全部财产(含经营性财产和非经营性财产)对经营债务负责;合伙企业的全体合伙人均以其全部财产(含经营性财产和非经营性财产)对合伙企业的债务负连带责任。因此,在与公司注册资本较小的有限责任公司发生交易时,应当十分小心,最好要求其股东(往往就是业务的实际经办人)签署对公司债务的不可撤销担保函,以股东个人资产为公司债务作保证,这样做的好处是能够有效避免赊销的风险。

(二)依法设定最高额担保是确保货款回收的有力手段

设定担保,确保因农产品交易而产生的债权受到法律的特别保护,也是确保货款回收的有力手段。但是农产品交易的小额、连续性的交易特征,往往使得当事人不愿意采用《担保法》或《物权法》规定的担保手段。《担保法》第14条规定:"保证人与债权人可以就单个主合同分别订立保证合同,也可以协议在最高债权额限度内就一定期间连续发生的借款合同或者某项商品交易合同订立一个保证合同。"根据该规定,在交易之前,先订立一个最高额连带责任保证合同,然后再发生具体的交易,只要交易债务余额在保证合同约定的最高额范围之内,那么债权就能额外地受到《担保法》的保障。同样的担保方式还有《担保法》规定的最高额抵押和最高额质押。依法设定最高额担保,解决了农产品交易中货款余额的不确定性与担保设定复杂性之间的矛盾,是确保货款回收的有力手段。

(三)保留交易的原始凭证是货款回收的必要条件

在农产品销售业务中,会产生大量的交易原始凭证,如发货单、收货单、付款凭证、收款凭证、销货清单等,这些原始凭证,部分或全面地反映了交易的基本情况,因而在民事诉讼中具有重要的证据价值,是确定双方当事人权利义务的基本依据之一,在口头合同的情况下,这些交易原始凭证甚至是确定双方当事人权利义务的唯一依据。如果遗失这些交易凭证的一部或部分,在对方不很诚信的情况下,就会因举证困难而给销售方带来不利。

对方签字的对账单是诉讼最有力的初步证据,因而在一个阶段内发生大量零星的农产品交易后,需要由双方对账,对所欠货款余额双方确认无误后,要求债务人予以确认(盖公章或财务专用章),将十分有助于债权人依法主张权利。

(四)订立保留所有权的买卖合同是赊销当中保证卖方利益的重要方法

农产品赊销的另一个风险来自于买方的破产倒闭。依照法律规定,在债务人破产倒闭的情况下,债权人的债权成为法律上的破产债权,债权人基本上只能就其债权一部分受偿,甚至得不到分文。因为一般法律原则是标的物的所有权自标的物交付时起转移,货物赊销后虽然债务人未付全部或部分货款,但已经享有货物的所有权,该货物在债务人破产倒闭的情况下列为破产财产,其价值用于向全体债权人平等清偿。但是依据《合同法》第133条规定,法律允许当事人对所有权转移的时间另行约定。因此,如在农产品销售合同中约定货物的所有权在买方未付清全部货款前不发生转移,仍归出卖人所有,则至少可以避免分文未得而又取不回货物的尴尬局面,最大限度地降低因买方破产倒闭而带来的风险。

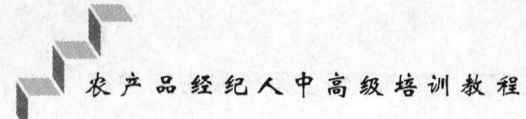

(五)及时、妥当、适当地选择纠纷解决手段是确保货款回收的基本法律手段

民事争议的解决手段简单而言有协商、调解、仲裁与诉讼四种方式。协商与调解两个手段,是以当事人诚信为前提的,而且其结果不具有法律终局效力。故在协商或调解未果的情况之下,要及时地选择仲裁或诉讼手段解决争议。由于仲裁制度的特点,并不十分适合用来解决纯粹追讨货款的争议,故一般提倡用诉讼的方式解决。

《民法通则》第135条规定,向人民法院请求保护民事权利的诉讼时效期为两年,法律另有规定的除外。超出法定的诉讼时效的规定,其法律后果是权利人行使请求权的,人民法院就不再予以保护。因此就货款追讨问题向人民法院提起诉讼主张权利的,应当自权利受到侵害之日起(一般而言为货款到期之日起)两年内提出,否则债权将不受法律保护。

在选择向哪一个法院起诉时,应当遵守《民事诉讼法》有关诉讼管辖的规定。《民事诉讼法》第24条规定,"因合同纠纷提起的诉讼,由被告住所地或者合同履行地人民法院管辖。"因此我们可以尽可能地选择相对较近的法院起诉,以降低诉讼成本,最大限度地维护自身合法权。

第四章 农产品国际贸易

浙江省茶叶出口

浙江是一个经济外向型省份,外贸依存度较高,而茶叶作为浙江具有明显优势的农业主导产业,其出口的持续发展也受到广泛关注。近几年浙江茶叶出口一直位居全国第一,以 2008 年为例,浙江省茶叶出口量和金额分别为 16.7 万吨和 3.64 亿美元,数量和金额分别占当年我国茶叶出口总量、总金额的 56% 和 53%。但是随着国际经济环境的变化,浙江茶叶出口也面临挑战。以 2009 年为例,1~2 月份浙江省累计出口茶叶 2.4 万吨,比 2008 年同期下降 7.8%;出口金额 5 121.2 万美元,增长 2.4%,比 2008 年全年增长率低 13.1 个百分点,出口额占同期全国茶叶出口总额的 54.2%。其中,浙江省 2 月份出口茶叶 2 207.8 万美元,增加 14.5%,但是较 1 月份环比下降 24.2%。

2008 年上半年浙江茶叶的主要出口市场为非洲的摩洛哥、美国、日本和欧盟等国家和地区,出口金额共计 9 323 万美元,占同期浙江茶叶出口总金额的 47.65%,其中日本市场约占 4%,位列第三,可见目前日本仍然是浙江主要的茶叶贸易伙伴国家。但自 2003 年至 2008 年浙江对日出口茶叶的数量和金额均有大幅下降,出口数量由 2004 年的 18 000 吨下降为 2008 年的 6 400 吨,出口金额由 2004 年的 3 810 万美元下降到 2008 年的 1 405 万美元。由此可见,浙江对日茶叶出口有所放缓,原因是多方面的,但不容忽视的一点是日本近年来实施的苛刻的技术标准在很大程度上影响了浙江的对日茶叶出口。

资料来源:王巾.浙江对日茶叶出口贸易研究[J].现代商贸工业,2010.1

第一节 农产品国际贸易基本理论

随着经济全球化步伐的不断加快,特别是中国加入世界贸易组织(WTO)后,我国农产品的国际贸易逐步和国际农业接轨,这既为我国农业带来了发展机遇,也为我国农业带来了新的挑战。

一、农产品国际贸易分类

(一)农产品国际贸易的含义

农产品国际贸易是指不同国家或地区之间的农产品的交换活动,由进口贸易和出口贸易两部分组成,也被称为进出口贸易。广义的农产品包括农作物、畜产品、水产品和林产品,狭义的农产品则仅指农作物和畜产品。国际贸易中的农产品通常指狭义而言。

(二)国际贸易的类型

1.从货物移动方向上分为出口贸易、进口贸易和过境贸易。(1)出口贸易是指一国将生产和加工的商品运往他国市场出售,如浙江省茶叶出口摩洛哥。(2)进口贸易是指一国将外国商品输入本国市场销售,如中国大量从美国进口大豆和牛奶。(3)过境贸易是指凡一国向另一国出口的商品要通过第三国,对第三国来说,就是过境贸易。如中国出口或进口的许多农产品,为了运输便利,需要通过香港来运输,这样的农产品国际贸易对于香港而言,就是过境贸易。

2.从货运的方式上分为陆路贸易、海路贸易、空运贸易和邮购贸易。(1)陆路贸易是指我国与临近的一些国家的农产品贸易的运输方式,如与越南、柬埔寨等国家进行的农产品国际贸易。(2)海路贸易是我国传统的农产品国际贸易运输方式。迄今为止,绝大部分的农产品运输方式仍然是海路运输。(3)空运贸易是一种新兴的农产品国际贸易运输方式,如花卉、一些高档美国牛肉、高档金枪鱼等。(4)邮购贸易在农产品国际贸易用的较少,但随着电子商务的不断发展,也逐渐开始增加。

3.从是否有第三国参与来分为直接贸易、间接贸易和转口贸易。(1)直接贸易是指生产国与消费国直接进行交易,绝大部分农产品的国际贸易是直接贸易。(2)间接贸易是指生产国生产的产品,经由第三方再向消费国交易。(3)转口贸易是指国际贸易中进出口货物的买卖,不是在生产国与消费国之间直接进行,而是通过第三国转手进行的贸易。这种贸易对中转国来说就是转口贸易。如因为政治或其他的原因,朝鲜、古巴等国的农产品不能与一些西方发达国家直接进行贸易,只能通过其他国家进行转口贸易。

4.按对外贸易政策不同区分为自由贸易和保护贸易。(1)自由贸易。它是指国家取消对进出口贸易的限制和障碍以及本国进出口商品各种优待和特权,对进出口商品不加干涉和限制,使商品自由进出口,在国内市场上自由竞争的贸易政策。政府不采用关税、配额或其他形式来干预国际贸易的政策,并不意味着完全放弃对进出口贸易的管理和关税制度,而是根据有关贸易条约与协定,使国内外产品在市场上处于平等地位,展开自由竞争与交易,在关税制度上只是不采用保护关税,但为了增加财政收入,仍可征收财政关税。(2)保护贸易。它是指由国家采取各种措施干预对外贸易,以保护本国市场免受外国商品的竞争,并对本国出口商给予优惠或津贴,奖励出口。因为农产品的特殊性,绝大部分国家对本国的农产品市场都采取一定的保护措施。

二、农产品国际贸易流程

农产品国际贸易流程主要包括报价、订货、付款方式、备货、包装、通关手续、装船、运输保险、提单、结汇。

（一）报价

一般是由产品的询价、报价作为国际贸易的开始，主要包括产品的质量等级、规格型号、是否有特殊包装要求、所购产品量的多少、交货期的要求、产品的运输方式、产品的材质等内容。常用报价方式有 FOB(船上交货)、CFR(成本加运费)、CIF(成本、保险费加运费)等形式。

（二）订货

贸易双方在报价达成一致意向后，买方正式订货并就一些相关事项与卖方进行协商，双方主要对商品名称、规格型号、数量、价格、包装、产地、装运期、付款条件、结算方式、索赔、仲裁等内容进行商谈，并将商谈后达成的协议写入《购货合同》，这标志着出口业务的正式开始。

（三）付款方式

比较常用的国际付款方式有三种，即信用证付款方式、托收方式和汇付。国际贸易中以信用证作为付款方式的居多，信用证分为光票信用证和跟单信用证两类。托收是出口人在货物装运后，开具以进口方为付款人的汇票(随附或不随附货运单据)，委托出口地银行通过它在进口地的分行或代理行代出口人收取货款一种结算方式。汇付，又称汇款，是付款人通过银行，使用各种结算工具将货款汇交收款人的一种结算方式。

（四）备货

备货是指进出口公司根据合同和信用证规定，向生产加工及仓储部门下达联系单要求有关部门按联系单的要求，对应交的货物进行清点、加工整理、刷制运输标志以及办理申报检验和领证等工作。备货的主要核对内容包括货物品质、规格，应按合同的要求核实。货物数量要保证满足合同或信用证对数量的要求。备货时间应根据信用证规定，结合船期安排，以利于船货衔接。

（五）包装

根据货物的不同来选择包装形式，如纸箱、木箱、编织袋等。不同的包装形式其包装要求也有所不同。一般出口包装要根据贸易出口通用的标准进行包装。特殊出口包装标准根据客户的特殊要求进行出口货物包装。货物的包装和唛头(运输标志)应进行认真检查核实，使之符合信用证的规定。

（六）通关手续

通关手续极为烦琐又极其重要，如不能顺利通关则无法完成交易。须由专业持有报关证人员，持箱单、发票、报关委托书、出口结汇核销单、出口货物合同副本、出口商品检验证书等文本去海关办理通关手续。属法定检验的出口商品须办出口商品检验证书。目前我国进出口商品检验工作主要有四个环节：接受报验、抽样、检验、签发证书。

（七）装船

装船是指托运人应将其托运的货物送至码头承运船舶的船边并进行交接，然后将货物装到船上。在货物装船过程中，可以根据货物的多少来决定装船方式，并根据《购货合同》所定的险种来进行投保。

（八）运输保险

货物运输险就是针对流通中的商品而提供的一种货物险保障。通常双方在签订《购货合同》中已事先约定运输保险的相关事项。常见的保险有海洋货物运输保险、陆空邮货运输保险等。海洋运输货物保险条款所承保的险别,分为基本险别和附加险别两类。

(九)提单

提单是出口商办理完出口通关手续、海关放行后,由外运公司签出、供进口商提货、结汇所用的单据。所签提单根据信用证所提的要求份数签发,一般是三份,其中出口商留两份,用来办理退税等业务,剩余一份寄给进口商用来办理提货等手续。海运货物时,进口商必须持正本提单、箱单、发票来提取货物。由出口商将正本提单、箱单、发票寄给进口商。若是空运货物,则可直接用提单、箱单、发票的传真件来提取货物。

(十)结汇

出口货物装出之后,进出口公司即应按照信用证的规定,正确缮制箱单、发票、提单、出口产地证明、出口结汇等单据。在信用证规定的交单有效期内,递交银行办理议付结汇手续。除采用信用证结汇外,其他付款的汇款方式一般有电汇、票汇、信汇等方式,由于电子化的高速发展,现在汇款主要使用电汇方式。

第二节 国际市场与农产品贸易保护

我国加入 WTO 组织以来,农产品国际贸易业务受到国际农产品协议和世界贸易组织规则的影响。我国农产品贸易逆差增长规模在这数年间的扩张非常之快,从 2004 年的 46.4 亿元,增加到 2012 年的 500 亿元。今后我国农产品贸易将呈现大进大出的趋势,贸易逆差将继续存在。

一、国际农产品市场

近 20 年来,世界人口与经济持续增长,对农产品的刚性需求随之增加。随着生物质能源发展、气候变化以及金融资本投机等非传统因素影响的日趋显著,全球农产品市场呈现供求趋紧、谷物库存长期走低、供给区域性短缺矛盾突出、价格高企且波动加剧等特点。

(一)按产品分类

世界农产品市场按农业的分布、农业的内部分工、市场供求以及农产品的使用价值的利用情况可分为食用产品市场、农业原料市场和其他副产品零星分散的市场。

1.食用产品市场。食用产品是一次性消费产品。在世界食用产品贸易结构中,除粮食以外的其他非主食产品消费比例有更大的增长。由于食品关系到人的健康,卫生要求高,进口受到各国不同严格标准的限制。食用产品贸易规模大,历年成交批量大,国际运输量也大,已形成国际集散市场,进行巨额期货交易。

2.农业原料市场。依据联合国粮农组织的分类,农业原料包括棉、麻、丝、天然橡胶、羊毛、猪鬃、肠衣、羽毛、木材等初级产品,各种动物油、植物油、原糖品也都可以归入农业原料。这类初级产品的附加价值高,通过加工增产的潜力很大。

3.零星分散市场。世界农产品市场中还有一些规模小、产品批量小、消费市场狭窄的产品,如瓜子、木耳、厘竹、香料油、花鸟鱼虫、土产原料等。这些市场的分布分散,但却是

第四章　农产品国际贸易

国际农产品市场中不可缺少的一个部分。

（二）按地域分类

世界经济的发展和国际劳动分工越来越使更多国家卷入国际农产品贸易中，按照地域可以将农产品国际市场分为以下几个市场：

1. 北美市场。北美市场主要指美国和加拿大，都是农产品净出口国家，竞争性很强。美国为了与其他国家争夺市场，每年都花费数十亿美元用于农产品出口补贴，往往带有倾销剩余产品的特征。北美的出口总量中谷物占全世界出口量的1/2以上。美国出口的农产品一半销往发达国家，并于西欧市场有激烈的竞争。

2. 欧共体市场。欧共体实行的共同农业政策，通过人为干预将共同体市场与国际市场分割开，保持内部农产品价格以高于外部，又低于国际市场的价格倾销过剩产品。因此，欧共体作为一个贸易集团具有较强的排他性，采取保护和扩大内部市场、实施严密的边境措施以及双边安排或签订长期协定，带有强烈的贸易保护主义特色。

3. 日本市场。随着经济高速发展，日本市场由原以大米为主转向以肉、蛋、奶、水果、蔬菜为主。该市场有以下几个特点：第一，谷物、水海产品、肉类等大宗商品进出口需求量大；第二，品种数量多，质量要求高；第三，具有高水平的农业保护政策。

二、农产品贸易保护政策

农产品贸易保护是世界各国为保护农业而使用的手段，其侧重点是通过国境与国内一系列政策措施对农产品的进出口贸易进行保护。如美国农产品贸易一直是盈余，与美国政府一直对农产品贸易采取诸多限制进口和保护出口的措施是分不开的。

（一）关税措施

1. 关税。关税是指一国海关根据该国法律规定，对通过其关境的进出口货物课征的一种税收。关税是世界各国普遍征收的一个税种，对于对外贸易发达的国家而言，关税往往是国家税收乃至国家财政的主要收入。关税和非关税措施是衡量一个国家市场开放度的主要标志。

案例 4-1

2014年关税实施方案

我国财政部公布了2014年关税实施方案，其中对小麦等8类47个税目的商品继续实施关税配额管理，税目税率维持不变。对配额外进口的一定数量棉花实施滑准税，并适当调整相关公式参数。对尿素、复合肥、磷酸氢二铵三种化肥的配额税率执行1%的税率。

2. 关税分类。（1）按征收方法划分为从价关税、从量关税、混合关税和滑准关税。从价关税是依照进出口货物的价格作为标准征收的关税；从量关税是依照进出口货物数量的计量单位（如"吨"、"箱"、"百个"等）征收的定量关税；混合关税是依各种需要对进出口货物进行从价、从量的混合征税；滑准关税是关税税率随着进口商品价格由高到低而由低到高设置的税,可以起到稳定进口商品价格的作用。(2)按征税商品流向可划分为进口税、出口税、过境税。进口税是进口国家的海关在外国商品输入时,对本国进口商所征收的正常关税;出口税是出口国海关在本国货物或物品出口经过本国关境或国境时征收的一种关税;过境税又称为通过税,是一国对于通过其关境的外国商品征收的关税。(3)按差别待遇和特定情况划分为最惠国税率、普通税率、特惠税、普惠税。最惠国税率适用于与该国签订有最惠国待遇原则的国家或地区所进口的商品,正常进口税是指最惠国税;普通关税适用于与该国没有签订这种贸易协定的国家或地区所进口的商品;特惠税是指某个国家或经济集团对某些国家的所有进口商品给予特别优惠的低关税或免税待遇;普惠税是发达国家承诺对从发展中国家或地区输入的商品,特别是制成品和半制成品,给予普遍的、非歧视的和非互惠的关税优惠待遇。

(二)非关税壁垒

非关税壁垒,又称非关税贸易壁垒,是指一国政府采取除关税以外的各种办法,对本国的对外贸易活动进行调节、管理和控制的一切政策与手段。其目的就是试图在一定程度上限制进口,以保护国内市场和产业的发展。通过这些措施可以起到贸易保护的作用,但也会使本国消费者蒙受损失。

1.非关税壁垒的分类。非关税壁垒大致可以分为直接的和间接的两大类。前者是由海关直接对进口商品的数量、品种加以限制,其主要措施有进口限额制、进口许可证制、"自动"出口限额制、出口许可证制等。后者是对进口商品制订严格的海关手续或通过外汇管制,间接地限制商品的进口,其主要措施有实行外汇管制、对进口货征收国内税、制定购买国货和限制外国货的条例、复杂的海关手续、烦琐的卫生安全质量标准以及包装装潢标准等。

2.非关税壁垒的特征。(1)具有更大的灵活性和针对性。非关税措施的制定与实施,通常采用行政程序,制定起来比较迅速,程序也较简单,能随时针对某国和某种商品采取或更换相应的限制进口措施,从而较快地达到限制进口的目的。(2)保护作用更为强烈和直接。如一些进口配额的非关税措施,预先限定进口的数量和金额,超过限额就直接禁止进口,这样就能快速和直接地达到关税措施难以达到的目的。(3)更具有隐蔽性和歧视性。一些非关税措施往往透明度差,隐蔽性强,而且有较强的针对性,容易对别的国家实施差别待遇。

3.关税的主要形式。非关税壁垒形式多样,且更为隐蔽。根据美国、欧盟等WTO成员贸易壁垒调查的实践,非关税壁垒主要表现为以下12种形式:通关环节壁垒、进口禁令、进口许可、技术性贸易壁垒、卫生与植物卫生措施、贸易救济措施、政府采购中对进口产品的歧视、出口限制、补贴、服务贸易方面的壁垒、与贸易有关的知识产权措施、其他壁垒。

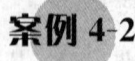

案例 4-2

衢州农产品面临的非关税壁垒

入世以来,衢州市主要农产品出口受到国外技术壁垒的冲击日益频繁。比较典型的有2002年欧盟对来自中国的动物源性产品的进口限制、欧盟对来自中国的橘子罐头实行保障措施、2004年美国对中国蜂蜜出口企业反倾销终裁等。作为衢州市农产品出口第一大市场的日本,对来自中国的很多农产品都采取了限制措施,诸如农药残留、保障措施等"绿色壁垒"和反倾销制裁等。2006年5月29日,日本开始实行"肯定列表制度",对当前通用农药、兽药和饲料添加剂都设定了新的残留限量标准,对尚不能设定"暂定标准"的,统一按0.01 ppm的一律标准执行。根据这一法律,同一产品如果连续两次检出农药残留超标,就进行命令检查(批批检),要求十分苛刻。而目前衢州州市农产品出口企业普遍存在规模小,生产环节不够规范,管理不够到位等问题,质量难以保证。这一标准的实施,无疑对全市农产品出口造成很大的影响,在相当程度上制约了全市农产品出口的进一步增长。

资料来源:衢州市外经贸局统计数据

三、中国农产品国际贸易现状

中国是全球最大的农产品生产和消费国,也是世界主要农产品出口国之一,农产品出口占世界农产品出口总额的比重逐年提高。从2012年起,我国已经成为全球最大的农产品进口国。

(一)我国农产品贸易的特点

1.农产品贸易呈现大进大出的趋势。2012年,我国农产品进出口总额为1 757.7亿美元,同比增12.9%。其中,出口632.9亿美元,同比增长4.2%;进口1 124.8亿美元,同比增长18.6%。贸易逆差为491.9亿美元,同比扩大44.2%。农产品出口占我国外贸出口总额的3.1%,进口占我国外贸进口总额的6.1%。

2.农产品贸易逆差将继续存在。2012年1月至12月,我国农产品出口632.9亿美元,进口1 124.8亿美元,贸易逆差为491.9亿美元,同比扩大44.2%。其中小麦、玉米、稻谷和大米等谷物进口量大幅上升,净进口1 296.7万吨,增长3.1倍。此外,食用油籽进口超6 200万吨,食用植物油进口近1 000万吨。其中大豆进口5 838.5万吨,同比增10.9%,再创历史新高。近年来中国大豆进口呈现逐年上升趋势,2012年进口量相比2004年增长189%。

3.进出口贸易区域布局更趋协调。2013年,广东、江苏、上海、北京、浙江、山东和福建等7个省市合计进出口值达3.29万亿美元,占全国进出口总值的79%,比上年回落了0.9个百分点,对外贸易比重下降。而中西部地区贸易有所活跃,重庆、河南、安徽、云南、陕西、甘肃、贵州等7个省市外贸增速都在15%以上,合计进出口占进口总值的5.7%,比上年提升了0.6个百分点。

4.农产品出口市场主要集中在亚洲、欧洲和北美洲。目前我国农产品出口市场主要集中在欧盟、美国、日本、韩国等地,但是市场的重要性不断发生变化。其中亚洲国家和地区是中国传统的农产品贸易伙伴。2012年前8个月,我国对欧盟、东盟、韩国、俄罗斯出口首次出现负增长,分别为-8.4%、-0.8%、-6%、-4.5%;对日本出口额78.2亿美元,同比增长13.4%;对美国、香港出口额同比分别增长10.3%和10.7%。日本、美国作为我国重要农产品出口市场的地位重新得到加强。

5.进出口的农产品结构相对稳定和集中。谷物、棉花、食糖、食用植物油、果蔬、水产、畜产品等已成为我国主要进出口的农产品。2012年,谷物共进口1398.3万吨,同比增156.7%;出口101.6万吨,同比下降16.4%;净进口1296.7万吨,增3.1倍。棉花进口540万吨,同比增51.8%;食糖进口375万吨,同比增28.4%;食用油籽进口超6200万吨,同比增13.6%;出口100.6万吨,同比增长10.4%。食用植物油进口960.0万吨,同比增23.1%。果蔬出口一增一减,出口额达160亿美元。畜产品进口约150亿美元,同比增11.2%;出口额64.4亿美元,同比增7.4%;贸易逆差84.6亿美元,同比扩大14.2%。水产品出口达190亿美元,同比增6.7%;进口额80.0亿美元,同比降0.2%;贸易顺差为109.8亿美元,同比扩大12.3%。

(二)我国农产品国际贸易的优劣势分析

我国对外贸易在获得巨大发展的同时,农产品日益受到国际市场的巨大冲击,农产品进口额和进口量巨额增加,农产品贸易连年逆差且有扩大的趋势。我国具有比较优势的农产品多为劳动密集型产品如畜牧产品、花卉和果蔬等,而粮食等土地密集型产品不具有比较优势。

1.比较优势。我国农产品贸易的比较优势主要表现在:(1)要素禀赋优势。从土地、资本和劳动力三大要素状况比较,我国劳动力资源具有明显优势,而美国、欧洲和日本在人均资本和土地拥有量占有绝对优势。(2)出口商品价格优势。从总体看,我国的水果、蔬菜、肉类产品价格均低于国际市场价格。(3)出口商品产量优势。我国是世界上第一大渔业生产国,2010年我国水产品总产量达到5350万吨,同比增长4.6%,总产量占世界首位。2009年我国肉类产量达7500万吨,成为世界上最大的肉类生产国。苹果、柑橘、梨的产量在世界上也名列前茅。

2.比较劣势。(1)我国处于劣势的农产品主要是粮食、棉花、油、糖等大宗农产品,每年都大量进口这几类产品。(2)出口农产品结构不合理,出口市场过于单一。长期以来粮食一直是我国对外贸易中的大宗农产品,而价值比较高的如蔬菜、鲜花、水果等农产品出口数量有限,这种低级农产品出口结构不符合世界农产品贸易发展的趋势。(3)出口农产品生产成本过高。目前我国的大米、小麦、玉米和大豆等几大粮食作物的国内市场价格都已超过国际市场,严重影响了我国农产品的国际市场竞争能力。(4)出口农产品品质不高,市场竞争力不强。我国农产品的品质、加工程度和附加值都比较低,与国外差距明显。除此以外,我国的许多农产品在加工处理、储藏包装、花色品种、卫生检疫等方面有明显的劣势,影响到出口农产品的品质。

第三节 进口食品管理

随着经济全球化和贸易自由化的不断发展,消费者越来越追求高品质的生活质量,已从过去的温饱型逐渐向营养型、健康型、休闲型、风味型和体验型转变,进口食品已经成为一个专门的消费概念。各种进口食品以其特殊的异域风味、先进的生产工艺、精美的包装,带给大众丰富的味觉享受和更多的礼品选择,受到了越来越多不同年龄层次的人群的青睐。

一、进口食品特点

（一）进口食品

进口食品是指非本国品牌的食品，就是其他国家和地区的食品，包含在其他国家和地区生产并在国内分包装的食品。有关数据表明，中国市场进口食品的消费规模正在以每年15%的速度不断增长。其中进口乳制品、休闲食品、进口葡萄酒等商品品类成了人们日益关注的焦点以及热衷的消费商品。

目前国内销售的进口食品大致可以归为三类：第一类是产地在国外，由国内经销商粘贴中文标识并在国内销售，外包装没有国内的卫生许可证号。第二类是原料由国外厂家生产，国内厂商进行包装和经销，包装上对产品的成分、配料等有较详细的标注，有国内的卫生许可证号。第三类是包装上以外文为主，由国内的厂家进行分装，没有国内的卫生许可证号。只有第一类才是真正意义上的进口食品。

（二）进口食品的特征

1. 包装袋印刷精致，生产日期等中文标识清晰可见。
2. 中文标识内容包括食品名称、成分配料表、原产国、制造商，境内经销商的名称及电话、生产日期、保质期等；其中生产日期由喷码机打印，它们是由一个个小黑点组成的。商品条码采用国际通用的商品代码及条码标识体系，具有唯一性，并全球通行，它只表明该商品的注册地，不代表产品的实际生产地。国产产品也是可以申请国际条码的，而进口产品同样也可以申请中国的国产条码。按照国际物品编码组织的分配，在中国注册的产品为"690~695"开头。
3. 贴有激光CIQ（中国检验检疫）标志，为直径1厘米的银色圆形，正面文字为"中国检验检疫"及"CIQ"，背面有九位的流水号。撕下该标识后，九位流水号应紧贴于产品上，而非在标识背面。
4. 具备进口食品卫生证书。该证书是对进口食品检验检疫合格后签发的，注明了产品的生产批号等详细信息，是食品的"身份证"，消费者可向经销商索要查看该证书，确认货证相符，这对购买婴幼儿奶粉的消费者尤其重要。

二、进口食品管理

《进出口食品安全管理办法》已经在2010年7月22日国家质量监督检验检疫总局局务会议上审议通过，自2012年3月1日起施行，对进出口食品进行检验检疫及监督管理。

（一）进口食品报检

报检时，进口商或者其代理人应当将所进口的食品按照品名、品牌、原产国（地区）、规格、数/重量、总值、生产日期（批号）及国家质检总局规定的其他内容逐一申报。进口食品的进口商或者其代理人应当按照规定，持下列材料向海关报关地的检验检疫机构报检：

1. 合同、发票、装箱单、提单等必要的凭证；
2. 相关批准文件；
3. 法律法规、双边协定、议定书以及其他规定要求提交的输出国家（地区）官方检疫（卫生）证书；

4.首次进口预包装食品,应当提供进口食品标签样张和翻译件;

5.首次进口尚无食品安全国家标准的食品,应当提供本办法第八条规定的许可证明文件;

6.进口食品应当随附的其他证书或者证明文件。

案例 4-3

台湾地区退运铜叶绿素橄榄油等多批不合格进口食品

根据台湾地区"卫生福利部食品药物管理署"(简称"食药署")2 日更新的"边境栏检不合格食品信息",橄榄粕油是意大利 OLITALIA 橄榄粕油,共16 707.84公斤,铜叶绿素比对结果呈阳性反应,判定为含有非法定着色剂。台北市"梅村"公司进口 2 批日本"MEIKO 鲜草莓"检出残留农药含量不符规定,检出氟芬隆、禄芬隆、赛芬螨、依杀螨、氟尼胺、赛福宁等多种农药超标。还有同样来自日本的"KATAOKABUSSAN 抹茶牛奶",检出农药得克利、氟尼胺、克安勃、脱芬瑞也超标;"芳香园绿茶粉(抹茶粉)"、"FOOD-EST 超级抹茶粉"、"NIL 如此香浓绿茶"赛果培等农药超标。上述不合格食品都已做销毁或退运处理。

资料来源:第一食品网,2014-01-13

(二)进口食品销售渠道

近年来,进口食品在国内消费者饮食消费中所占的比例越来越大。超市里有专门的进口食品货架,商业街或中高档住宅区周边有进口食品专卖店,网络上也有专营进口食品的网店或网站。目前国内进口食品主要通过以下几个主要渠道进行商品销售:

1.商超渠道。(1)跨国大卖场。有跨国公司布景的大超市,里面一般都设有进口食品的专柜或专区,而且该国的产物通常会作为主推的对象,如家乐福、欧尚、麦德龙等这类卖场出售的进口食品涵盖从生果到肉成品等方方面面。(2)大型连锁超市。针对细分人群的超市,如屈臣氏等是针对白领女性的连锁超市,具有保健美容功用、外观精巧、口味丰厚的中小型包装的糖果、饼干等休闲食品往往更受女性消费者的欢迎。(3)进口食物超市。专业出售进口食品的超市,出售在其余超市很难买到的进口食品。(4)24 小时便利店。华东、华南地区的较多,如 7-11、罗森、好德等,这类超市里进口调味品、饮料、休闲食品等都比较受欢迎。

2.大型门店。大型门店是进口食品品牌推广的主力。高品质的进口食品,在国外已有良好的品牌基础,应当在国内大力推广。为了兼顾品牌建设、推广及成本控制,可采用综合体验门店和普通专卖店组合布局的方式。

3.专卖店。富有特征的专卖店是发卖进口食品的一个新兴的渠道。当前,曾经触及糖果、巧克力、调味品等多种食物。糖果巧克力专卖店普遍设立在外国人集中的地域,或者人流量大的街市,甚至是目的消费者集中的机场。专卖店不只能起到形象展现的效果,还能带动产物的发卖。

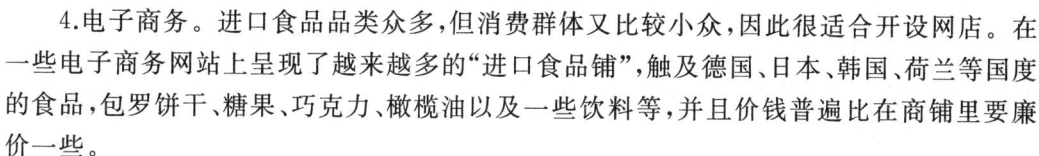

4.电子商务。进口食品品类众多,但消费群体又比较小众,因此很适合开设网店。在一些电子商务网站上呈现了越来越多的"进口食品铺",触及德国、日本、韩国、荷兰等国度的食品,包罗饼干、糖果、巧克力、橄榄油以及一些饮料等,并且价钱普遍比在商铺里要廉价一些。

(三)进口农产品数字标签

进口农产品上所贴的标签上的4位或5位的数字组合称作PLU码(Price Look Up-code),每组四位码代表一特定品种、规格或等级及产区的组合,消费者可以通过扫描PLU码标签,获得该产品的价格、品种等信息。

PLU所用的四位码一般皆以"3"和"4"开头,表示这种食物是用传统方式种植出来,如"4133"代表"苹果,小富士种,小,西部产区";"4135"意为"苹果,小富士种,大,西部产区"。如果PLU码是5位数且以"9"打头,则表明是有机农产品,如"93279"表示有机猕猴桃;如果是5位数且以"8"开头,则是转基因产品,如"83108"表示转基因柠檬。

下 篇
职业技能

第五章　市场信息采集与分析

我国农产品信息采集和发布亟待统一规范

美国建立了一套比较完整、畅通灵敏且集中的农产品信息分析预警体系,成为影响美国农业生产和销售的关键因素,也是影响全球农产品价格的关键因素。美国农产品信息分析预警的最终目的是为农民、农业企业等提供较为充分的决策支持信息,稳定农业生产和发展。在机构设置上,他们专门成立了世界农业展望局,由该局牵头协调开展农业短期展望和中长期展望研究;在工作机制上,建立了由政府部门、研究单位和大学组成的跨部门整合研究的协调方式;在技术支撑上,拥有强大的数据、先进的模型分析工具和高素质的分析人才。信息分析预警结果的服务对象主要包括政府、企业、农民、银行家、学术研究者、市场分析者、投资者、新闻媒体等。根据发布的信息,农场主将适时地调整生产规模;贸易商将根据未来价格趋势,调整价格和库存;政府将根据预测信息对农场收入进行评估,以估计政府对农场主的补贴金额。

与此相对,我国农产品市场信息发布则亟待加快转型。我国已初步建立了官方的农产品信息发布体系,但农产品信息采集、发布工作存在的问题也很明显,主要是体制机制问题:一是信息管理部门分割,缺乏信息资源共享机制;二是农业信息发布制度不健全,信息发布立法滞后;三是市场信息供需矛盾突出,现有信息不能满足基层需求;四是农业信息发布渠道较少,农户较难获得信息或信息获得成本较高。

资料来源:中国网,2013 年 09 月 26 日,经作者改编

2010 年中央一号文件提出,要健全农产品市场体系,加强市场动态监测和信息服务;中央经济工作会议也提出,建设完善农产品价格信息采集和发布服务体系、推动农业信息化是农业现代化的重要组成部分。应加快推进集中、权威、统一的农产品价格信息采集和发布体系建设,让农产品价格信息为促进农业结构调整、增加农民收入发挥应有作用。

第一节　市场信息采集

在人力、物力、财力、信息四大资源中,市场信息对于规范农产品的流向和价格、提高

经营效率的影响越来越大。农产品生产、加工企业在调整生产计划、进行长期投资决策和制定营销战略时,农产品营销公司、农民专业合作社、农民都要依赖市场信息进行相关的决策。信息的采集是为了更好地掌握和应用信息,是对信息进行聚合和集中的过程。

一、市场信息的内涵

市场信息一般是通过文字、语言、数据、凭证、报表、符号、广告、商情等表现和传递的,它对企业的发展具有重要的作用。

(一)市场信息

市场信息是指在一定的时间和条件下,对市场上各种经济关系、经济活动现状和变化情况以及与营销有关的各种消息、情报、图表、数据资料的总称,是商品流通运行中物流、商流的运动变化状态及其相互联系的表征。如农产品市场信息包括销售量、价格变动、消费者、销售渠道与销售技术等销售信息,以及政治法律环境、社会经济发展、流通渠道、竞争者、农业科技研究与应用等信息。

(二)市场信息的特征

1. 双向流动性。这是区别于商流、物流等其他流动的一个显著特征。不仅包括从国家、生产和经营企业、消费者等方面信息源不断地输入市场的信息流,而且包括从市场反馈到国家、企业和消费者的反馈信息流。如农产品生产者和经营者在市场中总是以买者和卖者的身份交替出现,他们既是市场信息的发出者,也是市场信息的接收者。当他们以农产品出售者身份出现时,要运用广告信息作为先导进行农产品供销宣传;当以农产品购买者身份出现时,要从市场接收各类商情信息。

2. 分散性。市场信息没有固定的发生地点和时间,具有偶然性,因此只有把所有信息集在一起才是完整的。在商品经济条件下,社会再生产的生产、分配、交换、消费各个环节是通过市场密切联系起来的,市场又是多买方、多卖方、多渠道、多功能的开放市场,这就决定了市场信息的多信源、多信宿、多通道、多层次的特征,导致了信息的分散性。如国家统计局、农业部等宏观控制部门和各种市场信息咨询机构,就常常是农产品供求信息、市场行情信息、营销环境信息的发布者。

3. 时效性。时效性是指信息的新旧程度、行情最新动态和进展,信息的效用会随时间的推移而逐步降低乃至消失。营销整体分析策略方案只在一定时间阶段内是有效的,因而决策的时效性很大程度上制约着决策的客观效果。在市场经济条件下,信息生成速度快、数量多、流动极为频繁,这导致信息发挥效用的时间越来越短。

二、市场信息采集的内容和途径

21世纪是信息社会,企业对信息的需求越来越多,依赖性也越来越大。在市场竞争激烈的情况下,市场信息对企业预测和决策、参与市场竞争并取得主动权具有重要的作用。而信息采集则是信息分析的基础和前提,并已成为获得有效信息的必要过程。

(一)市场信息采集分析流程

信息采集就是通过各种途径对相关信息进行搜索、归纳、整理,并最终形成所需有效信息的过程(见图5-1)。

第五章 市场信息采集与分析

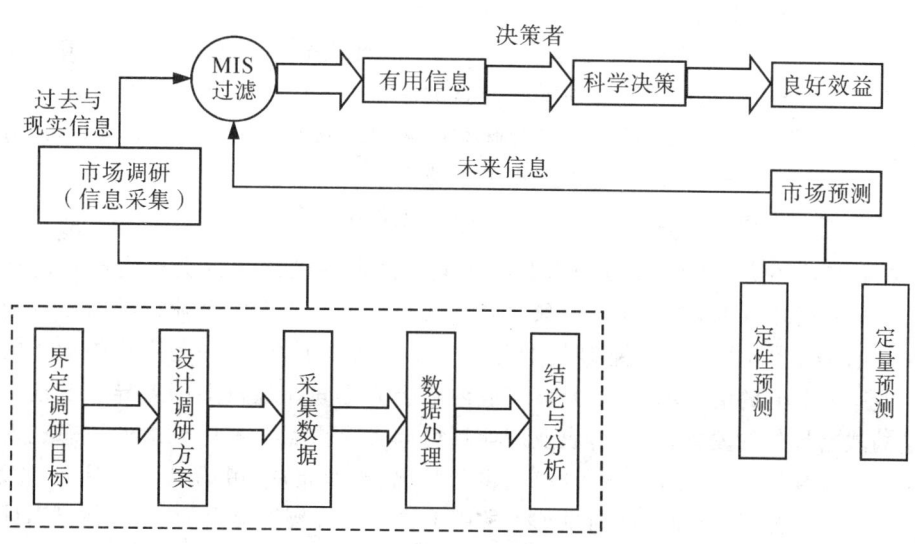

图 5-1 市场信息采集、分析与预测

(二)市场信息采集的内容

农产品经纪人在从事农产品经营活动时需要了解和掌握各方面的信息,主要包括宏观环境、农业产业环境和微观环境三个层面的信息。

1.宏观环境。它是指对企业营销活动造成市场机会和环境威胁的主要社会力量。这些因素可能给企业带来市场机会或环境威胁,是企业必须监测和适应的"不可控制的力量",主要包括政治法律、经济、社会文化、生产与营销技术、自然环境。农产品的生产经营活动离不开社会大环境,尤其在市场经济条件下,国家的政治法律随着社会进步和经济发展在不断地调整和优化,因此必须遵循新的法律法规,如从 2009 年 6 月起开始实施新的《食品安全法》;2011 年颁布了《食品添加剂使用标准》、《预包装食品标签通则》;自 2012 年 3 月 1 日起施行了新版《有机产品认证实施规则》,废除国家认监委 2005 年第 11 号公告;2012 年 10 月 1 日起开始施行新的《绿色食品标志管理办法》,农业部组织编制了《全国养蜂业"十二五"发展规划》等,这些都对农产品的生产与营销产生了极大的影响。

我国将引导更多金融资源投向"三农"

一系列规范性文件与政府决策显示出我国在解决"三农"问题上的新动向,即健全完善农村金融政策扶持体系,引导更多金融资源投向"三农"。2009 年财政部发布《财政县域金融机构涉农贷款增量奖励资金管理暂行办法》,对财政引导金融支农提供了具有可操作性的实施方案。2010 年初,中央 1 号文件又围绕"健全强农惠农政策体系,推动资源要素向农村配置"的目标定位,再次提出"加强财税政策与金融政策的有效衔接,引导更多信贷资金投向'三农',落实和完善涉农贷款税收优惠、定向费用补贴、增量奖励等政策"措施,旨在继续推进财政引导金融、金融支持"三农"的财政金融新体制。同时,国家提出要优化涉农信贷投放结构,调整完善涉农贷款监测考核制度。在确保涉农贷款增速不低于各项贷款平均增速的基础上,将信贷资源优先配置到农业产业链的前端领域,加大对农业基础设施、农业科技开发以及新型农业生产经营主体的信贷支持。

资料来源:农民日报—中国农业新闻网,2013-06-28,经作者整理改编

2. 农业产业环境。产业环境是指对处于同一产业内的组织都会产生影响的环境因素。与一般环境不同的是,产业环境只对处于某一特定产业内的企业以及与该产业存在业务关系的企业产生影响。产业环境的分析主要包括两个方面:一是产业中竞争的性质和该产业中所具有的潜在利润;二是该产业内部企业之间在经营上的差异以及这些差异与它们的战略地位的关系。因此,农业产业环境调查应重点考察所处行业或想进入的行业的生产经营规模、产业状况、竞争状况、生产状况、产业布局、市场供求情况、产业政策、行业壁垒和进入障碍、行业发展前景等。常用工具是波特教授提出的"五力模型",即现有行业企业之间的直接竞争、潜在竞争者的进入、替代品的威胁、顾客购买能力和供应商的供应能力。如浙江省香榧产业集聚区会稽山脉的诸暨、嵊州、东阳等一带,香榧产量占到全国市场的95%,其中浙江省香榧产业协会2011—2012年度十大推荐品牌绍兴独占七个。又如2013年3月底,全球最大的乳品出口商、新西兰企业恒天然宣布,将于2013年在中国推出其自有品牌的婴儿配方奶粉,原因是中国婴幼儿配方奶粉市场利润高、市场空间大。

3. 微观环境。也称直接营销环境,是指与企业紧密相连,直接影响企业营销能力的各种因素和力量,主要包括农业企业的主要农产品及营销策略、供应商、营销中介、顾客、竞争者及社会公众。因此,农业企业必须对微观环境营销进行分析,目的在于更好协调企业与这些相关群体的关系,促进企业营销目标的实现。如浙江新田园农产品股份有限公司的主营板块包括名特优连锁、农产品配送、农产品深加工、农批市场和电子商务等。

(三)市场信息采集的原则

农产品经营所需要的市场信息往往具备综合性、准确性和时效性等属性。因此,信息采集必须满足五个方面的原则。

1. 可靠性原则。它是信息采集的基础,是指采集的信息必须是真实对象或环境所产生的,并保证信息来源是可靠的。如北方新报2013年8月5日报道,经国家质检总局调查,杭州娃哈哈保健食品有限公司、可口可乐中国公司、多美滋婴幼儿食品有限公司使用了可能受到肉毒杆菌污染的浓缩乳清蛋白粉,导致中国已停止所有新西兰奶粉进口。

2. 完整性原则。它是信息利用的基础。信息采集必须按照一定的标准要求,采集反映事物全貌的信息。由于我国的农产品种植比较分散、农产品种类比较多,因此,采集比较合理、完整的农产品或食品市场信息(主要包括生产、供给、存货、需求、价格等状况)还是有难度的。同时,市场环境的不断变化也增加了提供完全和充分的市场信息的难度。

3. 实时性原则。信息采集的实时性是指能及时获取所需的信息,保证信息采集的时效。一般包含三层含义:一是信息自发生到被采集的时间间隔,间隔越短就越及时,最快的是信息采集与信息发生同步;二是在企业执行某一项目急需某些信息时能够很快采集到信息;三是采集某一任务所需的全部信息所花去的时间。如2013年发生的H7N9事

件对家禽行业造成了极大冲击。

4.准确性原则。准确性原则是指采集到的信息与应用目标和工作需求的关联程度比较高,对于企业或农产品经纪人具有适用的、有价值的信息。信息关联程度越高,适应性越强,就越准确。准确性原则保证信息采集的价值。2013年,浦东农协会开发了"南汇8424"西瓜二维码系统,为品牌西瓜换发"二代身份证",每只西瓜的产地、种植、农残检测等生产全过程信息一扫便知,方便消费者追溯。浦东产的品牌农产品都将逐步普及二维码系统。

5.易用性原则。易用性原则是指将采集到的信息按照一定的形式表示,便于使用。如农产品市场信息行情采集一般都是分粮油类、果菜类、畜产品、禽蛋奶、农资类、山特产品、水产类七大类分指标制作调查表,对每一指标的统计口径进行统一,比如规定牛奶为当地奶站的收购价格,价格信息采集统一以"元/公斤"为单位,便于各级市场对各指标的比较及统计。

(四)市场信息采集的途径

不同企业、不同类型的信息的采集途径是有区别的。

1.市场信息源。它是指在信息采集过程中借以获取信息的来源,通常包括个人信息源、实物信息源、文献信息源、数据库信息源和组织机构信息源。

2.市场信息类型。根据市场信息源和市场信息采集途径的差异,市场信息有动态信息与静态信息、公开信息与非公开信息之分。

(1)动态信息和静态信息。动态信息是指直接从个人或实物信息源中发出,且大多尚未用文字符号或代码记录下来的信息。静态信息是指经过人的编辑加工并用文字符号或代码记录在一定载体上的信息。

(2)公共信息和私人信息。公共信息是指所用的相关信息都能被所有的市场参与者获取。私人信息是指个别市场参与者所拥有的具用独占性质的市场信息。

3.市场信息采集范围。采集的信息是为特定的目标服务的,市场信息采集是有范围和时效性的。信息采集的范围有以下三种类型。

(1)内容范围。这是指在信息的内容上,根据与信息采集目标和需求具有一定相关性的特征所确定的范围,一般分本体内容的范围和环境内容的范围。本体内容范围是由与事件本身具有相关性的内容组成的范围;环境内容范围是由处于事件周边,又与时间相关的内容组成的范围,如政治法律环境、经济环境、社会文化环境、自然环境等。

(2)时间范围。这是指在市场信息发生的时间上,根据与市场信息采集目标与需求具有一定相关性的特征所确定的时间期限范围,这是由信息的历史性和时效性所决定的。

(3)地域范围。这是指在信息发生的地点上,根据与信息采集目标与需求具有一定相关性的特征所确定的区域范围。这是由信息的地域分布特征和信息采集的相关性要求所决定的。如按农产品市场交易场所的性质可分为产地市场、销地市场、集散与中转市场,按照农产品销售方式可分为批发市场和零售市场。

4.市场信息采集途径。市场信息可以按照内部来源和外部来源两大类进行采集。

(1)内部来源。从企业或组织的信息流来看,主要的内部信息采集途径有:管理监督部门、研究开发部门、市场营销部门、"葡萄藤"渠道(指传播小道消息的非正规组织信息流)和内部信息网络。

(2)外部来源。企业外部信息采集途径主要有:大众传播媒介、政府机关、社团组织、各种会议、个人关系、协作伙伴、用户和消费者和外部信息网络。市场信息是市场经济的基本特征,是引导农产品进入市场的主要内容(案例5-2)。

案例 5-2

搭建五个信息平台　构建为农服务网络

几年来,江西九江市农产品经纪人协会共搭建了五个信息服务平台,初步形成了农产品信息服务网络。

1.建立农产品语音信息平台。2006年协会与电信联合,创办了16847055九江市农产品语音信息服务平台,收集了全市500多个有关农产品种植、养殖、生产、加工等的信息。许多商家和经营户就是通过它获得农产品信息,达成购销协议的。

2.创办《农产品经纪人报》。协会在2005年创办了该报纸,每年4~5期,面向社会介绍农产品经纪人和农民专业合作社生产经营情况和典型经验,推介生产企业和各类农产品,介绍批发市场和大型超市,登载会员营销体会等,每期免费发送会员和有关部门。

3.创办《九江市农产品信息》刊物。2007年初协会应广大农民朋友和部分农产品批发市场要求,创办了《九江市农产品信息》月刊,把各类农产品信息综合起来,提供给市场,进而推动农产品销售。

4.建立手机短消息信息服务平台。利用手机短信点对点服务功能,开展协会与会员一对一个性服务,满足了会员对不同信息的需求。五年来,共开展一对一短消息信息服务9 000多人次,发布各类农产品市场信息15 000多条,受理会员请求1 000多人次。

5.建立农产品展销机制。协会建立了一套帮助编印产品画册、代写广告词、组织参加各种展销会组的工作机制。

资料来源:中国农产品服务中心,http://www.richfarm.net,2010年5月4日,经作者整理改编

(五)市场信息获取的方法

在农产品经济活动中,经纪人需要通过一些方法和手段来获取自己所必需的市场信息。根据市场信息源和市场信息采集途径的差异,可分为以下几种:通过实地调查、采访、亲身经历、亲眼看见获得的第一手资料,即直接信息;也可以通过书刊、报纸、电视、电脑等媒介间接获得信息;通过问卷调查法、访谈法、参观考察法、专家咨询法等方法来获取有关农业和农产品等相关的动态信息;通过采购法、信息检索法等方式来获取静态信息。

1.问卷调查法。它是调查者运用统一设计的问卷向被调查对象了解情况或征询意见的调查方法。农产品经纪人可以设计针对超市、农贸市场和消费者的调查问卷,以了解对生鲜农产品质量安全的重视程度。

2.访谈法。客户是农产品经纪人最佳的情报员,往往农业企业或组织的第一手信息都是从客户中获取的。同时还要通过访谈的方式从非直接客户那里获取一些竞争对手的信息。

3.观察法。根据市场迹象和现象来获取、判断市场信息。这种方法需要农产品经纪人具有很强的洞察力,该能力取决于农产品经纪人长期的工作经验、业务技能、用心程度以及预先准备程度。农产品经纪人可以参观考察先进地区的农产品进超市模式、省级示范专业合作社、农产品批发市场,了解和掌握它们的经营模式。

4.专家咨询法。它是将专家设定为市场潜在购买者,利用其知识、经验和分析判断能力对价格鉴证标的进行鉴证的一种方法。随着科技的进步和人们对饮食健康的需求,新颖且具有特色的食材近年来层出不穷。如以花青素作为其最大卖点的紫土豆(又名"黑美人"),属于航天育种的结晶,产地以甘肃、贵州、云南为主,根据季节带不同,一年四季均有产出。农产品经纪人要想了解浙江是否适合紫土豆的种植,这时就需要咨询农科院或其他组织的相关专家。

5.信息检索法。信息检索是指信息按一定的方式组织起来,并根据信息用户的需要找出有关的信息的过程和技术。按信息检索手段可以分为以下三种。

(1)手工检索是一种传统的检索方法,即以手工翻检的方式,利用图书、期刊、目录卡片等工具来检索信息的一种检索手段。

(2)机械检索是指利用计算机检索数据库的过程,优点是速度快,缺点是回溯性不好,且有时间限制。计算机检索、网络文献检索将成为信息检索的主流。

(3)计算机检索指人们在计算机或计算机检索网络的终端机上,使用特定的检索指令、检索词和检索策略,从计算机检索系统的数据库中检索出需要的信息,继而再由终端设备显示或打印的过程。现在发展比较迅速的计算机检索是"网络信息检索",一般指因特网检索,是指互联网用户在网络终端,通过特定的网络搜索工具或通过浏览的方式,查找并获取信息的行为。最常用的搜索引擎有:

①百度,http://www.baidu.com;
②搜狗搜索,http://www.sogou.com;
③雅虎搜索,http://www.yahoo.cn。

农产品经纪人可以从专业网站上搜索到政策法规、农业标准、农业行情、价格行情、供求信息、行业资讯等相关信息,对农产品经纪人搜集市场信息比较常用的网站有:

①中国农业信息网,http://www.agri.gov.cn;
②中国农产品质量安全网,http://www.aqsc.gov.cn;
③中国农民经纪人网,http://www.cpba.org.cn;
④中国农业科技信息网,http://www.cast.net.cn;
⑤中国农民专业合作社网,http://www.cfc.agri.gov.cn;
⑥中国农副产品交易市场,http://www.caspm.com;
⑦中国农产品服务中心,http://www.richfarm.net;
⑧浙江农业信息网,http://www.zjagri.gov.cn;
⑨浙江农产品网,http://www.zjagri.cn;
⑩浙江农经网,http://www.zjsjjr.com。

(六)市场信息处理中存在的问题

农产品经纪人在收集、剪辑和传播市场信息时要注意以下几个问题。

1.价格具体化。市场信息采集者必须对价格的描述更加具体,例如,在哪里、什么时间、什么级别、多少重量等。比如"一头猪每斤的价格是13元"这样的描述用处不是非常大。具体的描述对决策制定者而言非常重要。因为价格仅仅在特定的时间、地点以及特定的形式上有效。产品质量的不同及农产品适用范围的不同给食品信息的提供带来了很大的困难。价格报价的有效性主要依赖于一致的级别和标准的可接受程度及运用程度。例如,新鲜水果的报价不能和加工后的水果价格相混淆;牲畜饲养者需要的信息也应该和屠杀牲畜者需要的信息分开报道。

2.净价和毛价。公开报价数值通常不是商品交易的实际价格。不同地方针对每一个购买者的价格溢价和折扣都不同。一些农产品价格包括营销成本,如包装、营运成本;然而,另外一些农产品价格并不包括。行业不同,价格的可比性就会比较差。在农产品零售市场上也存在价格可比性差的问题,如现金支付、服务较少的零售店的农产品价格不能直接和提供优质全程服务的超级市场的价格进行比较。因为产品包装不同,所以毛价的简单相比不能反映这些零售店农产品价格的差异。

3.信息采集成本。收集和传播市场信息的成本是难以确定的,越充分、准确的市场信息,其成本也越高。不是所有产品的市场信息都可以采集到,还有些产品的信息是不充分的。因此,市场总是存在对更多信息的需求。不同的农产品可以收集到的信息也是不相同的。一般来说,农业企业的供给和需求、营销活动会比零售店的更多;通过有组织、集中的市场收到的信息比那些分散或整合的市场渠道收集的价格更充分。随着市场在地理位置上的分散程度及产品功能的增加,市场信息采集者更多依赖于电话、网络等手段进行信息的收集,而不是亲自到实际市场上采集数据。

4.不断变化的市场组织。农产品产业链的延伸和营销主体的多元化趋势大大增加了农产品市场信息收集任务的复杂性。因为分散、直接销售的增加,导致很多农产品不是在集中的市场上进行销售,因此信息收集起来就会更难。市场信息采集者必须从更多、更分散的市场上收集信息,因此收集到这些准确、完整的信息,其成本也相应地会增加。运输方式的变化也改变了市场信息收集的方式。农产品市场中,合同和所有权整合也引起了市场信息收集的变化。市场的纵向整合大大缩短了营销过程,减少了现金交易。

第二节 市场信息分析

现代市场经济活动是以市场信息交流为前提条件的,市场信息成了经济生活中最活跃的因素和最重要的资源,是市场参与者决策的主要依据,市场信息显示和传递的程度、方式以及范围直接影响着市场机制的作用。

一、市场信息分析类型

市场信息分析是指根据特定问题的需要,农产品经纪人对大量与农产品生产经营相关的市场信息进行深层次的思维加工和分析研究,形成有助于问题解决的新信息的过程。如对农产品市场规模、市场容量、吸引范围以及竞争状况等调查资料的经济分析,分析和判断所生产的农产品在限定时间内是否有市场,以及采取怎样的营销战略来实现销售目标等等。由于信息分析涉及社会的方方面面,有各种各样的研究方法,所以根据市场信息分析内容可划分为以下4种类型:

(一)跟踪型信息分析

跟踪型信息分析是农产品生产经营者的基础性工作,通过对政策法律、产业环境、市场波动等方面的信息进行连续信息收集和加工分析,掌握农业产业领域、农产品市场的发展趋势,及时了解最新发展动向,为企业生产经营决策提供依据。它又可分为技术跟踪型信息分析(案例5-3)和政策跟踪型信息分析(案例5-4)。

案例 5-3

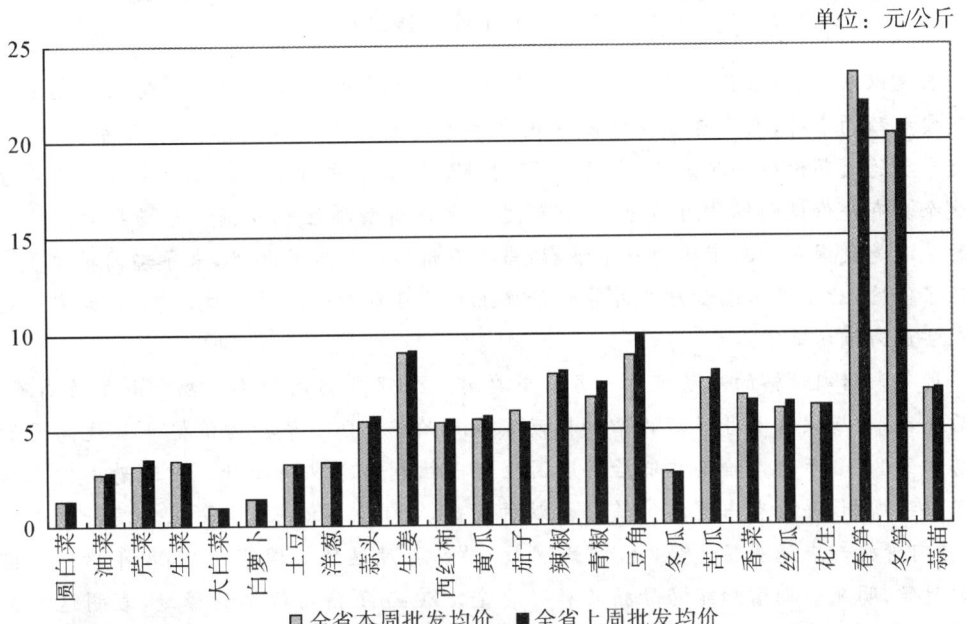

2014年第8周全省农副产品批发市场蔬菜的平均批发价格表

资料来源:浙江省商务厅,2014年2月25日

案例 5-4

2013 年食品制造业主要政策分析

食品工业事关民生,一直是政府部门重点关注的行业,具有消费刚性的特点,而食品质量和食品安全已成为影响着食品工业发展的桎梏。因此,围绕食品行业,2013年国家多部委出重拳,重典治乱。首先,《食品安全法》的修订被列入2013年立法计划,并向社会

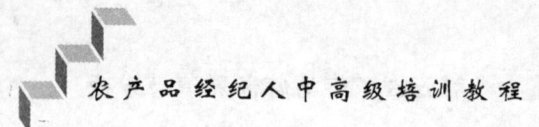

公开征求修改意见和建议;其次,明确了2013年食品安全工作重点,并规范了食品行业标准,完善了食品行业监管体系建设;最后,针对婴幼儿乳粉乱象,乳业新政频频出台,旨在从源头到消费终端强化婴幼儿乳粉质量安全管理,让食品安全问题有法可依。

(二)比较型信息分析

比较型信息分析是通过对不同类型和相同类型的农产品的相关信息进行深入比较分析,发现它们之间的差异性和相关性,从而提出问题、确定目标、拟订方案并做出选择。如案例5-5中对猪肉与大蒜价格变动的比较。

案例 5-5

猪肉为何不暴涨暴跌?

长期以来,我国农作物市场一直在"蛛网理论"既定的框架中前行。受到信息不对称等现实瓶颈的束缚,农民经常因难以把控来年市场脉搏而陷入困惑。2010年岁末,喧嚣了大半年的大蒜价格一路走低,截至2010年12月25日累计降幅达10.2%。在山东金乡县这个具有蒜价风向标作用的地方,有超过一半蒜商面临巨额亏损的市场压力。广大蒜农的境遇是我国农产品市场的一个缩影:当年涨价激励了农户扩产,来年却因供大于求而打压了价格,后年产出缩量却意外导致价格上扬。在如此的反复更迭之中,广大农户始终都无法成为市场赢家。

近年来猪肉价格的波动可称为另一个典例。2007年猪肉价格大幅上涨且居高不下,其后一年,市场供给源源不断的增加撼动了猪肉价格,2008年猪肉价格又呈现高开低走之势。到2009年猪肉价格冲低后再度因生猪出栏数的减少而回升。但随着肉价上涨刺激了供给增加,并没有出现肉价暴涨暴跌的问题。2010年以来,尽管粮食饲料等成本高企,猪肉价格却未见明显升势,是为"蛛网效应"的再度显现。国家在2008年猪肉价格暴涨的时候,明确长期增加能繁母猪的补贴资金。2010年猪肉价格的稳定,表明这一补贴政策的确有效。随着市场供给大户获得稳定的市场信号,最终交易价格自然就能够保持相对稳定了。不妨把猪肉价格调控经验运用到大蒜等农产品上,让调控与市场价格真正接轨,实现蛛网理论的现实新突破。

资料来源:中国养殖网,2011年1月24日,经作者整理改编

(三)预测型信息分析

预测型信息分析是指结合农产品生产经营者的实际情况,对农产品相关的预测信息进行综合分析过程,为企业的长期和短缺经营决策提供依据。预测型信息分析方法大致上可以分为定性预测和定量预测两大类。例如经济预测中农业产业的产值、利润、就业人数、出口贸易都可以用作定量分析的数据来源,采用回归分析、时间序列分析、投入产出分析等方法进行预测;而对于那些政策性强、时间跨度大、定量数据缺乏的预测问题,则更多地需要依靠专家的直觉和经验(案例5-6)。

案例 5-6

农业部预计玉米进口还将逐步适当增加

目前中国小麦、稻米和玉米三大谷物平均自给率为98%,大米和小麦的进口主要是品种调剂,预计玉米将逐步适当扩大进口。因为随着肉蛋奶消费的增加,饲料用粮需求也会增加;此外,玉米产业链条长,产品上千种,玉米深加工的扩大,也会带来新的需求。

资料来源:一财网,2013年9月2日

(四)评价型信息分析

评价型信息分析是在对大量农产品相关信息进行分析与综合的基础上,经过优化选择和比较评价后,形成能满足企业经营决策需要的支持信息的过程。通常可以采用层次分析法、模糊综合评价法等方法来评价农产品产销对接、农产品供应链管理效率、农产品区域品牌竞争力等内容。

案例 5-7

茧价,能挺多久

春茧价格冲上历史新高,一下子激发了我省蚕农的养蚕积极性,各地纷纷出现补订、增订夏秋蚕种的现象。2010年的春茧价格卖出了历史最高价,每担(50公斤)的平均价格高达1 650元,比去年同期提高了65%。

1. 茧价冲新高,蚕农"胃口"增大。2010年湖州市饲养春蚕种16.23万张,春茧每担平均收购价1 652元,比去年同期的987元增加665元;蚕茧总收入2.844亿元,比去年同期增加9 933.9万元,同比增长53.7%。嘉兴市秀洲区的夏蚕饲养量达到1 580张,比去年增加1 000张,增幅达172%。

2. 养蚕量增加,蚕桑产业回暖。最近几年来,由于比较效益低,我省桑园面积逐渐减少,导致蚕茧生产年年下滑。2010年,我省春蚕发种量比去年减少一成左右,但由于气候适宜蚕儿生长、桑叶鲜嫩、老蚕食桑时间长等因素,导致春蚕生产呈现出"张产高,茧质好,效益增"的喜人景象,单张蚕种产量比去年提高了5%左右,所以总产下降不大。

3. 茧价上涨属理性,后市继续看好。一般认为,2009年以来,茧价大幅上升是属于正常的、理性的,它完全符合茧丝绸市场和蚕桑产业发展的需要。第一,茧丝原料供不应求的局面一时难以扭转。因为前两年我国蚕茧减产幅度达30%以上,一两年内不可能弥补市场缺口,再加上目前我国的蚕茧产业除了广西、云南有一定的发展空间外,其他东西部省区发展空间不大。第二,茧丝绸加工企业发展速度也较快,其加工能力远远超过全国2009年55.9万吨的产茧量。第三,从茧丝绸产品的市场前景看,茧丝绸出口出现了回升的趋势,同时,真丝类产品越来越受国内消费者欢迎。据调查显示,目前市场上蚕丝被的消费量已占同类产品的30%左右,一些企业还开发出真丝家纺、真丝沙发布和真丝窗帘等高端类丝绸产品,这些产品用丝量非常大,拉动了茧丝绸消费的上升。因此,2010年的夏秋茧价格会继续维持在高位,至少可以延续至2011年秋茧上市,那么,近两三年种桑养蚕应该会有较好的经济效益。

资料来源:农村信息报,2010年7月15日,经作者整理改编

二、农产品经济地理信息分析

(一)农业生产地理区域分析

1.粮油和经济作物

(1)粮食作物。又称食用作物,是谷类作物、薯类作物、豆类作物的统称,其产品含有淀粉、蛋白质、脂肪及维生素等。中国粮食作物种类多、分布广、地域差异大。九大商品粮基地中:生产条件和基础好的地区有:太湖平原、洞庭湖平原、江汉平原、鄱阳湖平原、成都平原、珠江三角洲;增产潜力较大的地区:江淮地区;粮食商品率较高的地区:松嫩平原、三江平原。

(2)经济作物。又称技术作物、工业原料作物,指具有某种特定经济用途的农作物。我国经济作物主要包括棉花、油料、糖料、烟叶、麻类、药材等,占农作物总播种面积的14.1%。此外,茶、桑、水果、橡胶等木本经济作物未包括在内。经济作物产值约占种植业产值的30%。我国经济作物地理分布广泛,但地域差异明显:东部集中了我国经济作物播种面积的90%以上,是我国棉花、油料、糖、烟叶、茶叶、蚕茧、麻类、水果的主要产区;在热带地区主要栽培橡胶、咖啡、可可、胡椒、椰子、油棕、香蕉、龙眼、荔枝、菠萝和特种药材等;在亚热带地区主要栽培甘蔗、茶树、油桐、柑橘等;在温带地区多种植棉花、苹果、梨、葡萄,是棉花及温带水果的集中产区;在中温带地区以种植甜菜为主。

2.林业。我国森林面积居世界第五位,森林蓄积列居世界第六位,但中国的森林覆盖率只相当于世界森林覆盖率的61.3%,人均森林蓄积量只有世界人均蓄积量的1/8。

(1)全国五大林区。我国林区主要有东北内蒙古林区、西南高山林区、东南低山丘陵林区、西北高山林区和热带林区五大林区,其土地面积占全国国土面积的四成,森林面积占全国的近80%,森林蓄积占全国的90%以上。①东北内蒙古林区:中国最大的天然林区,是目前最主要的木材供应基地,树木以红松、云杉、桦树、兴安落叶松等用材林为主。②西南高山林区:高山针叶林和针阔叶混交林。西南高山林区位于青藏高原的东南部,是中国第二重要的天然林区。③东南低山丘陵林区:松杉林和常绿阔叶林及油茶、油桐等经济林。④西北高山林区:落叶阔叶林及油松、侧柏林。⑤热带林区:热带季雨林。该林区森林基本上属热带季雨林,在湿润的山谷树木板根现象较明显,林下有高大的树蕨、棕榈科植物,树干附生兰科、蕨类及天南星科植物,显出热带雨林的景观。

(2)浙江森林分布。浙江的植物资源主要是森林资源,全省林地面积660.74万公顷,森林面积601.36万公顷。根据自然地理特征,全省可分为5个自然地理分区,森林资源总的情况是西南部山区的森林资源多,北部平原和东南沿海地区的森林资源少。

第五章 市场信息采集与分析

浙江具有丰富的经济林和竹林资源

浙江省经济林面积107.95万公顷,占森林面积的17.95%。按主要用途可划分为果树林56.93万公顷、食用原料林37.36万公顷、林化工业原料林0.24万公顷、药用林1.20万公顷和其他经济林12.22万公顷。柑橘、茶叶、油茶、蚕桑和板栗是我省传统的五大经济树种,合计占经济林面积的75.87%,此外,杨梅、山核桃、香榧等特色经济林也发展较快。浙江省栽培加工历史悠久,竹林面积占全国总量的六分之一。全省竹林面积83.34万公顷,其中:毛竹林71.60万公顷,占85.91%;杂竹林11.74万公顷,占14.09%。毛竹总株数202 331万株,其中:成片林分毛竹190 498万株,散生毛竹11 833万株。毛竹林每公顷立竹量2 661株,当年生新竹占毛竹总株数的18.0%。

来源:作者调研整理

3.畜牧业。我国的畜牧业资源丰富且历史悠久。由于地域广阔,不同的地理环境和气候条件,形成了多种多样的草场类型,有利于各种牲畜和不同季节的放牧利用,草地可利用率较高。

(1)畜牧业类型。根据畜牧业生产发展的条件和特点,以及民族的生活、生产习惯与历史发展的地区差异等,我国畜牧业可划分为牧区、农区、半农半牧区、城郊这4种类型地区。①牧区畜牧业。主要分布于北部的内蒙古高原、西部的新疆和西南部的青藏高原,是以天然草地为主要饲料来源的放牧畜牧业地区,家畜以牛、羊、骆驼等草食牲畜为主,畜牧业以产品畜为其主要利用方式,是全国主要畜牧业生产基地。②农区畜牧业。主要是从属于种植业,以家饲畜牧业为主要特点,一般以猪和家禽为主。我国大致以秦岭、淮河为界,可以分为北方和南方农区畜牧区。③半农半牧区。该区沿长城南北呈狭长的带状分布,是农区役畜和肉食牲畜主要供应基地之一。④城郊畜牧业。城郊畜牧业以城市为中心,生产肉、乳、禽、蛋为主,属于小规模集约化经营和生产。

(2)畜牧业生产基地。我国目前比较重要的畜牧业生产基地主要有5个:①大兴安岭肉乳和皮毛生产基地,包括黑龙江与吉林西部、内蒙古东部。②新疆北部细毛羊、肉用牛羊和马生产基地。③青藏高原东部牛羊肉、乳、皮毛生产基地。④华北和西北农牧交错区牛羊肉、毛生产基地,包括河北承德、张家口地区、晋西北和陕西、甘肃的黄土高原。⑤东部平原地区以养猪、禽为主的肉、蛋生产基地。

(3)浙江畜牧产业。浙江有丰富的地方畜禽品种资源,列入国家畜禽品种志的地方品种12个、列入省地方品种志的34个,其中有闻名国内外的金华两头乌、嘉兴黑猪、绍兴麻鸭、湖羊、浙江长毛兔等优良品种。嘉兴和衢州猪业、宁波和绍兴禽蛋、杭州和金华奶业、湖州和衢州特色家禽、江山和桐庐蜂业、山区皮毛动物、绍兴兽药原料和饲料添加剂等优势产业带已初步形成。

4.水产业。水产业是指在海洋和江、河、湖、沼等水域中从事捕捞或养殖水生动物的生产事业,包括捕捞、养殖、保鲜加工、储运和销售等一系列环节,一般以鱼类的捕捞、养殖和加工为主。我国水产资源大致可分为鱼类、甲壳动物类、软体动物类、藻类、哺乳类,其中鱼类是水产资源中数量最大的类群。全世界约有3 000种鱼类,我国约有2 400多种,其中海洋鱼类约占3/5,其余为淡水鱼类。

(1)我国的水产业分为淡水和海洋两大部分:①海洋水产业。主要有渤海海区渔场、黄海海区渔场、东海海区渔场、南海海区渔场四大海区渔场。其中,东海海区是我国最大的海洋渔业产区,主产带鱼、大黄鱼、小黄鱼、墨鱼,其中浙江舟山渔场是全国最大的海洋渔业基地。东海、黄海的浅海渔场是世界上较大的渔场之一,素有"天然鱼仓"之称。②淡水水产业。我国内陆水域共有鱼类800多种,根据渔业生产的自然条件、资源分布和渔业生产现状,可分为长江、淮河流域渔区,华南塘鱼精养区,华北平原及黄土高原塘库粗养渔区和东北河、湖、库、泡渔业区四大水产区。

(3)浙江水产养殖产业。浙江已初步形成了龟鳖类、对虾类、海水蟹类、珍珠、泥蚶、大黄鱼六大优势主导产品,其中对虾已形成环杭州湾、甬台温和舟山产业带;海水蟹已形成了甬台温青蟹产业带,浙北、浙南梭子蟹产业带;龟鳖类形成了杭嘉湖、绍金甬产业带;珍珠形成了甬绍、金衢、杭嘉湖产业带;泥蚶形成了甬台温产业带;大黄鱼形成了舟山——象山港、浙中南产业带,显著提升了全省水产养殖业的整体效益。2008年,龟鳖类、对虾类、海水蟹类、珍珠四大优势主导产品的产量达28.4万吨,产值111亿元,分别占全省水产养殖总产量、总产值的16.9%和45.91%。全省已有省级水产行业协会2家,市、县级水产养殖行业协会11家,渔业专业合作社610家,其中省级示范性合作社20多家,注册资金1.3亿元,参加社员1.8万人,养殖面积近百万亩,注册商标592个,创立品牌428个。

5.食用菌

(1)黑木耳。黑木是我国的传统出口商品,主要产地为湖北的郧阳、保康,广西的百色,黑龙江的牡丹江,吉林的延边。延边的黑木耳产量最多,素有"黑木耳之乡"的称誉。

(2)白木耳。又称银耳,著名产地有四川通江和万源、贵州遵义和湄潭、福建古田等。其中以四川通江和万源的银耳产量最多,质量好,故享有"银耳之乡"的盛誉。

(3)菇类。菇类,又称食用菇,种类繁多,资源极为丰富,产地遍布南北。我国是世界菇类生产大国,其品种多达300多个,年产量已超过200万吨,世界菇类贸易总额的30%是来自中国的。

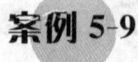
案例 5-9

浙江食用菌产业

浙江省食用菌生产历史悠久,无论生产量还是出口量均列全国前茅。经过多年发展,浙江省初步建立起以基地为基础,以市场和加工企业为龙头,内外销结合的产销格局。2011年产量已达到116万吨,产值超85亿元。不同区域已建立起六大相对集中、各具类型的食用菌商品基地:以龙泉、庆元、云和、缙云、松阳、磐安为主的香菇生产基地;以苍南、富阳、嘉善、平湖为主的蘑菇生产基地;以常山、江山、长兴、黄岩为主的金针菇生产基地;

以云和、景宁、淳安、开化为主的黑木耳生产基地;以常山、江山为主的猴头菇生产基地;以龙泉为主的灵芝生产基地。这些基地年鲜菇产量70万吨、产值68亿元,分别占全省的78.7%和79.2%。

来源:作者调研整理

6.中药材

(1)麝香。麝香是制造香精、香料和化妆品的优质原料,是我国的名贵药材。有獐麝、鹿麝和马麝等品类,獐麝和鹿麝主要产于川西和西藏昌都、那曲、拉萨东部林区等地,马麝主要产于内蒙古。其中以川西产量最多,云南的质量最好。

(2)鹿茸。鹿茸是雄鹿头上初生的嫩角,是一种强身剂和补血剂,主要产区为延边自治州、西藏和川西等地区,东北吉林的产量最大、质量最好。

(3)人参。人参是珍贵的滋补药用植物,有野参(山参)和家参(园参)之分。我国野参主要分布在长白山地和小兴安岭一带,园参主要产于吉林抚松、集安、通化等地。

(4)当归。当归为多年生草本植物。甘肃岷县的当归产量高、质量佳。此外,陕西安康、四川大宁、湖北恩施都是当归的主要产地。产于甘肃东部、陕西西部的称"秦归",产于云南南部、四川西北部称"川归"。

(5)冬虫夏草。冬虫夏草为真菌类植物,是虫与菌的复合体,是我国名贵的滋补药,与人参、鹿茸齐名。产地主要有西藏那曲、昌都等海拔3 500米以上的阴湿地带和青海地区。其中西藏产量居全国第一。

(6)三七。三七是一种多年生草本植物,主要产于云南岘山、文山、西畴、马关,西藏聂拉术,广西百色、那坡等地。

(7)枸杞。枸杞是一种名贵药材,为宁夏"红黄蓝白黑"五宝之首。主产地在中宁、中卫市及七星灌区。

(8)甘草。甘草是一种多年生草本植物,被誉为"百药之王"。主要产于内蒙古、宁夏和甘肃等省,其中内蒙古产量最大,宁夏甘草是该区"五大宝"中的"黄宝"。

(9)浙八味。浙江共拥有中药材资源2 756种,蕴藏量10多亿公斤,资源总量位居全国第三。"浙八味"种植面积已达到20万亩,约占全省中药材种植面积的46%。杭白菊产量占全国70%,浙贝母、白术的种植面积和产量占全国的一半以上,玄参占全国三分之一。铁皮石斛、灵芝也成为全国种植、加工主产区。全省中药材主要集中于自然条件优越的山区和半山区,农业资源丰富,种植区域分布相对集中,其中磐安、桐乡、东阳、天台、淳安、鄞州、缙云、仙居、富阳和新昌十大强县种植面积占56%,产值占全省67%。

7.调味类。调味类种类较多,比较常见的有姜、葱、蒜、八角、花椒、胡椒等。

(1)八角。八角是我国传统的出口商品,历年销售量居世界首位。八角主要产于广西百色、龙津、德保、凭祥等地,产量占全国总产量的80%,其次为云南富宁。

(2)花椒。花椒主要产于山东、河北、山西、甘肃、陕西、四川、云南等省。其中以山东省产量最多,山东的淄博、沂源、蒙阴、沂水、莱芜等地区是花椒的集中产地。河北省涉县所产的花椒个小、皮薄、味香,称为上品。

(3)胡椒。中国胡椒主要产于台湾、海南、湛江及云南的西双版纳等地。目前以海南产量最多,西双版纳所产胡椒质量最好。

(4)肉桂。俗称桂皮,是上等调味品,也是医药、芳香工业的重要原料。以广西产量最多、质量最好,浔江流域和十万大山一带为中心产区,其中以防城、上思、藤县、苍梧、岭溪、容县、平南、桂平、博白等九个县为重点发展地区,平南县罗定的肉桂皮厚薄均匀,甜辣适度,颇受市场欢迎。

8. 水果类。我国水果主要有苹果、梨、柑橘、柿子、红枣、葡萄、香蕉、荔枝、菠萝、龙眼等。水果总产量中苹果、梨、柑橘是我国产量最大的三种水果。其中苹果占水果总量的25%左右,主要集中于山东和辽宁;梨的产量占水果总量的18%左右,主产区在河北、山东、江苏、辽宁等省;柑橘的产量占水果总量的19%左右,主要产于四川、浙江、广东、广西、湖南、福建等省份,而香蕉、荔枝、菠萝、龙眼等以广东、广西、福建等省区为主。

9. 茶叶类。茶叶性味甘、苦,微寒,是我国传统的天然保健饮料。按商品茶的分类和加工来划分,茶叶有七类:红茶、绿茶、花茶、乌龙茶、紧压茶、普洱茶和黄茶。茶叶在秦岭淮河以南、青藏高原以东的广大南方丘陵地区均有种植。各类茶叶产量中,以绿茶产量最大,占茶叶总产量一半以上;其次为红茶,约占茶叶总产量的1/4;再次为乌龙茶、紧压茶和其他茶类。就产茶省区而论,浙、湘、皖、川、闽为中国五大产茶省,产量占全国产茶总量的70%,其次为滇、鄂、粤、赣等省份。2013年,我国茶叶出口32.58万吨,金额12.47亿美元,同比分别上升3.92%和19.64%。我国茶叶出口至125个国家和地区,其中70%为欠发达国家和地区。浙江、福建、江苏等东部沿海省份茶叶出口占比61%。

案例 5-10

浙江茶叶产业

浙江得天独厚的自然条件和人文氛围造就了多姿多彩的茶文化。历史上浙江的长兴顾渚紫笋茶、越州日铸雪芽、西湖龙井、天目青顶等均为著名的上贡名茶。茶叶是浙江的农业主导产业之一,全省茶叶优势区域分为浙西产区、浙东产区和浙南产区三大块,有25个茶叶主产区。2012年,浙江全省茶园面积277万亩,比上年增长1.5%;茶叶产量17.2万吨,产值129亿元。其中,名优茶产量7.5万吨、产值114.4亿元。浙江在全国收购原料进行精加工,出口16万吨,出口额4亿美元,占全国出口总量的51%。

来源:作者调研整理

(二)主要农产品地理区域分布

1. 稻谷。我国是世界种稻最早、产稻谷最多的国家。稻谷在各种粮食作物中平均单产最高,占粮食播种总面积的29%、总产量的42.4%。全国90%以上的稻谷集中于淮河、秦岭以南的南方地区。按自然条件,我国的稻谷主要有以下几个生产区:华南双季稻区、长江中下游单、双季稻区,云贵高原稻谷区,四川盆地丘陵稻谷区。

2. 小麦。我国的小麦播种面积和产量分别占粮食的26.7%和23%,以黄淮海平原及长江流域最多,可分冬小麦和春小麦,以冬小麦为主,其面积和产量均占小麦80%以上。

(1)春小麦种植区主要分布在长城以北,岷山、大雪山以西地区,占全国春小麦面积的

85%以上。

(2)冬小麦种植区分为北方和南方两大区:长城以南、六盘山以东,秦岭、淮河以北为北方冬麦区,面积和产量均占全国冬小麦的70%左右。淮河秦岭以南属南方冬麦区,大部地区实行麦稻两熟制或麦稻稻、麦豆稻等三熟制。

3.玉米。我国是全球第二大玉米生产国和消费国。2013年全国玉米播种面积达3 510万公顷,比2012年增加15.1万公顷,增幅为0.43%;玉米总产达2.11亿吨,比2012年增产294.7万吨,增长幅度达1.42%。进口方面,2011年中国玉米进口量为175万吨,2012年进口玉米520万吨,同比增长近两倍。玉米的主要集中栽培区是从黑龙江省大兴安岭,经辽南、冀北、晋东南、陕南、鄂北、豫西、四川盆地四周及黔、桂西部至滇西南,这一块区域的面积占全国玉米面积的80%左右,其中东北多于西南。其中大连是我国最大的玉米转运口岸和集散地。

4.油料作物。油料作物是我国食用并有商品性特点的经济作物,主要包括花生、油菜籽、芝麻、胡麻、向日葵、蓖麻、线麻子、苏子、油茶、核桃、油桐、乌桕等。全国油料作物常年播种面积在各种经济作物中居于首位,其中花生、油菜籽、芝麻、胡麻四大油料作物占全部油料作物播种面积的90%以上。

5.蔬菜。我国目前栽培的蔬菜品种达140多种,常见的有110多种,其中年产量超过千万吨的就有20多个品种。考虑蔬菜的特性要求,我国的蔬菜产地布局结构有如下三个特征:

(1)蔬菜种植面积较多的地区相对集中在中南部,产量较大的产地主要有山东、河北、河南、江苏、湖北、广东、四川等省份。

(2)各个产地的生产向各自的优势产品倾斜,产地间开始出现差别化竞争。如在形成"南菜北运"、"西菜东运"、"北菜南运"广域流通格局的过程中,各地根据自身的条件,充分发挥优势,形成特色。

(3)城市郊区产地逐步向软弱绿叶菜类转化。

(三)运输主干线地理分布

按照运输方式不同,我国的运输可以分为铁路运输、公路运输、水路运输、航空运输和管道运输五种运输方式,适用于不同农产品的运输活动。

1.公路运输干线分布。干线运输是利用铁路、公路的干线以及大型船舶的固定航线进行的长距离、大数量的运输,是进行远距离空间位置转移的重要运输形式。其优势是运输速度快,成本较低。干线运输是运输的主体。

(1)华北地区:以北京、天津、张家口为中心,交织成网。

(2)东北地区:以辽宁密度最高,以沈阳、四平、长春、哈尔滨等铁路枢纽为中心,沿铁路向两侧伸展,相互交叉成网。

(3)华东地区。在鲁中、鲁南、皖南、闽西和赣南等丘陵山区以及苏北缺少铁路和水运的地区,公路运输常成为当地主要运输方式。公路中心有济南、徐州、合肥、南京、上海、杭州、南昌和福州等。

(4)中南地区:为中国公路最发达地区。公路运输主要作为铁路和内河航运干线的营养线,担负沟通城乡的短途运输任务,为铁路、水运集散物资。

(5)西南地区:公路通车里程约占全国1/5,公路线网密度低于华东、东北和华北3区,每100平方公里仅7.6公里。公路分布以重庆、贵阳、昆明、雅安、成都、拉萨为中心,以成渝、川黔、滇黔、川滇、川藏公路为骨干,并联结黔桂、川湘、滇缅、青藏等重要干线,基本成网。

(6)西北地区。区内公路分布较均衡,以西安、延安、汉中为中心组成陕西省公路网;以兰州、银川、西宁为中心组成陇西公路网;以乌鲁木齐、乌苏、伊宁为中心形成北疆公路网;以库尔勒、阿克苏、喀什为中心形成南疆公路网。

2.铁路运输干线分布

(1)铁路运输线路网布局。我国铁路已基本形成以北京为中心,以四纵、三横、三网和关内外三线为骨架,连接着众多的支线、辅助线、专用线,可通达全国的省市区的铁路网。四纵是指京广线、京九线、京沪线、北同蒲—太焦—焦柳线;三横是指京秦—京包—包兰—兰青—青藏线、陇海—兰新线、沪杭—浙赣—湘黔—贵昆线;三网是指东北铁路网、西南铁路网和台湾铁路网;关内外三线是指京沈线、京通线、和京承—锦承线。

(2)主要铁路枢纽站和编组站。铁路枢纽是指几条线路交叉或衔接,由若干车站、站间联络线以及一系列设施组成的总体,主要有五种类型:①设置于政治、经济贸易中心城市的铁路枢纽,如北京、郑州、太原、济南、南京、成都。②设置于综合性工业城市的铁路枢纽,多为特大城市,如上海、天津、沈阳等。③设置于水陆交通联运中心的枢纽,多为大宗货流集散地,如哈尔滨、武汉、重庆、广州等等。④设置于大型加工工业地区,有大宗货流集散地,如包头、兰州等;⑤设置与采掘工业地区的交通枢纽,是大宗货物的发源地,如大同、焦作等。

3、农产品大型集散中心地理分布。我国主要省份均有农产品大型集散中心,如山东的中国寿光农产品物流园、中国·东北亚农产品物流园(全国最大农产品集散中心)、启东农产品国际物流港(华东最大的农产品物流集散中心)等。对于浙江省而言,农产品集散中心比较多,主要有浙江嘉兴蔬菜批发交易市场、宁波江北名特优农副产品批发交易市场、浙江宁波市蔬菜副食品批发交易市场、浙江金华农产品批发市场、浙江良渚蔬菜市场开发有限公司、浙江嘉善曹安农产品批发有限公司、绍兴市蔬菜果品批发交易市场有限公司、浙江嘉兴水果市场、浙江农都农副产品批发交易市场、温州菜篮子农副产品批发市场等。

第三节　农产品市场预测

市场预测是指对影响农产品市场供求变化的因素进行调查研究,分析和预见其发展趋势,掌握市场供求变化的规律,为农产品经营决策提供可靠的依据的一种形式。农产品经纪人需要通过预测来把握经济发展或者未来市场变化的有关动态,减少决策的盲目性,及时调整生产经营,降低经营风险。

一、市场预测内容

农产品市场预测的内容十分广泛,既有宏观层面的预测又有微观层面的预测,如市场需求变化、消费结构变化、产品销售量、产品价格、产品生命周期、市场占有率、生产技术变化趋势等预测。

(一)市场容量预测

商品市场容量是指有一定货币支付能力的需求总量。市场容量及其变化预测可分为农业生产资料市场预测和农产品市场预测。

1.农业生产资料市场容量预测。主要是对农业生产资料的需求结构、数量及其变化趋势、产销状况、价格走势、企业竞争等进行分析预测。

案例 5-11

肥价低位震荡

总体来看,2014年春国内化肥市场仍将受到产能过剩的冲击和影响,氮肥、磷肥将低位震荡运行,钾肥将实现紧平衡的状态,复合肥将有一定的上涨空间。当前春耕化肥供应充足,价格总体稳定。首先,从春耕资源量情况看,氮肥、磷肥供大于求,钾肥紧平衡。第二,从化肥价格来看,低位震荡运行将成今年春季肥市主基调。

2.农产品市场容量预测

(1)消费者购买力预测。第一,人口数量及变化预测。人口的数量及其发展速度,在很大程度上决定着消费者的消费水平。人口增长所导致的需求增长表现为几乎所有食品需求都在增长,包括细粮、粗粮、食用油、食糖、肉、蛋、奶、果、菜等,这种增长是刚性的,因此农产品消费规模在不断扩张。第二,消费者货币收入和支出的预测。

(2)购买力投向预测。消费者收入水平的高低决定着消费结构,即消费者的生活消费支出中商品性消费支出与非商品性消费支出的比例。消费结构规律是收入水平越高,非商品性消费支出会增大,如娱乐、消遣、劳务费用支出增加;在商品性支出中,用于饮食费用支出的比重大大降低。同时还必须充分考虑消费心理对购买力投向的影响。

案例 5-12

我国农产品消费增长的预测与分析

食物消费结构升级是未来推动我国农产品消费增长最主要的动力。由于食物消费结构的升级所导致的需求增长往往有增有减,增长具有较大的弹性,不同产品之间存在替代关系。一些产品需求出现峰值,加工食品、更有营养和附加值的食品将进一步替代初级食品,农产品消费的范围不断拓宽,农产品质量要求和精细加工水平不断提高,农产品浪费增加,总体需求快速增长。根据联合国粮农组织发布的食物平衡表数据,到2009年,中国人均每日摄入食物能量为3 036大卡,蛋白质为93.8克,脂肪为96.1克,食物营养水平与目前欧美先行国家仍有较大差异,但已经接近或相当于日本和韩国的水平。未来10年,随着城乡居民收入快速增长,食品消费结构将快速升级,人均直接食用的口粮和蔬菜数量将略有减少,产品质量会有所提高。在人均油脂消费方面,目前还处于快速增长阶段,但增长速度将放慢。在动物蛋白消费方面,全国肉、蛋、奶等人均消费将快速增长。

资料来源:中华粮网,2013年9月22日

(3)农产品需求的变化及其发展趋势预测。根据消费者购买力总量和购买力的投向,预测各种农产品需求的数量、花色、品种、规格、质量等(案例5-13)。有专家预测,总体上看,未来10年我国主要农产品的生产和需求都将继续增长,但消费增长更快,农产品供求总体上是偏紧的,部分产品存在较大缺口。短期内,农产品的供求形势比较好,市场供应比较充足。

案例 5-13

中国海鲜消费量全球第一

随着国内消费水平的提高,国内对于海鲜的需求趋于多样化,选择面也越来越广。加上国内海鲜存在着质量安全、缺斤短两等问题,进口海鲜更是成为人们的另一个重要选项。自20世纪80年代至今,中国人均海鲜消费量增长了6倍,已成为全球最大的海鲜消费国。同时,由于越来越多的海鲜产品为国内消费者了解和接受,需求量日益增多,价格也有所上浮,高端进口产品需求强劲。

资料来源:国际商报,2013年11月05日

(二)市场价格变化预测

农业企业生产中投入品的价格和产品的销售价格直接关系到企业盈利水平。在农产品价格的预测中,要充分研究劳动生产率、生产成本、利润的变化,农产品市场供求关系以及国家经济政策对农产品价格的影响(案例5-14)。

案例 5-14

猪肉价格可能逐步企稳

农业部市场与经济信息司课题组预计,2013年初猪肉价格将在节日需求拉动下小幅上涨,之后将继续低位运行。从历史规律看,2011年10月以来总体处于下跌阶段,按43个月波动周期,到2013年下半年,猪肉价格可能逐步企稳并进入上行通道。

资料来源:中国证券报,2013年1月17日

（三）农产品生产发展预测

农产品生产发展及其变化趋势的预测主要是对市场中农产品供给量及其变化趋势的预测（见案例5-15）。

案例 5-15

今年马铃薯产量或过剩

去年马铃薯种植面积的减少使得马铃薯走俏，价格的上升刺激了农民的种植热情，今年马铃薯产量可能面临过剩的隐患。马铃薯种植面积的剧烈变化，不但影响市场价格和下游产业，对化肥等产业也会带来一定影响。2008至2009年全国性的"卖马铃薯难"危机，使农民损失严重，也挫伤了农民的种植积极性，使得去年马铃薯种植面积下降五成。而去年的好年景又可能造成一窝蜂恢复马铃薯种植，还可能继续出现2009年"卖薯难"的情况。"谷贱伤农"和"物以稀为贵"的轮回正在马铃薯种植上不断重复。

资料来源：农村报，2011年1月21日

二、市场预测方法

市场预测是企业进行经营决策的重要信息来源。依据预测的性质将市场预测分为定性预测和定量预测两大类。

（一）定性预测法

定性预测法也称为直观判断法，主要依靠预测人员所掌握的信息、主观经验、业务水平和综合判断能力，对未来农产品市场的发展趋势作出推测与判断。具体包括专家会议法、德尔菲法、销售人员意见集合法、顾客需求意向调查法等方法。这类预测方法简单易行，特别适用于那些难以获取全面的资料进行统计分析的问题。因此，定性预测方法在农产品市场预测中得到了广泛的应用（案例5-16）。

案例 5-16

行业专家：中国大豆产业发展正当其时

据《经济参考报》12月25日报道，在12月24日召开的第八届世界大豆研究大会筹备工作会议上，组会主席王连铮研究员表示，中国大豆产业正处于蓬勃兴起的大好时期，国内企业要紧抓机遇，加快与世界接轨的步伐，促进中国大豆产业的长远发展。中国每年进口的大豆占国内总消费量的2/3。而在一些大豆压榨企业中，进口大豆的使用率超过90%，这对于国内的大豆企业来说，是一个极其严峻的形势，同时也是一个不可多得的机遇。国内大豆企业可以以此为契机，加大力度开拓国内消费市场。豆类加工行业九阳公司的代表则称，2008年是大豆行业具有转折性意义的一年，由于奶制品行业遭受信赖危机,人们开始转向于消费豆类产品,从而使得九阳豆浆机的产量超过 1 000 万台,比 2007 年增加了 400 万台。

资料来源:中华油脂网,2008 年 12 月 29 日

(二)定量预测法

定量预测是利用比较完备的历史资料,以准确、全面、系统、及时的资料为依据,运用数学模型和计量方法,对市场发展趋势作出数量分析的方式。定量预测的方法基本上分为两类:时间序列预测和因果关系型预测。如农产品价格和通货膨胀之间存在着双向的因果关系,农产品价格受到通货膨胀的决定性影响,而农产品价格对通货膨胀也会产生一定的影响。

案例 5-17

我国农产品产销价格的联动性实证分析

有关方面以 1950—2010 年的年度数据为样本,运用基于 VAR 模型的广义脉冲响应函数法与方差分解法对我国农产品产销价格的联动性进行了实证分析。结果表明:农产品产销价格保持相似的波动态势,二者之间的双向传递是顺畅的;与此同时,农产品零售价格对农产品产销这两个市场上的价格波动具有更为显著的作用,农产品产销价格的联动关系呈现出明显的"非均衡性"或"单向"的特点。从影响系数来看,农产品零售价格指数对生产价格指数的影响要大于农产品生产价格指数对零售价格指数的影响而不是相反,呈现出明显的"非均衡性"。滞后 1~2 期的农产品产销价格指数之间仍然有正向影响,但作用较小。因此,应该努力构建农产品现代流通体系,通过提高农户组织化程度、减少中间流通环节以及发展"农零对接"模式来不断加快农产品产销间价格的传递速度。针对农产品产销价格单向传递的特点,务必不断提高我国农产品批零环节的信息化水平,实时向农产品生产环节发布价格、供求信息,缓解农产品产销环节上存在的信息不对称问题,以增强农产品产销间价格的联动性,促进国内农产品市场的健康稳定发展。

资料来源:祁春节等,《华中农业大学学报(社会科学版)》,2013 年 01 期

第六章 客户拓展与维护

农产品经纪人亟待"蝶变"

这两天,泰兴市祁巷蔬菜种植专业合作社的农产品经纪人燕春荣忙着打电话跟周边城市的各大酒店联系。"香荷芋就要上市了,提前联系客户,为下阶段销售做好准备。"燕春荣说,他目前已经跟上海、苏州、无锡、南京等地的不少大酒店达成合作意向,就等香荷芋上市。

泰兴市供销社积极搭建农产品购销平台,强化农超对接、农校对接,先后组织部分经纪人参加全国及江苏省名优农产品展销会等各种形式的交易会、展览会、展销会、名优产品推介会,帮助广大农产品经纪人开拓省内外市场。同时利用市供销合作网开辟农产品经纪人协会专栏,宣传推介本地的名特优农产品,免费为会员刊登商品广告,并利用网络及时向农产品经纪人提供市场信息和行情预测。

资料来源:中共江苏省委新闻网,http://www.zgjssw.gov.cn/,2013年9月18日,经作者整理改编

农产品经纪人进入产销两个市场,必然要与各种群体接触沟通,了解不同群体的需求和特征,因此,需要运用各种客户拓展、谈判与沟通技巧和方法,与酒店、超市等组织客户以及农户合作,实现共赢局面。

第一节 客户开发

农产品经纪人要和各方面、不同层次、不同地域的客户联系,因此,只有掌握了必要的客户开拓知识,才可能同各种人员建立密切联系,更多地去了解人们的需求,使经纪活动的质量更高、更好。

一、客户开发途径

如何寻找、开发选择顾客,是农产品营销过程不容忽视的重要一步。在激烈的市场竞争中,农产品经纪人需要掌握一些开发客户的技巧,这样才能有效地获得稳定的客户源。农产品经纪人客户开发的途径主要有:

（一）连锁介绍

连锁介绍法又称为客户引荐法或无限连锁法，是指通过老客户的介绍来寻找有可能购买该产品的其他客户的方法，是寻找新客户的有效方法。因为现有客户对企业和产品有了一定的了解，如果由其推荐介绍，就可以利用其相应的网络及人脉资源，无形之中增加新客户对企业和产品的信任度，也相应地提高客户开发的速度及成功率。连锁介绍法的具体形式有：现有客户介绍新客户、请新客户推荐、竞争对手介绍、亲朋好友推荐、供应商和专业咨询人士介绍等。

（二）广告营销

利用广告与名片对农产品进行宣传，可以把有关产品营销的信息传递给顾客，从而刺激和诱导顾客购买。通过广告营销进行客户开发，其主要广告媒介是直接邮寄广告和电话广告。利用广告开拓法寻找顾客，关键在于正确地选择广告媒介，以比较少的广告费用恰到好处地发挥广告效果。选择广告媒介的基本原则是因时、因地、因不同的推销产品、因不同的客户，最大限度地影响潜在的顾客。例如，若决定利用报纸广告来寻找顾客，就应该根据所推销产品的特性做出选择，既要考虑各种报纸的发行地区和发行量，又要考虑各种报纸读者的对象类型。若决定选用直接邮寄方式来寻找顾客，最好是先弄到一份邮寄名册。利用直接邮寄广告方式寻找顾客时，要采取灵活多样的形式，尽量避免较大的浪费。同时可以利用名片进行客户开拓。因为名片不仅是推销商品的工具，也是业务员自我推销的工具。在直接接触中，名片交换是获取客户准确信息的最快捷方式之一。

（三）电话营销

电话销售开发新客户是许多企业产品营销的方式之一，它具有效率高的特点。并且，站在管理者的心理角度要比坐等客户好。但随着通信的发展，电话营销的效果在明显地下降。电话销售方式分为进入式和外出式的电话推销，前者是指客户主动联系企业或经纪人购买农产品，而后者是农产品经纪人根据收集和整理的客户资料，向客户推销农产品。例如，全国各地较大的水果批发市场，均有"交易大户"这一栏并带有联系方式，因此，农业企业和专业合作社可以通过电话营销寻找准确客户。

（四）互联网营销

随着网络通信的快速发展，网络平台成为很多产品品牌的主要宣传手段和客户开拓的途径之一。通过网络开发客户的方式多种多样，具体包括公司网站、搜索引擎、电子邮件、网络广告、微信、微博、QQ等。寻找客户的第一步就是定位客户群，即哪些组织和个人能成为企业的客户。因此，可以根据企业和产品定位，利用和整合农业网站相关资源和现代通信交流工具，发布农产品供求信息，举办网上对接会，发挥网络媒体成本低、受众广、不受时间限制等特点，传播农产品产销信息，有效开拓客户群体。

（五）行业展会

农业展会已成为农产品营销促销的大平台和开发客户的新渠道。通过行业展会可以更深入地了解企业自身与同行业企业的差异，接触丰富的潜在客户资源并借此掌握客户的普遍性需求。展会前应充分挖掘展会辐射区域客户，锁定潜在大客户，使得展会中能将产品的突出特色展示给客户，获得客户认可。农交会已经成为国内权威性最强、影响最广泛、效果最显著的农业展会。行业或专业性展会品牌效应正逐渐扩大，如中国国际渔业博览会、中国绿色食品博览会、全国名优果品交易会等一批大型展会影响力不断提升。区域性农业展会带动能力增强,如浙江农博会、安徽农产会、湖北农博会、湖南农博会、海南冬交会、西部农博会、宁夏菜博会、辽宁农博会等服务区域主导产业发展的作用不断提高。随着经济全球化的发展,企业可以通过统一参展、统一装修、统一推介的海外农业展会拓展海外贸易机会。

二、客户开发流程

客户开发是农业企业或农产品经纪人在深入分析所面临的形势以及确定自身的经营发展战略和市场定位的基础上,寻找、发现、评价客户,并据此与客户建立合作关系的动态过程。客户开发是一个系统工程,客户开发能否成功的关键在于规划、策略、环节的掌控能力。客户开发大致可以分为以下几个阶段的业务流程:

(一)目标市场研究

客户开发的起点就是对特定目标市场进行研究,包括市场定位、市场细分和市场调研三个层次的内容。

1.市场定位。即确定目标市场。市场定位可以分为大区、省区、城市和个体四个层次。一般而言,农产品经纪人侧重于分析和确定城市层次和个体层次的市场定位。城市层次市场定位的基础是本城市的区域环境、产品特色和资源优势,而个体的市场定位的基础是其所负责的客户群、熟悉的行业和地区、知识结构、人际资源。明确了自己的市场定位后,就明确了客户开发的主攻方向。

2.市场细分。根据目标市场中客户群的不同类别特征对目标市场进行进一步的划分,并描述各个细分市场中客户群的具体特征。如组织客户和普通消费者的消费行为特征。

3.市场调研。对目标市场中各类细分市场进行调研,调研的内容具体包括目标市场的共同特征,目标市场的地理、经济环境,目标市场的竞争状况、主要竞争者和竞争手段等。

(二)确定潜在目标客户

目标客户是指在目标市场中具有开发价值的客户。农产品经纪人要找的不仅仅是客户名单、联系方式、家庭地址等这些简单的客户信息,更多的是搜索到合格的潜在客户。确定目标客户的工作结果表现为一个阶段性的客户名单。提出目标客户名单的依据是:各种工商企业名录、农业企业网站、相关政府部门、农产品经纪人的社会关系、现有客户群。

(三)收集目标客户信息

农产品经纪人应该收集的目标客户信息包括:姓名、性别、年龄、职业、住址、电话、电子邮件等客户个人信息,如果客户是企业则需了解该企业的经营战略、生产规模、产品品种、销售收入、资信级别、经营状况等企业基本信息;客户的消费品种、客户的还价能力、关注重点、购买习惯等历史购买信息;客户对实体产品的功能、品种、规格、价格等方面要求信息,以及对服务产品的多样性、及时性、便利性等方面要求的需求信息;客户对企业的产品或服务不满的投诉信息。所收集的信息要能够满足对客户进行初步的价值判断和制定初步产品方案的目标。

(四)评估目标客户价值

农产品经纪人可以利用单一指标、客户价值金字塔模型和客户价值计分卡等方法从不同的视角评估自己的客户群和每一个客户,明晰客户的价值取向、价值分布及不同价值区间的客户构成特征等。目标客户初步价值评价的内容包括:有无开发价值、可以成为哪种类型客户、主要风险、收益预测、投入何种开发资源等。根据不同客户类型和价值制定初步的营销方案,具体应该包括:何种产品和服务组合;何时、何种方式;何种级别;如何寻找切入点等。

(五)预约和拜访目标客户

预约是为了达到访问和会见的目标,不宜谈论更多的内容,主要应该确定访问的主要内容、时间、地点、双方主要参加人员。因此,农产品经纪人首先要建立与客户的联系,其目的就是让目标客户知道企业的开发意图,并与客户中的关键人物建立非正式联系和沟通。其次是制定访问计划,具体内容包括:访问级别,是否需要高层访问;参加访问的人员;访问时机;访问会谈的内容;需要提供的材料;可能存在的问题和分歧及解决的方法等。第三,访问前准备要准备好相关资料:客户相关资料;本企业和产品介绍资料;营销方案、访问计划等。第四,初次访问的步骤包括:寒暄与介绍;寻找共同点、拉近双方距离;说明此行原因和目的;访问本身的推销;过渡性问题;了解客户想法和动机;问题调查、确定和探讨;处理异议;阶段性确认;安排下一步的工作,确定日后联系方式、联系人;交换资料等。

案例 6-1

农产品经纪人除了找销路还要会社交

伴随农村经济的发展,一大批农产品基地逐渐形成。要想把地里的瓜果蔬菜推向市场,送上城里人的餐桌,需要通畅的流通渠道,由此诞生了农产品经纪人这一新兴职业群体,主要负责农产品的收购、储运、销售及销售代理、信息传递、服务等中介活动。"作为农产品女经纪人,要善于以业务为核心,围绕相关项目,主动、及时捕捉信息。还要有良好的社交公关能力,能够很好地调整与他人之间的各种关系,打开经纪局面。"全国妇联妇女发展部副部长邰烈鸿建议,在农产品流通领域,农产品女经纪人应坚持诚信经营,树立品牌和商标意识。在具有一定的经营规模后,可创办专业合作组织、家庭农场等,注意加强合作社之间的合作与联合,优势互补,风险共担,实现经济效益最大化。

资料来源:网易新闻网,http://news.163.com/,2013-9-15,经作者整理改编

三、开发新客户注意事项

(一)确定购买决定权

在农产品销售过程开始前,农产品经纪人和客户都必须先确定自己所谈话的对象是不是具有购买决定权的人。每当你打电话到一家公司的时候,你必须经由他们的接待员

决定你所找的人是不是具有购买决定权的人。当你见到或和这位潜在客户说话时,你可以直接地问他,是否他是那个具有购买决定权的人,如果客户告诉你他不是的时候,那么你应该求得进一步的信息来见到那位具有购买决定权的人。如果你一开始就找错了人,那么再好的销售行为也不可能产生好的结果。

（二）以终极利益为导向

农产品经纪人必须确定自己所要告诉客户的事情是客户有兴趣的,或对客户来讲是重要的。所以接触客户的时候所讲的第一句话,就应该让客户知道自己的产品和服务最终能给他带来哪些利益,而这些利益也应该是他真正所需求和有兴趣的。

（三）10分钟原理

10分钟原理的意思是告诉客户,不会占用他太多的时间,同时又强调客户可以自己做决定,不会对他进行强迫式销售。因为如果客户觉得你将会占用他太多的时间,从一开始他就会产生排斥感。现在的客户也都不喜欢强迫式的营销,但有一个非常有效的方法能够让客户解除掉这种抗拒,就是可以问客户一些能够得到正面回答的问题,同时也吸引他们的注意力。

（四）确认与客户的约会

当每次去拜访客户的前一天,或是出门前的一两个小时,农产品经纪人一定要打电话与客户确认你们之间的约会,这是一件非常重要的事,许多情况下客户可能会有突发情况而更改时间,但是他们并不会告诉你。许多业务员时常因为忘记做这件事,而当他们兴致勃勃跑到客户那儿去的时候,发现客户根本不在办公室,或者客户正在跟别人洽谈事情。此时不但错失了最佳的销售机会,同时也浪费了自己时间,这就是"无效率的营销"。

（五）电话行销

电话最能突破时间与空间的限制,是最经济、最有效率的开发客户的工具。在电话营销中农产品经纪人所要达到的目的非常简单,首先要创造客户的好奇心,其次要和客户约定见面的时间和地点,而最终的目的是利用电话创造和客户面对面销售的机会。研究表明,若能规定自己找出时间每天至少打5次电话给新的客户,一年下来能增加1 500个与准客户接触的机会。

第二节　贸易谈判

在农产品市场经济活动中,贸易洽谈是不可缺少的一项内容,需要运用各种谈判手段和技巧来解决诸多的经纪业务问题和争端。因此,通晓谈判程序、掌握高超的谈判技巧对于一个农产品经纪人来讲,是至关重要的。

一、谈判的原则和要素

（一）基本原则

1.依法办事。依法办事原则是指农产品交易谈判必须遵守国家的法律、政策,尤其是农产品国际贸易谈判,还应当遵循有关的国际法和对方国家的有关法律,合法的谈判及其协议才具有法律效力,当事各方的权益才能受到法律的保护。它具体体现在谈判主体、谈判主题和谈判手段等方面的合法性。

2.平等协商。平等协商是农产品贸易谈判的基础,要求谈判各方在地位上应平等一致,相互尊重,不允许仗势压人,以大欺小。农产品经纪人在谈判过程中不仅要注意操作过程的平等、决策权的平等,还要注意在细节上的平等。

3.适当妥协。在商务谈判中,谈判双方往往都在某种程度上通过彼此妥协、互相让步来达成双方都可以接受的结果。农产品交易中,农产品经纪人要在谈判之前做好准备工作,如双方利益调查与核算,双方争议点的多种解决方案,影响谈判妥协的情感因素、事件或以后可能延伸的问题等。

4.互惠互利。在商务交往中,谈判一直被视为一种合作或为合作而进行的准备。因此,农产品贸易谈判最圆满的结局,应当是谈判的所有参与者各取所需,各偿所愿,达到多方共赢的局面。因此,谈判各方只有在追求自身利益的同时,互谅互让,争取互惠多赢,才能实现各自的利益目标,获得谈判的成功。

5.就事论事。不管讨价还价多么苛刻,农产品经纪人对对方的态度始终都应以礼相待,绝对不能话不投机,恶语相向,甚至进行人身攻击。"买卖不成仁义在",要从长远的角度考虑问题。农产品经纪人贸易谈判也要重视社会效益,要综合考虑合作项目对社会的影响,重视谈判主体的社会角色和社会责任,努力实现组织自身效益和社会效益的统一。

(二)基本要素

谈判的构成要素包括谈判主体、谈判客体和谈判信息、谈判时间、谈判地点。其中,前三者被称为谈判的基本构成要素。谈判主体可以是自然人,也可以是经组合而成的一个团体;可以是双方,也可以是多方。谈判客体(谈判议题)是指在谈判中双方要协商解决的问题,是谈判者利益要求的体现。一个问题要成为谈判议题,大致需要以下几个方面条件:一是双方的共同性;二是具备可谈性;三是具备合法性。

二、谈判的内容

农产品贸易谈判的基本内容包括如下五个方面:品质、数量和包装;装运、保险和交接;价格和支付;保证条款;索赔、仲裁和不可抗力。

(一)品质、数量和包装

1.农产品的品质。品质是决定农产品价格高低的重要因素之一。农产品的品质是指农产品的内在质量和外观形态,可以用规格、等级、标准、样品、商标等方法表示。其中,内在质量包括农产品的物理和机械性能、化学成分的构成、生物学特征等;外观形态表现为农产品的造型、图案、色泽、味觉等。如按照国内的生产标准,柑橘主要分为四个等级:一等品、二等品、三等品和等外品。一等品的要求是果实的横径大小在6.5厘米以上,二等品的要求是6.0厘米以上,三等品的要求是5.5厘米以上。

品质条件是合同中的主要条款。对制定品质条款应该注意:一是品质条款要具体明确,切忌使用模棱两可、含糊不清的词句;二是要根据商品的不同属性,正确选用品质的表示方;三是优质优价,按质论价。凭样品买卖是最常用的方法,农产品的样品不同于工业产品,每个产品都会有所不同。在交货时,要按照协议约定中的产品说明,检验交割货物,例如,要在品种、等级、单个或包装重量、色泽、口感等方面保持一致。如果在谈判协议中并没有强调某一特点,仅说明"在交货时按照文字说明检验,而样品仅供参考",那么在交货时产品只要符合文字说明,基本上符合样品就行了。为避免交货时的农产品品质与样品不符合要求,造成严重后果,卖方往往要求在合同中加注"品质与货样大致相同"的字样,以减少不必要的损失。

2.农产品的数量。农产品的数量单位可采用重量、长度、体积、容积、面积和个数等单位来表示。农产品种类不同,采用的计量单位也不相同。在谈判中要明确规定交易的数量和计量单位。国内贸易按国家的有关制度规定,要求采用公制单位;如果是国际贸易,则要求按照公制、英制、美制等多种度量制度计量,这些尽管是常用的单位,但是在谈判中还是要明确,并且要掌握各种度量单位之间的换算关系。农产品重量分毛重和净重两种,谈判中应当予以说明。对按重量计算的商品在明确交货数量的同时,还要注明计算方法,要写明是按照毛重还是净重计算,以及毛重的计算方法。对于大宗商品和不能精确计算数量的商品或者农副产品,要在合同里注明机动幅度。例如,玉米采用麻袋包装,在实际交货时,带包装测量会更容易一些。但如果规定是净重,则需要在毛重中扣除麻袋的重量。

3.农产品的包装。交易的农产品多数需要包装,可以分为运输包装和销售包装。因此,谈判中双方要根据交易商品的特点、运输工具、货物运经地区和气候以及市场习惯等因素,确定包装材料和形式、装潢设计、包装标志、包装费用等事项,并在合同中明确予以表述。

(二)装运、保险和交接

农产品的装运、保险和交接在合同中必须做出明确的规定,以维护双方的利益。

1.装运。农产品装运谈判涉及的具体内容包括:运输方式的选择(公路、铁路、水路、航空、管道)、运费的计算(根据重量、体积、价格)、装运时间与交货时间的确定。谈判双方应在明确由谁支付运费的基础上,根据时间的要求和运输成本来选择合适的运输方式。

2.保险。农产品在运输、装卸、储存过程中可能会遇到各种风险,为了保障在商品受损时可以获得经济上的补偿,有必要进行保险。在谈判时,双方要明确风险的划分,确定由谁办理保险手续和支付保险费用以及对方与保险公司的关系等事宜。

3.交接。为尽可能避免纠纷,谈判人员应在切实可行的基础上,力求把装运和交接货物的时间定得明确合理。通常情况下,卖方谈判人员应在充分考虑货源情况、运输条件、市场供应情况及商品本身状况等因素的基础上,决定装运时间或交货时间。双方在确定交货日期后,应明确卖方延期交货或买方不能按期接货所应负的责任,以及由此给对方带来损失的赔偿。交货地点应明确具体,谨防因过于笼统或重名问题引起合同执行中的麻烦。

(三)价格和支付

1.价格。价格是谈判的核心问题。价格由单价和总价构成。单价由计量单位、计价货币、单位金额和价格术语四部分构成。

2.支付。在谈判中应该确定货物结算方式及结算使用的货币、结算时间、地点等事项。

(1)付款决策分为一次性趸交,有预付款和最终付款两种方式。农产品经纪人在实际操作中,通过与客户沟通,建立信任、信誉关系;促使客户提前付款,减轻农产品经纪人的压力。

(2)支付金额和支付货币。支付金额一般是指合同规定的总金额。有些情况下,支付金额与合同会不一致。如分批交货,分批付款。采用浮动价格,根据品质优劣浮动价格。在国内交易中,支付的货币统一规定为人民币。在国际市场交易时,由于情况比较复杂,可能会涉及汇率风险问题。一般应选择兑换方便、币值相对稳定的货币作为支付货币。

(3)货款方式。包括支付时间,支付地点和支付方法。国内贸易中,货款的结算通常有现金结算和转账结算两大类,其中包括多种具体方式;国际贸易一般多采用信用证结算。在支付方式中较为关键的是支付时间。时间不同,对双方利益会有较大影响。

(四)保证条款

保证条款是指在商务谈判中对卖方所作保证进行检查和制约的一种条款形式。其主要内容是担保,包括保证人、定金、留置权三种形式。

(五)索赔、仲裁和不可抗力

1.索赔。索赔是一方认为对方未能全部或部分履行合同责任时提出要求赔偿,属于合同履约中的问题。农产品经纪人在谈判中要确定索赔依据(包括证据和出证机构)、索赔期限(向违约一方提出索赔的有效期限)、索赔金额(包括违约金和赔偿金)。

2.仲裁。仲裁是指双方当事人在谈判约定出现纠纷时解决问题的裁决机构及方式。农产品经纪人在谈判时,必须为以后可能出现的,通过协商不能解决的纠纷,选择共同认定交由第三者进行裁决的机构。有关仲裁问题的谈判主要包括仲裁的地点、仲裁机构、仲裁程序和仲裁效力等问题。

3.不可抗力。不可抗力是指合同签订以后,由于发生了当事人不可预见的、无法预防的意外事故,造成合同无法履行。具体包括自然力量引起的和社会力量引起的两种。谈判中应该确定不可抗力事故的范围、发生后双方的责任、出具事故证明的机构。

三、谈判的流程

农产品贸易谈判的基本流程包括开局、摸底、报价、交锋妥协和签约等五个阶段。

(一)开局

谈判开局首先需要创造一个相互信赖、诚挚合作的谈判氛围,农产品经纪人可选择一些使双方都感兴趣的中性话题开始,同时双方谈判人员要保持平和的心态,热情的握手、信任的目光、自然的微笑都能营造良好的开局气氛。其次是谈判双方初次见面要互相介绍参加谈判的人员,然后进一步明确谈判要达到的目标,同时还要商定谈判的大体议程和进度。因为谈判议程安排将影响双方在谈判中的主被动地位,同时也决定着谈判效率的高低。最后是预备会议,一般是双方就洽谈目标、计划、进度和人员等内容进行洽商。

(二)摸底

摸底阶段是实质性谈判的开始阶段,是指在正式开始谈判以后,没有报价之前,谈判双方通过交谈,相互了解各自的立场、观点和意图的阶段。其主要任务是通过开场陈述来进行的,并且应该是分别陈述,表明我方意图和了解对方的意图,弄清楚最终成交的大致轮廓,明确哪些是对方主要关心的问题,是否需要调整己方的谈判策略等。

(三)报价

报价是农产品贸易谈判的核心,直接关系到农产品交易双方的经济利益。报价,又叫"发盘",就是谈判双方各自提出自己的交易条件,不仅仅是在价格方面的要求,而是包括价格在内的关于整个交易的各项条件,如商品的数量、质量、包装、装运、保险等交易条件。报价程序按照商业管理,一般是由卖方报价,买方还价。农产品经纪人在报价时应把握的基本原则是要报出一个"留有余地的最高价",这样既能保证谈判的继续进行,又能最大限度地保障根本利益。

(四)交锋妥协

交锋妥协阶段是指谈判双方为了实现各自的利益,就交易条件中不一致的地方进行切磋和探讨,以寻求双方利益的共同点的阶段。在讨价还价中,让步是一种必然的、普遍的现象。其主要任务是充分运用各种的谈判策略与技巧,列举各种信息来说服对方接收自己的观点。当然,为了促成农产品交易的成功,也不可避免地要做出一些妥协和让步。

(五)签约

经过一番讨价还价之后,双方取得了一致的意见,达成了某种协议。这种口头上的允诺,就是"拍板"。协议的签订是商品营销中的重要环节,也是一种法律行为。在较大的农产品交易中,一定要进行签约,也就是双方协商后用恰当的语言、用书面或其他法定形式将谈判内容固定下来。但协议中或许只要有一个文字陷阱就足以使你前功尽弃,甚至蒙受巨大损失。因此,谈判协议的签订,须注意以下问题:

1.达成的协议,必须见之于文字。许多谈判后的争端,不少是由于没有将协议形成文字引起的。仅凭口头协议,乙方在执行过程中容易被曲解,如果发生了破坏协议的事,也无据可查。

2.协议的文字要简洁,概念要明确,内容要具体。大多谈判后的争端是由于关键性的概念使用了模棱两可、含糊不清的词语,或者重要的细节没有交代清楚而造成的,如时间、地点、数量不准确、不具体。

3.不要轻易在对方拟定的谈判协议上签字。对方拟定的协定,不管有意无意,必然对他有利,农产品经纪人应该详细地、谨慎地予以检查。必要时,自己事先准备一个协议的草案,以便两相对照。在确信没有问题后方可签字。重大的营销谈判协议签订后,还应该通过公证部门公证让协议具有法律效力。

四、谈判的技巧

农产品经纪人在经营业务时,需要运用各种谈判的技巧来解决诸多的问题和争端。如谈判时要在双方遇到分歧时面带笑容,语言委婉地与对手针锋相对,这样对方就不会启动头脑中本能的敌意,使接下来的谈判不容易陷入僵局。

(一)时间技巧

农产品经纪人在谈判中要利用控制时间来影响谈判结果,在答复对方或做出决定前争取充裕的思考时间。最常用的方式是找借口拖延时间,如接电话、喝水、上洗手间等,都是一些十分充足而使对方无法拒绝的理由,目的就是争取时间。

(二)语言技巧

农产品经纪人要清楚、流利、恰当地表达自己的见解,也要善于倾听、分析、理解对方的发言。运用语言技巧,具体表现在提问与回答两个方面:

1.提问的技巧。具体包括:能够引起对方注意的问题;能够引起对方做出结论的问题;能够使对方流露真实意图的问题;提问应选择适当的时机;提问后应耐心倾听对方回答;提问应避免刺激对方;对方回避时应更技巧地提问。

2.回答的技巧。具体表现在:不急于表态;不正面反对对方的观点;对需要特别强调的内容,应放缓接走,以引起对方的注意;回答所传递的信息必须准确。

(三)战术技巧

农产品经纪人在谈判技巧中最多涉及的是战术技巧,主要有以下几种:

1.强硬式。立场强硬,迫使对方让步。其具体做法是:针锋相对,但要有风度;最后通牒,千万不要让对方感觉到这是儿戏。

2.马拉松式。有意拖长谈判时间,消磨对方耐性,使对方放弃立场。其具体做法是:疲劳轰炸,把日程安排得非常紧凑,不允许对方有过多的思考时间;泥菩萨,用装糊涂来消磨对方的意志;挡箭牌,用假设的决策者或反对者来增加谈判的难度,拖延时间,使对方失去耐性。

3.虚实相间式。做卖方时开出最高价,做买方时还以最低价。越是想要得到的东西,越是要表现为满不在乎。在无关紧要的问题上,有意纠缠不休来分散对方的注意力。

4.步步紧逼式。不断给对方压力,迫使对方就范。

第三节 客户维护

客户维护是指企业维持已建立的客户关系,使客户不断重复购买产品或服务的过程。研究发现,客户流失率降低5%,企业利润就能增加25%~85%。因此,客户维护工作的重点在于现有客户的维系和二次开发,通过口碑宣传等方式,从现有顾客中获取更多顾客份额,减少销售成本。

一、客户分类管理

客户分类是市场营销管理的内在要求,是基于客户的属性特征所进行的有效性识别与差异化区分。据统计表明,现代企业57%的销售额是来自12%的重要客户,而其余88%中的大部分客户对企业是微利的。客户金字塔是以销售额或利润贡献等重要指标为基准确定客户类别,将客户群分为VIP客户(A类客户)、主要客户(B类客户)、普通客户(C类客户)、小客户(D类客户)四个类别。

(一)VIP客户

VIP客户是客户金字塔中最上层的金牌客户,是企业的优质核心客户群。由于他们是在过去特定的时间内,购买金额最多的前5%~10%的客户,能给农业企业和专业合作社带来长期稳定的收入,值得花费大量时间和精力来提高该类客户的满意度。因此,对这类客户的管理应做好以下几点：

1.指派专门的农产品经纪人经常联络，定期走访，提供销售折扣，为他们提供最快捷、周到的服务，使他们享受最大的实惠；企业领导也应定期去拜访他们，密切注意该类客户的所处行业趋势、企业人事变动等其他异常动向，以避免倒账的风险。

2.该类客户进货额占企业总销售额的70%～80%，影响相当大，所以该类客户的订单在安排计划时要采取相应的保护措施，跟进该类客户的订单，配套一系列好的软、硬件资源，保证货期的准确。

3.优先处理该类客户的抱怨和投诉。

白桃农超对接

浙江省金华市希望果业合作社负责人施广军于1997年组织了一支购销队伍在上海开拓源东白桃、金华葡萄、柑橘的销售渠道，与麦德龙超市、大润发、好又多、欧尚、家乐福、沃尔玛超市、乐购、物美等超市建有良好的合作关系，年销售量达6 000余吨，成为金东区源东乡水果的主要销售渠道之一。

来源：根据作者调研整理

（二）主要客户

主要客户是指在特定时间内，消费金额最多的前15%～20%的客户中，扣除VIP客户后的客户。该类客户的进货额只占企业销售总额的10%～20%，略具影响力，往往比较容易变为企业的忠诚客户，因此，值得农产品经纪人花些时间和金钱来建立忠诚度的。对主要客户（B类客户）的管理应注意以下几点：

1.应经常联络，定期走访，为该类客户提供服务的同时更多的是密切注意该类客户的产品销售、资金支付能力、人事变动、重组等异常动向，以避免倒闭的风险。

2.如果该类客户的订单频率和数量没有上升或者如果他们向竞争者对手订更多的产品，那就要给他们提供更多的服务。在放弃一个主要客户之前，要找出他们从竞争对手那里订更多货的原因。

（三）普通客户

普通客户是指在购买金额最多的30%客户中，扣除VIP客户和主要客户外的客户。该类客户进货额只占企业销售总额的10%以下，每个客户的进货量很少。

1.对此类客户，企业若没有战略性的促销策略，在人员、财力、物力等限制条件下，可减少推销努力，或找出将来有前途的"明日之星"，将其培养为B级客户。

2.企业可以将对其服务的时间削减一半，但一定要和这些客户保持联系，并让其知道当他们需要帮助的时候，企业总是会伸出援手。

（四）小客户

小客户是指除了上述三种客户外，剩下的70%客户。但在他们之中，能为企业带来较大销售额和利润的客户却非常少。在与小客户打交道的过程中,他们往往是锱铢必较,忠诚度很低,不及时付款,订单不多却要求很多,对这些客户企业应提供很少的服务。

二、客户维护途径

维护并不断扩大客户群是企业最重要的组成部分之一。无论建立什么样的个人关系或业务关系,都需要花费时间。作为日常工作的一部分,每天花点时间来联系一位客户,最后的效果会出乎你的意料。

（一）始终保持联系

农产品经纪人应经常与客户通过电话、电子邮件以及面谈等方式进行沟通,以保持良好的关系。如果客户近期下了订单或给客户提供了某一服务,则应询问他们的反馈,显示出很关心客户的满意度。同时,有机会来了解他们对自己其他的产品和服务的需求,以获得新的业务机会。如果客户暂时没有业务来往,可以看一下怎么能帮助他们。这也许会提醒客户,他们可能需要自己的产品或服务。

（二）定期进行客户回访

客户回访是企业用来进行产品或服务满意度调查、客户消费行为调查、进行客户维系的常用方法。农产品经纪人可以实行对特定客户访问和所有客户巡回访问相结合的回访制度,充分了解客户的需求。

（三）及时提供最新信息

农产品经纪人应该及时提供最新行业政策、新产品以及促销等信息给自己的客户,如最新的行业信息和政府信息等各种有利的情报,企业新产品信息,企业促销优惠活动等。

（四）邀请参加企业活动

农产品经纪人可以邀请重要客户参加本企业或专业的庆典或重要会议等活动,参观企业或生产基地,增强客户对企业的了解。同时在节假日向客户表达节日的祝福并赠送带有企业特点的礼品。

三、客户维护流程

农产品经纪人在拓展与维护客户关系的过程中,首先要掌握客户的相关信息,并对信息进行分析,从而了解、判断客户的真实需求,然后在与客户不断交往过程中发现客户需求的规律,以此来评定客户对于企业的价值。在弄清楚客户的价值后,就可以有针对性地采取不同的销售策略,达到提升业务和客户品牌忠诚度的目的。

（一）明确和满足客户需求

1. 经常与顾客沟通交流,并给客户提供更多优惠措施,如数量折扣、赠品、更长期的赊销等,以保持融洽的关系。

2. 特殊顾客特殊对待。根据 80/20 原则,企业利润的 80% 是由 20% 的客户创造的。美国哈佛商业杂志研究表明,多次光顾的顾客比初次登门的人可为企业多带来 20%—85% 的利润。所以善于经营的企业要根据客户本身的价值和利润率来细分客户,并密切关注高价值的客户,保证他们可以获得应得的特殊服务和待遇,使他们成为企业的忠诚客户。

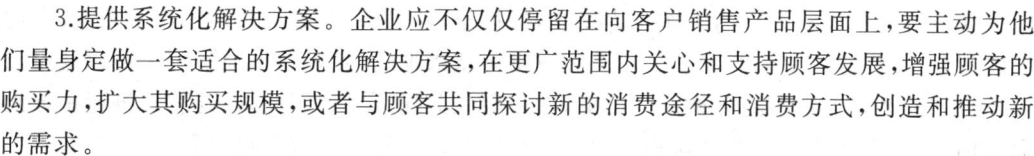

3.提供系统化解决方案。企业应不仅仅停留在向客户销售产品层面上,要主动为他们量身定做一套适合的系统化解决方案,在更广范围内关心和支持顾客发展,增强顾客的购买力,扩大其购买规模,或者与顾客共同探讨新的消费途径和消费方式,创造和推动新的需求。

(二)建立客户数据库

在信息时代,客户通过Internet等各种便捷的渠道都可以获得更多更详细的产品和服务信息,这使得客户比以前更加聪明、强大,更加不能容忍被动的推销。因此,需要建立客户数据库,掌握客户的详细信息,并有针对性地与客户进行感情交流,如日常的拜访、节日的真诚问候、婚庆喜事、生日的祝福、一束鲜花等方式,使客户在购买过程中获得产品以外的良好心理体验。

(三)与客户进行深入沟通

客户的需求不能得到切实有效的满足往往是导致企业客户流失的最关键因素。大量实践表明,2/3客户离开其供应商是因为对客户关怀不够。因此,必须与客户进行深入沟通,防止出现误解。一方面,应及时将企业经营战略与策略的变化信息传递给客户,便于客户工作的顺利开展。同时收集客户对企业产品、服务等方面的意见和建议,将其融入企业各项工作的改进之中。这样,既可以使老客户知晓企业的经营意图,又可以有效调整企业的营销策略以适应客户需求的变化。另一方面,建立相应的投诉和售后服务沟通渠道,采用积极、热情和及时的态度,跟进了解客户,及时处理客户不满,采取有效的补救措施。

(四)制造客户离开的障碍

一个保留和维护客户的有效办法就是制造客户离开的障碍,使客户不能轻易转向购买竞争者的产品。因此,从企业自身角度上,要不断创新,改进技术手段和管理方式,提高顾客的转移成本和门槛;从心理因素上,企业必须改变以往的单向的灌输式信息传播方式,而尽量与客户进行沟通和互动,让客户参与其中,努力和客户保持亲密关系,让客户在情感上忠诚于企业,对企业形象、价值观和产品产生依赖和习惯心理,建立长期的稳定的感情和友谊关系。

四、客户维护技巧

客户关系发展和维护是一个循序渐进的过程,客户维护的核心是通过一些策略和技巧使自己的客户不仅对其所使用的产品放心,而且要让客户感受到企业提供了良好的服务与产品附加值,最终形成比较稳定的、忠诚度高的用户群,形成一定规模的产品市场。

(一)寻找共同话题

1.从关心客户需求入手。实现与客户互动的关键是要找到彼此间的共同话题,这就要求销售人员首先要从关心客户的需求入手。如果销售人员不关注客户的需求,那么即使把产品说得天花乱坠也于事无补。对于客户的实际需求,销售人员需要在沟通之前就加以认真分析,以便准确把握客户最强烈的需要,然后从客户需求出发寻找共同话题。

2.寻找客户感兴趣的话题。只有那些能引起客户兴趣的话题才可能使整个销售沟通充满生机。客户一般情况下是不会马上就对你的产品或企业产生兴趣的,这需要农产品经纪人在最短时间之内找到客户感兴趣的话题,然后再伺机引出自己的销售目的。比如,销售人员可以首先从客户的工作和主要爱好、孩子和家庭以及重大新闻时事等谈起,以此活跃气氛,增加客户对你的好感。对于客户十分感兴趣的话题,农产品经纪人可以通过巧妙的询问和认真的观察与分析进行了解,然后引入共同话题。因此,在与客户进行销售沟通之前,有必要花费一定的时间和精力对客户的特殊喜好和品位等进行研究。

(二)提供个性化服务

对老客户的维护需要采取层层递进的方式,即从标准化服务转向个性化客户参与服务方式,让客户感受到真心实意的温暖。因此,要求企业花费更多的人力和物力、更加全面地了解和系统地掌握客户情况,从客户的职业、身份、地位到兴趣爱好、家庭关系等,并通过现有的资料预测客户的发展趋势,包括职业发展和购买力预测,并且根据客户的变化在服务上做相应的调整,针对不同客户采取定制化服务。定制化体现的是企业的数据库营销能力,不仅要拥有更多的数据,条目更加明晰,而且还要有数据挖掘分析的能力,从数据中获得更多的客户信息,最终服务好客户。

(三)值得思考的问题

农产品经纪人在产品销售期间需要经常考虑和弄清楚以下几个问题,这将有助于更加地顺利地开展客户维护和拓展工作:

1.我们是做什么的?

2.我们能做到什么程度?

3.我们能给予客户什么?

4.我们给客户的这些东西能帮助客户实现什么?

5.客户明白我们讲的是什么吗?我们想让客户做什么判断?

6.客户想明白什么?

第七章 农产品质量分级与鉴别

泰国香米咋不香了

一直是米中"贵"族的泰国香米,如今却出现了"低端"产品,零售价甚至低至2.98元/斤。不少市民反映,部分泰国香米便宜却不香。调查发现,市面上销售的不同品牌泰国香米价格相差悬殊,散装泰国香米的价格甚至直逼国产大米。实际上,泰国香米零售价应在7元/斤以上,市面上不少低端泰国香米"水分"较多。

记者走访:不同品牌差价近3倍。记者近日走访了华润万家、岁宝百货、福到来等多家超市发现,市面上不同品牌泰国香米价格相差甚远,散装最便宜的一斤2元多,包装最贵的则是7元/斤,价格相差近3倍。"两种产品都是泰国香米,只是香米纯度不同,包装的香米纯度达92%,散装的仅为80%左右,掺了其他种类的泰国米。"销售员如此解释。

业内人士:有人在香米中掺其他大米。市面上的泰国香米有两种,一种产自泰国当地,一种是来自泰国的种子,在中国种植。业内人士介绍,市场上确实有商家以国内种植的香米冒充进口泰国香米,把国产米运到香港转一圈,再运回广州深圳,就变成了泰国香米。分装环节也有猫腻,有些不良商家在香米中掺杂了泰国产的其他大米,如形状相似的长粒泰国白米,甚至直接混进国产大米,以次充好。这种掺水现象,主要是为了降低成本,产品质量和安全一般没有问题,所以早成了业内"潜规则"。但最恶劣的方式就是将食用香精喷洒到白米上,使白米散发出浓郁的香味,而摄入过多香精对人体是有害的。

检测机构:暂无法检测香米"香度"。根据泰国政府2002年5月实施的最新香米标准,香米纯度应不低于92%。那么市场上的泰国香米可有部门进行质量监管?记者致电深圳市市场监督管理局,得到的答复是进口泰国香米归市检验检疫部门检查,国产泰国香米归产地所属的质监部门检查。记者从深圳市检验检疫局了解到,进口泰国香米依照粮食卫生标准GB2715进行检测,检测内容包括农残、污染物、有害真菌等检测,并不包括香米纯度检测。而泰国香米的质量就重在纯度和口感等方面。相关人士指出,现在市场上确实存在"假冒不伪劣"的现象,一般这种情况需要厂家认定。也就是说,深圳目前尚无相关机构检测香米的"香度"和口感。

资料来源:深圳新闻网,2010年1月4日

第一节　农产品分级与鉴别

农产品质量是指产品的优劣程度,因而农产品质量鉴别和分等分级,有助于推动农业标准化,提高农产品质量和档次,能保证消费者所购农产品在使用价值方面符合要求,提升农产品的市场竞争力。

一、农产品质量分级要素

农产品质量分级主要包括等级评定和规格评定两方面,分级主要依据外观、质构、风味等方面要素。

（一）外观

外观要素包括大小、形状、色泽、光泽、完整性、损伤程度、透明度和黏稠度等,可以直观地反映产品的外在品质。

（二）质构

农产品质构是农产品质量的重要参数,是指能被手指、舌头、上颚或牙齿所感觉到的产品结构特性,被广泛用来表示产品的组织状态、口感。具体包括硬度、弹性、塑性、黏性、紧密性、黏结性、黏着性等。

（三）风味

风味包括口味和气味,是食品本身和人体感官体验共同作用的结果。如糖度和酸度是决定水果滋味和口感的重要指标。

（四）营养质量

营养质量成分包括蛋白质、脂类、碳水化合物、矿物质和维生素等五大类主要营养元素,还包括具有保健功能的活性成分,如活性低聚糖、活性多糖、活性脂、活性肽和活性蛋白素。

（五）耐贮藏性

耐贮藏性是指产品在一定贮藏及搬运条件下的稳定性,对产品鲜度和确定保质期具有重要意义。农产品贮藏的任务在于延缓衰老等进程,保持产品的鲜活品质。

二、农产品质量鉴别程序

农产品质量鉴别的程序一般为抽样、检验、等级确定等步骤。

（一）产品抽样

抽样也称为拣样、取样,它是农副产品检验的第一道手续。抽样的代表性与检验结果的准确性有密切关系。为了使抽样的样品品质能代表整批农产品的品质,必须依据统计学原理,保证整批农产品中任意一个都有被抽取的机会,即概率相等。

1.抽样要求

（1）外地调入农产品应审查该批次所有证件,包括运货单、质量检查证明、商品检验和卫生机关的检验报告单,然后从表及里检验。发现包装不好且已影响农产品质量的产品时,应将包装打开进行采样分析;而包装完好的,则可打开部分包装,采取样品检验。

(2)小包装农产品,可取其中2~3包作为送检样品。样品应保持包装完整无缺,附说明书和商标。大量农产品如积聚成堆或仓储的谷物,应从堆的上、中、下三层分别采样,将所采集的样品混合均匀,再用"四分法"将对角两瓣去除,剩余的两瓣再重新混合取样,直到达到需要的数量为止。

(3)新鲜肉的取样方法。根据不同目的和要求而定,可以从不同部位采样,混合后代表该头家畜;有的可以从很多家畜的同一部位采样,混合后来代表某一部位的情况。

(4)水果和蔬菜的理化检验。理化检验取样方法是由每一个样品的对应面各切下一角(纵切),以减少内部之差异。应先去皮和核,只取可食部分。体积小的食物,如豆荚、枣、葡萄、山楂等,将多量样品混合均匀后,用四分法取样,多次操作,直到所需数量(不得少于500克);如西红柿、胡萝卜、茄子、西瓜等体积大的农产品,应由多个单独样品中取样;而如油菜、韭菜、小白菜等体积膨松、叶型蔬菜,应由多个单独样品取样(一筐、一捆),分别抽取一定数量,所取总量应在1 000克以上。

(5)在感官上、性质上极不相同的农产品,一般不要混在一起,需分别包装。设法保持样品的原有微生物情况和理化指标,在进行检验之前不沾污,不使其发生变化。有时要确定农产品腐败的程度,亦可采取它的腐败部分、污染部分或可疑部分。

(6)一切采样工具,如采样器、容器、包装纸都应清洁,不应将任何有害物质带入农产品中,供细菌检验用的农产品,应严格遵守无菌操作。采样后应迅速进行检验或送往实验室进行分析,尽量避免发生变化。同时要记录采样单位、地址、日期、时间、样品编号、样品重量和包装,采样的条件和检验目的。

2.抽样方法

常用的抽样方法有随机抽样法和典型抽样法。随机抽样法是指抽样时不随人的主观愿望进行抽样,使每件农产品都可能成为样品的抽取方法,具体包括简单随机抽样、系统抽样、分层抽样和整群抽样。典型抽样是按农产品情况典型地抽取样品,用比较少的试样分析估计整批农产品的质量情况。如检验花生中的黄曲霉素,先检验霉度严重的花生米粒,如果未发现黄曲霉素,则可判断整批花生的黄曲霉素含量符合标准。

3.样本容量确定

我国抽样数量确定的方法有百分抽样法、计数抽样法和计量抽样法。农产品检验抽样一般采用百分比抽样法,常用抽样比例一般为5%。百分抽样法是根据农产品的批量或件数按规定的百分比在整批农产品中均匀布点抽取样品。如农产品批量为500($N=500$),抽取5%作为样品,应抽($500 \times 5\%$)25个。这种方法在农产品批量为500~5 000个之间比较合适。如果农产品批量很小,则抽取试样数至少为5个;当批量数大于10 000个,则抽取3%;大于100 000个,抽1%。

(二)产品检验

鉴别农产品的方法主要分为感官鉴别法和理化鉴别法两大类。前者是借助感觉器官进行鉴别的方法,后者是借助各种仪器和试剂进行鉴别的方法。

1.感官检验。感官检验是通过视觉、嗅觉、味觉、听觉、触觉等来检验农产品的质量,主要应用于检验农产品的外形结构、外观疵点、色泽、硬度、弹性、气味、滋味、声音,以及包装方面的质量。它又可分为视觉检验、嗅觉检验、味觉检验、触觉检验和听觉检验等五种方法,但常常不是孤立地运用某一种方法,而是综合运用几种方法来全面鉴定农产品。这种方法在农产品检验中使用最广泛,如棉、麻、烟、茶、畜产品等农产品的检验,往往可以使用此种方法鉴定其质量的优劣。其优点是快捷、简便、易行,不需繁杂的仪器设备,有一定的科学性和准确性。缺点是检验结果只能用专业术语或记分来表示质量的高低,不能用具体数值来表示;同时受检验人员的生理条件、工作经验和外界环境的影响较大,有一定的主观因素。

2.理化检验法。理化检验法是一种利用各种仪器、设备、器械和化学试剂来鉴定农产品质量的方法。它能探明农产品的内部疵点,并能深入地测定农产品的成分、结构和性质,其鉴定结果较为客观而精确,可以用具体数值表示。它主要分为物理检验法、化学检验法和生物检验法。

(1)物理检验法。物理检验法用来检验农产品的长度、细度、比重、重量、体积、色泽、透明度等。①显微镜检验法。用显微镜可观察到农产品的细微结构,或者利用各种化学试剂与农产品起反应后,在显微镜下观察,以确定农产品的成分和性质。②折光仪检验法。利用折光仪测定农产品的折光率,以确定农产品的纯度。该方法多用于食用油和芳香油等液体农产品。③比重法。利用波美表、比重表、比轻表、比重天平等各种比重计来检验农产品的比重,从而确定农产品的纯度或有效成分的含量。④旋光仪法。利用旋光仪测定农产品中具有旋光性物质的多少,如测定糖的比旋度。⑤热学检验法。利用仪器测定农产品的一些热学性质,如测定耐热性、熔点、凝固点等。⑥器械检验法。利用特制的一些仪器来检验农产品的物理机械性质,如纤维强力机械测定纤维强力、弹性等。

(2)化学检验法。化学检验法是以农产品中被测组分的化学性质为依据,或者根据农产品中被测组分与试剂所进行的化学反应为基础的检验方法。特别是对农产品有害物质含量的测定尤为重要。①重量分析法。称取一定重量的样品,使被测定成分与样品中其他成分分离,然后测定该成分的重量,根据测得的重量,计算出样品中这种成分的含量。主要包括沉淀法、挥发法、萃取法和灰化法等。②滴定分析法。根据一种已知准确浓度的试剂溶液加到被测物的溶液中,滴加至试剂的量与被测物质的含量相当时,即二者的当量数目相同时,由试剂的用量和它的浓度可算出被测物的含量。③比色法。通过比较溶液颜色的深浅来测定物质的含量。操作方法简便,需要的样品少,分析准确度高。因此在农产品检验中,应用比较广泛,如农产品营养成分、油脂色度及熏蒸药剂残留量测定。④层析法。也称色层分析法或色谱法,利用混合物中各个成分的理化性质的差别使各成分以不同程度分布在两个相中,一个为固定相,一个为流动相,流动相带着试样流经固定相时,各个成分以不同的速度移动,从而达到互相分离。在农产品检验中,用来测定黄曲霉毒B1、熏蒸药剂残留量和有毒的重金属等。

(3)生物检验法。通常是通过检查细菌总数、大肠杆菌群来判断农产品被污染的程度,从而间接判断有无传播肠道传染病的危险。在常规检验中发现可疑致病菌或食物中毒时,就要进行致病菌检查。一般通过肉眼观察、显微镜检验、生化反应、血清分型、动物试验等手段对污染农产品的细菌进行检出与计数检验,从而给农产品的卫生学评价提供依据。

(三)等级评定

等级主要反映农产品的品质特性,是相对的、有条件的。农产品等级评定是对农产品内在质量、外观质量和包装质量等作出检验结论,也是农产品质量检验的最后一个重要步骤。

1.等级评定的原则和依据

(1)考虑农产品的使用要求。综合考虑农产品的安全性能、用途和使用特性等因素,将符合使用要求的农产品定为合格品或优级品。同时还应对农产品各种质量缺陷进行分类。为了考虑使用者和生产者各自的要求,要做到既保护消费者的权益又减少生产成本,对每一种农产品都要严格规定农产品缺陷的指标。

(2)考虑国家经济的全局利益。全面考虑国家、企业、个人三方面的经济利益,不可把质量标准定得超出现有生产水平,也不可把质量标准降低到危害人身安全和造成环境污染的水平,应当从实际出发,做到切实可行、注重实效并考虑消费层次的不同要求。鼓励用新技术开发新产品,不断淘汰劣质产品。

(3)考虑时间和区域的差异性。随着技术发展和农产品质量的提高,不同时期的同一等级所表示的农产品有用性程度会相应地有所提升。农产品的质量受气候及病虫害的影响极大,因此不同年份和不同地区的同一等级,在质量方面也可能有较大差异。

2.等级规格评定指标

(1)等级评定。等级指标宜选择易于直观判断的感官指标,如外观、组织形态、风味、杂质率等相关指标;也可以选择内在品质指标作为等级评定依据,如脂肪含量、蛋白质含量、水分含量、滴定酸度等。

(2)规格评定。规格的评定主要依据可测量或称量的反映农产品大小形状和重量的指标,如长度、直径、周长、重量等指标。

3.分级标志

农产品的等级也称为品级。通常用顺序号来表示,如一等、二等、三等或一级、二级、三级等,此时"等"与"级"无含意上的差别。但有些农产品在等下面,还有级别之分,如二等一级、二等二级、二等三级等。也有一些农产品用其他的方式来表示,如优级、上级、中级、下级等。农产品分级不仅取决于用途和消费层次,还取决于生产方式、成熟度、自然形态、病害、气候等因素。

(1)优级品、等级品和等外品。在农产品中多用"特级"、"特等"来表示优级品,如阿克苏骏枣特级标准为纵径4.5 cm以上、横径3.1 cm以上、单果重16克以上、果实光滑。等级品是指在同一生产过程中,以相同的原材料生产出品种相同但质量不同的农产品,通常用一等、二等来表示,如阿克苏骏枣一级标准为纵径4.0~4.4 cm、横径3.0~3.1 cm、单果重11克以上、果实光滑。等外品,又称次品,是指虽不符合现有农产品质量标准,但仍可使用的农产品。

(2)多级分类标志。多级分类标志是用几个级别表示农产品的质量,如棉花有纺织用棉和短绒两大类,每类又分为好几个等级;烟有甲、乙、丙三级三大类,每大类又分为三个级别,即甲一级、甲二级、甲三级等。因为这类产品的质量、性能差异性很大,又不易人为控制。

4.常用分级方法

(1)限定法。将农产品各项缺陷和要求都列出来,凡不符合要求者作为一项缺陷,如果缺陷累计超过一定数量,或缺陷大小、位置超过规定标准者,则认为该农产品不符合某一等。这种方法分级适用于农产品缺陷易被人肉眼看出的,或易为仪器作无损鉴定的农产品质量的鉴定。另一种是对各等级的实物标准样品规定一个限度,如皮棉的实物标准,规定各级都是底线。

(2)计分法。将农产品的各种缺陷和要求列出,根据这些缺陷的重要性逐一定分数,累计各项分数,分数越高等级数就越高。这种方法的重点是针对缺陷造成的质量问题的主次进行加权分配分数,轻重缺陷均记分,有利于较准确客观地检验农产品质量。

(3)百分记分法。将农产品的各项质量要求列出,将每项要求对农产品的重要性分别用百分数列出,最后累计得分。如水果分等分级时,果品糖度比标准高,分数增加;比标准低分数减少。西瓜的甜度标准要求一般为11度,比11度高的每高出0.2度加1分,比11度低的每低0.2度减1分。该方法常用于对成熟的鲜活农产品质量的分级。

第二节 谷物类品级鉴别

鉴别谷类农产品的质量等级一般是依据农产品的色泽、外观、气味、滋味等项目进行综合评价。眼睛观察可感知谷类颗粒的饱满、完整均匀、质地的紧密与疏松、色泽程度以及有无霉变、虫蛀、杂物、结块等异常现象,鼻嗅和口尝则能够体会到谷物的气味和滋味是否正常,有无异臭异味。

一、大米

绿色食品大米(NY/T 419—2007)标准适用于籼米和粳米类大米。
(一)品质分类
根据稻谷的品质分类方法将大米分为以下两类:
1.籼米:用籼型非糯性稻谷制成的米。米粒一般呈长椭圆形或细长形。按其粒质和籼稻收获季节分为以下两种:(1)早籼米:腹白较大,硬质颗粒较少。(2)晚籼米:腹白较小,硬质颗粒较多。
2.粳米:用粳型非糯性稻谷制成的米。米粒一般呈长椭圆形。按其粒质和粳稻收获季节分为以下两种:(1)早粳米:腹白较大,硬质颗粒较少。(2)晚粳米:腹白较小,硬质颗粒较多。
(二)品质指标
1.感官指标

表 7-1 感官指标

项目	籼米	粳米
色泽、气味	正常、无异味、无发霉变质情况	
加工精度	特等(背沟有皮,粒面米皮基本去净的占85%以上)	
不完善粒(%)	≤3.0	≤3.0

续表

项 目		籼 米	粳 米
最大限度杂质	总量(%)	≤0.25	≤0.25
	糠粉(%)	≤0.15	≤0.15
	矿物质(%)	≤0.02	≤0.02
	带壳稗粒(粒/kg)	≤15	≤10
	稻谷粒(粒/kg)	≤8	≤4
碎米(%)	总量	≤25.0	≤15.0
	小碎米	≤1.5	≤1.0
黄米(%)		≤0.5	

2.理化指标

表7-2 理化指标

项目	籼米	粳米		
直链淀粉(%)	13.0~26.0	11.0~22.0	0	NY20-1986中 3.3.3一级
胶稠度(mm)	≥60	≥70	≥100	
碱消值(级)	≥4	≥6	≥6	
蛋白质(%)	≥8	≥7	≥7	NY20-1986中 3.3.5.1一级

3.卫生指标

表7-3 卫生指标

单位:mg/kg

序号	项目	指标
1	无机砷(以As计)	≤0.15
2	汞(以Hg计)	≤0.01
3	铅(以Pb计)	≤0.2
4	镉(以Cd计)	≤0.2
5	氟(以F计)	≤1.0
6	磷化物(以PH$_3$计)	≤0.05
7	氰化物(以HCN计)	阴性
8	氯化苦	不得检出
9	敌敌畏	≤0.05
10	乐果	≤0.02
11	马拉硫磷	≤0.01

续表

序号	项目	指标
12	杀螟硫磷	≤1.0
13	倍硫磷	不得检出（＜0.01）
14	三唑磷	≤0.05
15	对硫磷	不得检出
16	毒死蜱	≤0.1
17	甲基毒死蜱	≤5
18	甲胺磷	不得检出（＜0.004）
19	三环唑	≤1.0
20	杀虫双	≤0.1
21	六六六	≤0.05
22	滴滴涕	≤0.05
23	溴氰菊酯	≤0.05
24	黄曲霉毒素 B_1	≤5.0

注：其他农药使用方式及其限量应符合 NY/T 393 的规定。

(三)质量优劣鉴别法

1.看硬度：表面光亮、整齐均匀、硬度较大、蛋白质含量高属于品质好的大米；反之，碎米粒多、碾压易碎、硬度低的米质量欠佳。

2.看腹白：米粒腹部有一个透明的白斑，在中心部位的叫"心白"，在外腹部的叫"外白"。腹白小的米是籽粒饱满的稻谷加工的，腹白大的米是不够成熟的米。

3.看爆腰：米粒表面出现横裂纹称为"爆腰米"，裂纹越多，质量越差。用这种米做饭会"夹生"，不仅难吃，而且营养价值低。

4.看新陈：新米色泽新鲜，可见少量青绿米粒，有清香气味。陈米颜色发灰，表面有粉状物或白纹沟，有少量黄米粒。

5.看含水分的高低：大米出现霉味、米色发绿等现象，是由于有的大米含水分过高所致。可以采用以下几种简单方法判别大米是否含水分过高：(1)视觉法。抓一小把大米，放入手掌心摊平，正常大米外观色泽光亮，且粒面附有少量的糠粉；而高水分大米色泽较阴暗，尤其"水洗"大米粒面糠粉很少。(2)齿觉法。取几粒大米放入口中咀嚼，正常大米齿觉坚硬清脆，而高水分大米组织疏松不坚硬，齿声不清爽。(3)触觉法。将手指轻轻插入米袋中，如滞凝不易插入，则水分较高；用手紧握大米，感触滑爽且格格有声，放开大米不粘手，则水分较低。

二、小麦及小麦粉

小麦是世上分布最广的粮食作物，播种面积为粮食作物之冠。小麦在中国已有5 000多年种植历史，目前主要产于河南、山东、江苏、河北、湖北、安徽等省。绿色食品小麦及小麦粉(NY/T 421—2012)标准适用于绿色食品小麦、小麦粉和全麦粉。

(一)品质分类

1.小麦。小麦是指禾本科草植物栽培小麦的果实,呈卵形或长椭圆形,腹面有深纵沟。按照小麦播种季节的不同分为春小麦和冬小麦;按小麦籽粒的粒质和皮色分为硬质白小麦、软质白小、硬质红小麦、软质红小麦等。

2.小麦粉。也称面粉,是粮油食品的主要原料,包括各类以小麦为原料加工的专用小麦粉。按其品质特性可分为强筋小麦粉、中筋小麦粉、弱筋小麦粉和普通小麦粉等,通常分为特一粉、特二粉、标准粉和普通粉四种等级。

3.全麦粉。全麦粉是整粒小麦在磨粉时,仅仅经过碾碎,而不需经过除去麸皮程序,是整粒小麦包含了麸皮与胚芽全部磨成的粉,即保留全部或部分表皮的小麦粉。

(二)感官指标

1.感官指标

(1)小麦的感官要求,如表7-4所示:

表7-4 小麦的感官指标

单位:%

项目		指标	检验方法
外观		粒状、籽粒饱满、无霉变	GB/T 5493
色泽		具有产品固有的色泽	GB/T 5492
气味		无异味	GB/T 5492
不完善粒		≤6.0	GB/T 5494
杂质	总量	≤1.0	GB/T 5494
	矿物质	≤0.5	GB/T 5494

(2)小麦粉、全麦粉的感官要求:具有该产品固有的形状,具有该产品应有的色泽,气味口味正常、无异味。

2.感官鉴别

(1)良质小麦粉的特征:①色泽:呈白色或微黄色,不发暗,无杂色;②组织状态:呈粉末状,用手捏无颗粒感,手捏后松开不结块,无虫害、无杂质;③气味、滋味:具有正常的小麦粉固有的清香味,无霉味、酸味、苦味或其他异味。

(2)劣质小麦粉的特征:①色泽:不正常,呈灰白色或深黄色,发暗,色泽不均匀;②组织状态:面粉发生霉变,易成团,结块,发黏。③气味、滋味:有霉味、发酸、苦味或其他异味。

(三)理化指标

1.小麦的理化指标

表7-5 小麦的理化指标

项目	指标	检验方法
容量(g/L)	≥750	GB/T 5498
水分(%)	≤12.5	GB/T 5497

2.小麦粉和全麦粉的理化指标

小麦粉应符合 GB 1355 中相应类型的要求或 LS/T 3201~LS/T 3209 的要求,全麦粉应符合相应国家标准、行业标准、地方标准或企业标准的要求,同时小麦粉、全麦粉还应符合表 7-6 的规定。

表 7-6 小麦粉和全麦粉的理化指标

单位:mg/kg

项目	指标	检验方法
溴酸钾	<0.5	GB/T 20188
过氧化苯甲酰	<0.5	GB/T 22325

(四)安全指标

污染物、农药残留、食品添加剂和真菌霉素限量应符合相关食品安全国家标准及相关规定,同时小麦应符合表 7-7 的规定,小麦粉、全麦粉应符合表 7-8 的规定。

表 7-7 小麦的污染物、农药残留限量指标

单位:mg/kg

项目	指标	检验方法
总砷(以 PL 计)	≤0.5	GB/T 5009.11
克百威	≤0.05	GB/T 5009.104
甲拌磷	≤0.01	GB/T 5009.145
氯化苦	≤0.1	GB/T 5009.36

各农残检测项目除采用表中所列检测方法外,如有其他国家标准、行业标准以及部文公告的检测方法,且其检出限和定量限能满足限量值要求时,在检测时可采用。

表 7-8 小麦粉、全麦粉的污染物、农药残留限量指标

单位:mg/kg

项目	指标	检验方法
总砷(以 PL 计)	≤0.4	GB/T 5009.11
甲拌磷	≤0.01	GB/T 5009.145
乐果	≤0.02	GB/T 5009.145
克百威	≤0.05	GB/T 5009.104
磷化物(以 PH_3 计)	≤0.02	GB/T 5009.36
氯化苦	≤0.1	GB/T 5009.36

各农残检测项目除采用表中所列检测方法外,如有其他国家标准、行业标准以及部文公告的检测方法,且其检出限和定量限能满足限量值要求时,在检测时可采用。

三、豆类

根据豆类用途,可以分为大豆类(包括普通大豆、高油大豆、高蛋白大豆)和其他粮用豆类(蚕豆、芸豆、小豆、绿豆、豌豆、豇豆、黑豆、饭豆、鹰嘴豆、木豆、扁豆、羽扇豆等)。绿

色食品豆类（NY/T 285－2012）标准适用于绿色食品大豆类和其他粮用豆类，不适用于豆类蔬菜。

（一）感官指标

表 7-9　感官指标

项目	指标	检验方法
色泽	具有该豆类固有的色泽	GB/T 5492
气味	具有该豆类固有的气味，无异味	GB/T 5492

（二）理化指标

表 7-10　理化指标

单位：g/100g

项目	指标								检验方法
	普通大豆	高油大豆	高蛋白大豆	蚕豆、小豆	豌豆	木豆	绿豆	芸豆、豇豆、黑豆、鹰嘴豆、饭豆、扁豆、羽扇豆	
水分	≤13.0	≤13.0	≤13.0	≤14.0	≤12.0	≤14.0	≤13.5	≤13.5	GB/T 5497
杂质	≤1.0	≤1.0	≤1.0	≤1.0	≤1.0	≤1.0	≤1.0	≤1.0	GB/T 5494
纯粮率	≥95.0	≥95.0	≥95.0	≥98.0	≥98.0	≥97.0	≥97.0	≥96.0	GB/T 22725
粗脂肪（干基）		≥20.0							GB/T 5512
粗蛋白质（干基）			≥40.0						GB/T 5511

（三）安全指标

污染物、农药残留和真菌霉素限量应符合相关食品安全国家标准及相关规定，同时应符合表 7-11 的规定。

表 7-11　污染物、农药残留和真菌霉素限量指标

单位：mg/kg

项目	指标	检验方法
镉（以 Cd 计）	≤0.1	GB/T 5009.15
磷化物（以 PH_3 计）	≤0.02	GB/T 5009.36
氰化物（以 HCN 计）	≤0.015	GB/T 5009.36
马拉硫磷	≤0.5	GB/T 5009.20
杀螟硫磷	≤0.2	GB/T 5009.20
黄曲霉素 B1（μg/kg）	≤5	GB/T 5009.22

各农残检测项目除采用表中所列检测方法外，如有其他国家标准、行业标准以及部文公告的检测方法，且其检出限和定量限能满足限量值要求时，在检测时可采用。

四、玉米

按工业用粮的分类方法,将玉米分为三类:食用玉米、淀粉发酵业用玉米和饲料用玉米。鲜食玉米是指具有特殊风味和品质的幼嫩玉米,也称水果玉米。和普通玉米相比,它具有甜、糯、嫩、香等特点。从品质上分有甜玉米、超甜玉米、甜糯玉米等;从籽粒颜色上分有黑色、紫色、黄色、白色等。无公害鲜食甜玉米(DB33/602.3－2006)标准适用于浙江省区域内生产、加工和销售等过程中对无公害鲜食甜玉米的检测、评价和鉴定。

(一)感官指标

无公害鲜食甜玉米根据果穗长度、单穗重分为一级、二级、三级,其感官指标见表7-12。

表7-12 感官指标

项目	一级	二级	三级
果穗长(cm)	18.1~22.0	16.1~18.0	12.1~16.0
单穗重(g)	≥240	181~240	151~180

(二)理化指标

表7-13 理化指标

项目	指标
水分含量(原籽)	65~75
可溶性糖含量(干基)	≥25
可溶性糖含量(原籽)	≥8

(三)安全指标

表7-14 安全指标

单位:mg/kg

序号	项目	指标	
1	铅(以Pb计)	≤	0.2
2	镉(以Cd计)	≤	0.05
3	敌敌畏	≤	0.2
4	乐果	≤	1
5	马拉硫磷	不得检出	
6	辛硫磷	≤	0.05
7	乙酰甲胺磷	≤	0.2
8	多菌灵	≤	0.5
9	氯氰菊酯	≤	0.05
10	莠去津	≤	0.05
11	草甘膦	≤	1

注:根据《中华人民共和国农药管理条例》,剧毒和高毒农药不得在玉米生产中使用。

(四)玉米质量鉴别

1.色泽鉴别。可取玉米样品在散射光下进行观察。(1)良质玉米:具有各种玉米的正常颜色,色泽鲜艳,有光泽。(2)次质玉米:颜色发暗,无光泽。(3)劣质玉米:颜色灰暗无光泽,胚部有黄色或绿色、黑色的菌丝。

2.外观鉴别。可取样品在纸上撒一层,在散射光下观察,并注意有无杂质,最后取样品用牙咬观察质地是否紧密。(1)良质玉米:颗粒饱满完整,均匀一致,质地紧密,无杂质。(2)次质玉米:颗粒饱满度差,有破损粒、生芽粒、虫蚀粒、未熟粒等,有杂质。(3)劣质玉米:有多量生芽粒,虫蚀粒,或发霉变质、质地疏松。

3.气味鉴别。可取样品于手掌中,用嘴哈热气立即嗅其气味。(1)良质玉米:具有玉米固有的气味,无任何其他异味。(2)次质玉米:微有异味。(3)劣质玉米:有霉味、腐败变质味或其他不良异味。

4.滋味鉴别。可取样品进行咀嚼品尝其滋味。(1)良质玉米:具有玉米的固有滋味,微甜。(2)次质玉米:微有异味。(3)劣质玉米:有酸味、苦味、辛辣味等不良滋味。

第三节 蔬菜品级鉴别

蔬菜有种植和野生两大类,其品种繁多而形态各异,难以确切地以感官鉴别其质量。常见分类包括有植物学分类法、食用(产品)器官分类法、农业生物学分类法。按照蔬菜食用部分的器官形态,可以将其分成根菜类、茎菜类、叶菜类、花菜类、果菜类和食用菌类六大类型。

一、根菜类蔬菜

根菜类蔬菜是指具有可供食用的肥大肉质根的一类蔬菜,如萝卜、胡萝卜、根用芥菜(大头菜)、芜菁、甘蓝、马铃薯、甘薯等。其特点是耐贮耐运、含有大量的淀粉或糖类、热能很高,还可以作为食品工业原料来进一步加工。

(一)萝卜等级规格(NY/T 1983—2011)

1.等级

(1)基本要求:新鲜、果面清洁、无杂质;无虫及病虫害造成的损伤;坚实,没有木质化;无分叉和侧根;无异常的外来水分;无腐烂、异味;果顶切口水平、整齐;无裂果。

(2)等级划分:在符合基本要求的前提下,胡萝卜分为特级、一级和二级。各等级应符合表7-14的规定。

表 7-14　胡萝卜等级指标

等级	要　　求
特级	1.外观一致； 2.光滑、肉质根呈该品种固有的色泽,色泽一致； 3.肉质根发育均匀,质地脆嫩,无裂缝； 4.无冷害及机械伤； 5.顶部无绿色或紫色。
一级	1.外观基本一致； 2.光滑、肉质根呈该品种固有的色泽,色泽基本一致； 3.肉质根发育基本均匀,有愈合的轻微裂缝； 4.无明显的冷害及机械伤； 5.顶部以下 2cm 以内允许有绿色或紫色。
二级	1.外观基本一致； 2.光滑、肉质根呈该品种固有的色泽,允许稍有异色； 3.允许因装卸或清洗导致的轻微裂缝或裂纹； 4.稍微有冷害及机械伤； 5.顶部以下 3cm 以内允许有绿色或紫色。

(3)允许误差范围:按质量计,特级允许 5% 的产品不符合该等级的要求,但应符合一级的要求；一级允许有 10% 的产品不符合该等级的要求,但应该符合二级的要求,但破裂的胡萝卜或失去根尖的胡萝卜不包括在允许范围内；二级允许有 10% 的产品不符合该等级的要求,但应符合基本要求,但破裂的胡萝卜或失去根尖的胡萝卜不允许超 5%。

2.规格

(1)规格划分。根据肉质根长度来划分胡萝卜的规格,分大(L)、中(M)、小(S)三种规格,规格的划分应符合表 7-15 的要求。

表 7-15　胡萝卜规格

规　格	大(L)	中(M)	小(S)
长度(cm)	>20	15～20	<15
同一包装中的允许误差(%)	≤3	≤2	≤1

(2)允许误差范围:按质量计,对于所有级别允许有 10% 的肉质根长度不符合相应规格的要求。

(3)抽样方法。按 GB/T 8855 的规定执行,抽样数量见表 7-16。

表 7-16　抽样数量

批量件数	≤100	101～300	301～500	501～1 000	>1 000
抽样件数	5	7	9	10	15

(二)马铃薯等级规格(NY/T 1066－2006)

1.等级

(1)基本要求:同一品种或相似品种;完好,无腐烂;无冻伤、黑心、发芽、绿薯;无严重畸形和严重损伤;无异常外来水分;无异味。外部缺陷可从外表观测到,但损伤的程度可能要切开薯块进行检测,包括表皮变绿、二次生长、畸形、裂沟、干皱、机械损伤、虫眼、鼠咬、病斑、干腐或腐烂。内部缺陷是指必须切开薯块才能检测到的缺陷,包括空心、褐色心腐、黑色心腐、块茎内部黑斑、黑圈、坏死、薯肉变色等。

(2)等级划分:在符合基本要求的前提下,马铃薯分为特级、一级和二级。各等级应符合表7-17的规定。

表7-17 等级指标

等级	要　　求
特级	1.大小均匀,硬实; 2.外观新鲜,清洁、无泥土、无杂物; 3.成熟度好; 4.薯形好,基本无表皮破损及机械伤; 5.无内部缺陷及外部缺陷造成的损伤; 6.单薯质量不低于150g。
一级	1.大小较均匀,硬实; 2.外观新鲜,清洁、无泥土、无杂物; 3.成熟度较好; 4.薯形较好,轻度表皮破损及机械伤; 5.无内部缺陷及外部缺陷造成的轻度损伤; 6.单薯质量不低于100g。
二级	1.大小较均匀,硬实; 2.外观较新鲜,较清洁、允许有少量泥土和杂物; 3.中度表皮破损,无严重畸形; 4.无内部缺陷及外部缺陷造成的严重损伤; 5.单薯质量不低于50g。

(3)允许误差范围:按质量计,特级允许5%的产品不符合该等级的要求,但应符合一级的要求;一级允许有8%的产品不符合该等级的要求,但应该符合二级的要求;二级允许有10%的产品不符合该等级的要求,但应符合基本要求。

2.规格

(1)规格划分。以马铃薯块茎质量为划分规格的指标,分大(L)、中(M)、小(S)三种规格,规格的划分应符合表7-18的要求。

表7-18 马铃薯规格

规格	小(S)	中(M)	大(L)
单薯质量(g)	<100	100~300	>300

(2)允许误差范围:按质量计,特级允许有5%的产品不符合该规格的要求;一级和二级允许有10%的产品不符合该规格的要求。

(3)抽样方法。按GB/T 8855的规定执行,抽样数量见表7-19。

表 7-19 抽样数量

批量件数	≤100	101～300	301～500	501～1 000	>1 000
抽样件数	5	7	9	10	15

二、茎菜类蔬菜

茎菜类蔬菜是指以植物的嫩茎或变态茎作为食用部分的蔬菜,可以分为地上茎类蔬菜(莴笋、石刁柏、竹笋、榨菜、苤蓝等)和地下茎类蔬菜(马铃薯、姜、菊芋等)。

(一)莴笋

莴笋的学名叫"茎用莴苣",俗称有莴笋、青笋、生笋等,为菊科莴苣属植物。

1.良质莴笋:色泽鲜嫩,茎长而不断,粗大均匀,茎皮光滑不开裂,皮薄汁多,纤维少,无苦味及其他不良异味,无老根、无黄叶、无病虫害、不糠心、不空心,表面无锈色。

2.次质莴笋:叶萎蔫松软,有枯黄叶,茎皮厚,纤维多,带老根,有泥土。

3.劣质莴笋:茎细小,有开裂或损伤折断现象,糠心或空心,纤维老化粗硬。

(二)姜

姜又叫生姜、鲜姜,可分成片姜、黄姜和红爪姜三种。片姜外皮色白而光滑,肉黄色,辣味强,有香味,水分少,耐贮藏。黄姜皮色淡黄,肉质致密且呈鲜黄色,芽不带红,辣味强。红爪姜皮为淡黄色,芽为淡红色,肉呈蜡黄色,纤维少,辣味强,品质佳。

1.良质姜:姜块完整、丰满结实,无损伤,辣味强,无姜腐病,不带枯苗和泥土,无焦皮、不皱缩,无黑心、糠心现象,不烂芽。

2.次质姜:姜块不完整,较干瘪而不丰满,表皮皱缩,带须根和泥土。

3.劣质姜:有姜腐病或烂芽,有黑心、糠心,芽已萌发。

三、叶菜类蔬菜

叶菜类蔬菜的种类很多,主要包括大白菜、小白菜、甘蓝、菠菜、芹菜、葱、韭菜、茴香、芫荽等,是市场上供应的主要蔬菜。这类蔬菜的叶片肥大、鲜嫩,含水量较多,多作鲜食,也可加工腌制。

(一)大白菜等级规格(NY/T 943-2006)

大白菜又叫结球白菜,是我国的特产。根据上市时间的早晚,大白菜又可分为贩白菜和窖白菜。

1.等级

(1)基本要求:清洁、无杂物;外观新鲜,色泽正常,不抽薹,无黄叶、破叶、烧心、冻害和腐烂;茎基部削平,叶片附着牢固;无异常的外来水分;无异味;无虫及病虫害造成的损伤。

(2)等级划分:在符合基本要求的前提下,大白菜分为特级、一级和二级。各等级应符合表 7-20 的规定。

表 7-20　等级指标

等级	要求
特级	1.外观一致,结球紧实,修整良好; 2.无老帮、焦边、胀裂、侧芽萌发及机械损伤等。
一级	1.外观基本一致,结球较紧实,修整较好; 2.无老帮、焦边、胀裂、侧芽萌发及机械损伤等。
二级	1.外观相似,结球不够紧实,修整一般; 2.可有轻微机械损伤等。

(3)允许误差范围:按质量计,特级允许5%的产品不符合该等级的要求,但应符合一级的要求;一级允许有10%的产品不符合该等级的要求,但应该符合二级的要求;二级允许有10%的产品不符合该等级的要求,但应符合基本要求。

2.规格

(1)规格划分。大白菜按其单株质量分为大(L)、中(M)、小(S)三种规格,规格的划分应符合表 7-21 的要求。

表 7-21　大白菜规格

单位:kg/株

品种	大(L)	中(M)	小(S)
春秋季大白菜	>3.5	3.5～2.5	<2.5
夏季大白菜	>1.0	1.0～0.75	<0.75

(2)允许误差范围:按质量计,特级允许有5%的产品不符合该规格的要求;一级和二级允许有10%的产品不符合该规格的要求。

(3)抽样方法。按 GB/T 8855 的规定执行,抽样数量见表 7-22。

表 7-22　抽样数量

批量件数	≤100	101～300	301～500	501～1 000	>1 000
抽样件数	5	7	9	10	15

(二)葱蒜类蔬菜(绿色食品 NY/T 744—2012)

葱蒜类蔬菜是具有特殊气味的一类蔬菜,主要包括大蒜、洋葱、大葱、香葱、胡葱、韭菜、大头蒜等,富含糖分、维生素 C 以及硫、磷、铁等矿物质,并含有杀菌物质(硫化丙烯),有促进食欲、调味、去腥和医疗等作用。

1.感官指标

表 7-23　感官指标

品质	检验方法
同一品种或相似品种,成熟适度,色泽正,新鲜、洁净;无腐烂、畸形、异味、发芽、抽薹、散瓣、冷害、冻害、病虫害及机械伤。	1.品种特征,清洁、腐烂、畸形、开裂、黄叶、抽薹、冷害、冻害、病虫害及机械伤害等外观特征用目测法鉴定; 2.病虫害症状不明显而有怀疑者,应用刀剖开检测; 3.异味用嗅的方法鉴定。

2.安全指标。污染物、农药残留限量应符合相关食品安全国家标准及相关规定,同时应符合表7-24的规定。

表7-24 安全指标

单位:mg/kg

序号	项目	限量	检测方法
1	敌敌畏	≤0.1	NY/T 761
2	氯氰菊酯	≤0.2	NY/T 761
3	多菌灵	≤0.1	NY/T 1680
4	乙酰甲胺磷	≤0.02	NY/T 761
5	三唑磷	≤0.1	NY/T 761
6	溴氰菊酯	≤0.1	NY/T 761
7	氯氟氰菊酯	≤0.2	NY/T 761
8	百菌清	≤1	NY/T 761
9	氟虫腈	≤0.02	NY/T 761
10	吡虫啉	≤0.5	NY/T 1275
11	氰戊菊酯	≤0.2	NY/T 761

各农残检测项目除采用表中所列检测方法外,如有其他国家标准、行业标准以及部文公告的检测方法,且其检出限和定量限能满足限量值要求时,在检测时可采用。

四、花菜类蔬菜

(一)花椰菜

花椰菜又叫花菜、菜花,是甘蓝的变种,主要有雪莲花椰菜、钻石花椰菜、白阳花椰菜、雪峰花椰菜、白玉花椰菜、雪岭一号花椰菜、山水西兰花、素丹西兰花、马拉松西兰花、春绿西兰花等。花菜按收获季节的不同分为春花菜、夏花菜和秋花菜,其中春花菜和秋花菜的品质好,夏花菜较差。

1.优质花菜:花球洁白、脆嫩,色泽好;花球紧实,握之有重量感,无茸毛,可带4~5片嫩叶;菜形端正,近似圆形或扁圆形,无机械损伤;球面干净,无污泥,无虫害,无霉斑。

2.次质花菜:花球色泽不洁白,球面中央淡黄或黄色;花球上有霉斑,占整个花球面积的1/10~3/10;花球不端正,有少许机械伤。

3.劣质花菜:花球松散,花梗伸长有散花;花球失水萎蔫;花球上霉斑较多,占花球的3/10~5/10。

(二)黄花菜

黄花菜又称金针菜、萱草,是一种营养价值很高的植物性食品。

1.良质黄花菜:颜色金黄而有光泽、气味清香,无青条(即色青黄或暗绿,花虚软,是由于加工时蒸制未全热所致)和油条(即花体发黑发黏,是由蒸制过熟造成),花条长且粗壮,挺上、均匀完整,干燥无霉烂和虫蛀,无异味,无杂质,开花菜不超过10%。

2.次质黄花菜:色泽深黄而略带微红,但无青条、油条,花条略短而细,稍欠均匀,干燥无霉烂虫蛀,无异味,无蒂柄杂质,开花菜不超过10%。

3.劣质黄花菜:色萎黄带褐,无光泽,有青条或油条,有杂质或虫蛀,有烟熏味或霉味,开花菜多,占10%以上。

五、果菜类蔬菜

果菜类蔬菜的共同特点是起源于热带,是我国夏季的主要蔬菜。果菜类蔬菜的主要种类有黄瓜、南瓜、冬瓜、丝瓜、苦瓜、茄子、辣椒、番茄、菜豆、豇豆、豌豆、蚕豆等。

(一)黄瓜等级规格(NY/T 1587-2008)

1.等级

(1)基本要求:同一品种或相似品种;瓜条完整并已充分膨大,但种皮柔嫩;清洁、无杂物、无异常外来水分;无苦味;外观新鲜、有光泽,无萎蔫;无任何异常气味或味道;无冷害、冻害;无虫害及其所造成的损伤。

(2)等级划分:在符合基本要求的前提下,黄瓜分为特级、一级和二级。各等级应符合表7-25的规定。

表7-25 等级指标

等级	要求
特级	1.具有该品种特有的颜色,光泽好; 2.瓜条直,每10 cm长的瓜条弓形高度≤0.5 cm; 3.距瓜把端和瓜顶端3 cm处的瓜身横径与中部相近,横径≤0.5 cm; 4.瓜把长占瓜总长的比例≤1/8; 5.瓜皮无因运输或包装而造成的机械损伤。
一级	1.具有该品种特有的颜色,有光泽; 2.瓜条较直,每10 cm长的瓜条弓形高度在0.5~1 cm; 3.距瓜把端和瓜顶端3 cm处的瓜身横径与中部相近,横径≤1 cm; 4.瓜把长占瓜总长的比例≤1/7; 5.允许瓜皮有因运输或包装而造成的轻微损伤。
二级	1.基本具有该品种特有的颜色,有光泽; 2.瓜条直,每10 cm长的瓜条弓形高度在1~2 cm; 3.距瓜把端和瓜顶端3 cm处的瓜身横径与中部相近,横径≤2 cm; 4.瓜把长占瓜总长的比例≤1/6; 5.允许瓜皮有少量因运输或包装而造成的损伤,但不影响果实耐贮性。

(3)允许误差范围:按质量计,特级允许5%的产品不符合该等级的要求,但应符合一级的要求;一级允许有10%的产品不符合该等级的要求,但应该符合二级的要求;二级允许有10%的产品不符合该等级的要求,但应符合基本要求。

2.规格

(1)规格划分。根据黄瓜果实的长度分为大(L)、中(M)、小(S)三种规格,规格的划分应符合表7-26的要求。

表7-26 黄瓜规格

单位:cm

	大(L)	中(M)	小(S)
长　　度	>28	16～28	<16
同一包装中最大果长和最小果长的差异	≤7	≤5	≤3

(2)允许误差范围:按质量计,特级允许有5%的产品不符合该规格的要求;一级和二级允许有10%的产品不符合该规格的要求。

(二)番茄等级规格(NY/T 940-2006)

番茄已成为我国主要蔬菜之一。番茄的果实味甜汁多,营养丰富,风味好,它既是菜,又是一种大众化的水果。

1.鲜食番茄等级

(1)基本要求:同一品种或外观相似品种;完好,无腐烂、变质,无异味;外观新鲜、清洁,无异物;无畸形果、裂果、空洞果;无冷害;无虫及病虫导致的损伤。

(2)等级划分:在符合基本要求的前提下,产品分为特级、一级和二级。番茄的等级应符合表7-27的规定;樱桃番茄的等级应符合表7-28的规定。

表7-27 番茄等级指标

等级	要　　求
特级	1.外观一致,果形圆润无筋棱(具棱品种除外); 2.成熟适度、一致; 3.色泽均匀,表皮光洁,果腔充实,果实坚实,富有弹性; 4.无损伤、无裂口、无疤痕。
一级	1.外观基本一致,果形基本圆润,稍有变形; 2.已成熟或稍欠成熟,成熟度基本一致; 3.色泽较均匀,表皮有轻微的缺陷,果腔充实,果实坚实,富有弹性; 4.无损伤、无裂口、无疤痕。
二级	1.外观基本一致,果形基本圆润,稍有变形; 2.稍欠成熟或稍过熟; 3.色泽较均匀,果腔基本充实,果实较坚实,弹性稍差; 4.有轻微损伤,无裂口、果皮有轻微的疤痕,但果实商品性未受影响。

表7-28 樱桃番茄等级指标

等级	要　　求
特级	1.外观一致; 2.成熟适度、一致; 3.表皮光洁,果萼鲜绿,无损伤; 4.果实坚实,富有弹性。
一级	1.外观基本一致; 2.成熟适度、较一致; 3.表皮光洁,果萼较鲜绿,无损伤; 4.果实较坚实,富有弹性。

续表

等级	要　　求
二级	1.外观基本一致,稍有变形; 2.稍欠成熟或稍过熟; 3.表皮光洁,果萼较萎蔫,无损伤; 4.果实弹性稍差

(3)允许误差范围:按质量计,特级允许5%的产品不符合该等级的要求,但应符合一级的要求;一级允许有10%的产品不符合该等级的要求,但应该符合二级的要求;二级允许有10%的产品不符合该等级的要求,但应符合基本要求。

2.规格

(1)规格划分。以番茄横径为划分规格的指标,分大(L)、中(M)、小(S)三种规格,规格的划分应符合表7-29的要求。

表7-29　番茄规格

规格	大(L)	中(M)	小(S)	樱桃番茄
直径(cm)	>7	5～7	<5	2～3

(2)允许误差范围:按质量计,特级允许有5%的产品不符合该规格的要求;一级和二级允许有10%的产品不符合该规格的要求。

(3)抽样方法。按GB/T 8855的规定执行,抽样数量见表7-30。

表7-30　抽样数量

批量件数	≤100	101～300	301～500	501～1 000	>1 000
抽样件数	5	7	9	10	15

第四节　果品品级鉴别

果品分级的目的是使之达到商品标准化,而目前果品等级质量的鉴别方法主要是目测、鼻嗅和口尝。其中目测鉴别的具体指标为:果品的成熟度和是否具有该品种应有的色泽及形态特征;果型是否端正,个头大小是否基本一致;果品表面是否清洁新鲜,有无病虫害和机械损伤等。鼻嗅鉴别的具体指标为:是否带有本品种所特有的芳香味,果品变质的异味等。口尝鉴别不但能感知果品的滋味是否正常,还能感觉到果肉的质地是否良好。

一、苹果

苹果品质鉴别评价主要包括果个大小与果形指数、果皮颜色和香气成分含量等感官品质指标,VC、可溶性固形物、酸度、矿物质、蛋白质等理化与营养品质指标,果实硬度、褐变程度、水分含量和可食率等加工品质指标3方面。

(一)鲜苹果等级规格(NY/T 1793—2009)

1. 等级

(1)基本要求:完好;洁净;无异味;无害虫、虫伤、病疤;无异常外部水分;充分发育,达到市场和运输贮藏所要求的成熟度。

(2)等级划分:在符合基本要求的前提下,苹果分为特级、一级和二级,等级划分应符合表7-31的规定。

表 7-31 等级指标

项目		特级	一级	二级
果形		具有本品种的固有特征	允许轻微缺陷	有缺陷,但仍保持本品种的基本特征
色泽	鲜红或浓红品种	果面至少 3/4 着红色	果面至少 1/2 着红色	果面至少 1/4 着红色
	淡红或条红品种	果面至少 1/2 着红色	果面至少 1/3 着红色	果面至少 1/5 着红色
果锈	褐色片锈	不粗糙,不超出梗洼	不粗糙,可轻微超出梗洼和萼洼	轻微粗糙,可超出梗洼和萼洼
	网状薄层	轻微面分离的果锈痕迹,未改变果实的整体外观	不超过果面的 1/5	不超过果面的 1/3
	重锈斑	无	不超过果面的 1/10	不超过果面的 1/3
缺陷		允许有不影响果实总体外观、品质、耐贮性和在包装中摆放的非常轻微的表面缺陷	允许有不影响果实总体外观、品质、耐贮性和在包装中摆放的轻微的表面缺陷	允许有改变果实品质、耐贮性和在包装中摆放方面基本特性的下列缺陷
	轻微碰压伤	无	未变色,总面积不超过 1 cm	轻微变色,总面积不超过 1.5 cm
	果皮缺陷	无	总长度不超过 2 cm;疮疤总面积不超过 0.25 cm,其他缺陷面积不超过 1 cm	总长度不超过 4 cm;疮疤总面积不超过 1 cm,其他缺陷面积不超过 2.5 cm

(3)允许误差范围:按质量计,特级允许5%的苹果不符合该等级的要求,但应符合一级的要求;一级允许有10%的苹果不符合该等级的要求,但应该符合二级的要求;二级允许有10%的苹果不符合该等级的要求,也不符合基本要求,但腐烂或变质致使不适于食用的苹果除外。

2. 规格

(1)规格划分:以苹果的最大横截面直径为划分规格的指标,分大(L)、中(M)、小(S)三种规格,规格的划分应符合表7-32的要求。

表 7-32　苹果规格

单位:cm

规格	大(L)	中(M)	小(S)
大型果品种	>7	6.5～7	<6.5
其他品种	>6	5.5～6	<5.5

注:包装容器内苹果果径的差异,层装苹果不超过 5 mm,散装苹果不超过 10 mm。

(2)允许误差范围:按质量计,可有不超过 10% 的苹果不满足大小要求,但不包括比所要求的最小果径小 5 mm 以上的果实。

3.苹果品种等级

(1)色泽要求见表 7-33。

表 7-33　苹果主要品种和等级的色泽要求

品种	等级		
	优等品(特级)	一等品	二等品
富士系	红或条红 90% 以上	红或条红 80% 以上	红或条红 55% 以上
嘎啦系	红 80% 以上	红 70% 以上	红 50% 以上
藤牧系	红 70% 以上	红 60% 以上	红 50% 以上
元帅系	红 95% 以上	红 85% 以上	红 60% 以上
华夏系	红 80% 以上	红 70% 以上	红 55% 以上
粉红女士	红 90% 以上	红 80% 以上	红 60% 以上
乔纳金	红 80% 以上	红 70% 以上	红 50% 以上
秦冠	红 90% 以上	红 80% 以上	红 55% 以上
国光	红或条红 80% 以上	红或条红 60% 以上	红或条红 50% 以上
华冠	红或条红 85% 以上	红或条红 70% 以上	红或条红 50% 以上
红将军	红 85% 以上	红 75% 以上	红 50% 以上
珊夏	红 75% 以上	红 60% 以上	红 50% 以上
金冠系	金黄色	黄、绿黄色	黄、绿黄、绿黄色
王林	黄绿或绿黄	黄绿或绿黄	黄绿或绿黄

(2)理化指标见表 7-34。

表 7-34　苹果主要品种的理化指标

品　种	指　　标	
	果实硬度(N/cm^2)≥	可溶性固体物(%)≥
富士系	7	13
嘎啦系	6.5	12

续表

品　种	指　标	
	果实硬度(N/cm^2)≥	可溶性固体物(%)≥
藤牧1号	5.5	11
元帅系	6.8	11.5
华夏系	6.0	11.5
粉红女士	7.5	13
澳洲青苹	7.0	12
乔纳金	6.5	13
秦冠	7.0	13
国光	7.0	13
华冠	6.5	13
红将军	6.5	13
珊夏	6.0	12
金冠系	6.5	13
王林	6.5	13

(二)加工用苹果分级(GB/T 23616—2009)

1.基本要求:果实成熟度一致,除指定为混合品种外,应为同一品种;成熟度和品种应与加工用果的要求一致;果实无杂质、无异味,不含异常外来水分。

2.分级要求:加工用苹果分为一级、二级和三级。损失率是指由于缺陷造成不能用于加工的部分占单个苹果重量的百分比。一级损失率小于5%;二级损失率小于12%;三级损失率小于15%。

3.规格要求:对各级加工用苹果的最小和最大尺寸/重量的要求由交易双方协商确定。

4.容许度。每批各等级允许有一定数量的串等果,但只能是邻级果,且符合下列要求:

(1)缺陷方面:允许每批达不到相应等级要求的苹果个数少于该批次的10%,且缺陷苹果的个数符合下列要求:腐烂的苹果个数少于该批次的2%,霉心的苹果个数少于该批次的2%,有虫眼的苹果个数少于该批次的5%。

(2)尺寸/重量方面:小于最小尺寸/重量苹果的个数不超过5%,大于最大尺寸/重量苹果的个数不超过10%。

二、梨

不同品种的梨以果皮薄、细,有光泽,果肉脆嫩,汁多味甜,石细胞少,果心小,香味浓者为佳。同品种的梨以果个大小适中,果形完整,无病虫害,果皮光滑,无疤斑、机械伤者为好。

第七章 农产品质量分级与鉴别

(一)鲜梨(GB/T10650-2008)

1.质量等级要求:鲜梨质量分为三个等级(见表7-35),凡不符合表7-35质量等级规定的均视为等外品。

表7-35 鲜梨质量等级要求

项目指标	等 级		
	优等品(特级)	一等品	二等品
基本要求	具有本品种固有的特征和风味;具有适于市场销售或贮藏要求的成熟度;果实完整良好;新鲜洁净,无异味或非正常风味;无外来水分。		
果形	果形端正,具有本品种固有的特征	果形正常,允许有轻微缺陷,具有本品种应有的特征	果形允许有缺陷,但仍保持本品种应有的特征,不得有偏缺过大的畸形果
色泽	具有本品种成熟时应有的色泽	具有本品种成熟时应有的色泽	具有本品种成熟时应有的色泽,允许色泽较差
果梗	果梗完整(不包括商品化处理造成的果梗缺陷省)	果梗完整(不包括商品化处理造成的果梗缺陷省)	允许果梗轻微损伤
大小整齐度	各等级果的大小尺寸不作具体规定,可根据收购商要求操作,但要求应具有本品种基本的大小。而大小整齐度应有硬性规定,要求果实横径差异<5 mm		
果面缺陷	允许下列规定的缺陷不超过1项:	允许下列规定的缺陷不超过2项:	允许下列规定的缺陷不超过3项:
①刺伤、破皮划伤	不允许	不允许	不允许
②碰压伤	不允许	不允许	允许轻微碰压伤,总面积不超过0.5 cm^2,其中最大处面积不得超过0.3 cm^2,伤处不得变褐,对果肉无明显伤害
③磨伤(枝磨、叶磨)	不允许	不允许	允许不严重影响果实外观的轻微磨伤,总面积不超过1.0 cm^2
④水锈、药斑	允许轻微薄层总面积不超过果面的1/20	允许轻微薄层总面积不超过果面的1/10	允许轻微薄层总面积不超过果面的1/5
⑤日灼	不允许	允许轻微的日灼伤害,总面积不超过0.5 cm^2,但不得有伤部果肉变软	允许轻微的日灼伤害,总面积不超过1.0 cm^2,但不得有伤部果肉变软
⑥雹伤	不允许	不允许	
⑦虫伤	不允许	允许干枯虫伤2处,总面积不超过0.2 cm^2	干枯虫伤不限,总面积不超过1.0 cm^2
⑧病害	不允许	不允许	不允许
⑨虫果	不允许	不允许	不允许

2.理化指标:果实硬度和可溶性固形物理化指标不作为鲜梨收购的质量指标,具体规定见表7-36。

表 7-36　鲜梨主要品种的理化指标

品　种	指　　标	
	果实硬度(kg/cm²)	可溶性固体物(%)≥
鸭梨	4.0~5.5	10.0
酥梨	4.0~5.5	11.0
茌梨	6.5~9.0	11.0
雪花梨	7.0~9.0	11.0
香水梨	6.0~7.5	12.0
长把梨	7.0~9.0	10.5
秋白梨	11.0~12.0	11.2
新世纪梨	5.5~7.0	11.5
库尔勒香梨	5.5~7.5	11.5
黄金梨	5.0~8.0	12.0
丰水梨	4.0~6.5	12.0
爱宕梨	6.0~9.0	11.5
新高梨	5.5~7.5	11.5

(二)欧盟鲜梨标准

欧盟 2004 年 1 月 20 日在《欧盟官方公报》上以 No.86/2004 号法规颁布了梨销售标准。该标准规定了鲜梨产品定义、质量等级、大小规格、允许偏差、包装显示和标签内容等六个方面的要求。该标准适用于洋梨的各品种(栽培种),以鲜果供给消费者,不适用于工业加二用梨。

1.质量等级

(1)基本要求:完整;完好,无因腐烂变质而不适于消费的产品;干净,基本无可见异物;基本无害虫造成的损伤;外部无异常潮湿;无异常气味和滋味。此外,必须小心采摘,梨的发育状态和条件必须能继续梨的成熟过程,达到梨品种特征所要求的成熟度。经得起运输和搬动,在令人满意的条件下到达目的地。

(2)等级划分:在符合基本要求的前提下,欧盟鲜梨分为特等、一等和二等。各等级应符合表 7-37 的规定。

表 7-37　等级要求

等级	指　　标
特等	1.优质,形状、大小、着色具有品种特征,果梗完整; 2.果肉完好,果皮无粗糙褐斑(褐斑为该品种特征除外); 3.无缺陷,但在不影响产品总体外观、质量、保鲜及包装显示的条件下,允许有极轻微的表面缺陷; 4.无粗石细胞质。

续表

等级	指标
一等	1.在形状、大小、着色上具有品种特征； 2.果肉完好，果皮无粗糙褐斑（当褐斑为该品种特征时除外）； 3.在不影响产品总体外观、质量、保鲜及包装显示条件下，允许出现下述轻微缺陷：轻微的形状缺陷；轻微的发育缺陷；轻微的着色缺陷；轻微的表皮缺陷，长形缺陷其长度不超过2 cm，其他缺陷总面积不超过1 cm²。
二等	1.果肉无明显缺陷； 2.在果实保持质量、保鲜和包装显示的基本特征条件下，可以允许存在下述缺陷：形状缺陷；发育缺陷；色泽缺陷；轻微的粗糙褐斑（当褐斑为该品种特征时除外）；表皮缺陷，长形缺陷其长度不超过4 cm，其他缺陷总面积不超过2.5 cm²。

2.大小规格

大小用果实中部横切面最大直径测定，每一等级要求的最小规格见表7-38。为了保证包装内果实大小整齐，在同一个包装内果实之间直径差异限制为：按行和按层包装的特等、一等、二等果为5 mm，散装或销售包装的一等果为10 mm。散装或销售包装的二等果无大小整齐限制。

表7-38 欧盟鲜梨各等级最小规格

品种类型	特等(mm)	一等(mm)	二等(mm)
大果型品种	60	55	55
其他品种	55	50	45

3.允许偏差

在质量和大小上，每一包装中允许产品有不符合所示等级的偏差。

(1)等级偏差：特等果允许5%（以数量或重量计，下同）的梨达不到特等要求，但符合一等要求或在一等偏差以内；一等果允许10%的梨达不到一等要求，但符合二等要求或在二等偏差以内；二等果允许10%的梨达不到二等要求，也不符合基本要求，但没有因腐烂或其他变质影响不适于消费的产品，最大允许2%的梨果有轻微损伤或未愈合的裂纹、很轻微的腐烂痕迹及果蛀虫或害虫造成的果肉损伤等缺陷。

(2)大小偏差：所有等级的果实允许10%的梨果略大于或略小于包装所标志的规格大小。最小级别的分级果实最大差异允许比标志的最小果实横径小5 mm。

三、柑橘

我国是柑橘的重要原产地之一，柑橘资源丰富，优良品种繁多，柑橘类水果包括橘、柑、柚、橙、柠檬等品种。

(一)柑橘等级(NY/T 1190—2006)

1.等级

(1)基本要求：果实完整、完好，无裂果、冻伤果；无刺伤、碰压伤，无擦伤或过大的愈合口；无腐烂、变质果，洁净，基本不含可见异物；基本无萎蔫、浮皮现象；无冷害、冻害，表面干燥，但冷藏取出后的表面结冰和冷凝现象除外；无异常气味或滋味；果实具有适于市场或贮运要求的成熟度；允许对柑橘果实进行"脱绿"处理，但要符合表7-39的要求，并且使用方法应按国家有关规定执行。

(2)等级划分:在符合基本要求的前提下,柑橘类果实分为特级、一级和二级,各等级应符合表7-39的规定。

表7-39 等级指标

项目		特级	一级	二级
果形		具有本品种的典型特征,果形一致,果蒂青绿完整平齐	具有本品种形状特征,果形较一致,果蒂完整平齐	具有本品种形状特征,无明显畸形,果蒂完整
果面	色泽	具有该品种典型色泽,完全均匀有色	具有该品种典型色泽,75%以上果面均匀有色	具有该品种典型色泽,35%以上果面较均匀有色
	缺陷	果皮光滑;无雹伤、日灼、干疤;允许单果有极轻微油斑、菌迹、药迹等缺陷;单果斑点不超过2个,柚类每个斑点直径≤2.0 mm,金柑、南丰蜜橘等小果型品种每个斑点直径≤1.0 mm,其他柑橘每个斑点直径≤1.5 mm,无水肿、枯水、浮皮果	果皮较光滑;无雹伤;允许单果有轻微日灼、干疤、油斑、菌迹、药迹等缺陷;单果斑点不超过4个,柚类每个斑点直径≤3.0 mm,金柑、南丰蜜橘等小果型品种每个斑点直径≤1.5 mm,其他柑橘每个斑点直径≤2.5 mm,无水肿、枯水,允许有极轻微浮皮果	果面较光洁;允许单果有轻微雹伤、日灼、干疤、油斑、菌迹、药迹等缺陷;单果斑点不超过6个,柚类每个斑点直径≤4.0 mm,金柑、南丰蜜橘等小果型品种每个斑点直径≤2.0 mm,其他柑橘每个斑点直径≤3.0 mm,无水肿,允许有极轻微浮皮果、枯水

2.允许误差范围

(1)质量差异:产地站台交接,每件净含量不低于标示质量的99%。到达目的地,每件净含量不低于标示质量的95%。

(2)大小差异:邻级果以个数计,特等品不应超过3%,一等品不应超过5%,二等品不应超过8%,不应有隔级果。

(3)腐烂果:起运点不允许有,到达目的地不超过3%。

(4)缺陷果:按数量计,特等品不超过本标准规定的1%,一等、二等品不超过3%。

3.规格划分

(1)大小规格划分:果实按横径分为2L、L、M、S、2S五组,各组应符合表7-40规定。

表7-40 柑橘鲜果大小分组规定

单位:毫米

品种类型		组 别					
		2L	L	M	S	2S	等外果
甜橙类	脐橙、锦橙	95～85	85～80	80～75	75～70	70～65	>95 或<65
	其他甜橙	85～80	80～75	75～70	70～65	65～55	>85 或<55
宽皮柑橘类和橘橙类	椪柑类、橘橙类	85～75	75～70	70～65	65～60	60～55	>85 或<55
	温州蜜柑类、红橘、蕉柑、早橘、慢橘等	80～75	75～65	65～60	60～55	55～50	>80 或<50
	朱红橘、本地早、南丰蜜橘、砂糖橘、年橘、马水橘等	75～65	65～60	60～50	50～40	40～25	>25 或<70

续表

品种类型	组别					
	2L	L	M	S	2S	等外果
柠檬类	80～70	70～63	63～56	56～50	50～45	>80 或<45
葡萄柚及橘柚类	105～90	90～85	85～80	80～75	75～65	>105 或<65
柚	185～155	155～145	145～135	135～120	120～100	>185 或<100
金柑类	35～30	30～25	25～20	20～15	15～10	>35 或<10

(2)大小一致性：对于包装的鲜果，同一包装中最大果与最小的横径差异应在同一组尺寸范围内；按个数包装时，同一包装中最大果与最小果的横径差异应在相邻两个组别尺寸范围内，但最大差异值应在表所列的范围内。

表7-41 同一包装单果最大差异规定

单位：毫米

品种类别		尺寸组别	同一包装中果实横径的最大差异
甜橙类	脐橙、锦橙	2L	11
		L～M	9
		S～2S	7
	其他甜橙	2L	10
		L～M	8
		S～2S	6
宽皮柑橘类和橘橙类	椪柑类、橘橙类	2L	9
		L～M	8
		S～2S	7
	温州蜜柑类、红橘、蕉柑、早橘、慢橘等	2L	7
		L～M	6
		S～2S	5
	朱红橘、本地早、南丰蜜橘、砂糖橘、年橘、马水橘等	2L	6
		L～M	5
		S～2S	4
柠檬类		2L～2S	7
葡萄柚及橘柚类		2L	15
		L～M	11
		S～2S	9

续表

品种类别	尺寸组别	同一包装中果实横径的最大差异
柚	2L	18
	L～M	15
	S～2S	12
金柑类	2L	5
	L～M	4
	S～2S	3

(二)柑橘类水果(NY/T 426—2012)

该标准适用于绿色食品宽皮柑橘类、甜橙类、柚类、柠檬类、金柑类和杂交柑橘类等柑橘类水果的鲜果。

1.感官指标

表7-42 感官指标

项目	指 标
果形	具有本品种特征的果形,形状一致;果蒂完整、平齐、无萎蔫现象
色泽	具有本品种成熟时果实应有的色泽,着色均匀
果面	洁净,果皮光滑,无机械伤、雹伤、裂果、冻伤、腐烂现象
整齐度	具有本品种特征大小,整齐,允许柚类果实横径差异<10 mm,其他果型品种果实横径差异<5 mm
质地与风味	具有本品种果肉质地和色泽特性,果汁丰富,酸甜适度,具有该品种特征香气,无异味
缺陷果	允许单果有轻微日灼、干疤、油斑、菌迹、药迹等缺陷,但单果斑点不超过4个,小果型品种每个斑点直径≤1.5 mm,其他果型品种每个斑点直径≤2.5 mm,无水肿、枯水果,允许有极轻微浮皮果

2.理化指标

表7-42 理化指标

指 标	项 目						检测方法
	宽皮柑橘类	甜橙类	柚类	柠檬类	金柑类	杂交柑橘类	
可溶性固体物(%),≥	9.5	10.0	10.0	7.0	10.0	10.0	GB/T 8210
可滴定酸(%),≤	1.0	0.95	1.0	—	1.0	1.0	

3.安全指标

表 7-43　农药残留限量安全指标

单位：mg/kg

序号	项目	限　量	检测方法
1	三氯杀螨醇	≤0.02	GB/T 19648
2	杀扑磷	≤0.02	GB/T 19648
3	克螨特	≤0.02	GB/T 19648
4	克百威	≤0.02	GB/T 20769
5	咪酰胺	≤0.2	GB/T 20769
6	2,4 滴	≤0.01	NY/T 1434
7	阿维菌素	≤0.01	SN/T 2114

各农残检测项目除采用表中所列检测方法外，如有其他国家标准、行业标准以及部文公告的检测方法，且其检出限和定量限能满足限量值要求时，在检测时可采用。

四、葡萄

葡萄的种类繁多，全世界有 8 000 多种，我国有 500 种以上，市场上常见的品种有龙眼葡萄、巨丰葡萄、玫瑰香葡萄、牛奶葡萄、玫瑰露葡萄、无核白葡萄、黑鸡心葡萄、红鸡心葡萄、香葡萄、小白玫瑰葡萄等。

（一）鲜食葡萄（FFV－19,2002）

1.产品定义

欧盟经济委员会制定的本标准适用于由葡萄果实的各个品种（栽培种）生长的、以新鲜状态提供消费者的葡萄，加工用的葡萄不包括在内。

2.质量规定

本标准规定了葡萄预处理和包装后在出口控制期的质量要求。

（1）最低要求：完好，不包括因腐烂或变质而不适于消费的产品；清洁，几乎不含任何可见杂物；没有害虫；没有害虫造成的损伤；无异常的外来水分；没有任何异味和/或味道；葡萄果粒必须完整、形状好、发育正常；日照下的色泽发育没有缺陷；葡萄必须小心采摘；葡萄穗必须得到充分发育并达到合适的成熟度；鲜食葡萄的生长发育及状况必须能够经受住运输和装卸，以令人满意的状况运往目的地。

（2）分级：鲜食葡萄分为特级、一级和二级 3 个等级，各等级应符合表 7-44 的规定。

表 7-44　等级指标

等级	指　标
特级	1.品质极优； 2.葡萄穗在形状、生长发育和着色方面必须具有种植地区该品种的特征并且没有缺陷； 3.浆果较硬、与梗连接牢固、果粒排列疏密适中，有完整的果粉。

续表

等级	指标
一级	1.品质优良； 2.葡萄串在形状、生长发育和着色方面必须具有种植地区该品种的特征并且没有缺陷； 3.浆果较硬、与梗连接牢固、果粒排列整齐、果粉尽可能未受损。但果实在穗梗上排列可能不如特级的整齐； 4.只要不影响产品的整体外观、品质、耐贮性和包装外观,可以允许有下述缺陷:穗形有轻微的缺陷、色泽有轻微的缺陷、外皮轻微的日灼伤。
二级	1.该级包括不符合特级和一级标准的鲜食葡萄,但符合上述规定的最低要求； 2.只要在种植地区不影响品种的基本特征,在穗形、发育和着色方面可以有轻微缺陷； 3.果实必须坚硬、与梗连接较牢固、尽可能有果粉,果实在穗梗上排列可能不如一级的整齐； 4.只要鲜食葡萄在品质、耐贮性和外观方面能保持其必要的特征,可以允许有下述一些缺陷:形状缺陷、色泽缺陷、外皮轻微的日灼伤、轻微撞伤、轻微果皮缺陷。

3.大小分级规定

葡萄穗的大小由穗重确定。温室和大田种植的鲜食葡萄、列入附录中的小粒品种或其他品种每穗重的最低要求规定如表7-45。

表7-45 各等级最小规格

单位:g

	温室种植的鲜食葡萄	大田种植的鲜食葡萄	
		列入附录中的小粒品种	除列入附录中的小粒品种外的所有品种
特等	300	150	200
一等	250	100	150
二等	150	75	100

4.允许误差规定

符合上述等级要求的每一个包装中的产品,允许有一定的质量和大小误差。

(1)质量允许误差。按重量计,特级允许每个包装不符合该级别要求的鲜食葡萄为5%,但要符合一级的要求,或者在例外的情况下,在该级的允许误差范围内；一级允许不符合该级别要求的鲜食葡萄为10%,但要符合二级的要求,或者在特殊的情况下,在该级的允许误差范围内；二级允许有10%葡萄穗既不符合该级别要求,也不符合最低要求,但因腐烂或者任何其他变质使之不适于消费的产品除外。

(2)大小允许误差。按重量计,特级和一级允许不符合该级别要求的葡萄穗为10%,但要符合下一个级别要求；二级允许不符合该级别要求的葡萄穗为10%,但每穗重量不能少于75g；各级别的鲜食葡萄如果直接销售给消费者,每一个包装净重不超过1kg,只要葡萄穗满足规定级别的所有其他要求,为调整重量,允许每穗葡萄的重量低于75g。

(二)无核白葡萄(GB/T 19970—2005)

无核白葡萄原产中亚西亚,主要用于制干的无核、绿色葡萄品种。果穗为圆锥形,中等大小；果粒椭圆形、较小,浅黄绿色；汁少、肉质紧密面脆；味甜,无香味,品质上等。本标准适用于无核白葡萄的生产、加工和交售。

1. 感官指标

表7-46 感官指标

项目	特级	一级	二级
果面	新鲜洁净		
口感	皮薄肉脆、酸甜适口、具有本品种特有的风味、无异味		
色泽	黄绿色	黄绿色和绿黄色	
紧密度	适中	较适中	偏松、偏紧

2. 理化指标

表7-47 理化指标

项目	特级	一级	二级
粒重(g)	≥2.5	≥2.0	≥1.5
穗重(g)	400～800	≥300	≥250
可溶性固形物(%)	≥18	≥16	≥14
总酸含量(%)	≤0.6	≤0.8	≤1.0
整齐度(%)	≤20	≥20	≥20
异常果(%)	≤1	≤2	≤3
腐烂果粒	不得检出		

五、西瓜

(一) 无籽西瓜(GB/T 27659—2011)

1. 分类分级

按果型大小分为大果型、中果型和小果型3种类型,按果实外观和内在的品质分为特等、一等和二等3个等级。

2. 质量要求

(1) 感官指标。各类型各等级果实感官指标应分别符合表7-48的要求。

表7-48 感官指标

项目	特级	一级	二级
基本要求	果实端正良好、发育正常、果面洁净、新鲜、无异味、为非正常外部潮湿,具有耐贮运或市场要求的成熟度	果实端正良好、发育正常、新鲜清洁、无异味、为非正常外部潮湿,具有耐贮运或市场要求的成熟度	果实端正良好、发育正常、新鲜清洁、无异味、为非正常外部潮湿,具有耐贮运或市场要求的成熟度
果形	端正,具有本品种典型特征	端正,具有本品种基本特征	具有本品种基本特征,允许有轻微偏缺,不得有畸形
果肉底色和条纹	具有本品种应有的底色和条纹,且底色均匀一致、条纹清晰	具有本品种应有的底色和条纹,且底色比较均匀一致、条纹比较清晰	具有本品种应有的底色和条纹,允许底色有轻微差别,底色和条纹的色泽稍差

续表

项目	特级	一级	二级
剖面	具有本品种适度成熟时固有色泽,质地均匀一致,无硬块,无空心,无白筋,秕子小而白嫩,无着色秕子	具有本品种适度成熟时固有色泽,质地基本均匀一致,无硬块、无白筋,单果着色秕子数少于5个	具有本品种适度成熟时固有色泽,质地均匀性稍差,无明显白筋,允许有小的硬块,允许轻度空心,单果着色秕子数少于10个
正常种子	无	无	1粒~2粒
着色秕子	纵剖面不超过1个	纵剖面不超过2个	纵剖面不超过3个
白色秕子	个体小,数量少,籽软	个体中等、数量少,或数量中等、个体小	个体和数量均为中等,或个体较大但数量少,或个体小但数量较多
口感	汁多、质脆、爽口、纤维少、风味好	汁多、质脆、爽口、纤维较少、风味好	汁多,果肉质地较脆、果肉纤维较多,无异味
单果重量	具有本品种单果重量,大小均匀一致,差异小于10%	具有本品种单果重量,大小较均匀,差异小于20%	具有本品种单果重量,大小差异小于30%
果面缺陷	碰压伤	无	允许总数5%的果有轻微碰压伤,且单果损伤总面积不超过5 cm²	允许总数10%的果有轻微碰压伤,且单果损伤总面积不超过8 cm²,外表皮有轻微变色,但不伤及果肉
	刺磨划伤	无	允许总数5%的果有轻微碰压伤,且单果损伤总面积不超过3 cm²	允许总数10%的果有轻微碰压伤,且单果损伤总面积不超过5 cm²,果皮无受伤流汁现象
	雹伤	无	无	允许有轻微雹伤,单果损伤总面积不超过3 cm²,且伤口已愈合良好
	日灼	无	允许5%的果有轻微日灼,且单果损伤总面积不超过5 cm²	允许10%的果实有轻微日灼,且单果损伤总面积不超过10 cm²
	病虫斑	无	无	允许愈合良好的病、虫斑,总面积不超过5 cm²,不得有正感染的病斑

(2)理化指标。如表7-49所示。

表7-49 理化指标

项目	分类	等级		
		特等品	一等品	二等品
近皮部可溶性固形物含量(%),≥	大果型	8.0	7.5	7.0
	中果型	8.5	8.0	7.5
	小果型	9.0	8.5	8.0

续表

项目	分类	等级		
		特等品	一等品	二等品
中心可溶性固形物含量(%),≥	大果型	10.5	10.0	9.5
	中果型	11.0	10.5	10.0
	小果型	12.0	11.5	11.0
果皮厚度(cm),≤	大果型	1.3	1.4	1.5
	中果型	1.1	1.2	1.3
	小果型	0.6	0.7	0.8
同品种同批次单果重量之间允许差(%),≤	大果型	10	20	30
	中果型			
	小果型			

(二)西瓜的采收和分级(DB6169/T028—2010)

本标准适用于二倍体西瓜,不适用于三倍体无籽西瓜、饲用西瓜和籽用西瓜。

1.采收要求

(1)采收成熟度。

表7-50 西瓜成熟度判定指标

判定项目	判定指标
卷须变化	留瓜节位以及前后1～2节上的卷须由绿变黄或已经枯萎,表明该节的瓜已成熟。
果实变化	1.瓜皮变亮、变硬、底色和花纹对比明显,花纹清晰,边缘明显,呈现出老化状; 2.有条棱的瓜,条棱凹凸明显; 3.瓜的花痕处和蒂部向内凹陷明显; 4.瓜梗扭曲老化,基部茸毛脱净; 5.西瓜贴地部分皮色呈橘黄色。
果实发育天数	1.小果型早熟品种24d～28d; 2.中果型早熟品种28d～32d; 3.大果型早熟品种32d～35d; 4.大果型中晚熟品种35d以上。
声音变化	手敲瓜面,发出低沉"嘭嘭"声的为成熟瓜,发清脆"噔噔"声的为不熟瓜。
手感鉴别	一手托瓜,另一手拍其上部,手心感到颤动,表明瓜已成熟。
比重鉴别	成熟西瓜的密度为0.95～1,重于此为未熟,轻于此为过熟。
上市销售情况	供应当地市场的应在九成熟时采收。 运往外地或贮藏的应在七成半至八成熟时采收。

(2)采收时间:长途贩运的西瓜下午采收,就近销售的西瓜晴天上午采收,用于贮藏的西瓜或皮薄易裂品种傍晚采收,雨后、中午烈日时不能采收。

(3)采收方法:采收前的7d～10d,停止灌水和追施氮肥;采收时保留瓜柄,用于贮藏的西瓜在瓜柄上端留 5 cm 枝蔓；采收后防止日晒、雨淋，及时运送出售，暂时不能装运的，要放到地头或路边阴凉处散去田间热，并轻拿轻放，瓜下垫一些瓜蔓或草。

2.分级指标

(1)感官指标。西瓜感官指标分级应符合表 7-51 规定。

表 7-51　感官指标

指标	等级	
	一级	二级
瓜形	具有本品种应有的形状，外形周正，不得有畸形，整瓜完好无开裂。	具有本品种应有的形状，形状较周正，可次于一等的要求，不得有畸形，整瓜完好无开裂。
皮色	具有本品种应有的皮色，无阴阳面。	具有本品种应有的皮色，可有轻微阴面。
瓜瓤	具有本品种成熟时应有的瓤色和风味，均匀一致无裂隙。	具有本品种成熟时应有的瓤色和风味，可有轻微裂隙。
成熟度	成熟适度，无生瓜和过熟瓜。	成熟适度，无生瓜和过熟瓜。
瓜面	瓜面清洁，无腐烂、霉变、病虫斑和机械损伤。	瓜面清洁，无腐烂、霉变、病虫斑和明显的机械损伤。

(2)重量指标：西瓜重量化指标分级应符合表 7-52 规定。

表 7-52　重量指标

指标	品种	等级	
		一级	二级
单瓜重量(kg)	礼品西瓜	2～2.5	1.5～2
	普通西瓜	≥7	6～7

六、核桃

中国核桃的分布广泛，辽宁、天津等 24 个省(区、市)都有分布，主要产区在云南、陕西、山西、四川、河北、甘肃、新疆等省(区)。

(一)核桃坚果质量等级

核桃坚果质量等级(GB/T 20398－2006)标准适用于核桃和铁核桃坚果的生产和销售，产品分级指标见表 7-53。

表 7-53　核桃坚果质量分级指标

项目		特级	一级	二级	三级
基本要求		坚果充分成熟，壳面洁净，缝合线紧密，无露仁、虫蛀、出油、霉变、异味等果，无杂质，未经过有害化学漂泊处理			
感官指标	果形	大小均匀，形状一致	基本一致	基本一致	—
	外壳	自然黄白色	自然黄白色	自然黄白色	自然黄白或黄褐色
	种仁	饱满，色黄白，涩味淡	饱满，色黄白，涩味淡	较饱满，色黄白，涩味淡	较饱满，色黄白或浅琥珀色，稍涩

续表

项目		特级	一级	二级	三级
物理指标	横径(mm)	≥30.0	≥30.0	≥28.0	≥26.0
	平均果重(g)	≥12.0	≥12.0	≥10.0	≥8.0
	取仁难易度	易取整仁	易取整仁	易取半仁	易取四分之一仁
	出仁率(%)	≥53.0	≥48.0	≥43.0	≥38.0
	空壳果率(%)	≤1.0	≤2.0	≤2.0	≤3.0
	破损果率(%)	≤0.1	≤0.1	≤0.2	≤0.3
	黑斑果率(%)	0	≤0.1	≤0.2	≤0.3
	含水率(%)	≤8.0	≤8.0	≤8.0	≤8.0
化学指标	脂肪含量(%)	≥65.0	≥65.0	≥60.0	≥60.0
	蛋白质含量(%)	≥14.0	≥14.0	≥12.0	≥10.0

(二)山核桃产品质量等级

山核桃产品质量等级(GB/T 24307—2009)标准适用于山核桃产品。

1.山核桃原料产品质量等级

(1)基本要求:山核桃坚果充分成熟,壳面洁净,缝合线紧密,无露仁、虫蛀、出油、霉变、异味等果,无杂质,未经过有害化学漂泊物处理。

(2)等级指标:如表7-54所示。

表7-54 山核桃原料产品质量等级规格指标

项目	特级	一级	二级	三级
外观	壳面洁净,上手不着黑色;形态圆形	壳面洁净,上手不着黑色;形态圆形	壳面洁净,上手不着黑色;形态圆形	无果形要求
色泽	外壳呈自然黄白色,仁皮金黄色,无附着物	外壳呈自然黄白色,仁皮黄褐色,无附着物	外壳呈自然黄白或黄褐色,仁皮褐色,上有少量附着物	外壳颜色较深,仁皮深褐色,上有少量附着物
均匀度	大小均匀,外观整齐端正	大小均匀,外观整齐端正	大小均匀,外观较整齐端正	大小均匀,外观较整齐端正
破损率	无破损果、畸形果和霉变果	破损果、畸形果和霉变果不超过1%	破损果、畸形果和霉变果不超过5%	破损果、畸形果和霉变果不超过5%
饱满度	果仁饱满;无空籽,瘪籽率、半粒籽率≤1%	果仁饱满;无空籽,瘪籽率、半粒籽率≤2%	果仁较饱满;无空籽,瘪籽率、半粒籽率≤3%	果仁较饱满;无空籽,瘪籽率、半粒籽率≤3%
含油率	≥40%			
含水率	≤6%			
酸价(以脂肪计)	≤4 mg/g			
过氧化值(以脂肪计)	≤0.08 g/100g			

(3)外观尺寸分级

表 7-55　山核桃颗粒分级

大小	特大型	大型	中型	小型
坚果直径(cm)	≥2.15	1.95～2.15	1.75～1.95	≤1.75

2.山核桃带壳加工产品质量要求

(1)感官指标

表 7-56　山核桃带壳加工产品感官指标

项目	椒盐山核桃	奶油山核桃	多味山核桃
色泽	外壳深棕色,色泽均匀,略有光泽,表面微带白色盐霜	外壳深棕色,色泽均匀,泛有油光	外壳深棕色,色泽均匀,泛有油光
香气	具有山核桃特有的香气	具有山核桃特有的香气	具有山核桃特有的香气
口味	仁松脆,无明显涩味,无异味	仁松脆,咸甜适中,带奶油味,无异味	仁松脆,咸甜适中,无异味
形态	颗粒完整,多数有对开缝,大小基本均匀,无明显焦斑		
饱满度	无空籽,瘪籽率≤3%,半粒籽率≤1%		
杂质	无明显杂质		

(2)理化指标

表 7-57　山核桃加工产品理化指标

项目	指标
净含量允差(500g 以内小包装)	±3%,平均净含量不得低于标明量
水分	≤6%
酸价(以脂肪含量计)	≤4 mg/g
过氧化值(以脂肪含量计)	≤0.50 g/100g

3.山核桃仁加工产品质量等级分类

表 7-58　感官指标

项目	特级	一级	二级	三级
外观	淡黄色,微光亮,无碎仁末	淡黄色,较光亮,少有碎仁末(碎仁率不大于3%)	淡黄色,光亮,有碎仁末(碎仁率3%～5%)	淡黄色,光亮,有碎仁末(碎仁率超过8%)
口感	入口甜咸适中,口感酥爽	入口甜咸适中,口感较酥爽	入口偏甜或咸,口感脆	入口偏甜或咸,口感脆
加糖量(g/100g)	7	9	11	13

七、枣

大枣,又名红枣、干枣、枣子等,有"百果之王"、"维生素C"之称,富含蛋白质、脂肪、糖类、胡萝卜素、B族维生素、维生素C、维生素P以及磷、钙、铁等成分,其中维生素C的含量在果品中名列前茅。

(一)鲜枣质量等级(GB/T 22345-2008)

1.作蜜枣用的鲜枣质量等级。作蜜枣用时,鲜枣的采收时期为白熟期,等级划分见表7-59,未列入表7-59等级的果实为等外果。

表7-59 作蜜枣用的鲜枣质量等级标准

项目	等 级		
	特级	一级	二级
基本要求	白熟期采收,果形完整,果实新鲜,无明显失水,无异味		
品种	品种一致	品种基本一致	果形相似品种可以混合
果个大小	果个大,均匀一致	果个较大,均匀一致	果个中等,均匀一致
缺陷果	≤3%	≤8%	≤10%
杂质含量	≤0.5%	≤1%	≤2%

注:品种间果个大小差异很大,每千克果个数不作统一规定,各地可根据品种特性,按等级自行规定。

2.鲜食枣。按鲜枣果实大小、色泽等指标将其划分为特级、一级、二级、三级4个等级,分级标准见表7-60,未列入以上等级的果实为等外果。

表7-60 鲜食枣质量等级标准

项目	特级	一级	二级	三级
基本要求	脆熟期采收;品种纯正,果形完整,果面光洁,无残留物;果肉脆适口,无异味和不良口味;无或几乎无尘土,无不正常的外来水分,基本无完熟期果实;最好带果柄。			
果实色泽	色泽好	色泽好	色泽较好	色泽一般
着色面积占果实表面积的比例	1/3以上	1/3以上	1/4以上	1/5以上
果个大小	果个大,均匀一致	果个较大,均匀一致	果个中等,较均匀	果个较小,较均匀
可溶性固形物	≥27%	≥25%	≥23%	≥20%

续表

项目		特级	一级	二级	三级
缺陷果	浆烂果	无	≤1%	≤3%	≤4%
	机械伤	≤3%	≤5%	≤10%	≤10%
	裂果	≤2%	≤3%	≤4%	≤5%
	病虫果	≤1%	≤2%	≤4%	≤5%
	总缺陷果	≤5%	≤10%	≤15%	≤20%
杂质含量		≤0.1%	≤0.3%	≤0.5%	≤0.5%
品种（单果重）	冬枣(g/个)	≥20.1	16.1～20	12.1～16.0	8～12
	梨枣(g/个)	≥32.1	28.1～32	22.1～28	17～22

（二）干制红枣（GB/T 5835－2009）

干制红枣（GB/T 5835－2009）标准适用于干制红枣的外观质量分级、检验、包装和贮运。干制红枣分为干制小枣和干制大枣两类。

1.干制小红枣等级规格。干制小红枣分为特等果、一等果、二等果和三等果（表7-61）。

表7-61 干制小红枣等级规格指标

项目	特等	一等	二等	三等
果形和果实大小	果形饱满，具有本品种应有的特征，果大均匀	果形饱满，具有本品种应有的特征，果实大小均匀	果形良好，具有本品种应有的特征，果实大小均匀	果形正常，具有本品种应有的特征，果实大小较均匀
品质	肉质肥厚，具有本品种应有的色泽，身干，手握不粘个，总糖含量≥75%，一般杂质不超过0.5%	肉质肥厚，具有本品种应有的色泽，身干，手握不粘个，总糖含量≥70%，一般杂质不超过0.5%，鸡心枣允许肉质肥厚度较低	肉质较肥厚，具有本品种应有的色泽，身干，手握不粘个，总糖含量≥65%，一般杂质不超过0.5%	肉质肥瘦不均，允许有不超过10%的果实色泽稍浅，身干，手握不粘个，总糖含量≥60%，一般杂质不超过0.5%
损伤和缺陷	无霉变、浆头、不熟果和病虫果；允许破头、油头果两项不超过3%	无霉变、浆头、不熟果和病果；允许虫果、破头、油头果三项不超过5%	无霉变、浆头果，允许病虫果、破头、油头果和干条四项不超过10%（其中病虫果不得超过5%）	无霉变果，允许浆头、病虫果、破头、油头果和干条五项不超过15%（其中病虫果不得超过5%）
含水率（%）	≤28	≤28	≤28	≤28
容许度（%）	≤5	≤5	≤10	≤15
总不合格果率（%）	≤3	≤5	≤10	≤15

2.干制大红枣等级规格。干制大红枣分为一等果、二等果和三等果(表7-62)。

表7-62 干制大红枣等级规格指标

项目	一等	二等	三等
果形和果实大小	果形饱满,具有本品种应有的特征,果大均匀	果形良好,具有本品种应有的特征,果实大小均匀	果形正常,果实大小较均匀
品质	肉质肥厚,具有本品种应有的色泽,身干,手握不粘个,总糖含量≥70%,一般杂质不超过0.5%	肉质较肥厚,具有本品种应有的色泽,身干,手握不粘个,总糖含量≥65%,一般杂质不超过0.5%	肉质肥瘦不均,允许有不超过10%的果实色泽稍浅,身干,手握不粘个,总糖含量≥60%,一般杂质不超过0.5%
损伤和缺陷	无霉变、浆头、不熟果和病果;虫果、破头果两项不超过5%	无霉变果;允许浆头果不超过2%,不熟果不超过3%,病虫果、破头果两项不超过5%	无霉变果;允许浆头果不超过5%,不熟果不超过5%,病虫果、破头果两项不超过10%(其中病虫果不得超过5%)
含水率(%)	≤25	≤25	≤25
容许度(%)	≤5	≤10	≤15
总不合格果率(%)	≤5	≤10	≤20

(三)免洗红枣(GB/T 26150—2010)

免洗红枣(GB/T 26150—2010)标准适用于以成熟的鲜枣或干枣为原料,经挑选、清洗、干燥、灭菌、包装等工艺制成的无杂质可以食用的干枣。

1.理化指标

表7-63 理化指标

项目	低含水量制品	高含水量制品
水分(%)	≤25	25~35
总糖(%)	≥50	

2.等级规格

(1)免洗小红枣。

表7-64 免洗小红枣等级规格

项目	果型和大小	品质	损伤和缺陷
特级	果形饱满,大小均匀,具有本品种应有的特征,每千克450~500粒	肉质肥厚,具有本品种应有的色泽,无肉眼可见外来杂质	无霉烂果、不熟果,残次果(浆头、病果、虫果、破头果)不超过3%

续表

项目	果型和大小	品质	损伤和缺陷
一级	果形饱满,大小均匀,具有本品种应有的特征,每千克501～600粒	肉质肥厚,具有本品种应有的色泽,无肉眼可见外来杂质	无霉烂果、不熟果、残次果(浆头、病果、虫果、破头果)不超过3%
二级	果形饱满,大小均匀,具有本品种应有的特征,每千克601～800粒	肉质肥厚,具有本品种应有的色泽,无肉眼可见外来杂质	无霉烂果、不熟果、残次果(浆头、病果、虫果、破头果)不超过5%
三级	果形饱满,大小均匀,具有本品种应有的特征,每千克801～1000粒	肉质肥厚,具有本品种应有的色泽,无肉眼可见外来杂质	无霉烂果、不熟果、残次果(浆头、病果、虫果、破头果)不超过5%
等外果	具有本品种应有的特征,粒数不限	肉质肥厚,具有本品种应有的色泽,无肉眼可见外来杂质	无霉烂果、不熟果、残次果(浆头、病果、虫果、破头果)不超过8%

(2)免洗大红枣。

表7-65 免洗大红枣等级规格

项目	果型和大小	品质	损伤和缺陷
特级	果形饱满,大小均匀,具有本品种应有的特征,每千克170～200粒	肉质肥厚,具有本品种应有的色泽,无肉眼可见外来杂质	无霉烂果、不熟果、残次果(浆头、病果、虫果、破头果)不超过3%
一级	果形饱满,大小均匀,具有本品种应有的特征,每千克201～260粒	肉质肥厚,具有本品种应有的色泽,无肉眼可见外来杂质	无霉烂果、不熟果、残次果(浆头、病果、虫果、破头果)不超过3%
二级	果形饱满,大小均匀,具有本品种应有的特征,每千克261～320粒	肉质肥厚,具有本品种应有的色泽,无肉眼可见外来杂质	无霉烂果、不熟果、残次果(浆头、病果、虫果、破头果)不超过5%
三级	果形饱满,大小均匀,具有本品种应有的特征,每千克321～370粒	肉质肥厚,具有本品种应有的色泽,无肉眼可见外来杂质	无霉烂果、不熟果、残次果(浆头、病果、虫果、破头果)不超过5%
等外果	具有本品种应有的特征,粒数不限	肉质肥厚,具有本品种应有的色泽,无肉眼可见外来杂质	无霉烂果、不熟果、残次果(浆头、病果、虫果、破头果)不超过8%

第五节 茶叶品级鉴别

茶叶质量的鉴别分为两个阶段,即按照先"干看"(即冲泡前鉴别)后"湿看"(即冲泡后鉴别)的顺序进行。冲泡前鉴别主要包括茶叶的形态、嫩度、色泽、净度、香气滋味等五方面指标,而冲泡后鉴别主要包括对茶叶冲泡成茶汤后的气味、汤色、滋味、叶底等四项内容的鉴别。

一、绿色食品茶叶

绿色食品茶叶(NY/T 288—2012)标准适用于各类绿色食品茶叶产品。加工过程不得着色,不得添加任何人工合成的化学物质和香味物质。

(一)感官指标

1.应具有所属茶类产品正常的商品外形和固有的色、香、味,无异味,无劣变。

2.应洁净,不含非茶类夹杂物。

(二)理化指标

表7-66 理化指标

单位:%

项 目	指 标
水分(质量分数)	≤7.0(碧螺春7.5,茉莉花茶8.5,普洱茶12.0)
灰分(质量分数)	≤7.0
水浸出物(质量分数)	≥34.0

(三)安全指标

表7-67 安全指标

单位:mg/kg

序号	项 目	限 量
1	滴滴涕	≤0.05
2	六六六	≤0.05
3	三氯杀螨醇	≤0.1
4	甲胺磷	不得检出(≤0.02)
5	敌敌畏	不得检出(≤0.03)
6	乐果	不得检出(≤0.05)
7	氰戊菊酯	不得检出(≤0.02)
8	乙酰甲胺磷	≤0.1
9	杀螟硫酸	≤0.2
10	氯氟氰菊酯	≤3
11	联苯菊酯	≤5
12	溴氰菊酯	≤5
13	甲氯菊酯	≤5
14	溴氰菊酯	≤5
15	啶虫脒	≤0.1
16	氯氰菊酯	≤0.5
17	铜	≤30
18	铅	≤5

二、浙江绿茶

浙江绿茶是指以灌木型中、小叶茶树品种鲜叶为原料,以杀青－揉捻(做形)－干燥为基本工艺,在浙江省行政区域范围内生产、加工的具有"色绿、汤清、香高、味醇"品质特征的绿茶。浙江绿茶品类丰富,有扁形、针形、毛峰形、螺形等名优绿茶,比如以西湖龙井、安吉白茶、径山茶、千岛玉叶、越乡龙井、大佛龙井、绿剑茶、武阳春雨、松阳银猴、景宁惠明、开化龙顶等名茶为代表的品牌产品。除名优绿茶外,还有以珠茶、眉茶、蒸青茶为主的大宗绿茶。浙江出口绿茶,远销6大洲102个国家和地区,2012年出口量14.92万吨、出口额4.52亿美元,占全国绿茶出口总量的60%,超过世界绿茶贸易总量的45%,因此浙江也被认为是世界绿茶产业中心。浙江绿茶(DB33/T 733－2009)标准适用于浙江绿茶。

(一)基本要求

1.品质正常,具有灌木型中、小叶种绿茶应有的风味,无劣变、无异味。

2.产品洁净,不得含有非茶类杂物。

3.不着色,无任何添加剂。

(二)产品分类

根据加工工艺的不同,浙江绿茶分为炒青、烘青、蒸青绿茶,主要产品包括眉茶、珠茶、煎茶等大宗绿茶和扁形、卷曲形、条形、朵形等名优绿茶。

(三)感官要求与理化指标

感官品质应具有色绿、汤清、香高、味醇的特征。理化指标应符合GB/T 14456.1的规定。各品名、花色、等级的产品应符合该产品相关标准的规定。

(四)质量安全指标

1.污染物限量指标应符合GB 2762的规定。

2.农药残留限量指标应符合GB 2763的规定。

三、白茶

白茶(GB－T 22291－2008)标准适用于以茶树的芽、叶、嫩茎为原料,经萎凋、干燥、拣剔等特定工艺过程制成的白茶。

(一)白茶分类

1.白茶根据茶树品种和原料要求的不同,分为白毫银针、白牡丹和贡眉三种产品。

2.每种产品的每一等级均设实物标准样,每三年更换一次。

(二)基本要求

具有正常的色、香、味,不含有非茶类物质和添加剂,无异味,无异臭,无劣变。

(三)感官指标

1.白毫银针的感官品质应符合表7-68的要求。

表 7-68 白毫银针感官指标

级别	项目							
	外形				内质			
	叶态	嫩度	净度	色泽	香气	滋味	汤色	叶底
特级	芽针肥壮、匀齐	肥嫩、茸毛厚	洁净	银灰白、富有光泽	清纯、毫香显露	清鲜醇爽、毫味足	浅杏黄、清澈明亮	肥壮、软嫩、明亮
一级	芽针瘦长、较匀齐	瘦嫩、茸毛略薄	洁净	银灰白	清纯、毫香显	鲜醇爽、毫味显	杏黄、清澈明亮	嫩匀明亮

2.白牡丹的感官品质应符合表7-69的要求。

表 7-69 白牡丹感官指标

级别	项目							
	外形				内质			
	叶态	嫩度	净度	色泽	香气	滋味	汤色	叶底
特级	芽叶连枝叶缘垂卷匀整	毫心多肥壮、叶背多茸毛	洁净	灰绿润	鲜嫩、纯爽毫香显	清甜醇爽、毫味足	黄、清澈	毫心多、叶张肥嫩,明亮
一级	芽叶尚连枝叶缘垂卷尚匀整	毫心较显尚壮、叶张嫩	较洁净	灰绿尚润	尚鲜嫩、纯爽有毫香	较清甜、醇爽	尚黄、清澈	毫心尚显、叶张尚嫩,尚明
二级	芽叶部分连枝叶缘尚垂卷、尚匀	毫心尚显、叶张尚嫩	含少量黄绿片	尚灰绿	浓纯、略有毫香	尚清甜、醇厚	橙黄	有毫心、叶张尚嫩、稍有红张
三级	叶缘略卷、有平展叶、破张叶	毫心瘦稍露、叶张稍粗	稍夹黄片蜡片	灰绿稍暗	尚浓纯	尚厚	尚橙黄	叶张尚软有破张、红张稍多

3.贡眉的感官品质应符合表7-70的规定。

表 7-70 贡眉感官指标

级别	项目							
	外形				内质			
	叶态	嫩度	净度	色泽	香气	滋味	汤色	叶底
特级	芽叶部分连枝、叶态紧卷、匀整	毫尖显、叶张细嫩	洁净	灰绿或墨绿	鲜嫩、有毫香	清甜醇爽	橙黄	有芽尖、叶张嫩亮
一级	叶态尚紧卷、尚匀	毫尖尚显、叶张尚嫩	较洁净	尚灰绿	鲜纯、有嫩香	醇厚尚爽	尚橙黄	稍有芽尖、叶张软尚亮

续表

级别	项目							
	外形				内质			
	叶态	嫩度	净度	色泽	香气	滋味	汤色	叶底
二级	叶态略卷稍展、有破张	有尖芽、叶张较粗	夹黄片铁板片、少量蜡片	灰绿稍暗、夹红	浓纯	浓厚	深黄	叶张较粗、稍摊、有红张
三级	叶张平展、破张多	小尖芽稀、露叶张粗	含鱼叶、蜡片较多	灰黄夹红稍葳	浓、稍粗	厚、稍粗	深黄微红	叶张粗杂、红张多

(四)理化指标

表 7-71 理化指标

单位:%

项目	指标
水分(质量分数)	≤7.0
总灰分(质量分数)	≤6.5
粉末(限白牡丹和贡眉)(质量分数)	≤1.0

四、红茶

世界上最早的红茶由中国明朝时期福建武夷山茶区的汉族茶农发明,名为"正山小种"。红茶是以茶树的芽叶为原料,经过萎凋、揉捻(切)、发酵、干燥等典型工艺过程精制而成,因其干茶色泽和冲泡的茶汤以红色为主调,故而得名。红茶种类较多,按照其加工的方法与出品的茶形,一般分为小种红茶、工夫红茶和红碎茶。

(一)功夫红茶(GB/T 13738.2—2008)

1.产品分类。功夫红茶根据茶树品种和产品要求的不同,分为大叶功夫和中小叶功夫两个品种。每种产品的每一等级均设实物标准样,每三年更换一次。

2.基本要求。具有正常商品的色、香、味,不得含有非茶类物质和任何添加剂,无异味、无异臭、无劣变。

3.感官指标

表 7-72 大叶功夫产品各等级感官指标

等级	项目							
	外形				内质			
	条索	整碎	净度	色泽	香气	滋味	汤色	叶底
特级	肥壮紧结、多锋苗	匀齐	净	乌褐油润,金毫显露	甜香浓郁	鲜浓醇厚	红艳	肥嫩多芽红匀明亮
一级	肥壮紧结、有锋苗	较匀齐	较净	乌褐润,多金毫	甜香浓	鲜醇较浓	红尚艳	肥嫩有芽红匀亮

续表

等级	项目							
	外形				内质			
	条索	整碎	净度	色泽	香气	滋味	汤色	叶底
二级	肥壮紧结	匀整	尚净稍有嫩茎	乌褐尚润,有金毫	香浓	醇浓	红亮	柔嫩红尚亮
三级	紧实	较匀整	尚净有筋梗	乌褐,稍有毫	纯正尚浓	醇尚浓	较红亮	柔软尚红亮
四级	尚紧实	尚匀整	有梗朴	褐欠润,略有毫	纯正	尚浓	红尚亮	尚柔尚红
五级	稍松	尚匀	多梗朴	棕褐稍花	尚纯	尚浓略涩	红欠亮	稍粗尚红稍暗
六级	稍松	欠匀	多梗朴多朴叶	棕稍枯	稍粗	稍粗涩	红稍暗	粗、花杂

表 7-73 中小叶功夫产品各等级感官指标

等级	项目							
	外形				内质			
	条索	整碎	净度	色泽	香气	滋味	汤色	叶底
特级	细紧多锋苗	匀齐	净	乌黑油润	鲜嫩甜香	醇厚甘爽	红明亮	细嫩显芽红匀亮
一级	紧细有锋苗	较匀齐	净稍含嫩茎	乌润	嫩甜香	厚醇爽口	红亮	匀嫩有芽红亮
二级	紧细	匀整	尚净有嫩茎	乌尚润	甜香	醇和尚爽	红明	嫩匀红尚亮
三级	尚紧细	较匀整	尚净稍有筋梗	尚乌润	纯正	醇和	红尚明	尚嫩匀尚红亮
四级	尚紧	尚匀整	有梗朴	尚乌稍灰	平正	纯和	尚红	尚匀尚红
五级	稍粗	尚匀	多梗朴	棕黑稍花	稍粗	稍粗	稍红暗	稍粗硬稍红稍花
六级	较稍松	欠匀	多梗朴多朴叶	棕稍枯	粗	较粗淡	暗红	粗硬红暗花杂

4. 理化指标

表 7-74 理化指标

单位：%

项目	指标		
	特级～一级	二级～三级	四级～六级
水分（质量分数）	≤7.0		
总灰分（质量分数）	≤6.5		
粉末（质量分数）	≤1.0	≤1.2	≤1.5

续表

项目		指标		
		特级～一级	二级～三级	四级～六级
水浸出物（质量分数）	大叶功夫类	≥36	≥34	≥32
	中小叶功夫类	≥32	≥30	≥28

（二）小种红茶（GB/T 13738.3－2008）

1.产品分类。小种红茶是以茶树的芽、叶、嫩茎为原料，经过萎调（熏松烟）、揉捻、切碎、发酵、干燥（熏松烟）和精制加工工艺制成的茶叶。根据产地、加工和品质的不同，分为正山小种和烟小种两种产品。

2.基本要求。具有正常商品的色、香、味，不得含有非茶类物质和任何添加剂，无异味、无异臭、无霉变。

3.感官指标

表7-75 正山小种产品各等级感官指标

等级	项目							
	外形				内质			
	条索	整碎	净度	色泽	香气	滋味	汤色	叶底
特级	壮实紧结	匀齐	净	乌黑油润	纯正高长、似桂圆干香或松烟香明显	醇厚回甘、显高山韵、似桂圆汤味明显	橙红明亮	尚嫩较软有皱褶、古铜色匀齐
一级	尚壮实	较匀齐	稍有茎梗	乌尚润	纯正有似桂圆干香	厚尚醇回甘尚显高山韵、似桂圆汤味尚明	橙红尚亮	有皱褶、古铜色稍暗、尚匀亮
二级	稍粗实	尚匀整	有茎梗	欠乌润	松烟香稍淡	尚厚、略有似桂圆汤味	粗红尚亮	稍粗硬铜色稍暗
三级	粗松	欠匀	带粗梗	乌、显花杂	平正、略有松烟香	略粗、似桂圆汤味欠明、平和	暗红	稍花杂

表7-76 烟小种产品各等级感官指标

等级	项目							
	外形				内质			
	条索	整碎	净度	色泽	香气	滋味	汤色	叶底
特级	紧细	匀整	净	乌黑润	松烟香浓长	醇和尚爽	红明亮	嫩匀红尚亮
一级	紧结	较匀整	净稍含嫩茎	乌黑尚润	松烟香浓	醇和	红尚亮	尚嫩匀红尚亮

续表

等级	项　目							
	外　形				内　质			
	条索	整碎	净度	色泽	香气	滋味	汤色	叶底
二级	尚紧结	尚匀整	稍有茎梗	乌黑欠润	松烟香尚浓	尚醇和	红欠亮	摊张、红欠亮
三级	稍粗松	尚匀	有茎梗	黑褐稍花	松烟香稍淡	平和	红稍暗	摊张稍粗、红暗
四级	粗松弯曲	欠匀	多茎梗	黑褐花杂	松烟香淡、稍带粗青气	粗淡	暗红	粗老、暗红

4.理化指标

表7-77　理化指标

单位:%

项　目		指　标	
		特级～一级	二级～四级
水分(质量分数)		≤7.0	
总灰分(质量分数)		≤7.0	
粉末(质量分数)		≤1.0	≤1.2
水浸出物(质量分数)	正山小种类	≥34	≥32
	烟小种类	≥32	≥30

(三)红碎茶(GB/T 13738.1－2008)

1.产品分类。经过萎调、揉捻、切碎、发酵、干燥等工艺加工的颗粒形红茶,分为叶茶、碎茶、片茶和末茶。红碎茶产品分为大叶种红茶和中小叶种红碎茶两个品种。

2.基本要求。无异味、无异臭、无霉变,不含非茶类物质。

3.感官指标

表7-78　大叶种红碎茶各花色感官指标

花色	项　目				
	外形	内质			
		香气	滋味	汤色	叶底
碎茶1号	颗粒紧实、金毫显露、匀净、色润	香高持久	浓强鲜爽	红艳明亮	嫩匀红亮
碎茶2号	颗粒紧结、重实、匀净、色润	香高	浓强尚鲜爽	红艳明亮	红匀明亮
碎茶3号	颗粒紧结、尚重实、较匀净、色润	香浓	鲜爽尚浓强	红亮	红匀明亮
碎茶4号	颗粒尚紧结、尚匀净、色尚润	香浓	浓尚鲜	红亮	红匀亮
碎茶5号	颗粒尚紧、尚匀净、色尚润	香浓	浓厚尚鲜	红亮	红匀亮
片茶1号	片状皱褶、尚匀净、色尚润	尚高	尚浓厚	红明	红匀尚明亮
片茶2号	片状皱褶、尚匀、色尚润	尚浓	尚浓	尚红明	红匀尚明
末茶	细砂粒状、较重实、较匀净、色尚润	纯正	浓强	深红尚明	红匀

表7-79 中小叶种红碎茶各花色感官指标

花色	项目				
	外形	内质			
		香气	滋味	汤色	叶底
碎茶1号	颗粒紧实、重实、匀净、色润	香高持久	鲜爽浓厚	红亮	嫩匀红亮
碎茶2号	颗粒紧结、重实、匀净、色润	香高	鲜浓	红亮	尚嫩匀红亮
碎茶3号	颗粒较紧结、尚重实、尚匀净、色尚润	香浓	尚浓	红明	红尚亮
片茶上档	片状皱褶、匀齐、色尚润	纯正	醇和	尚红明	红匀
片茶下档	夹片状、尚匀齐、色欠润	略粗	平和	尚红	尚红
末茶上档	细砂粒状、匀齐、色尚润	尚高	浓	深红尚亮	红匀尚亮
末茶下档	细砂粒状、尚匀齐、色尚润	平正	尚浓	深红	红稍暗

4.理化指标

表7-80 理化指标

单位:%

项目	指标	
	大叶种红碎茶	中小叶种红碎茶
水分(质量分数)	≤7.0	
总灰分(质量分数)	≥4.0;≤8.0	
粉末(质量分数)	≤2.0	
水浸出物(质量分数)	34	32
水溶性灰分(质量分数)	45	
水溶性灰分碱度(质量分数)	≥1.0;≤3.0	
酸不溶性灰分(质量分数)	≤1.0	
粗纤维(质量分数)	≤16.5	

第六节 水产品品级鉴别

水产品是海洋和淡水渔业生产的动植物及其加工产品的统称,其中鲜活水产品分为鱼、虾、蟹、贝四大类。随着水产品消费市场的多元化发展,目前我国消费的主要水产品为鲜活、冷冻水产品和熟制干制品等。而鉴别水产品及其制品的质量主要通过体表形态、鲜活程度、色泽、气味、肉质弹性和洁净程度等感官指标进行综合评价。

一、鲜活水产品

(一)鲜活青鱼、草鱼、鲢、鳙、鲤(SC/T 3108—2011)

1.规格。按鱼体体重划分规格,见表7-81。

表7-81 鱼体规格

单位:g

种类	大规格	小规格
青鱼	≥3 000	≥1 500
草鱼	≥3 000	≥1 500
鲢	≥1 500	≥800
鳙	≥2 000	≥1 000
鲤	≥1 500	≥500

2.感官指标

表7-82 感官指标

项目	一级品	二级品
活动(活鱼)	对水流刺激反应敏感,身体摆动有力	对水流刺激反应欠敏感,身体乏力
体表	鱼体具有固有色泽和光泽,鳞片完整、不易脱落,体态匀称,不畸形	鱼体光泽稍差,鳞片易脱
鳃	色鲜红或紫红,鳃丝清晰,无异味,无黏液或有少量透明黏液	色淡红或暗红,黏液发暗,但仍透明鳃丝稍有粘连,无异味及腐败臭
眼	眼球明亮饱满,稍突出,角膜透明	眼球平坦,角膜略混浊
肌肉	结实,有弹性	肉质稍松弛,弹性略差
肛门	紧缩不外凸(雌鱼产卵期除外)	发软,稍突出
内脏(鲜鱼)	无印胆现象	允许稍微印胆

3.理化指标

表7-83 感官指标

项目	限量
挥发性盐基氮(mg/100g)(活体不检)	≤20.0
挥发酚(mg/kg)	≤0.2

(二)鲜活对虾购销规范(SB/T 10524—2009)

1.对虾等级。对虾按其品质分为一等、二等和三等三个等级。各等级应符合表7-71中的规定。

表 7-84 对虾等级

等级指标	一级	二级	三级
色泽	保持活虾固有色泽,颜色均匀,无黑变	色泽正常,颜色较均匀,允许有黑箍一处,黑裙、黑斑共不超过两处	表皮稍有褪色,无油性,允许有少量黑箍、黑裙、黑斑
形态	虾体完整,体态匀称,虾肉硬实弹性高	虾体完整,节间稍有松弛,虾肉紧实弹性高	虾体基本完整,稍有弹性
气味	保持活虾固有气味	气味正常,无异味	气味正常,无异味

2.对虾规格。对虾规格按每500g对虾所含尾数分为16个级别,具体级别如下:2～3（即2尾/500g～3尾/500g）、4～6、7～9、10～12、13～15、16～20、21～25、26～30、31～35、36～40、41～50、51～60、61～70、71～90、91～110、110以上。

二、干制水产品

干制水产品是指水产品原料直接或经过盐渍、预煮、调味后在自然或人工条件下干燥脱水制成的产品。绿色食品干制水产品（NY/T 1712－2009）标准适用于鱼类干制品、虾类干制品、贝类干制品和其他类干制水产品,不适用于海参和藻类干制品。

（一）感官指标

表 7-85 感官要求

项目	要求
外观	形态基本完好,大小基本一致,无碎屑,无虫害,无霉变
色泽	具有本品应有的色泽
气味及滋味	具有本品特有的气味及滋味,无油脂酸败等腐败气味
杂质	无肉眼可见外来杂质

（二）理化指标

表 7-86 理化指标

项目		指标
水分(%)		≤22
盐分(%)	鱼类	≤6
	虾类	≤6
	贝类	≤6
	头足类	≤2
	即食干制品	≤6
酸价(以脂肪计)(mg/g)		≤130
过氧化值(以脂肪计)(g/100g)		≤0.6

(三) 安全指标

表7-87 安全指标

项　　目		指标
铅 （以Pb计） （mg/g）	鱼类	≤0.5
	虾类	≤0.5
	贝类和其他类	≤1.0
镉 （以Cb计） （mg/g）	鱼类	≤0.1
	虾类	≤0.5
	贝类和其他类	≤1.0
无机砷 （以As计） （mg/g）	鱼类	≤0.1
	虾类	≤1.0
	贝类和其他类	≤1.0
甲基汞 （mg/g）	鱼类（不包括食肉鱼类）及其他类	≤0.5
	食肉鱼类（鲨鱼、旗鱼、金枪鱼、梭子鱼等）	≤1.0
亚硫酸盐（以SO_2计） （mg/g）		≤30
山梨酸及其钾盐（以山梨酸计）（g/kg）		≤1.0
胭脂红（mg/kg） 虾类		不得检出 （＜0.32）
敌百虫（mg/kg）		不得检出 （＜0.04）
甲醛（mg/kg）		≤10.0
多氟联苯（mg/kg） 其中PCB138（mg/kg） 　　PCB153（mg/kg）		≤2.0 ≤0.5 ≤0.5
孔雀石绿（ug/kg）		不得检出 （＜0.5）
硝基呋喃类代谢物（ug/kg）		不得检出 （＜0.5）
氯霉素（ug/kg）		不得检出 （＜0.5）

(四) 微生物指标

表7-88 微生物指标

项　　目	指　标
菌落总数（cfu/g） 　即食干制品	≤30 000

续表

项　目	指　标
大肠菌群(MPN/100g) 　即食干制品	≤30
致病菌(沙门氏菌,金黄色葡萄球菌,志贺氏菌,副溶血性氏菌,致泻大肠埃希氏菌,单核细胞增生李斯特菌)	不得检出

三、盐渍水产品

盐渍水产品是指以新鲜海藻、水母、鲜(冻)鱼为原料,经相应工艺加工制成的产品。盐渍水产品包括盐渍海蜇皮和盐渍海蜇头、盐渍海带、盐渍裙带菜、盐渍鱼。

(一)盐渍海蜇皮和盐渍海蜇头(SC/T 3210-2001)

盐渍海蜇皮和盐渍海蜇头以食用水母为原料,经盐三矾脱水脱腥后,头与胴体经分割等三次提干的加工制品。

1.产品规格要求

表7-89　盐渍海蜇皮和盐渍海蜇头的规格

规格	特大	大	中	小
直径(cm)	≥33	≥25	长径≥20,短径≥17	短径≥13
重量(g)	—	≥350	≥150	不限

2.感官指标

表7-90　盐渍海蜇皮的感官指标

项目	一级品	二级品	三级品	四级品
外形	自然圆形,完整、片张平整,允许有3cm以内破洞一处,允许有不影响外观的小缺角	基本完整,片张平整,允许有3cm以内破洞二处裂缝三处,但裂缝总长度不得超过长径的三分之一,不允许沾染"头血"	形状不定,允许有破洞和裂缝,允许沾染少量"头血"	形状不定,允许有破张和碎张,允许沾染"头血"
颜色	白色或浅黄色(自然色泽)有光泽,无蛰须			
肉质	厚实均匀,有韧性			
气味	无异味			
口感	松脆			
杂质	无红衣,无泥沙	允许带少量红衣,无泥沙		

表7-91 盐渍海蜇头的感官指标

项目	一级品	二级品	三级品
外形	只形完整,无蛰须	只形基本完整,允许有残缺,无蛰须	单瓣或两瓣以上相连接
颜色	白色、黄褐色或红琥珀色(自然色泽)		
肉质	厚实,有韧性		
气味	无异味		
口感	松脆		
杂质	无泥沙		

3.理化指标

表7-92 理化指标

项目	指标
水分(%)	≤68
食盐(%)	18~25
明矾(%)	1.2~2.2
砷(mg/kg)	≤1.0
铅(mg/kg)	≤2.0
汞(mg/kg)	≤0.3

注:不允许使用硼酸或硼砂作防腐剂

(二)盐渍海带(SC/T 3212—2000)

盐渍海带是以新鲜海带为原料,经烫煮、冷却、盐渍、脱水、切割(整理)等工序加工而制成的海带制品。

1.感官指标

表7-93 感官指标

项目	一级品	二级品
色泽	均匀,绿色	绿色,褐绿色
组织形态	藻体表面光洁,无黏液,无孢子囊斑	藻体表面光洁,无黏液允许带少量孢囊斑
	形状整齐,基本一致,口感脆嫩	
气味	具有盐渍海带海带固有的气味,无异味	
杂质	无肉眼可见杂物,咀嚼时无牙碜感	

2.理化指标

表 7-94　理化指标

单位:%

项目	要求
水分	≤68
盐分(以 NaCl 计)	20～24
净重允差	-3
浮盐	≤2

3.安全指标

表 7-95　安全指标

项目	要求
无机砷(mg/kg)	≤2.0
六六六(mg/kg)	≤2.0
滴滴涕(mg/kg)	≤1.0

(三)盐渍海参(SC/T 3215-2007)

盐渍海参是指以新鲜刺参为原料,经去内脏、清洗、预煮、盐渍、沥干等工艺制成的盐渍刺参产品。

1.产品规格

表 7-96　盐渍海参规格

规格	特大	大	中	小
重量(g)	≥50	≥35	≥20	≥15

2.感官指标

表 7-97　感官指标

项目	指标
色泽	黑色或褐灰色
组织	肉质组织紧密,富有弹性
形态	体形完整,肉质肥满,刺挺直,切口较整齐
气味与滋味	具有本品种固有滋气味,无异味
其他	无混杂物,体内无盐结晶

3.理化指标

表 7-98　理化指标

单位:%

项目	指标
水分	≤65
食盐	≤22

续表

项目	指标
净含量负偏差	≤4.5,(≤200g) ≤3.0,(≤201g～1 000g) ≤1.5,(≥1 000g)

4.安全指标

表 7-99　安全指标

单位:mg/kg

项目	要求
汞	≤0.5
无机砷	≤1.0
铅	≤1.0
铁	≤70
镉	≤1.0

四、水产调味品

绿色食品水产调味品(NY/T 1710—2009)标准适用于蚝油、鱼露、虾酱、虾油和海鲜粉调味料等产品。

（一）感官指标

表 7-100　感官指标

项目	指标				
	蚝油	鱼露	虾酱	虾油	海鲜粉调味料
形态	黏稠适中,细滑均匀,不分层,不结块,无沉淀	澄清透明,允许有少量悬浮物和沉淀物	黏稠适中,质地均匀	质地均匀,无沉淀物	颗粒、粉末状,干燥无结块
色泽	棕褐色至红褐色,鲜亮有光泽	橙黄色至棕红色	粉红色或灰白色或紫灰色	黄棕色到棕褐色	白色或淡黄色
气味与滋味	具有本品应有的气味与滋味,无异味				
杂质	无肉眼可见杂质				

（二）理化指标

表 7-101　理化指标

项目	指标				
	蚝油	鱼露	虾酱	虾油	海鲜粉调味料
水分（%）	—	—	—	—	≤10.0
氨基酸态氮(g/100g)	≥0.3	≥0.65	≥1.0	≥0.85	≥2

续表

项目	指标				
	蚝油	鱼露	虾酱	虾油	海鲜粉调味料
总酸(以乳酸计)(g/100g)	≤1.2	—	—	—	—
总氮(g/100g)	≥0.6	≥0.87	≥1.6		≥4.8
食盐(以 NaCl 计)(g/100g)	≤14.0	≤25			
挥发性盐基氮(mg/100g)	≤50	—	≤150		—

(三)安全指标

表 7-102 安全指标

项目	指标				
	蚝油	鱼露	虾酱	虾油	海鲜粉调味料
无机砷(mg/kg)	≤0.5	≤0.1	≤0.5	≤0.5	鱼制品≤0.5 其他制品≤0.1
铅(以 Pb 计)(mg/kg)		≤0.5		≤0.5	鱼制品≤0.5 虾制品≤0.5 贝制品≤1.0
镉(以 Cb 计)(mg/kg)		≤0.1		≤0.5	鱼制品≤0.1 虾制品≤0.5 贝制品≤1.0
甲基汞(mg/kg)	≤0.5				
多氯联苯(mg/kg) PCB138(mg/kg) PCB153(mg/kg)	≤2.0 ≤0.5 ≤0.5				
3-氯-1,2-丙二醇(mg/kg)	≤0.02				
苯甲酸及其钠盐(以苯甲酸计)(g/kg)	不得检出(<0.001)				
山梨酸及其甲盐(以山梨酸计)(g/kg)	≤1.0				

(四)微生物指标

表 7-103 微生物指标

项目	指标				
	蚝油	鱼露	虾酱	虾油	海鲜粉调味料
菌落总数(cfu/g)	≤2 000	≤5 000	≤8 000	≤5 000	≤8 000
大肠菌群(MPN/100g)	≤30				
沙门氏菌	不得检出				
志贺氏菌	不得检出				
副溶血性弧菌	不得检出				
金黄色葡萄球菌	不得检出				

第七节 食用菌品级鉴别

食用菌类是一种特殊的蔬菜,属于低等植物菌类中的真菌。这类蔬菜有野生或半野生的和人工栽培的。

一、香菇

香菇等级规格(NY/T 1061—2006)标准适用于干花菇、干厚菇、干薄菇、鲜香菇。

(一)等级

1.等级基本要求。根据对每个级别的规定和容许误差,香菇应符合下列要求:无异种菇;干香菇的含水量在10%~13%之间,鲜香菇无异常外来水分;无异味;无霉变、腐烂,无虫体、毛发、动物排泄物、泥蜡、金属等异物。

2.等级划分。在符合基本要求的前提下,香菇分为特级、一级和二级,各等级符合表7-104、表7-105、表7-106和表7-107的规定。

表7-104 干花菇等级

项目	特级	一级	二级
菌褶颜色	米黄至淡黄色		淡黄色至暗黄
形状	扁半球形稍平展或伞形,菇形规整		扁半球形稍平展或伞形
菌盖厚度(cm)	>1.0	>0.5	>0.3
菌盖表面花纹	花纹明显、龟裂深	花纹较明显、龟裂较深	花纹较少、龟裂浅
开伞度(分)	<6	<7	<8
虫蛀菇、残缺菇、碎菇体	无	<1.0%	1.0%~3.0%

表7-105 干厚菇等级

项目	特级	一级	二级
菌盖颜色	菌盖淡褐色至褐色,或黑褐色		
菌褶颜色	菌褶淡黄色	菌褶黄色	菌褶暗黄色
形状	扁半球形稍平展或伞形,菇形规整		扁半球形稍平展或伞形
菌盖厚度(cm)	>0.8	>0.5	>0.3
开伞度(分)	<6	<7	<8
虫蛀菇、残缺菇、碎菇体	无	>2.0%	2.0%~5.0%

表 7-106 干薄菇等级

项目	特级	一级	二级
菌盖颜色	菌盖淡褐色至褐色		
菌褶颜色	菌褶淡黄色	菌褶黄色	菌褶暗黄色
形状	扁半球形平展,菇形规整		扁半球形平展
菌盖厚度(cm)	>0.4	>0.3	>0.2
开伞度(分)	<7	<8	<9
残缺菇、碎菇体	<1.5%	1.5%～3.0%	3.0%～5.0%

表 7-107 鲜香菇等级

项目	特级	一级	二级
颜色	菌盖淡褐色至褐色,菌褶乳白略带浅黄色		
形状	扁半球形平展或伞形,花菇菌盖表面应有白色或茶色天然龟裂纹		
菌盖厚度(cm)	≥1.2		<1.2
菌膜连接状态	菌柄与菌盖边缘有完整或部分白色丝膜相连		无相连的丝膜
开伞度(分)	<5	<6	<7
残缺菇	<1.0%	1.0%～2.0%	2.0%～3.0%
畸形菇、开伞总量	无	<2.0%	2.0%～3.0%

(二)规格

根据鲜、干香菇按菌盖直径来划分香菇的规格,分为以下三种规格,见表 7-108。

表 7-108 干、鲜香菇规格

单位:cm

类别	小(S)	中(M)	大(L)
干香菇直径	<4.0	4.0～6.0	>6.0
鲜香菇直径	<5.0	5.0～7.0	>7.0

二、黑木耳

黑木耳等级规格(NY/T 1838—2010)标准适用于黑木耳干品。

(一)等级

1.等级基本要求。根据对每个级别的规定和容许误差,黑木耳应符合下列要求:无异种菇;含水量不超过 14%;无异味;无流失耳、虫蛀耳和霉烂耳;清洁,几乎不含任何可见杂质。

2.等级划分。在符合基本要求的前提下,根据形态和质地的不同,将黑木耳分为特级、一级和二级,各等级符合表 7-109 的规定。

表 7-109　黑木耳等级

项目	特　级	一　级	二　级
色泽	耳片腹面黑褐色或褐色，有光亮感，背面暗灰色	耳片腹面黑褐色或褐色，背面暗灰色	黑褐色至浅棕色
耳片形状	完整、均匀	基本完整、均匀	碎片≤5.0%
残缺耳	无	≤1.0%	≤3.0%
拳耳	无	无	≤1.0%
薄耳	无	无	≤0.5%
厚度(mm)	≥1.0	≥0.7	—

(二)规格

按黑木耳朵片大小过圆形筛孔直径，可划分为以下三种规格，见表 7-110。

表 7-110　黑木耳规格

单位：cm

类别	小(S)	中(M)	大(L)
单片黑木耳过圆形筛孔直径	0.6~1.1	1.1~2.0	≥2.0
朵状黑木耳过圆形筛孔直径	1.5~2.5	2.5~3.5	≥3.5

三、双孢蘑菇

双孢蘑菇等级规格(NY/T 1790—2009)标准适用于新鲜双孢蘑菇的等级规格划分。

(一)等级

1.等级基本要求。根据对每个级别的规定和容许误差，同一包装的新鲜双孢蘑菇应符合下列要求：无异种菇；无异常外来水分；无异常气味或滋味；无霉变、腐烂，无病虫损伤；采收时应切去菇脚，菇柄切削平整，不带泥土；无虫体、毛发、动物排泄物、金属等异物。

2.等级划分。在符合基本要求的前提下，新鲜双孢蘑菇分为特级、一级和二级，各等级符合表 7-111 的规定。

表 7-111　新鲜白色双孢蘑菇等级

项目	特　级	一　级	二　级
菇体颜色	白色，无机械损伤或其他原因导致的色斑	白色，有轻微机械损伤或其他原因导致的色斑	白色或乳白色，有机械损伤或其他原因导致的色斑
菇体形状	1.圆形或近圆形，形态圆整，表面光滑，菇盖无凹陷； 2.菇柄长度不大于 10 mm； 3.无畸形菇、变色菇和开伞菇； 4.无机械损伤及其他伤害。	1.圆形或近圆形，形态圆整，表面光滑，菇盖无凹陷； 2.菇柄长度不大于 15 mm； 3.畸形菇、变色菇和开伞菇的总量小于 5%； 4.轻度机械损伤或其他伤害。	1.圆形或近圆形，形态圆整，表面光滑； 2.菇柄长度不大于 15 mm； 3.畸形菇、变色菇和开伞菇的总量小于 10%； 4.菇体有损伤，但仍具有商品价值。

(二)规格

按新鲜双孢蘑菇直径,可划分为以下三种规格,见表7-112。

表7-112 新鲜白色双孢蘑菇规格

单位:cm

类别	小(S)	中(M)	大(L)
菌盖直径	<2.5	2.5～4.5	>4.5
同一包装中最大直径和最小直径的差异	≤0.7	≤0.8	≤0.8

四、绿色食品食用菌

绿色食品食用菌标准(NY/T 749-2012)适用于人工栽培和野生的绿色食品食用菌的鲜品、干品(包括压缩食用菌、颗粒食用菌)和菌粉,以及人工培养的食用菌菌丝体及其菌丝粉,包括香菇、平菇、金针菇、茶树菇、竹荪、草菇、双孢蘑菇、猴头菇、白灵菇、灰树花、鸡腿菇、杏鲍菇、黑木耳、银耳、金耳、毛木耳、羊肚菌、美味牛肝菌、榛蘑、口蘑、松茸、鸡油菌、虫草、灵芝等食用菌。不适用于食用菌罐头、盐(油、酱、糖、醋)渍食用菌、水煮食用菌、油炸食用菌和食用菌熟食制品。

(一)感官指标

表7-113 感官指标

项目	要求			检测方法
	食用菌鲜品	食用菌干品	食用菌粉	
外观形状	菇形正常,饱满有弹性,大小一致	菇形正常,或菇片均匀,或菌颗粒粗细均匀,或压缩食用菌块状规整	呈疏松,菌粉粗细均匀	目测法观察菇的形状和大小,手捏法判断弹性
色泽、气味	具有该食用菌的固有色泽和特有香味,无酸、臭、霉变、焦糊等异味			目测法和鼻嗅法
杂质	无(野生菌≤1%)		无	GB/T 12533
破损菇	≤5% (野生菌≤10%)	≤10% (野生菌≤15%,压缩品残缺块≤8%)	—	随机取样500 g(精确至±0.1 g),分别拣出破损菇、虫蛀菇、压缩品残缺块,用台秤称量,分别计算其质量百分比
虫蛀菇	无虫蛀 (野生菌≤1%)	无虫蛀 (野生菌≤1%)	无虫蛀	
霉烂菇		无	—	

(二)理化指标

表7-114 理化指标

项目	要求			检测方法
	食用菌鲜品	食用菌干品	食用菌粉	
水分(%)	≤90 (鲜花菇≤86)	≤12.0 (冷冻干燥≤6.0,香菇、黑木耳≤13.0)	≤9.0	GB 5009.3

第七章 农产品质量分级与鉴别

续表

项目	要求			检测方法
	食用菌鲜品	食用菌干品	食用菌粉	
灰分(以干基计)(%)	≤8.0(野生菌≤12.0)			GB/T 12532
干湿比	—	1∶7～1∶10(黑木耳≥1∶12)	—	GB/T 23775—2009 中 5.2.1

（三）安全指标

表 7-115　污染物、农药残留、食品添加剂限量指标

单位：m/kg

项　　目	要　　求			检测方法
	食用菌鲜品	食用菌干品	食用菌粉	
镉	≤0.2	≤1.0(香菇≤2.0)		GB/T 5009.15
六六六(BHC)	≤0.05			NY/T 761
滴滴涕(DDT)	≤0.05			NY/T 761
毒死蜱	≤0.05			NY/T 761
乐果	≤0.02			NY/T 761
溴氰菊酯	≤0.05			NY/T 761
氯氰菊酯	≤0.05			NY/T 761
多菌灵	≤1			NY/T 1680
敌敌畏	≤0.5			NY/T 761
百菌清	≤2			NY/T 761
亚硫酸盐(SO_2 计)	≤10	≤50		GB/T 5009.34

（四）微生物指标

食用菌粉即食型产品微生物指标应符合表 7-116 的规定。

表 7-116　微生物指标

项　　目	指标	检测方法
大肠菌群(MPN/g)	<3.0	GB 4789.3
霉菌和酵母(CFU/g)	≤50	GB 4789.3
致病菌(沙门氏菌、志贺氏菌、金黄色葡萄球菌)	不得检出	GB 4789.4、GB/T 4789.5、GB 4789.10

第八章　农产品物流

久久丫经典鸭脖全程冷链保鲜

每到夏季,全国各地就会普遍出现日最高气温大于等于35℃的高温天气。高温天气"烤"热城市的同时,也考验着卤食品行业的食品安全控制能力。鸭脖子行业领军企业久久丫却仰仗着"全程冷链"利器,丝毫不为高温所动。作为一家连锁经营的企业,久久丫已在全国各地都建立了通过中央质监部门检验并符合国家要求的工厂,由各地工厂向门店统一配送,并将大部分流程都控制在自己手里,这种标准化生产管理模式使得"全程冷链"成为可能。

以经典鸭脖为例,鸭脖生产出来后,必须在0~4℃的冷库保存,为此久久丫自己斥巨资建了数个冷库。由工厂往门店配送的过程中,每辆车上都配了冷冻数据,下载后会有专业人员进行分析。目前久久丫有14条物流储运线,为了最大限度地保鲜保质,他们希望能将产品生产出来到门店的时间压缩至4小时。他们还要求产品到店后必须保证在陈列柜里0~8℃的环境下冷藏保存,为此每个门店都配备了冷柜,而冷柜的成本在5 000元左右,加上空调的话,成本会更高。为保证经销商严格执行总部要求,久久丫特设了督导系统每天抽查,若查到违反规章制度的行为,则罚款几百到几千元,甚至取消加盟商资格。久久丫还推出了"二次配送"系统。比如,平常只需要在早上6点左右往门店送一次货,世界杯期间为了保证各门店的供应,每天下午3到4点会再追加一次配货,保证球迷晚上看球的时候吃到的鸭脖和白天的一样新鲜。这样做势必会带来成本的增加,包括人力成本、运输成本等,但久久丫CEO何宏远表示:"做二次配送不赚钱也要做,我必须要保证消费者晚上买到的是新鲜的产品,这个口碑效应比我打广告要好"。

资料来源:网易,2010年7月13日,经作者整理改编

第一节　农产品物流

现代农产品物流包含农产品供应物流、农产品生产物流、农产品销售物流、废弃物回收物流及再生物物流等,是物流、商流、信息流及资金流的统一系统,通过提供高效率的服

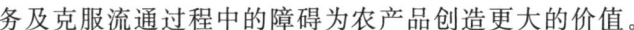

务及克服流通过程中的障碍为农产品创造更大的价值。

一、农产品物流特点

农产品的现代物流扮演着越来越重要的角色,已成为活跃消费、改善人们生活水平质量的主要途径之一,更是刺激生产、提高效率和降低成本之外的第三利润来源。

(一)追加的生产过程

农产品物流是一种追加的生产过程,它通过克服时间和空间的阻碍,提供有效、快速的农产品的输送和保管等服务来创造农产品的效用,包括实物流和信息流。现代农产品物流涵盖了与农产品相关的生产、流通和消费领域,连接了供给主体和需求主体。

(二)有机的系统工程

农产品物流是一个系统工程,它将农产品生产、收购、批发、零售到消费之前的各个环节集成一个系统,强调系统的协调性和环节间的配套服务,将其构成一个有机的整体。一般而言,农产品物流系统可分为物流作业系统和物流信息系统两大系统。物流作业系统主要包括农产品的运输、储存、装卸、搬运、包装、配送、流通加工等作业;物流信息系统是整个物流系统的神经系统和指挥系统,在现代物流业中发挥着重要的作用。物流信息系统包括订货、收货、库存管理、配送、发货等信息子系统,力求完成农产品运动全过程的信息交流活动。

(三)物理性的经济活动

农产品物流是指为了满足用户需求,实现农产品价值而进行的农产品物质实体及相关信息从生产者到消费者之间的物理性经济活动。农产品的品种众多,并且每一个品种的产品数量也比较大,因此农产品物流的数量也大、品种也多。同时农产品物流对物流活动的组织和管理要求都比较高,物流难度较大,尤其是果蔬类鲜活农产品具有存储时间比较短的特性,决定了对农产品物流在包装、运输、仓储等方面的要求较高。

二、农产品物流类别

根据农产品物流在农产品供应链中所处的环节不同,可以分成生产、销售和回收三种不同阶段的物流形式。

(一)农产品生产物流

农产品生产物流是指从农作物耕作、田间管理到农作物收获的整个过程中,由于配置、操作和回收各种劳动要素所形成的物流。生产物流是生产农产品的农户或农场所特有的,需要与生产过程同步。一方面,农产品生产物流受自然条件的制约大,具有不稳定性,因此在物流过程中要充分考虑生产的布局、季节性生产、分散性生产等因素的影响;另一方面,农产品生产物流内容较单纯,活动范围小,主要是农业生产要素从仓库到田地和田地之间的反复运动。

农产品生产物流按照生产环节可以分为 3 种形式:一是产前物流,包括耕种、养殖物流及相关的信息物流,即为耕种、养殖配置生产要素的物流,如农业拖拉机等农业机械设备及生产工具的调配和运作,种子、化肥、地膜等的下种和布施;二是产中物流,即为了培育农作物生长的田间物流管理活动和养殖畜禽、鱼类等的管理活动,包括育苗、插秧、锄田、除秧、整枝、杀虫、追肥、浇水等作业所形成的物流；三是产后物流，即为了收获农作物而形成的物流，其中包括农作物收割、回运、脱粒、晾晒、筛选、处理、包装、入库作业或动物捕捞和处理等作业所形成的物流。

（二）农产品销售物流

农产品销售物流就是通过包装、储存、长途运输和短程配送等物流实现农产品销售，完善物流服务功能的一种形式，其中主要是根据物流合理化原则确定运输路线、农产品储备系统和包装水平、农产品加工作业水平以及送货方式等内容。这一物流过程是农产品实现其价值的关键阶段。若销售物流不畅，将会影响销售方利益，造成农产品积压甚至丧失价值的不良后果。加上农产品销售物流的方向是从广大的农村到城镇，大部分物流是先通过收购，从分散的农产品生产者手中把农产品集中起来，再销售到各个城镇，因此销售物流的空间范围很大。

（三）农产品废弃物物流

在农产品生产和销售及消费过程中，必然导致大量废弃物、无用物，对它们的运输、装卸和处理的物流活动构成了农产品废弃物物流。据有关资料显示，将蔬菜中毛菜和净菜销售的结果比较，100吨毛菜可以产生20吨垃圾，由此可以推算出毛菜进城到农贸市场上销售时存在着一个数量惊人的无效物流成本。为此，应当建立起生产、流通、消费的循环往复系统，即废弃物的回收利用系统，以实现资源的再利用。

第二节　农产品物流运作

农产品物流是以农业产出物为对象，通过农产品产后加工、包装、储存、运输和配送等物流环节，做到农产品的保值增值，最终送到消费者手中。

一、农产品仓储

农产品的储存业务主要包括入库验收、在库货物的养护、出库等业务。2009年以来，随着农产品物流园区、物流中心的蓬勃发展，我国农产品的仓储水平和管理技术方法上了一个新台阶。农产品物流园区的典型发展代表有寿光农产品物流园、福建永安农产品物流园、深圳国际农产品物流园等。

（一）入库验收

1.入库验收流程。一般情况下，要查清货物的名称、数量等是否与货单上记载的一致，检验货物的外包装是否良好，对无须开箱、拆捆的可直接检验其质量情况。对于具体项目的检验可根据合同约定、作业特性确定。经清点、查验后的货物，即可安排卸货、入库堆码，仓库接收货物。堆垛作业完毕后，收货人与送货人办理交接手续，并建账。接着签署单证，如送货单、交接清单，并留存相应单证。同时，承运人或送货人签署有关入库、查验、残损单证和事故报告。

对出入库要建立详细反映仓库货物情况的明细账，以记录货物进库、出库、结存的详细情况。交接手续办完后，就应准确地将入库货物登记入账。其主要内容包括：货物的名称、规格、数量、累计数、结存数、存货人、提货人、批次、金额、注明货位号或运输工具、经办人。为了便于管理,可把储存的货物情况填到卡片上,放到相应货位的货物的明显位置。

检验的方法通常按货物的特性和仓库的习惯来确定,也可根据仓储合同约定,一般包括外观质量检验、内在质量检验和数量检验。

2.问题处理方法。入库验收人员在验收货物时,对于发现的问题可采取以下处理办法:第一,对于包装破损或不完整的情况,收货人员和货物运送人员可开箱检查,若有短少、破损,应做好记录,另外存放。第二,货未到齐。同一单证上的货物没有全部运到仓库,此种情况下,收货人应按实到数在相关单证上签字。第三,数量短少。查验后到货的实际数量和单证上记载的不同,应再进行复验,按实际收到的数量签收,并做好记录。同时,确定责任方,将短少的情况向有关责任人通报,以求妥善处理。

(二)在库货物管理

1.确定货物存放地点

(1)严禁将危险品和一般货物,毒品和食品混存;并且性能互有抵触,互相串味的货物不能混存。

(2)按货物的体积、重量、保管要求选择存放地点。

(3)根据不同货位的光照、通风、温度等条件,选择和货物的储存要求一致的货位,以便进行养护和寻找检查。对需要经常检查的货物应存放在方便的货位避免后进的货物堵塞先进的货物,如存期短的货物被存期长的货物遮挡,不便提取,以造成过期,影响其使用价值。

(4)为了便于进行业务操作,要留有充裕的场地,以便运用机械进行货物的搬运、堆垛、上架、卸架。为便于先进先出,存期短的和经常出入库的货物要安排在出入库较方便的货位,存期长的存放在离出口较远的货位。重货应离装卸区最近。

2.分区分类和货位编号

储存货物的分区分类管理,就是根据各大类货物需要的养护条件和仓容的大小,选择和各大类货物相适应的货区,进行分区分类保管。分区是指以库房、货棚、货场为单位,将货物存放的地方划分为若干子货区。货区的序号,分别按仓库、货棚、货场的排列次序,用阿拉伯数字表示,如1号货区、2号货区、3号货区、4号货区等。

货物分类就是根据货物大类和性能等划分不同类别,分类集中保管。储存货物货位编号是指在分区分类和划好货位的基础上,将存放货物的场所,按储存地点和位置的排列,采用统一标记,编列顺序号码,做出明显标志,以方便仓库作业。货位编号的具体方法包括:

(1)整个仓库各个储存场所的编号,可按照一定的顺序(自左向右或自前向后)各自连续编号,编导标示在醒目处(仓库外墙上、库门上或水泥地坪上)。

(2)库房内各货位的编号,可按库房内干支道的分布,划分若干货位,按顺序编号,并标示于明显处。

(3)货场货位的编号。一般可将货场划分排号,再对各排按顺序编货位号。

(4)货架上各货位的编号。可先按货架顺序编号,然后再对每个货架上的具体货位按层、格进行编号。一般编号规则为从上到下、从左到右、从里到外。

173

3.堆码

堆码是指将物品整齐、规则地摆放成货垛的作业。

(1)操作要求。

第一,安全性。堆码的操作工人必须严格遵守安全操作规程;使用各种装卸搬运设备,严禁超载,同时还须防止建筑物超过安全负荷量。码垛必须不偏不斜,不歪不倒,牢固坚实,以免倒塌伤人、摔坏商品。

第二,合理性。不同商品的性质、规格、尺寸不相同,应采用各种不同的垛形。不同品种、产地、等级、单价的商品,须分别堆码,以便收发、保管。货垛的高度要适度,不能压坏底层的商品和地坪,与屋顶、照明灯保持一定距离;货垛的间距,走道的宽度,货垛与墙面、梁柱的距离等,都要合理、适度。垛距一般为 0.5～0.8m,主要通道为 2.5～3m。

第三,方便性。货垛行数、层数,力求成整数,便于清点、收发作业。若过秤商品不成整数时,应分层表明重量。

第四,整齐性。货垛应按一定的规格、尺寸叠放,排列要整齐、规范。商品包装标志应一律朝外,便于查找。

第五,节约性。堆垛时应注意节省空间位置,适当、合理安排货位的使用,提高仓容利用率。

(2)堆码方式。堆码货物需根据农产品的属性、其包装物和仓储设备,选择合理的垛形,以增加仓库单位面积的储存量,提高仓库的利用率,降低成本。货物储存堆码方式具体有:

第一,散堆法。适用于裸装的批量较大的农产品,此方法方便、简单、经济,便于采用现代化的大型机械设备,节省包装费用。但应注意防雨、排水、苫垫、通风。

第二,货架方式。采用通用或专用的货架进行货物堆码的方式,适合于存放小件、品种规格复杂、数量较少、包装简易或脆弱、易损害不便堆垛的货物。通过货架能够提高仓库的利用率,减少货物存取时的差错。

第三,堆垛式。具体有直叠式、压缝式、缩脚式、成组堆码、通风式和直立式等方法。直叠式是把货物整整齐齐地从下向上堆垛,件件相叠,层层重叠,每层货物排列数量相同。压缝式是层层交叉,货物互相压缝向上堆码。缩脚式是先把货物基础按直叠式垫牢,然后逐级把上层货物的堆码逐渐缩小范围。成组堆码方式常用的有托盘、货板和网络等,可提高仓库利用率,实现货物的安全搬运和堆存。通风式是货物在堆码时,每件相邻的货物之间都留有空隙,以便通风,层与层之间采用压缝式或纵横交叉式。直立式是货物保持垂直方向码放的方法。

3.农产品储存期间易出现的各种损失

(1)由氧化、溶化造成的损失。棉、麻、丝等农产品,由于长期接触阳光和空气,与氧发生化学作用,会褪色、变色、老化、脆化、分子链裂解,造成纤维强度大大下降。氧化严重损害农产品的使用价值,进而影响其销售。有些农产品,当吸收水分达到一定程度时,就会发生溶化现象,部分或全部变为液体。

(2)由农产品自燃而造成的损失。粮食、棉花等农产品在氧化过程中产生热量,当热量积聚到一定程度时,会发生自燃。棉花的阴燃,其主要原因是不适宜地加工了超水分的籽棉,生产出的成品皮棉超过8%的安全水分。因此,籽棉入库验收要严格按正常含水率验级收购,绝对不能入库超水分的棉花。

(3)由于农产品破碎造成的损失。鸡蛋、鲜果、鲜花、蔬菜等农产品,受到机械力的碰撞、挤压时便会破碎造成货物的损失。为此,要采用适当的包装材料和包装方式,要坚固结实,使货物不至于受挤压,装卸、搬运、翻堆倒垛时要轻拿轻放。

(4)由于鼠虫害造成的损失。老鼠喜食啃咬多种农产品,因此,对老鼠要加强预防,可以在库内投放安全的鼠药。仓库害虫本身有飞翔和爬行的能力,会爬进或飞进仓库而危害储存的货物。此外,仓储的机械和用具、包装、交通工具等,都可以成为仓库害虫的载体,将害虫由此地传播到彼地。

(5)由于渗漏造成的损失。食油、蜂蜜等农产品,若包装破损或封闭不严,可能使内装的货物漏出,应选用结实不易渗漏的包装盛具盛装并封严出口,同时要勤于检查,及时发现和补救。

(6)由微生物引起的霉变造成的损失。与霉变有关的微生物主要有细菌、酵母菌、霉菌等。只要温、湿度合适,微生物就会在农产品中吸收蛋白质、脂肪等营养物,迅速繁殖,造成货物的变质或腐烂,失去其使用价值。防止霉变,要控制储存环境的温、湿度,使其适合不同农产品的特性。还可采用化学药剂抑制,要注意使用的化学药剂不会对货物有损害或残留。此外,还可采用射线照射等方法杀灭微生物,防止霉变。

(三)出库业务

出库业务是仓库根据业务部门或存货单位开出的商品出库凭证(提货单、调拨),按其所列商品编号、名称、规格、型号、数量等项目,组织商品出库一系列工作。

1.主要任务。出库发放的主要任务为:所发放的商品必须准确、及时、保质保量地发给收货单位,包装必须完整、牢固、标记正确清楚,核对必须仔细。

2.出库程序。不同仓库在农产品出库的操作程序上会有所不同,操作人员的分工也有粗有细,但就整个发货作业的过程而言,一般都是跟随着农产品在库内的流向,或出库单的流转而构成各工种的衔接。出库程序包括核单备料→复核→包装→点交→登账→现场和档案的清理过程。

二、农产品运输

农产品生产具有较强的地域性,为了实现农产品异地销售,运输在生产与消费之间起着桥梁作用,是商品流通中必不可少的重要环节。我国最初于1995年组织实施鲜活农产品运输绿色通道,主要内容为:在收费站设立专用通道口,对整车合法运输鲜活农产品车辆给予"不扣车、不卸载、不罚款"和减免通行费的优惠政策。2010年12月1日起,绿色通道扩大到全国所有收费公路,而且减免品种进一步增加,主要包括新鲜蔬菜、水果、鲜活水产品,活的畜禽,新鲜的肉、蛋、奶等。

(一)农产品运输方式

按照运输路线和运输工具的不同,可分为陆路、水路、航空等不同的运输方式(见表8-1)。陆路运输包括公路和铁路运输,水路运输又包括河运和海运。国民经济对运输的要求是:载运量大、成本低、投资少、速度快、受季节和环境变化的影响小。

表 8-1　各种运输方式的比较

运输方式	运输量	运价	速度	连续性	灵活性
铁路	2	2	3	1	3
河运	3	3	5	5	4
海运	1	1	4	4	5
公路	4	4	2	2	1
航空	5	5	1	3	2

注：表中运输方式的性能中以"1"为最好，"5"为最差。

各种运输方式所完成的自农产品生产地到消费地的运输过程，是一个运输系统工程。有些是由一种运输方式完成的，而更多的是通过几种运输方式联合完成。如随着公路的高速化发展，公路的农产品运输量有超过铁路运输的趋势，然而铁路和水运由于运量大、运费低、耗能低，在大宗农产品（粮食、棉花等）运输中仍占着较大比重。

(二)农产品运输工具

按照农产品的数量及其价值的大小、性质特点，运输远近以及市场需求缓急，应合理选择使用运输工具。目前农产品中短途运输是以公路汽车运输为主的，铁路仍然承担着大量农产品的运输任务，以下重点介绍几种铁路运输工具。

1.普通篷车。在我国农产品运输中，普通有篷货车仍为重要的运输工具。车厢内没有温度调节控制设备，受自然气温的影响大，适于粮食、棉花、耐储蔬菜、耐储水果长距离运输。

2.通风隔热车。隔热车是一种仅具有隔热的车体，车内无任何制冷和加温设备的保温车。在农产品运输的过程中，主要依靠隔热性能良好的车体保温作用来减少车内外的热量交换，以保证货物在运输期间的温度波动不超过允许的范围。这种车辆适于大宗蔬菜、水果等长距离运输。

3.冷藏车。冷藏车的特点是车体隔热、气密性好，车内有冷却装置，在温热季节能在车内保持比外界气温低的温度。冷藏车在寒季还可以用于不加冷保温的运送或加温运送，在车内保持比外界气温高的温度。这种车辆最适于时效性强的水果、蔬菜、水产品的保鲜长距离运输。

4.集装箱。集装箱运输是当今世界正在迅速发展的运输工具，既节省人力、时间，又保证产品质量，实现"门到门"的服务，是现代运输工具中的一大革新。有一些集装箱又加装了隔热保温设备和制冷设备，使其运输范围进一步扩大。对农产品来说，集装箱适于那些包装精细、需要点对点运输的产品，特别是加装隔层和制冷设备的集装箱在北方冬季也适于运输冷冻水产品。

案例 8-1

由伊利"织网"计划看农产品的冷藏运输

伊利集团的产品流通绝大部分归属于冷藏运输范畴，它拥有国内乳品行业最完整、最丰富的产品线,销售地域宽广,具体运输方式包括海洋运输、铁路集装箱、冰保车、机保车、集装箱五定班列运输、公路运输、铁海联运、公海联运以及行包发运等。伊利的冷藏运输配送近年来一直是领先行业,具体运作方式在不同区域视产品特点的不同而定。自2006年开始在全国范围内实施的"织网"计划,取得了成功,这是一个通过战略布局调整降低冷藏运输成本的典型案例。所谓"织网"计划,其核心就是实现生产、销售以及市场的一体化运作,并对每个市场进行精耕细作。目前,伊利集团已在全国十多个销售大区设立了现代化乳业生产基地。在这样的布局条件下,伊利在四川、山东、安徽、湖北等地的生产基地不仅可以供给本区域内的市场需求,还可以供应周边地区,从而形成一个庞大的网络体系,大大降低了冷藏运输成本,同时也大大增强了对食品安全的保障。近年来,由于伊利集团冷藏运输量的逐年增加,原有的运输资源已经对产品流通产生了制约。

目前,伊利集团冷藏运输成本占整个集团成本体系的比例为6.5%左右,与前些年相比有了明显降低。但是,由于油价上涨以及生产成本不断提高等因素,近年来,伊利集团的冷藏运输成本也呈现出回升的趋势。

资料来源:慧聪暖通空调制冷网,http://info.hvacr.hc360.com/,2010-04,经作者整理

三、农产品配送

农产品物流配送是指按照农产品消费者的需求,在农产品配送中心、农产品批发市场、连锁超市或其他农产品集散地进行加工、整理、分类、配货、配装和末端运输等一系列活动。其外延主要包括农产品供应商配送和超市连锁配送两方面,前者主要包括农产品配送企业、农产品批发市场、农产品生产者的专业协会等配送主体向超市、学校、宾馆和社区家庭等消费终端配送农产品的过程,而后者主要是经营农产品的超市由总部配送中心向各连锁分店和其他组织配送农产品的过程。

(一)生鲜农产品物流配送特点

与一般产品的运输相比,农产品的配送具有装卸的多次性、运输的非均衡性以及对运输的技术性要求高等特点。

1.物流配送网点分布众多。由于农业生产点多面广,消费农产品的地点分散。因此,农产品运输和装卸比多数工业品要复杂得多,单位产品运输的社会劳动消耗大。由于城市交通的限制及为了及时满足用户的需求,农业企业不得不在距离用户较近的居民区设置大量的配送点。

2.物流配送的区域性。由于农产品生产具有区域性和人的需求的多样性,因而需要不同区域间进行流通交易。但由于农产品的生鲜易腐性,即便采取了保鲜等措施,仍会有一定比例的损耗,而且这个比例会随时间和距离的加大而迅速增加,使流通成本上升,限制了农产品的流通半径。

3.物流配送相对风险较大。农产品物流风险主要来自三个方面:一是农产品生产和消费的分散性,使得经营者难以取得垄断地位,市场信息极为分散,人们难以全面把握市场供求信息及竞争者、合作者的信息;二是农业生产的季节性强,生鲜农产品上市时如果在短时间内难以调节,会使市场价格波动较大,并且这在农产品流通市场上经常出现;三是生鲜形式为主的农产品,多数易损易腐,因此必须根据它们的物理、化学性质安排合适

的运输工具。

(二)农产品配送作业流程

1.配送中心分类。农产品配送中心是指从事配送业务的农产品物流场所或组织。

(1)按配送中心的设立者分为生产制造商型配送中心、批发商型配送中心、零售商型配送中心、专业配送中心。

①生产制造商型配送中心是农业生产企业或专业合作社为存储、配送自己生产的农产品而设立,直接控制相应物流配送环节的运作。

②批发商型配送中心是由批发商(或代理商)设立的,一般是按农产品类别或部门把不同企业和专业合作社的农产品集中起来,再配送给消费地的零售商,是对农产品进行集货和再销售,属于社会化配送。

③零售商型配送中心是由规模较大的零售商设立,集中采购不同农业企业和专业合作社的农产品后,向零售门店、超级市场、宾馆饭店等进行配送服务。

④专业物流配送中心是以第三方物流企业(包括传统的仓储企业和运输企业)为主体设立的,一般具有很强的运输配送能力,地理位置优越,可迅速将到达的货物配送给用户。

(2)按配送辐射的范围分为城市配送中心、区域配送中心。

①城市配送中心是以城市为配送范围的配送中心,由于城市范围一般处于汽车运输的经济里程,运距短,反应能力强,可直接配送到最终用户。城市配送中心往往和零售经营相结合,从事多品种、少批量、多用户的配送较有优势。

②区域配送中心是以集中的库存准备和较强的辐射能力,向省(州)际、全国乃至国际范围的用户进行配送的配送中心。这种配送中心规模较大,设施设备先进,往往是既配送给下一级的城市配送中心,也配送给商店、企业用户,某些特殊商品也往往直接配送给最终用户。

(3)按配送中心的内部特性分为储存型配送中心、流通型配送中心、加工型配送中心。

①储存型配送中心是指有很强储存功能的配送中心,储存区域较大,能够保有较大量的商品库存。我国目前已建的大型配送中心中,多数采用集中库存形式,有很强储存功能。

②流通型配送中心是指仅以暂存或随进随出方式进行配货、送货的配送中心,几乎没有长期储存功能,不需要高层货架。

③加工型配送中心是指在配送作业流程中储存作业和加工作业居主导地位的配送中心。

2.农产品配送中心业务流程。农产品配送中心在运转过程中,必须合理安排备货、储存、拣选、分拣、流通加工、配货、配装、送货等各个作业环节及其先后顺序(图8-1),优化配送业务流程,减少浪费环节和无效劳动,提高作业效率降低运作成本。

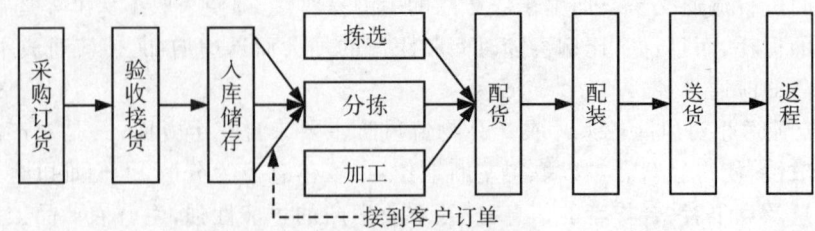

图8-1 配送基本作业流程

(1)备货,包括采购订货、验收接货、入库储存等作业。配送中心为满足零售商店等企业客户及消费者短时间的要货时限,一般需要预先备货。即根据销售预期向供应商采购订货,货物到达后进行验收、入库、储存,以备接到客户订单后能及时拣选,进行订单货物的准备,快速配送到位。

(2)拣选、分拣、加工。拣选作业是配送中心根据客户订单要求的商品种类、规格、型号、数量等,从储存货位(高层货架中下层常为拣货货位)上拣出商品。分拣是对批量的特定商品,按照客户订单将同一客户的所有种类商品集中存放在同一理货区,形成每一客户的送货单元。配送中心的加工作业属于流通加工,根据客户需要把商品进行分装、切割、组装等,满足客户的个性化需求,为客户提供增值服务,同时为配送中心创造经济效益。

(3)配货、配装,是根据客户订单和送货包装单元进行货物配备、拼箱、拼车的作业过程。当某一客户需求的单品不能装满某个包装单元时,可用同一客户需求的其他商品合理拼箱装满;单个客户配送商品量不能达到车辆的有效负载或有效容积时,为降低配送成本,可以考虑将不同客户的商品进行合理搭配装满车辆,提高车辆的有效利用率。用多个客户商品进行车辆配载时,装车顺序要与配送线路相匹配,合理规划装卸作业。

(4)送货、返程。配送的送货运输属于末端运输,一般运距较短、规模小、频度高,多采用汽车公路运输。一辆车一次往往需要配送多个客户,因此送货前需要根据交通路线、客户送货地点、送货时间要求等规划配送线路,以较近的配送里程、较低的配送成本完成送货任务,与客户办好交接手续。尽量合理规划配送网络或联系回程货源,尽量做到返程车辆不空载,提高车辆利用率,降低配送总成本。

四、农产品物流信息化

农产品物流信息化是农产品生产流通的主要组成部分,通过对与农产品物流相关信息的收集、加工、处理、储存和传递来实现对农产品物流活动的有效控制和管理,并使通信据点、通信线路、通信手段网络化,为企业提供信息分析和决策支持的人机系统。

(一)自动识别与数据采集技术

自动识别和数据采集技术是通过自动识别项目标识信息,并且不使用键盘就可以将数据输入计算机、程序逻辑控制器或者其他微处理器控制设备,具体包括条码技术、射频识别技术、磁识别技术、声音识别技术、图形识别技术、光字符识别技术和生物识别技术、空间数据传输技术。

1.条形码。条形码是一组由不同宽度的亮暗条纹组合而成的图像,用来表示物品的各种信息,如名称、单价、规格等。条形码按照使用目的可以分为商品条形码和物流条形码。

(1)商品条形码。商品条形码直接为销售和商品管理服务,以个体商品为对象。商品条形码由13位数字组成,最前面的三位数代表国家或地区的代码。商品条码并不能直接说明该商品是国内产品还是进口产品。ENA编码委员会分配给我国的系统代码是690、691和692。第4~7位代表厂商,第8~12位代表商品代码,最后一位为校验码(图8-2)。

(2)物流条形码,也叫储运条形码,是用在商品装卸、仓储、运输等配送过程中的识别

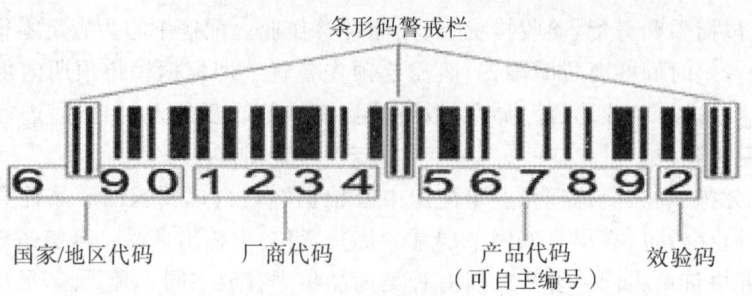

图 8-2 商品条形码

符号,通常印在包装外箱上用来识别商品种类及数量,也可用于仓储批发业销售现场的扫描结账。物流条形码由 14 位数字组成,除第 1 位数字外,其余 13 位数字代表的意思与商品条形码相同。物流条形码第 1 位数字表示物流识别代码,如物流识别代码中"1"代表集合包装容器装 6 件商品、"2"代表装 12 件商品。如果装入同一容器的农产品类别不同,物流识别码用 0 或 00 标识,原来的第 8~12 位的商品代码用新的代码取代。

图 8-3 物流条形码

2.无线射频技术。无线射频技术是一种非接触式的自动识别技术,通过射频信号自动识别目标对象并获取相关数据。同时,可识别运动物体,并同时识别多个标签,不怕油渍、灰尘污染等。它具有条形码所不具备的防水、防磁、耐高温、使用寿命长、读取距离大、标签上数据可以加密、存储数据容量更大、存储信息可更改等优点。在农产品流通领域的应用并不仅仅涉及无线射频技术本身,而是一个庞大的应用系统,涉及包括技术、管理、硬件、软件、网络、系统安全、无线电频率等方面。

(二)电子数据交换技术

电子数据交换是将贸易、运输、保险、银行和海关等行业的信息,用一种国际公认的标准格式,形成结构化的事务处理的报文数据格式,通过计算机通信网络,使各有关部门、公司与企业之间进行数据交换与处理,并完成以贸易为中心的全部业务过程(图 8-4),包括买卖双方数据交换、企业内部数据交换等。

图 8-4 EDI 系统模型

(三)GIS 与 GPS 技术

1.GIS 技术。地理信息系统(Geographic Information System,GIS)是一种基于计算机的工具,可以对在地球上存在的东西和发生的事件进行成图和分析。GIS 技术能把地图这种独特的视觉化效果和地理分析功能与一般的数据库操作(如查询和统计分析等)集成在一起,从而使其在解释事件、预测结果和规划战略等工作中具有实用价值。GIS 线路优化系统对连锁企业物流部门具有以下六大应用功能:运输线路优化系统、综合地图查询、业务地图数据远程维护、业务分析、物流 GIS 车辆监控管理和运输车辆信息维护。

2.GPS 技术。卫星测时测距导航或全球定位系统(Navigation Satellite Timing and Ranging / Global Position System,GPS),是以卫星为基础的无线电导航定位系统,主要具有以下四大功能:实时监控、双向通信、动态调度、数据存储与分析功能。GPS 测量技术能够快速、高效、准确地提供点、线、面要素的精确三维坐标以及其他相关信息,具有全天候、高精度、自动化、高效益等显著特点,广泛应用于民用交通(船舶、飞机、汽车等)导航、土地利用调查、精确农业以及日常生活等不同领域。

(四)互联网传输平台技术

1.国际互联网(Internet),是当前最大的国际计算机网,它是基于一个共同的通信协议(TCP/IP),通过路由器将多个网络互连构成的网络。

2.内联网(Intranet),是指采用 Internet 技术建立的企业内部网络,它基于 Internet 协议标准、Web 技术和设备来构造或改建成可提供 Web 信息服务以及连接数据库等其他服务应用的自成独立体系的企业内部网。

3.外联网(Extranet),是将内联网的构建技术应用于企业间系统,使企业与其客户和其他企业相连来完成其共同目标的交互合作网络。

第三节 农产品冷链物流

冷链物流是指以冷冻工艺学为基础、以制冷技术和 GPS、GIS 等信息技术为手段,将网络作为平台,在低温条件下实现点对点全程跟踪管理服务的一种物流体系。我国果蔬、肉类、水产品进入冷链系统的比重只有 5%、15%、23%,而在欧美日本等发达国家,农产品进入冷链流通在 95% 以上。从 1995 年到 2010 年我国城镇居民人均主要冷链食品消费支出由 637.92 元/年上升至 1 537.57 元/年。

一、冷链物流流程

冷链物流一般由冷冻加工、冷冻冷藏、冷藏运输及配送、冷冻销售四个环节构成。

(一)冷冻加工

冷冻加工主要包括肉禽类、鱼类和蛋类的冷却与冻结以及在低温状态下的加工作业过程,果蔬的预冷,各种速冻食品和奶制品的低温加工等,以使产品更适合储运。由于生鲜农产品从原产地收集起来以后,及时快速地进入冷链物流的第一个环节,即预冷、冷却和加工,这个环节处理的得当与否对整个冷链起到关键的作用。在这个环节上主要涉及

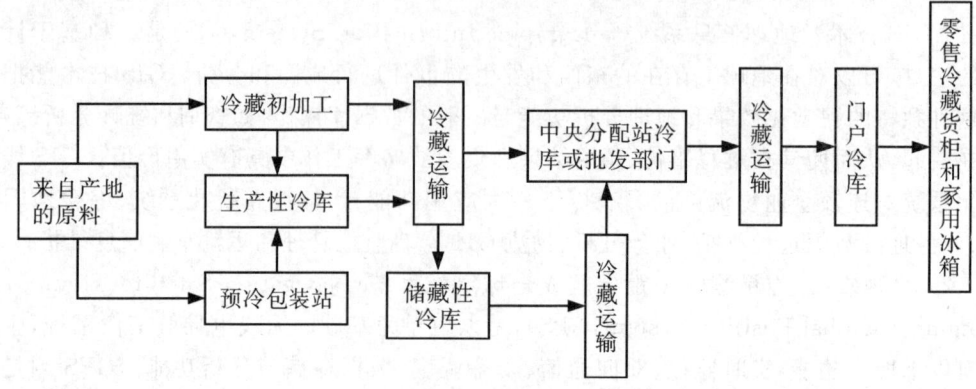

图 8-5　冷链物流运作流程图

的冷链装备是冷却、冻结装置和速冻装置。

(二)冷冻储藏

冷冻储藏主要包括果蔬的气调储藏,农产品的冷结储藏和冷却储藏。由于生鲜农产品作为一种商品销售,存在供给和需求的时空上矛盾,为了调节供给关系,就必须拥有一定的储备。同时生鲜农产品具有易腐的特性,冷冻储藏是保证其品质的必要环节。在此环节主要涉及各类冷藏库/加工间、冷藏柜、冻结柜及家用冰箱等。

(三)冷藏运输和配送

冷藏运输及配送主要借助冷藏汽车、冷藏集装箱、冷藏船以及铁路冷藏车等运输工具,使农产品在整个运输过程保持低温的状态。相对于常规物品的物流,冷链物流的运输必须控制好产品所处的外在温度,以防止农产品的腐烂变质,减少运输过程中的损耗。

(四)冷冻销售

是指经过各种运输工具的配送,各种冷链农产品进入批发零售环节的冷冻储藏和销售,由生产商、批发商、零售商共同完成的批发零售环节。在批发和零售的场所,冷藏冷冻存储柜、冷藏库等制冷设施是整个产品销售过程中的必备条件。

二、适用范围

冷链物流是冷藏冷冻类食品在生产、贮藏运输、销售,到消费前的各个环节中始终处于规定的低温环境下,以保证食品质量,减少食品损耗的一项系统工程。冷链物流的适用范围包括初级农产品、加工食品和特殊商品(药品)。

(一)初级农产品

适用于冷链物流的初级农产品主要包括蔬菜、水果,肉、禽、蛋,以及水产品、花卉产品。

1.果蔬类。不同的季节运输不同的水果和蔬菜,均应详细计划。水果和蔬菜高质量的运输始于采摘。首先应在理想的时间和成熟状态下采摘,然后对果实细心地拣选、整理和清洗,再是降温减缓果实成熟过程到最慢,最后是正确地使用包装材料对果实迅速进行包装,使水果和蔬菜处于低温状态,在正确的温度、湿度、气体成分环境下运输。

2.冻畜禽肉类。畜禽肉类仪器主要包括牛、羊、猪、鸡、鸭、鹅肉等,畜禽经屠宰后即成为无生命体,对外界的微生物侵害失去抗御能力,同时进行一系列的降解等生化反应,出现僵直、软化成熟、自溶和酸败等四个阶段。冷冻可以钝化酶的分解、减缓氧化、抑制微生物生长繁殖,使货物处于休眠状态,在产品生产数周甚至数月后仍保持原始质量消费。通常肉类在-18℃以下即达到休眠状态,但-23℃以下的低温比-18℃的低温可成倍延长冷藏期,在-30℃下的冷藏期比在-18℃下冻藏期长一倍以上,其中猪肉最明显。许多国家明确规定,冷冻食品、制成品和水产品必须在-18℃或更低的温度下运输。

3.鱼类和水产品。鱼类和水产品死后不但出现僵直、成熟、自溶和酸败等四个阶段,而且在僵直前还有一个表面黏液分泌过程,这种黏液是腐败菌的良好培养基。鱼类和水产品的贮藏时间与温度密切相关。在正常情况下,温度每降低10℃,冻藏期增加3倍。多脂鱼类较低脂鱼类冻藏期短,红色肌肉鱼类冻藏期更短。一般冻藏温度是:少脂鱼和水产品在-18℃~-23℃之间;多脂鱼在-29℃以下,部分红色肌肉鱼可能要求达到-60℃的低温。在冻藏和运输期间应使用尽可能低的温度,并应避免任何温度波动。

(二)加工食品

适用于冷链物流的加工食品主要有速冻食品、禽、肉、水产等包装熟食、冰淇淋和奶制品、巧克力,快餐原料。

1.奶制品。冷冻奶油通常是大宗货物。习惯做法是将奶油装在纸箱内,纸箱装在货盘上,然后再装入冷箱内运输。虽然有些奶制品可在较暖的温度下运输,但实际温度一般设置在低于-14℃或更低,因为大部分奶油在低于-8℃温度下没有微生物损坏,并且保持良好的质量。可长期贮存的硬奶酪通常在1℃~7℃温度下运输,这取决于奶酪的种类、包装、运输距离和为加工或零售的用途。其他奶酪通常用冷箱在0℃~13℃温度下运输。

2.冰淇淋。生产中的低温灭菌操作、清洁的运输、适当的温度设置和完整的包装,能保证冰淇淋在市场上是最安全的食品之一。冰淇淋组织细腻是感官评价的一个重要标准,它主要取决于其冰晶的尺度、形状及分布。冰晶越小,分布越均匀,口感越好。除加工外,在冻藏过程中低温控制冰晶尺度是保证质量的有效方法。冰淇淋包装材料有涂蜡纸、纸箱和塑料桶等。外包装对避免冰淇淋损坏和热袭起重要的保护作用。冰淇淋通常使用20英尺的冷箱运输,温度应设置在低于-25℃,并应避免任何温度波动。

三、冷链物流成本

随着农产品深加工的发展,冷链物流迎来发展的黄金期,但冷链物流成本比普通运输高出40%~60%。农产品冷链物流成本主要包括农产品在冷链运输、储存、销售过程中所耗费的各种物化劳动和活劳动的货币总和。据统计,发达国家果蔬物流成本占总成本的10%左右,而目前我国现代果蔬物流成本占总成本的50%以上。由于农产品本身的性质不同,对于冷链功能的要求也不同,进而成本控制的方面也有所不同。农产品冷链物流成本从构成上可以分为以下四个部分:

(一)仓储成本

农产品冷链物流中的仓储成本主要包括农产品在配送中心、加工中心进行储存所耗费的相关费用,包括相关的人力成本、冷库储藏成本、装卸搬运成本等,该项成本主要与农产品的数量及储存温度要求相关,数量越大,温度要求越高,相应的成本也就越高。

(二)包装成本

在整个物流系统中,无论产品存放在库房内还是运输途中,包装都会对货物起到区分和保护作用,因货物包装业务的完成而花费的相关费用,则是包装成本。包装成本主要包括包装设施折旧费、包装材料消耗,包装标记的设计、印刷等辅助费用,包装业务人员费用等。

(三)运输成本

农产品冷链运输成本包括农产品从产地到配送中心或加工中心,然后再运到销售地点的费用,如燃油费、车辆通行费、车辆维修保养费、相关的人员费用和相关损耗等。该项成本与运输量、运输里程以及运输过程中对温度的要求密切相关。运输量越大,运输里程越长,运输时间越长,相关的运输成本越高,运输过程中对温度要求越低,运输成本越高,如-5℃就比0℃要耗费更高的运输成本。

(四)管理成本

物流管理成本是指物流管理部门及在物流过程中发生的管理费用,具体包括冷链物流人员工资、办公成本、相关宣传费用,以及协调控制冷链物流过程所耗费的其他成本,这个部分的成本控制空间最大。

(五)违约成本

农产品冷链物流的违约(惩罚)成本主要指农产品没有按时按质按量运至目的地,对冷链运营商的罚金,以及在运输过程中由于超载、超速等违反道路交通安全法所造成的罚金。该项成本与农产品质量有关,但完全可以避免。

第九章 金融和财税管理

农产品销售成本核算

李某于2012年年末开始经营新兴果园,并与A副食品加工厂签订销售合同。李某于2013年3月销售一批苹果给A副食品加工厂,共收货款100 000元,双方约定以转账方式结算。通过这项业务,李某在收到食品厂开具的转账支票时应该注意些什么,该食品厂可采取何措施来保障单位资金安全?李某收到的100 000元货款要不要交税,什么时候交税?在这笔销售业务中,成本费用又该如何核算?

资料来源:作者调研整理

随着我国会计制度和税收政策的逐渐完善,财税管理已经显得越来越重要。作为一名农产品经纪人,应对农作物的生产、市场情况、销售合同的形成,货物的发出,贷款的回笼以及成本费用的控制等整个流程及相关内容都有明确的了解,以保证业务能获得最大利润。

第一节 金融票据

在现代农业经济活动中,金融票据已成为极其重要的一部分,如农村信用合作社、银行票据等。因此,作为农产品经纪人,应掌握相关的金融知识和政策。

一、农村金融机构

(一)农村金融机构类型

新型农村金融机构指经中国银行业监督管理委员会批准设立的村镇银行、贷款公司、农村资金互助社三类农村金融机构。据中国银监会统计数据显示,截至2012年9月末,全国已组建村镇银行、贷款公司和农村资金互助社等三类新型农村金融机构858家。

1.村镇银行。它是指为当地农户或企业提供服务的银行机构,主要为当地农民、农业和农村经济发展提供金融服务。区别于银行的分支机构,村镇银行属一级法人机构。目前农村只有三种金融主体,一是信用社,二是邮政储蓄,三是中国农业银行的分支机构。

自 2007 年设立首家村镇银行以来,全国组建的 799 家村镇银行中,中西部地区 481 家,占比 60%。截至 2012 年 6 月末,全国已开业的村镇银行资产总额为 3 190 亿元,资本充足率达 28.6%;贷款余额 1 782 亿元,农户和小企业贷款余额分别为 600 亿元和 841 亿元;不良贷款率 0.2%,拨备覆盖率 860%。

2. 贷款公司。贷款公司是指经中国银行业监督管理委员会依据有关法律、法规批准,由境内商业银行或农村合作银行在农村地区设立的专门为县域农民、农业和农村经济发展提供贷款服务的非银行业金融机构。它是由境内商业银行或农村合作银行全额出资的有限责任公司。截至 2012 年 11 月,我国已有小额贷款公司近 6 000 家,贷款余额超过 5 400 亿元。小额贷款公司主要面向小微企业、低收入群体和农户个人。自 2005 年开启小额信贷公司试点以来,2005 年小额信贷公司数量尚不足 10 家,但到 2009 年已突破 1 000 家,至 2011 年年底已突破 4 000 家,遍及全国各省区。从分地区情况统计表看,江苏、内蒙古和安徽的小额贷款公司机构数位列全国前 3 位,分别为 465 家、444 家和 440 家。同时,江苏以 1 012.33 亿元的贷款余额遥遥领先,浙江和内蒙古的贷款余额分别为 683.45 亿元和 356.42 亿元。

3. 农村资金互助社。它是指经银行业监督管理机构批准,由乡(镇)、行政村农民和农村小企业自愿入股组成,为社员提供存款、贷款、结算等业务的社区互助性银行业金融机构。2007 年 2 月 1 日,全国首家全部由农民自愿入股组建的农村合作金融机构——吉林省梨树县闫家村百信农村资金互助社成立,可办理社员存款、贷款和结算业务;买卖政府债券和金融债券等。截至 2011 年 11 月末,全国共有 46 家农村资金互助社获得银监会颁发的金融许可证。

(二)新型农村金融支持政策

银监会自 2006 年来按照"低门槛、严监管,先试点、后推开"的原则,开展新型农村金融机构试点工作。在地方政府、财政、税务等部门的支持配合下,新型农村金融机构试点工作取得了明显成效。2009 年,银监会和农业部联合印发了《关于做好农民专业合作社金融服务工作的意见》,明确指出要从五个方面加大对农民专业合作社的金融支持。

1. 把农民专业合作社全部纳入农村信用评定范围。2009 年上半年,各地农村合作金融机构要与当地农村经营管理部门对辖内农民专业合作社逐一建立信用档案,加快建立和完善符合农民专业合作社特点的信用评价体系,稳步构建专业合作社自愿参加、政府监督指导、金融机构提供贷款支持的授信管理模式。

2. 加大信贷支持力度。区分不同发展水平的农民专业合作社,实施差别化的针对性支持措施,重点支持产业基础牢、经营规模大、品牌效应高、服务能力强、带动农户多、规范管理好、信用记录良的农民专业合作社。对于获得县级以上"农民专业合作社示范社"称号或受到地方政府奖励以及投保农业保险的农民专业合作社,要在评级、授信、用信等方面给予适当优惠。

3. 创新金融产品。在坚持风险可控、成本可算、利润可获、信息披露到位的前提下,支持和鼓励结合实际创新的金融产品。鼓励探索以符合条件的农民专业合作社为平台,扩大信用贷款发放;鼓励扩大可用于担保的财产范围,创新各类符合法律规定和实际需要的财产抵(质)押贷款品种;鼓励发展自助可循环流动资金贷款。鼓励拓展收费类和服务类资金归集等中间业务,向农民专业合作社提供市场信息和金融咨询、代理保险销售和理财业务等。

4.改进服务方式。加快综合业务网络系统建设,鼓励在农民专业合作社发展比较充分的地区就近设置ATM、POS等金融服务机具,稳步推广贷记卡业务,探索发展手机银行业务。特别要围绕提高审贷效率和解决担保难问题,逐步探索对农民专业合作社及其成员进行综合授信,实现"集中授信、随用随贷、柜台办理、余额控制"。

5.鼓励有条件的农民专业合作社发展信用合作。优先选择在农民专业合作社基础上开展组建农村资金互助社的试点工作。允许符合条件的农村资金互助社按商业原则从银行业金融机构融入资金。鼓励发展具有担保功能的农民专业合作社,运用联保、担保基金和风险保证金等联合增信方式,以及借助担保公司、农业产业化龙头企业等相关农村市场主体作用,扩大成员融资的担保范围和融资渠道,提高融资效率。

二、票据及票据的关系人

(一)票据

票据一般是指商业上由出票人签发,无条件约定自己或要求他人支付一定金额,可流通转让的有价证券,是持有人具有一定权利的凭证。在我国,票据即汇票、支票及本票的统称,它包括汇票、本票、支票、存单、股票、债券等。

(二)票据的关系人

1.出票人:签发票据并将票据交付给他人的人。出票人是票据的主债务人,持票人或收款人提出票据要求付款或承兑时,出票人应该立即付款或承兑。

2.付款人:支付给持票人或收款人票面金额的人。付款人并不一定是出票人,他只是出票人的债务人。

3.收款人:收取票款的人。收款人有权要求出票人或付款人付款或承兑。

4.承兑人:当票据是远期票据时,收款人或持票人向付款人要求付款人同意到期付款,该付款人就是承兑人。

5.背书人:在票据上背书转让给其他人的人,一般是在票据的背面签字或盖章。接受背书票据的人叫作被背书人,票据可以多次背书转让。

6.持票人:持有票据的人。只有持票人才有权要求付款或承兑。

7.保证人:以自己的名义对票据付款加以保证的人。保证人可以为出票人、背书人、承兑人或参加承兑人提供担保。

(三)主要票据

1.汇票。汇票就是出票人向付款人开出,要求付款人立即或在一定时期内无条件付款的一种单据。汇票是否生效,要求具备以下的必要项目:标明其为汇票字样;注明付款人姓名或商号;出票人签字;出票日期和地点;付款地点;付款期限;金额;收款人的名称等。按承兑人的不同分为商业承兑汇票、银行承兑汇票(图9-1)。

2.本票。本票是一个人向另一个人签发的,保证即期或定期或在可以确定的将来的时间,对某人或其指定人或持票人支付一定金额的无条件书面承诺。本票是否生效,要求具备以下的必要项目:标明其为"本票字样";无条件支付承诺;出票人签字;出票日期和地

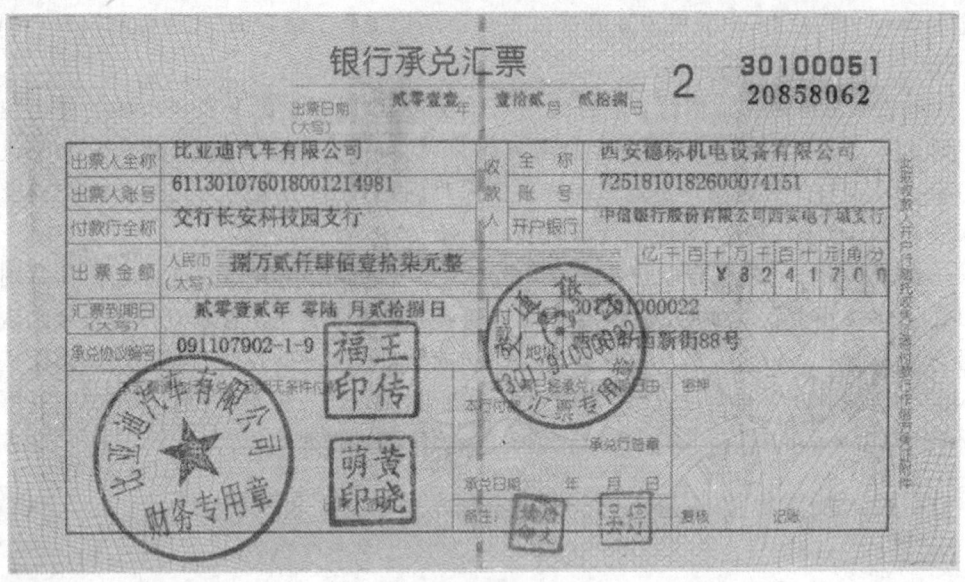

图 9-1 银行承兑汇票

点;付款地点;付款期限,如果没有写清,可以看作见票即付;金额;收款人或其指定人。本票分为一般本票和银行本票。一般本票的出票人为企业或个人,票据可以是即期本票,也可是远期本票;银行本票的出票人是银行,只能是即期本票(图 9-2)。

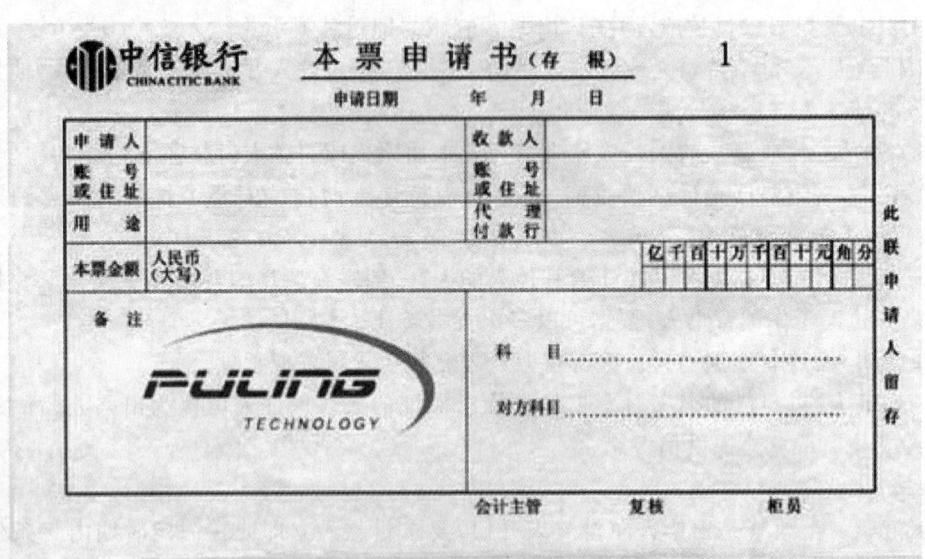

图 9-2 银行本票

3.支票。支票是在银行存款的客户向银行签发的,授权银行对某人或其指定人或持票人支付一定金额的无条件支付的书面命令。支票是否生效,要求具备以下的必要项目:写明其为"支票字样";收款人或其指定人;付款银行的名称;出票日期和地点;付款地点;

写明即期;金额;收款人的名称;无条件支付命令。支票可以分为记名支票、不记名支票、划线支票、保付支票和银行支票(图 9-3)。

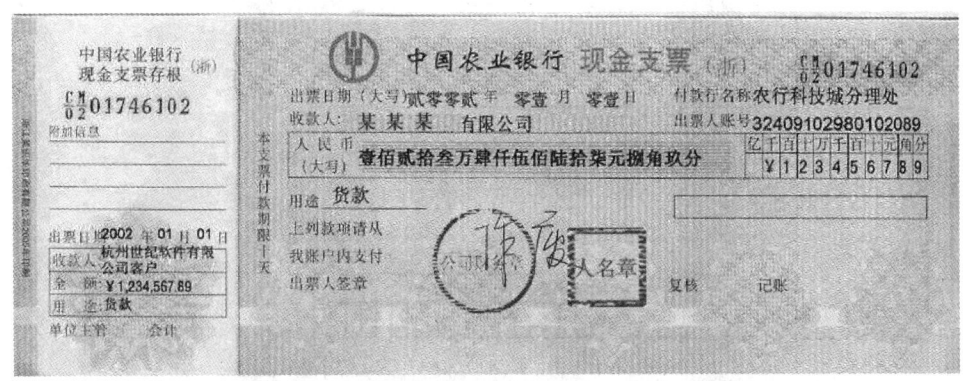

图 9-3 现金支票

三、支付密码器

(一)支付密码

支付密码是根据票据号码、金额、账号、日期等信息计算出的一组 16 位密码,填写在票据上与印鉴结合作为付款依据。由于支付密码是根据票据的每一个要素使用高强度加密算法计算而来,因此具有极高的安全性。按照中国人民银行总行的要求,电子支付密码主要应用在支票(包括现金支票、转账支票)、汇兑凭证(电汇/信汇凭证)、银行汇票申请书、银行本票申请书和人民银行规定的其他类票据上。

(二)支付密码器

支付密码器是一种机具,它采用中国人民银行总行和国家商用密码管理委员会(现在为国家商用密码管理局)联合颁布的《支付密码器系统》标准,用于运算产生支付密码,其安全性是由国家专门机构保证的。支付密码的功能主要通过支付密码器实现。任何厂家的一台通用性支付密码器都可以加载同一单位在不同银行的最多 20 个账号,可以在所有的银行使用。任意一台通用性电子支付密码器中的一个账号都使用不同的算法密钥,即使支付凭证上的内容一样,使用不同支付密码器或不同账号计算出的支付密码均不相同,只有合法的密码器才能算出正确的支付密码,由此保证了支付密码的唯一性(图 9-4)。

(三)支付密码使用流程

单位财务人员根据账号、票据类型、出票日期、票据号码和签发金额等要素使用支付密码器算出此张票据的支付密码,并填写在凭证上(图 9-5)。

单位持填有支付密码的票据流转到银行兑付时,银行柜员会将支付密码提交支付密码核验系统由电脑进行自动校验,如果核验正确,则自动提交到会计系统进行结算,如果核算错误则等同为印鉴不符,办理退票(图 9-6)。

图 9-4 电子支付密码器

第二节 财务管理

一、发票管理

发票是指在购销商品、提供或者接受服务以及从事其他经营活动中,开具、收取的收付款凭证。它是消费者的购物凭证,是纳税人经济活动的重要商事凭证,也是财政、税收、审计等部门进行财务税收检查的重要依据。

(一)发票分类

发票分为普通发票和增值税专用发票。

1.普通发票。它主要由营业税纳税人和增值税小规模纳税人使用。增值税一般纳税人在不能开具专用发票的情况下也可使用普通发票。如商业零售统一发票、商业批发统一发票、工业企业产品销售统一发票、广告费用结算发票、商品房销售发票等。普通发票的基本联次为三联:第一联为存根联,开票方留存备查用;第二联为发票联,收执方作为付款或收款原始凭证;第三联为记账联,开票方作为记账原始凭证。

2.增值税专用发票。它是我国实施新税制的产物,是国家税务部门根据增值税征收管理需要而设定的,专用于纳税人销售或者提供增值税应税项目的一种发票。

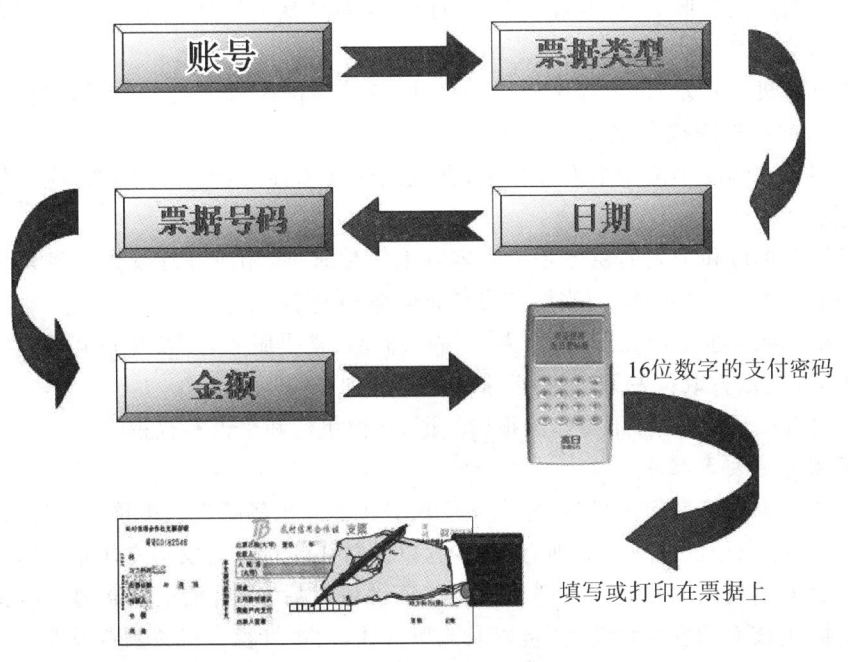

图 9-5 支付密码使用流程

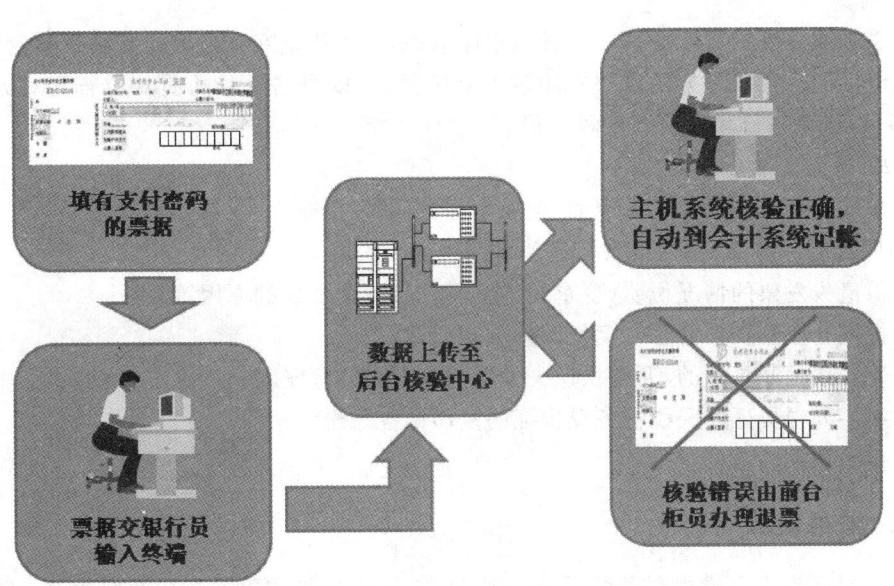

图 9-6 票据兑付流程

(二)发票开具规定

在销售商品、提供服务以及从事其他经营活动对外收取款项时,应向付款方开具发票。特殊情况下,由付款方向收款方开具发票。

1.开具发票应当按照规定的时限、顺序,逐栏、全部联次一次性如实开具,并加盖单位财务印章或发票专用章。

2.使用计算机开具发票,须经国税机关批准,并使用国税机关统一监制的机外发票,并要求开具后的存根联按顺序号装订成册。

3.发票限于领购的单位和个人在本市、县范围内使用,跨出市县范围的,应当使用经营地的发票。

4.开具发票单位和个人的税务登记内容发生变化时,应相应办理发票和发票领购簿的变更手续;注销税务登记前,应当缴销发票领购簿和发票。

5.所有单位和从事生产、经营的个人,在购买商品、接受服务,以及从事其他经营活动支付款项时,向收款方取得发票,不得要求变更品名和金额。

6.对不符合规定的发票,不得作为报销凭证,任何单位和个人有权拒收。

(三)购买普通发票程序

纳税人在领取税务登记证件后,应向主管税务机关提出领购发票申请,同时提供经办人身份证明、税务登记证件或者其他有关证明,以及财务印章或者发票专用章的印模。主管税务机关在对纳税人的领购发票申请及有关证件审核后,发给发票领购簿。纳税人凭《发票领购簿》上核准的发票种类、数量以及购票方式,向主管税务机关领购发票。

(四)发票真伪识别

1.网上查。现在很多大城市的税务系统开通了网上查票系统,并在发票上印有网址可供查询。

2.看纸质。真的票纸质薄,有韧性,水印清楚,铅印质量好。顶上的监制章颜色鲜艳。

3.电话问。发票下方的发票专用章上有税号,可以根据税号的前六位查到对方税务局,也可以咨询自己单位所在的税务局。

(五)遗失发票处理

1.按规定到报刊刊登遗失声明(企业全称、普通发票全称、发票字号和发票号)。带上遗失声明报刊一整份(包括报头),盖公章。

2.写遗失发票的情况说明(要求写:企业概况,遗失发票的原因等)。

3.提供企业的发票管理制度复印件加盖公章。

4.若发票是开具过的,要提供遗失发票的存根联或记账联。

5.提供办税员证及国税税务登记证的复印件各一份。

6.接受罚款。

二、财务管理

农产品经纪人要懂得财务管理的原则、操作规程,才能更好地指导经纪活动。财务管理是在一定的整体目标下,关于资产的购置(投资)、资本的融通(筹资)和经营中现金流量(营运资金),以及利润分配的管理。

(一)财务管理原则

1.现金收支平衡原则。在财务管理中,贯彻的是收付实现制,而非权责发生制,客观上要求在理财过程中做到现金收入(流入)与现金支出(流出)在数量上、时间上达到动态平衡,即现金流转平衡。

2.成本、收益、风险权衡原则。在理财过程中,要获取收益,总得付出成本,同时面临风险,因此成本、收益、风险之间总是相互联系、相互制约的。因此,必须牢固树立成本、收益、风险三位一体的观念,以指导各项具体财务管理活动。

3.委托代理关系原则。现代企业的委托代理关系一般包括顾客与公司、债权人与股东、股东与经理以及经理与雇员等多种关系。为了提高企业的财务价值,企业应该采取更加灵活多样的激励机制,如员工持股、利润分成、高层管理人员股票期权以及灵活的福利制度等,来降低企业的代理成本,同时也可以增强员工对企业的认同感。另外,对于财务合约中的债务合约、管理合约等的执行情况要进行监督,建立健全完善的约束机制。

(二)货币时间价值

1.货币时间价值。货币时间价值是指货币经历一定时间的投资和再投资所增加的价值,表现为同一数量的货币在不同的时点上具有不同的价值。货币的时间价值产生的最直接的原因就是货币的贬值而物价上升,换言之,货币的时间价值产生的最直接原因就是通货膨胀。

2.货币时间价值的计算。在某一特定时点上一次性支付(或收取),经过一段时间后再相应地一次性收取(或支付)的款项,即为一次性收付款项。终值又称将来值,是现在一定量现金在未来某一时点上的价值,俗称本利和。现值又称本金,是指未来某一时点上的一定量现金折合为现在的价值。货币时间价值有两种计算方法:单利与复利。

(1)单利的计算。本金在贷款期限中获得利息,不管时间多长,所生利息均不加入本金重复计算利息。单利利息计算:$I=P\times i\times t$,其中 P 为本金,又称期初额或现值;I 为利率,通常指每年利息与本金之比;i 为利息;S 为本金与利息之和,又称本利和或终值;t 为时间。

【例9-1】新兴果园有一张带息期票,面额为1 200元,票面年利率为12%,存期为两个月,到期时利息采用单利计算。

利息为:$I=P\times i\times t=1\,200\times 12\%\times 2/12=24$ 元

终值为:$S=P+P\times i\times t=1\,224$ 元

(2)复利的计算。复利不同于单利,它是在一定期间(如一年)按一定利率将本金所生利息加入本金再计利息,即"利上滚利",也就是说,它既涉及本金上的利息,也涉及利上所生的利息。

①复利终值:$S=P(1+t)^n$,其中$(1+t)^n$ 被称为复利终值系数或1元的复利终值,用符号$(s/p,i,n)$表示。

②复利现值:$P=S(1+t)^{-n}$,其中$(1+t)^{-n}$ 称为复利现值系数或称1元的复利现值,用符号$(p/s,i,n)$表示。

③复利利息:$I=S-P$。

【例9-2】新兴果园将10 000元存入银行,年存款利率为6%,则经过三年时间的本利和为:

终值为:$S=P(1+t)^n=10\,000\times(1+6\%)^3=11\,910$ 元

复利利息为:$I=S-P=10\,000\times(1+6\%)^3-10\,000=1\,910$ 元

第三节 税务管理

税收是国家为实现其职能,按照法律规定,强制无偿地取得财政收入的一种方式,具有强制性、无偿性、固定性的特征。

一、税收类型和要素

(一)税收分类

税收分类是按一定标准对各种税收进行的分类,一个国家的税收体系通常是由许多不同的税种构成的。税种是指税的种类,差异表现为纳税人和课税对象的不同,税种总和构成"税制"。税收分类的方法主要有以下几种:

1.以征税对象为标准,分为流转税、所得税、资源税、财产税与特定行为税。

(1)流转税是以流转额为课税对象的一类税,是我国税制结构中的主体税类,目前包括增值税、消费税、营业税和关税等税种。

(2)所得税也称收益税,是指以各种所得额为课税对象的一类税,目前包括企业所得税、外商投资企业和外国企业所得税、个人所得税和农业税(我国自 2006 年 1 月 1 日起已废止)等税种。

(3)财产税是指以纳税人所拥有或支配的财产为课税对象的一类税。我国现行税制中的房产税、契税、车辆购置税和车船使用税都属于财产税。

(4)资源税是指对在我国境内从事资源开发的单位和个人征收的一类税。我国现行税制中的资源税、土地增值税、耕地占用税和城镇土地使用税都属于资源税。

(5)行为税是指以纳税人的某些特定行为为课税对象的一类税。我国现行税制中的城市维护建设税、固定资产投资方向调节税、印花税、屠宰税和筵席税都属于行为税。

2.以计税依据为标准,分为从价税和从量税。

(1)从量税是指以课税对象的数量(重量、面积、件数)为依据,按固定税额计征的一类税。从量税实行定额税率,如我国现行的资源税、车船使用税和土地使用税等。

(2)从价税是指以课税对象的价格为依据,按一定比例计征的一类税。从价税实行比例税率和累进税率,如我国现行的增值税、营业税、关税和各种所得税等税种。

3.以税收与价格的关系为标准,分为价外税和价内税。

(1)价内税是指税款在应税商品价格内,作为商品价格一个组成部分的一类税。如我国现行的消费税、营业税和关税等税种。

(2)价外税是指税款不在商品价格之内,不作为商品价格的一个组成部分的一类税。如我国现行的增值税。

4.以税收的管理和支配权限的归属为标准,分为中央税、地方税和中央地方共享税。

(1)中央税是指由中央政府征收和管理使用或由地方政府征收后全部划归中央政府所有并支配使用的一类税。如我国现行的关税和消费税等。

(2)地方税是指由地方政府征收和管理使用的一类税。如我国现行的个人所得税、屠宰税和筵席税等。

(3)中央与地方共享税是指税收的管理权和使用权属中央政府和地方政府共同拥有的一类税。如我国现行的增值税和资源税等。

5.以税收负担是否易于转嫁为标准,分为直接税与间接税。

(1)直接税是指纳税人本身承担税负,不发生税负转嫁关系的一类税。如所得税和财产税等。

(2)间接税是指纳税人本身不是负税人,可将税负转嫁给他人的一类税。如流转税和资源税等。

(二)税制要素

税制即指税收制度,由纳税人、征税对象、税率、税目、计税依据、纳税环节、纳税期限、减免税和违章处理等要素构成。其中纳税义务人、征税对象、税率是构成税制的最基本要素。

1.纳税人。税法中规定的直接负有纳税义务的单位或个人,明确由谁来纳税,又称纳税义务人或纳税主体。纳税人包括自然人和法人。依照税法规定对国家直接负有纳税义务的人,又称纳税义务人、课税主体。

2.征税对象。又称课税对象,是税法规定的征税的目的物,法律术语称其为课税客体。

3.税率。它是税额与课税对象之间的数量关系或比例关系,是指课税的尺度。我国现行税率可分三种:比例税率、定额税率和累进税率。

4.税目。税法中规定的应当征税的具体物品、行业或项目,是征税对象的具体化,它反映了具体的征税范围,体现了征税的广度。

5.计税依据。计算应纳税额的根据。计税依据是课税对象的量的表现。计税依据的数额同税额成正比例,计税依据的数额越多,应纳税额也越多。

6.纳税环节。课税客体在运动过程的诸环节中依税法规定应该纳税的环节。

7.纳税期限。纳税人按照税法规定缴纳税款的期限。

8.违章处理。对有违反税法行为的纳税人采取的惩罚措施。违章处理是税收强制性在税收制度中的体现,纳税人必须按期足额地缴纳税款,凡有拖欠税款、逾期不缴税、偷税逃税等违反税法行为的,应受到法律和行政处罚等制裁。

(三)税务违章

税务违章是指纳税人和税款扣缴义务人违反税收法律、法规,妨碍税务机关正常执行征收任务行为的总称。

1.偷税。纳税人有意违反税收法律、法规,以欺骗、隐瞒等方式逃避应缴纳税款的行为。如有意少报、瞒报应纳税的收入额、利润额或其他应税项目;有意虚增成本或乱摊费用而减少应计税所得额;转移财产、收入、利润;伪造、涂改、销毁账册或记账凭证(票据)等。

2.欠税。纳税人超过规定的纳税期限而未缴或者少缴应缴税款的行为。

3.抗税。纳税人以暴力、威胁等公开对抗的方式拒绝履行税法规定纳税义务的行为。主要表现形式是:拒不执行税法规定缴纳应纳税款;以各种借口抵制接受税务机关的纳税通知,拒不纳税;拒不按照法定手续办理纳税申报和提供纳税资料;拒绝接受税务机关依法进行纳税检查;拒绝接受税务机关依法对其违章行为进行惩处,聚众闹事、威胁、冲击税务机关和殴打、围攻、侮辱税务人员等,均属抗税行为。

4.骗税。纳税人或其他当事人采取虚构事实、弄虚作假等手段骗取国家税款的行为。骗税与偷税的共同之处都是主观上的故意并具有隐蔽性,侵犯的客体都是国家的税收法律、法规和规章,都是侵害国家利益的行为。所不同的是,偷税行为发生在纳税人缴纳税款之前,所偷税款是纳税人应缴未缴的税款;而骗税则一般是指骗税者把已缴入国库的税款骗出国库归己所有或者归其集体所有。

违章行为应承担的法律责任包括行政责任、刑事责任。行政处罚的措施有:由税务机关追缴偷税、欠税、逃税、骗税等违法行为所应纳的税款;加收滞纳金;罚款;没收非法所行。在我国刑法中专门规定有危害税收征管罪,实施相应犯罪行为者依法应负刑事责任。

二、农产品业务涉及税种

(一)增值税

1.增值税。它是对增值额征收的税。增值额是产出减去投入后的余额。

【例 9-3】李某销售一批苹果收入为 10 000 元,而为此所花费的成本是 6 000 元,那么增值额就是 10 000－6 000＝4 000 元。

2.增值税的纳税人。在中华人民共和国境内销售货物或者提供加工、修理修配劳务以及进口货物的单位和个人,为增值税的纳税义务人。增值税纳税人按经营规模和会计核算是否健全分为一般纳税人和小规模纳税人,其认定标准如表9-1所示。

表 9-1 一般纳税人和小规模纳税人认定标准

指标	小规模纳税人	一般纳税人
1.从事货物生产或者提供应税劳务的纳税人,以及以从事货物生产或者提供应税劳务为主,并兼营货物批发或者零售的纳税人	年应税销售额在 50 万以下	年应税销售额在 50 万以上
2.批发或者零售货物的纳税人	年应税销售额在 80 万以下	年应税销售额在 80 万以上
3.年应税销售额超过小规模纳税人标准的其他个人	按小规模纳税人纳税	
4.非企业性单位、不经常发生应税行为的企业	可选择按小规模纳税人纳税	

3.增值税的征收范围。具体包括:货物(有形动产,包括热力、电力、气体等);应税劳务(提供的加工修理修配劳务);进口货物等。

4.增值税的税率。具体分为四档:基本税率17%、低税率13%、征收率3%和零税率。

5.增值税应纳税额的计算

(1)一般纳税人的应纳税额＝当期销项税额－当期进项税额。其中:含税销售额/(1＋税率)＝不含税销售额;不含税销售额×税率＝应纳销项税额

(2)小规模纳税人的应纳税额＝含税销售额÷(1＋征收率)×征收率

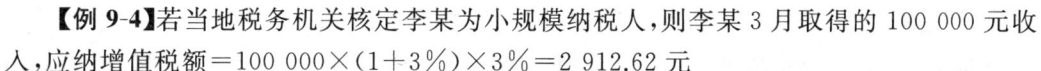

【例 9-4】若当地税务机关核定李某为小规模纳税人,则李某 3 月取得的 100 000 元收入,应纳增值税额=100 000÷(1+3%)×3%=2 912.62 元

(二)营业税

营业税指对在我国境内提供应税劳务,转让无形资产或者销售不动产的单位和个人按其取得的收入征收的一种税。

1.税目和税率

(1)交通运输业(3%):铁路运输、公路运输、缆车运输、索道运输及其他陆路运输。

(2)建筑业(3%):包括建筑、安装、修缮、装饰及其他工程作业。

(3)金融保险业(5%):贷款、融资租赁、金融商品转让、金融经纪业和其他金融业务。贷款包括自有资金贷款和转贷。典当业的抵押贷款业务,按自有资金贷款征税。人民银行的贷款业务,不征税。保险一年期以上返还性人身保险业务免征营业税。

(4)邮电通信业(3%):邮政、电信。邮政包括传递函件或包件、邮汇、报刊发行、邮务物品销售、邮政储蓄,其他邮政业务。邮政部门销售集邮商品,征收营业税。电信包括电报、电传、电话、电话机安装、电信物品销售及其他电信业务。

(5)文化体育业(3%):文化业、体育业。文化业包括表演、播映、其他文化业。经营游览场所的业务,比照文化业征税。体育业包括举办体育比赛,为体育比赛或活动提供场所。

(6)娱乐业(5%~20%):经营歌厅、舞厅、卡拉 OK 歌舞厅、音乐茶座、高尔夫球、壁球、网球等项目。经营射击、游艺机、跑马、狩猎(包括钓鱼)、游艇、赛车(专供儿童娱乐的游艇、赛车除外)等游艺项目、台球、保龄球、其他游艺项目。

(7)服务业(5%):组织旅游,提供场所等。

(8)转让无形资产(5%)。

(9)销售不动产(5%)(2010 年征收标准)。

2.起征点。营业税起征点的适用范围限于个人。营业税起征点的幅度规定如下:按期纳税的,为月营业额 1 000~5 000 元;按次纳税的,为每次(日)营业额 100 元。

3.营业税的计算。

应纳税额=营业额×税率

【例 9-5】新兴果园转让给另一个果园一种新的种植技术,该技术能使水果增加产量。该技术转让费为 20 000 元,则新兴果园应缴纳多少营业税?

分析:新兴果园转让的这项技术属于无形资产,按照"转让无形资产"这一条的营业税率,该果园缴纳的营业税计算如下:

应缴纳的营业税=20 000×5%=1 000 元

(三)营业税改征增值税

2011 年,经国务院批准,财政部、国家税务总局联合下发了营业税改征增值税试点方案。从 2012 年 1 月 1 日起,在上海交通运输业和部分现代服务业开展营业税改征增值税试点。至此,货物劳务税收制度的改革拉开序幕。自 2012 年 8 月 1 日起至 2012 年年底,国务院将扩大营改增试点至 10 省市,北京或 9 月启动。截至 2013 年 8 月 1 日,"营改增"

范围推广到全国试行。

1.税率。在现行增值税17％标准税率和13％低税率基础上,新增11％和6％两档低税率。租赁有形动产等适用17％税率,交通运输业、建筑业等适用11％税率,其他部分现代服务业适用6％税率。

2.计税方式。交通运输业、建筑业、邮电通信业、现代服务业、文化体育业、销售不动产和转让无形资产,原则上适用增值税一般计税方法。金融保险业和生活性服务业,原则上适用增值税简易计税方法。

3.计税依据。纳税人计税依据原则上为发生应税交易取得的全部收入。对一些存在大量代收转付或代垫资金的行业,其代收代垫金额可予以合理扣除。

4.服务贸易进出口。服务贸易进口在国内环节征收增值税,出口实行零税率或免税制度。

(四)印花税

印花税是对经济活动和经济交往中书立、使用、领受具有法律效力的凭证的单位和个人征收的一种税。

1.税目。主要包括购销合同、加工承揽合同、建设工程勘察设计合同、建筑安装工程承包合同、财产租赁合同、货物运输合同、仓储保管合同、借款合同、财产保险合同、技术合同、产权转移书据、营业账簿、权利、许可证照。

2.税率(农业主要适用项目)

表9-2 印花税税率(农业主要适用项目)

税目	范围	税率	纳税人
购销合同	供应、预购、采购、购销、结合及协作、调剂、补偿、易货等合同	按购销金额0.3‰贴花	立合同人
仓储保管合同	仓储、保管合同	按仓储保管费用1‰贴花	立合同人
借款合同	银行及其他金融组织和借款人(不包括银行同业拆借)所签订的借款合同	按借款金额0.05‰贴花	立合同人
营业账簿	生产、经营用账册	记载资金的账簿,按实收资本和资本公积的合计金额0.5‰贴花。其他账簿按件贴花5元	立账簿人

3.应纳税额的计算

(1)按比例税率计算应纳税额的方法:

应纳税额＝计税金额×适用税率

(2)按定额税率计算应纳税额的方法:

应纳税额＝凭证数量×单位税额

【例9-6】新兴果园与杨公副食品加工厂签订了购销合同,合同金额为100 000元,则新兴果园应缴纳多少印花税?

分析：印花税的计算公式：

  印花税＝计税金额×适用税率

此合同属于购销合同,适用税率为万分之三。

本题中：印花税＝100 000×0.0003＝30元。

4.相关免税项目。国家指定的收购部门与村民委员会、农民个人书立的农副产品收购合同；无息、低息贷款合同；房地产管理部门与个人签订的用于生活居住的租赁合同；农牧业保险合同。

(五)城镇土地使用税

城镇土地使用税是以国有土地为征税对象,对拥有土地使用权的单位和个人征收的一种税。

1.纳税范围。城市、县城、建制镇和工矿区内属于国家所有和集体所有的土地,不包括农村集体所有的土地。

2.纳税额计算方法：(全年)应纳税额＝实际占用应税土地面积(平方米)×适用税率

3.相关优惠政策。直接用于农、林、牧、渔业的生产用地；经批准开山填海整治的土地和改造的废弃土地,从使用的月份起免缴土地使用税5～10年；在城镇土地使用税征收范围内经营采摘、观光农业的单位和个人,其直接用于采摘、观光的种植、养殖、饲养的土地,免征城镇土地使用税。

(六)个人所得税

个人所得税是国家对本国公民、居住在本国境内的个人的所得和境外个人来源于本国的所得征收的一种税。

1.征税内容

(1)工资、薪金所得,是指个人因任职或受雇而取得的工资、薪金、奖金、年终加薪、劳动分红、津贴、补贴以及与任职或受雇有关的其他所得。只要是与任职、受雇有关,不管其单位的资金开支渠道或以现金、实物、有价证券等形式支付的,都是工资、薪金所得项目的课税对象。

(2)个体工商户的生产、经营所得,具体包括：经工商行政管理部门批准开业并领取营业执照的城乡个体工商户,从事工业、手工业、建筑业、交通运输业、商业、饮食业、服务业、修理业及其他行业的生产、经营取得的所得；个人经政府有关部门批准,取得营业执照,从事办学、医疗、咨询以及其他有偿服务活动取得的所得；其他个人从事个体工商业生产、经营取得的所得,即个人临时从事生产、活动取得的所得；上述个体工商户和个人的生产、经营有关的各项应税所得。

(3)对企事业单位的承包经营、承租经营所得,是指个人承包经营、承租经营以及转包、转租取得的所得,包括个人按月或者按次取得的工资、薪金性质的所得。

(4)劳务报酬所得,是指个人从事设计、装潢、安装、制图、化验、测试、医疗、法律、会计、咨询、讲学、新闻、广播、翻译、审稿、书画、雕刻、影视、录音、录像、演出、表演、广告、展览、技术服务、介绍服务、经济服务、代办服务以及其他劳务取得的所得。

(5)稿酬所得,是指个人因其作品以图书、报纸形式出版、发表而取得的所得。这里所说的"作品",是指包括中外文字、图片、乐谱等能以图书、报刊方式出版、发表的作品;"个人作品",包括本人的著作、翻译的作品等。个人取得遗作稿酬,应按稿酬所得项目计税。

(6)特许权使用费所得,是指个人提供专利权、著作权、商标权、非专利技术以及其他特许权的使用权取得的所得。提供著作权的使用权取得的所得,不包括稿酬所得。作者将自己文字作品手稿原件或复印件公开拍卖(竞价)取得的所得,应按特许权使用费所得项目计税。

(7)利息、股息、红利所得,是指个人拥有债权、股权而取得的利息、股息、红利所得。

(8)财产租赁所得,是指个人出租建筑物、土地使用权、机器设备车船以及其他财产取得的所得。财产包括动产和不动产。

(9)财产转让所得,是指个人转让有价证券、股权、建筑物、土地使用权、机器设备、车船以及其他自有财产给他人或单位而取得的所得,包括转让不动产和动产而取得的所得。对个人股票买卖取得的所得暂不征税。

(10)偶然所得,是指个人取得的所得是非经常性的,属于各种机遇性所得,包括得奖、中奖、中彩以及其他偶然性质的所得(含奖金、实物和有价证券)。个人购买社会福利有奖募捐奖券、中国体育彩票,一次中奖收入不超过 10 000 元的,免征个人所得税,超过 10 000元的,应以全额按偶然所得项目计税。

(11)其他所得,除上述 10 项应税项目以外,其他所得应确定征税的,由国务院财政部门确定。

2.应纳税额的计算。以个体工商户经营所得为例,适用 5%～35% 的 5 级超额累进税率。计算办法:

(应纳税额全年收入总额－成本费用损失)×适用税率－速算扣除数

个体工商户的生产、经营所得和对企事业单位的承包经营、承租经营所得适用个税税率见表 9-3。

表 9-3 个税税率表

级数	全年应纳税所得额	税率(%)	速算扣除数
1	不超过 15 000 元	5	0
2	超过 15 000 元至 30 000 元的部分	10	750
3	超过 30 000 元至 60 000 元的部分	20	3 750
4	超过 60 000 元至 100 000 元的部分	30	9 750
5	超过 100 000 元的部分	35	14 750

【例 9-7】李某本月共收到 100 000 元货款,扣除相关成本费用后,李某本月经营所得为 40 000 元,那么李某应缴纳多少个税?

分析:应纳个税＝40 000×0.3－4 250＝7 750 元。

(七)城市建设维护税及教育费附加

城建税和教育费附加是增值税、消费税、营业税的附加税,只要交了增值税、消费税和营业税就要同时交城建税和教育费附加,城建税根据地区不同税率分为7%(市区)、5%(县城镇)和1%,教育费附加税率是3%,这两个附加税是用缴纳的增值税、消费税和营业税作为基数乘以相应的税率,算出应交的附加税金额。

【例9-8】新兴果园发生增值税2 912.62元(例9-4),发生营业税1 000元(例9-5),则新兴果园共需缴纳多少城建税和教育费附加?

分析:城建税和教育费附加的缴费基数=增值税+消费税+营业税

本期新兴果园没有发生消费税,则本期的缴费基数=增值税+营业税=2 912.62+1 000=3 912.62元

应缴纳城建税和教育费附加=3 912.62×(7%+3%)=391.26元(假定城建税税率为7%,教育费附加税率为3%)

(八)耕地占用税

耕地占用税是国家对占用耕地建房或者从事其他非农业建设的单位和个人,依据实际占用耕地面积,按照规定税额一次性征收的一种税。耕地占用税属行为税范畴。耕地占用税是我国对占用耕地建房或从事非农业建设的单位或个人所征收的一种税收。

1.征税范围

耕地是指种植农业作物的土地,包括菜地、园地。其中,园地包括花圃、苗圃、茶园、果园、桑园和其他种植经济林木的土地。占用鱼塘及其他农用土地建房或从事其他非农业建设,也视同占用耕地,必须依法征收耕地占用税。占用已开发从事种植、养殖的滩涂、草场、水面和林地等从事非农业建设,由省、自治区、直辖市本着有利于保护土地资源和生态平衡的原则,结合具体情况确定是否征收耕地占用税。此外,在占用之前三年内属于上述范围的耕地或农用土地,也视为耕地。

2.纳税额

(1)税率。考虑到不同地区之间客观条件的差别以及与此相关的税收调节力度和纳税人负担能力方面的差别,耕地占用税在税率设计上采用了地区差别定额税率。税率规定如下:

①人均耕地不超过1亩的地区(以县级行政区域为单位,下同),每平方米为10~50元;

②人均耕地超过1亩但不超过2亩的地区,每平方米为8~40元;

③人均耕地超过2亩但不超过3亩的地区,每平方米为6~30元;

④人均耕地超过3亩以上的地区,每平方米为5~25元。

经济特区、经济技术开发区和经济发达、人均耕地特别少的地区,适用税额可以适当提高,但最多不得超过上述规定税额的50%。

(2)计税依据。耕地占用税以纳税人占用耕地的面积为计税依据,以平方米为计量单位。

(3)税额计算。耕地占用税以纳税人实际占用的耕地面积为计税依据,以每平方米土地为计税单位,按适用的定额税率计税。其计算公式为:

应纳税额=实际占用耕地面积(平方米)×适用定额税率

3.税收优惠

(1)免征耕地占用税:军事设施占用耕地,学校、幼儿园、养老院、医院占用耕地。

(2)减征耕地占用税:

①铁路线路、公路线路、飞机场跑道、停机坪、港口、航道占用耕地,减按每平方米2元的税额征收耕地占用税。根据实际需要,国务院财政、税务主管部门商国务院有关部门并报国务院批准后,可以对前款规定的情形免征或者减征耕地占用税。

②农村居民占用耕地新建住宅,按照当地适用税额减半征收耕地占用税。农村烈士家属、残疾军人、鳏寡孤独以及革命老根据地、少数民族聚居区和边远贫困山区生活困难的农村居民免征或者减征耕地占用税。

【例9-9】李某的表哥是农民,他想占用耕地新建一套住宅,共150平方米,假设当地适用税额为每平方米40元,他应缴纳多少耕地使用税?

分析:农村居民占用耕地新建住宅,按照当地适用税额减半征收耕地占用税。

李某的表哥应缴纳耕地使用税=150×40×0.5=3 000元

三、新农村税收优惠政策

(一)农、林、牧、渔业项目所得,减免企业所得税

根据《中华人民共和国企业所得税法实施条例》(中华人民共和国国务院令第512号)第86条规定,企业所得税法第27条第(一)项规定的企业从事农、林、牧、渔业项目的所得,可以免征、减征企业所得税:

1.企业从事下列项目的所得,免征企业所得税:蔬菜、谷物、薯类、油料、豆类、棉花、麻类、糖料、水果、坚果的种植;农作物新品种的选育;中药材的种植;林木的培育和种植;牲畜、家禽的饲养;林产品的采集;灌溉、农产品初加工、兽医、农技推广、农机作业和维修等农、林、牧、渔服务业项目;远洋捕捞。

2.企业从事下列项目的所得,减半征收企业所得税:花卉、茶以及其他饮料作物和香料作物的种植;海水养殖、内陆养殖。

(二)农民专业合作社税收政策

国家税务总局下发了《财政部国家税务总局关于农民专业合作社有关税收政策的通知》财税([2008]81号)对于农民专业合作社的税收问题作了明确规定:

1.对农民专业合作社销售本社成员生产的农业产品,视同农业生产者销售自产农业产品免征增值税。

2.增值税一般纳税人从农民专业合作社购进的免税农业产品,可按13%的扣除率计算抵扣增值税进项税额。

3.对农民专业合作社向本社成员销售的农膜、种子、种苗、化肥、农药、农机,免征增值税。

4.对农民专业合作社与本社成员签订的农业产品和农业生产资料购销合同,免征印花税。

(三)农业服务业免征营业税

根据《中华人民共和国税收征收管理法》、《中华人民共和国营业税暂行条例》及其《实

施细则》以及其他有关规定,符合下列条件的项目,可减税或免税:

1. 农业机耕、排灌、病虫害防治、植保、农牧保险以及相关技术培训业务,家禽、牲畜、水生动物的配种和疾病防治免征营业税。

2. 将土地使用权转让给农业生产者用于农业生产,免征营业税;世行贷款粮食流通项目免征建筑工程营业税和项目服务收入营业税。

3. 供销社棉麻经营企业代国家保管储备棉而取得的中央和地方财政收入免征营业税。

4. 承储企业保管储备肉、储备糖、储备粮油取得的中央和地方财政补贴收入免征营业税。

(四)"公司＋农户"经营模式企业所得税优惠

自2010年1月1日起,对"公司＋农户"经营模式从事农、林、牧、渔业项目生产的企业,可以按照《中华人民共和国企业所得税法实施条例》(国家税务总局公告2010年第2号)第86条的有关规定,享受减免企业所得税优惠政策。

(五)农场内部承包经营企业所得税优惠

国有农场从家庭农场承包户以"土地承包费"形式取得的从事农、林、牧、渔业生产的收入,属于农场"从事农、林、牧、渔业项目"的所得,可以适用《中华人民共和国企业所得税法》第27条及《中华人民共和国企业所得税法实施细则》第86条规定的企业所得税优惠政策。

(六)特定项目的处理

根据《国家税务总局关于实施农林牧渔业项目企业所得税优惠问题的公告》(国家税务总局公告2011年第48号)规定,以下特殊项目可以享受企业所得优惠政策:

1. 猪、兔的饲养,按"牲畜、家禽的饲养"项目处理;
2. 饲养牲畜、家禽产生的分泌物、排泄物,按"牲畜、家禽的饲养"项目处理;
3. 观赏性作物的种植,按"花卉、茶及其他饮料作物和香料作物的种植"项目处理;
4. "牲畜、家禽的饲养"以外的生物养殖项目,按"海水养殖、内陆养殖"项目处理。

(七)受托农产品初加工的税务处理

企业根据委托合同,受托对符合《财政部国家税务总局关于发布享受企业所得税优惠政策的农产品初加工范围(试行)的通知》(财税[2008]149号)和《财政部国家税务总局关于享受企业所得税优惠的农产品初加工有关范围的补充通知》(财税[2011]26号)规定的农产品进行初加工服务,其所收取的加工费,可以按照农产品初加工的免税项目处理。

第十章　农产品经营业态

网购有机蔬菜配送到家

为了拓宽蔬菜销售渠道,2011 年,北菜园首推网络销售,实现以网上卖菜为核心,开发农宅对接、智能柜配送、社社对接三种主要销售模式,送货范围从五环以内扩至全市,同时开展有机蔬菜进社区、进学校、进企业活动,不断普及有机蔬菜食用范围。延庆县康庄镇北菜园通过网络对接卖菜,并与顺丰、圆通等快递公司联手,推出有机农产品快递专线,实现双赢。2013 年上半年延庆县康庄镇北菜园通过新模式销售有机菜 107 吨,实现产值 152 万元。此外,北菜园为每一份出售的有机农产品都贴上了二维追溯码,消费者可通过手机扫描,了解蔬菜的产地以及生产者、出售时间等信息,保证消费者能买到真正北菜园的有机农产品。

资料来源:京华时报,2013-08-28,经作者整理改编

近几年全国各地积极探索农产品流通方式,农产品连锁经营、展示展销、物流配送、电子商务等新型流通业态呈现良好发展势头。2012 年中央 1 号文件指出,要发展农产品电子商务等现代交易方式;大力发展订单农业,推进生产者与批发市场、农贸市场、超市、宾馆饭店、学校和企业食堂等直接对接,支持生产基地、农民专业合作社在城市社区增加直供直销网点,形成稳定的农产品供求关系;开展"南菜北运"、"西果东送"等现代流通综合试点;举办多形式、多层次的农产品展销活动,培育具有全国性和地方特色的农产品展会品牌;充分发挥农产品期货市场引导生产、规避风险的积极作用。这些新型流通业态的出现,大大创新并丰富了农产品流通方式,有利于培育名优特农产品,发展紧密型的订单农业,保障农产品顺畅流通。

第一节　农产品进超市

中国超市的发展速度超过了世界上任何国家。根据 Euromonitor 的预测,至 2015 年,中国整个超市行业的市场容量将达到 33 830 亿元,其中标准超市容量为 24 155 亿元,大卖场为 8 576 亿元,大卖场未来 5 年的复合年增长率(CAGR,Compound Annual

Growth Rate)可达到 14.24%,超过超市行业和标超的复合增速。因此,超市成为农产品销售新的重要渠道,由此在中国逐渐形成了以超市为首的现代化农产品供应链。

一、农产品进超市的内涵

农超对接是国外普遍采用的一种农产品生产销售模式,超市逐渐成为消费者与优质农产品的对接平台,越来越多的农户和农业企业选择超市作为销售农产品的主要渠道。目前,亚太地区农产品经超市销售的比重达 70% 以上,美国达 80%,而我国只有 15% 左右。

(一)农超对接的内涵

1.含义。农超对接是指连锁超市以订单方式从农业生产者处直接采购农产品,或者农业生产者直接向零售终端供应农产品,即农户和商家签订意向性协议书,由农户向超市、菜市场和便民店直供农产品的新型流通方式,主要是为优质农产品进入超市搭建平台。财政部办公厅、商务部办公厅在《关于 2012 年开展农超对接试点有关问题的通知》中指出,农超对接是指大型连锁零售企业向农产品基地(年总产值 200 万元以上的农民专业合作社、农业产业化龙头企业、种植养殖大户)直接收购鲜活农产品,并组织配送到门店销售的流通方式。

2.发展历程。2007 年"农超对接"在我国部分地区开始实施。2008 年 12 月 11 日,为推进鲜活农产品"超市+基地"的流通模式,引导大型连锁超市直接与鲜活农产品产地的农民专业合作社产销对接,中华人民共和国商务部、农业部联合下发了《关于开展农超对接试点工作的通知》,对"农超对接"试点工作进行部署。2009 年中央 1 号文件提出"支持大型连锁超市和农产品流通企业开展农超对接",2009 年共计实现农产品直接采购金额 211 亿元人民币。2010 年中央 1 号文件又提出,要全面推进"农超对接"项目的深入开展。

(二)农超对接的意义

"农超对接"是我国农民销售产品的一种新型模式,是我国农产品供应链上的一次创新和革命,为实现农产品质量从农田到餐桌的全过程控制,提高农产品质量安全水平,促进农业生产经营专业化、标准化、集约化、规模化、组织化、信息化水平稳步提高,进而带动我国现代农业快速发展做出了巨大贡献。

1.以市场为导向,建立稳定的产销关系。在我国"农超对接"实践中,"超市+合作社+农户"的模式应用最多,超市通过合作社把分散的农民组织起来,实现稳定、集中、大量的采购,建立稳定的产销关系,实现产销信息双向反馈,从而降低市场风险,保障农业生产者利益。如青州市供销社积极探索"农超对接",从 2008 年就与北京物美商业集团签订合作协议,联合成立了"山东蔬果联合采购中心"。

2.降低流通成本,提高市场竞争力。如家乐福在内蒙古武川县的土豆收购价格比市场平均价格高出了 15%,零售价格却比市场平均价格低了 15%。2010 年家乐福、沃尔玛等 6 家大型超市宣布加入农超对接联盟。2011 年,华堂、永辉等 8 家连锁超市涉及 100 多个门店宣布全部加盟农超对接体系,全面减免农产品进店费用,农产品价格至少比现在便宜 20%。

3.实施标准化生产,提高质量安全水平。在"农超对接"中,超市制定采购标准,参与了农产品生产过程的监控和管理,按照这些标准下订单和验收农产品。为了提高产品采购的达标比例,许多超市还对合作社及农户进行技术指导。同时,与传统的流通方式相比,"农超对接"的流通环节较少,有利于从源头上加以控制,并且容易建立质量安全可追溯体系。如家乐福的"品质体系"和麦德龙的环境评估,有效保证了农产品的质量安全。随着"农超对接"范围扩大,农产品标准化理念将会逐渐推广,农产品标准化率将会不断提高。

二、农超对接的模式

纵观超市农产品供应链的发展,最初的农产品采购主要通过城市供应商或者批发市场进行,直到2007年,在商务部和农业部的支持下,家家悦、家乐福、麦德龙等9家超市开始引进"农超对接"采购模式。目前,"农超对接"的模式呈现多元化趋势,主要区别在于超市与农产品对接方式的不同。

(一)家乐福模式

家乐福采取"超市+专业合作社+农户"合作模式。家乐福是在国内较早开始"农超对接"的零售企业,目前有40多种农超对接的直采产品。2010年家乐福全国主要城市直采比例则达到30%。在这种模式中,专业合作社并无物流配送能力,而只能靠第三方物流配送公司将产品运抵超市。其优点是成本较低,但由于专业合作者的物流配送能力不足,需要依赖第三方物流公司来完成配送。

(二)沃尔玛模式

沃尔玛采取"超市+中介型农产品公司+农户"合作模式。如果超市直接与传统的合作社对接,表面上可以降低超市的采购成本,但是由于传统意义上的合作社没有配送中心,这就变相增加了超市的物流运输成本,而农产品公司的出现解决了这个问题。农产品公司既对产品的质量安全负责,又承担了产品的包装和运输,产品到了超市经过检验合格后,就可以直接上架销售。因此,超市更倾向于和流通体系健全的农产品公司进行合作。这种模式的关键在于中介型农产品公司,主要承担物流采购和配送的功能,还会根据合作基地所在地方的情况与第三方物流公司进行合作,在包装技术、货物摆放方法等方面都有一套完整的标准。如果运输途中温度或湿度不稳定造成损耗则都由第三方物流公司承担。由于这种农产品公司能够确保产品质量,使得沃尔玛能把农产品的损耗控制在5%以内,这远低于目前我国鲜活农产品在流通中10%~15%的损失率。这种模式的不足之处在于,中介公司参与利润分配,对超市而言,其成本相对较高。

(三)乐购模式

乐购(TESCO)模式包括两种形式,一种是与农户对接的"超市+农户"模式,另一种则是合作农场和种植基地模式。其与沃尔玛、家乐福模式最大的不同在于,超市不是被动地采购农户已种植的农产品,而是向上游延伸,采用订单式采购,对种子的种类、质量也有一定的要求。TESCO模式要建立生鲜配送仓库,实现冰鲜、鱼类的直采,而不是到批发市场或者通过经销商运作。TESCO公司还在此基础上更进一步直接建立自有生产基地。2009年,TESCO在上海首次推出了产自自有农场的自有品牌蔬菜,2010年6月又在厦门建成其在中国市场目前最大的自有农场,农场占地3 000亩,全年种植12个蔬菜品种,总年产量3 000吨,直供TESCO在华东地区的所有门店,包括42家大卖场和8家处于试验阶段的便捷店。

三、农产品进超市的条件

(一)农产品进超市的必备条件

农产品只有具备一定条件后才能进入超市进行销售,具体有以下几个方面的条件限制:

1.农产品品质必须是安全、健康、无污染,达到无公害、绿色或有机食品的认证标准,符合政府实施的关于"放心菜"、"放心肉"、"放心豆制品"等食品放心工程的要求;

2.在生产规模上也有一定的要求,其生产须是连续性和有组织性的,在商品的适销期内,货源能充分满足超市经营的需要;

3.农产品的包装要求规范标准,包装袋、包装盒尽量透明化,通过外包装可以直观地看见商品、识别商品品质,包装物上应注明生产日期、保质期、净含量等标志及无公害、绿色、有机认证标志;

4.由于超市对物流配送能力要求较高,农户及农业企业要争取农产品物流运输上的绿色通道,来保障农产品销售的及时性及降低经营成本,也可以通过优质农产品配送中心等第三方物流,在物流运输工具上保障商品的新鲜及运输链的完整。

(二)申请农超对接项目的条件

1.试点企业

(1)企业经济效益在当地名列前茅,连续盈利三年以上,无违法经营记录等;

(2)企业资产结构合理,资产负债率在70%以下;

(3)超市生鲜农产品销售额占总销售额的25%左右;

(4)具有稳定的农产品供货渠道,包括企业自有生产基地、与农民专业合作社合作等;

(5)具有与经营规模相匹配的连锁超市、生鲜农产品物流配送中心及辅助设施等。

2.产地农民专业合作社

(1)具有注册商标和产品包装等自主品牌,获得市级以上农产品名牌产品或著名商标称号;

(2)生产基地或产品获得无公害农产品产地认定或产品认证,或产品已开展绿色食品和有机食品认证,基本建立农产品质量安全追溯和自律性检测检验制度;

(3)生产基地实行统一生产技术规程和质量标准,标准化生产面积占到80%以上;

(4)专业合作社与所推荐试点企业已有或即将建立合作关系。

(三)2012年农超对接试点企业资质条件

1.具有独立法人资格,注册地为2012年度农超对接试点城市的大型连锁零售企业。

2.注册资本1 000万元人民币或200万美元以上(中西部地区可放宽至500万元人民币或100万美元),在注册城市内连锁门店不少于20家或零售业态总营业面积不低于1万平方米。

3.生鲜农产品自营,与3个以上农产品基地建立对接关系。

4.拥有专业生鲜配送中心和2个以上的产地集配中心,尚未建成的需提交项目建设方案，承诺在 2012 年 12 月 31 日前建设完成。

5.企业承诺向对接基地收购农产品，不得附加不合理条款，不得以任何形式收取额外费用，农超对接交易款项账期不超过 7 个工作日，一般情况下应主动承担物流及相关费用。

第二节 农产品连锁经营

连锁经营是通过对若干零售企业实行集中采购、分散销售、规范化经营，从而实现规模经济效益的一种现代商品流通方式。我国农产品连锁经营还处于探索起步阶段，2003 年农业部印发《关于发展农产品和农资连锁经营的意见》，商务部等部门印发《关于开展农产品连锁经营试点的通知》(商建发[2005]1 号)，提出用三年的时间开展农产品连锁经营的试点工作，大幅度提高农产品连锁经营的规模，促进农产品流通的规模化，减少流通环节，降低流通成本。2006 年浙江省下发的《关于大力发展农产品连锁经营的意见》中指出，争取在全省涌现出一批规模大、品牌响、带动作用明显、市场竞争力强的农产品连锁经营企业，逐步构建起覆盖全省的农产品连锁经营网络。

一、农产品连锁专卖店

农产品连锁专卖店是指若干门店使用统一商号，专门经营某种品牌或者品牌系列农产品的经营组织。各级政府积极推动农产品企业、农民专业合作社开设品牌专卖店作为直销农副产品的窗口，或者在大型超市设立农产品销售专柜，如吉天农产品专卖店。农业企业在大城市大商场、超市中寻找农副产品代理商，不仅减少中间环节，使农副产品营销成本降低，且在维护品牌、争取消费者方面，与代理商结成了利益共同体。截至 2007 年 5 月 27 日，广西马山县已在美国、英国、新加坡等国家 13 个城市设立 63 个农副产品连锁专卖店或专卖柜，每年订货量达 6.8 万吨。2012 年山西省商务厅出台的《关于进一步健全农产品"卖难"应对工作机制的通知》中指出，要引导大型超市设立"卖难"产品促销专柜。

二、农产品展示展销中心

农产品展示展销是农产品营销方式之一，它迎合现代城镇居民对农产品消费的观念，能较好地满足城镇居民对各地名特优农产品的需求。因此，农产品展示展销中心作为一种新型的流通业态在农产品营销中崭露头角，为农业龙头企业和农民专业合作社搭建品牌推广和产品营销平台。如 2009 年 9 月 28 日，浙江省名特优农产品展示展销中心正式开业，汇集了全省 1 235 种名特优农产品，这也为浙江省打造"永不落幕的农博会"开辟了一条新渠道。

浙江但凡组建营销管理中心的，大都配套建有企业化运作的展示展销中心。"政府搭台，企业运作"模式是农产品展示展销中心运营的主要模式之一，它不仅可以充分展示各地名特优新农产品、畅通销售渠道、增加农民收入，而且可以更好地为本地区农业企业和专业合作社搭建品牌推广、产品营销平台，满足市民对优质、健康、安全农产品的需求(案例 10-1)。

第十章 农产品经营业态

案例 10-1

浙江名特优农产品博览中心开业

2010年12月16日,由浙江省供销社举办的浙江名特优农产品博览中心开业,中国国际茶叶拍卖交易服务中心启动试运行。该中心由浙江新田园农产品股份公司经营。经营面积5 000平方米,设14个展厅,包括11个市地展厅、1个台湾展厅、1个全国农产品展厅和1个浙江名茶展厅,还设立了农产品推介中心,展示展销5 000余种名特优农产品。根据不同季节农产品生产情况,举办了各类推介招商会,帮助各地政府和农业企业开展营销。农博中心实行"一站式"购物、"一票通"提货、"一体化"配送服务,着力营造安全、便捷、实惠的消费环境。中国国际茶叶拍卖交易中心由浙江茶叶集团负责经营,具有拍卖、展示、茶文化推广等多项功能,引入国际茶叶交易普遍采用的会员式"一对多"拍卖交易方式,通过构建现货交易和网上交易两个平台,逐步建设成为中国茶叶交易中心、信息中心、价格形成中心和标准制定中心。首场茶叶拍卖会有7个国家的15位客商参会,拍卖珠茶销售20吨、茶叶原材料采购10吨、成交额64.9万元。

资料来源:浙江省供销社,http://www.zjcoop.com,2010年12月23日

三、农产品连锁配送

连锁经营是当今世界商品流通和服务业中最具活力的经营方式。20世纪90年代开始,我国已有大量的企业陆续进入农产品销售领域,农产品连锁配送已成为一种新型的经营业态,并取得了初步成效。

(一)农产品配送中心

农产品配送是指由农业企业、专业合作社、超市等组织采用专业、先进的物流基础设施和大规模的统一采购、源头采购形成品种、价格、数量、质量上的突出优势,为各企事业等组织客户或家庭等用户配送所需的农副产品等经营活动。而农产品配送中心是连接农产品生产基地与消费者的中间桥梁。

1.农副产品配送公司在某一地区建立展示中心、直属店、加盟店、社区配送店等销售形式,实施专卖销售;对团体、饭店和社区等实行供、需直销配送和入户配送。如浙江金华希望农副产品配送有限公司现有鲜活农产品事业部、名优特产品事业部、水果事业部、干货事业部,目前在金华市内已建立了企事业单位、学校等50家以蔬菜、肉禽配送为主的销售网络,在上海、杭州等地与乐购、华联等9家大型超市建立了水果配送业务关系,通过公司的运作,实现了农民专业合作社与市场的对接。

2.鲜活农产品配送销售是最直接对接生产与消费的农产品销售形式,它不仅有效减少了农产品流通环节和经营成本,更有利于保障农产品的消费安全。通过发展"公司+农民专业合作社(基地)+农户"的购销模式,打造从田间地头到餐桌的农产品安全消费流通网,建立优质鲜活农产品"进超"配送网,促进地方标准化农业、"订单"农业的发展。

案例 10-2

发达国家的农产品配送

发达国家发达的交通网、完善的服务体系和配送系统、有效的保鲜设备、快速的信息处理网络,为蔬菜实现货畅其流创造了良好的条件。

1. 美国的农产品配送。从运行的实际效果看,美国拥有一个庞大、通畅、高效和专业化的农产品配送体系。据统计,美国90%的农场主平均拥有土地在10 000亩以上,农业生产的地域分布明显,不同农产品根据各地的自然环境特点,分别在不同的州进行生产,目前已形成了固定且高效的流通网络。每个大型的农场主都有专门的储存、包装、分拣的设备和工厂。美国60%的农产品是通过超市到达消费者的,另外40%是通过批发市场或者贸易的方式直接销售到零售商和贸易商。美国10%左右小规模的农场主中,一部分是种植有机农产品,这需要先进的管理和技术水平;另一部分是相对比较落后地区的农户,由于没有发展到一定的规模,所以借助协会和合作组织的帮助进入流通领域。另外,美国农产品配送一个最明显的优势在于将其发达的农业信息流作为农产品配送发展的基础。农业生产数据和信息的收集、传播和共享,为美国农产品配送的发展提供了及时准确的信息。

2. 日本的农产品配送。日本的农产品配送在世界上处于领先地位,配送从业主体主要是以批发市场为核心、单个企业为主导的形式。一方面,农产品行业协会在配送中发挥积极作用,将农民生产的产品集中起来,进行统一销售,担当了生产者与批发商之间的产地中介;另一方面,日本政府对农产品配送管理体系通过自上而下的统一行政体系设置,使每一环节都有专门的机构和部门负责具体的事务。

3. 欧盟的农产品配送。欧盟的农业生产规模没有美国大,农场主倾向于市场化经营,建立了垂直合作一体化的市场运行体系,农产品配送的专业化程度越来越高。超级市场不断发展壮大,越来越多的消费者从超市购买生鲜食品,这一比例在法国为60%、荷兰为72%、英国为80%。批发市场的作用明显下降,只是向小型的零售商和公司及部分餐饮机构提供生鲜食品。同时,随着消费者对食品安全重要性关注的不断提高,食品供应链的一体化整合进程进一步加快。欧盟的食品行业在向着超市化和品牌连锁经营发展的同时,对农产品附加值的提高越来越重视。在信息化方面,荷兰已建立电子化农产品交易市场,协调联运配送中心和农产品集成保鲜中心,花卉和园艺中心的新式电子交换式信息和订货系统,向全球许多国家的广大顾客提供服务。

资料来源:戴强主编.蔬菜市场营销.郑州:中原农民出版社,2010年

(二)农产品配送形式

农产品的配送形式可以按农产品配送时间及数量不同分类。

1. 按配送时间可以分为定时配送、定量配送、定时定量配送、定时定线路配送、即时配送。

(1)定时配送是指按规定时间间隔进行配送,比如数天或数小时等。

(2)定量配送是指按照规定的批量,在一个指定的时间范围内进行配送。

(3)定时定量配送是指按照所规定的配送时间和配送数量进行配送,对于生产节奏相对稳定的企业,在一段时期内可以采用。

(4)定时定线路配送是指在规定的运行路线上,制定到达时间表,按运行时间表进行配送。在经济发达用户较多的地区,采用这种方式安排固定的班线进行配送。

(5)即时配送是指完全按照用户突然提出的时间、品种、数量等配送要求,随即进行配送的方式。这种配送方式要求配送企业有较高的灵活性和应急性,配送成本往往较高。

2.按经营形式不同可以分为销售配送、供应配送、销售—供应一体化配送、代存代供配送。

(1)销售配送是指为已销售商品进行的配送服务工作。以低成本、高效快捷的配送服务满足客户需求是销售企业的竞争策略之一,良好的配送服务可以增加客户的满意度和忠诚度。

(2)供应配送是指为了企业的生产或销售需要进行的配送。连锁零售企业集中采购后以配送中心为据点向若干连锁门店进行供应配送,汽车组装企业将采购的零部件成套配套后向组装车间进行供应配送。

(3)销售—供应一体化配送是指销售企业可以在自己销售商品的同时,承担向其他用户配送供应商品的职能。一些连锁直营店兼具向加盟店进行供应配送的职能。

(4)代存代供配送是指用户将属于自己的货物委托给配送企业代存、代供,有时还委托代订。这种配送在实施时不发生商品所有权的转移,商品所有权在配送前后都属于用户所有,所发生的仅是商品物理位置的转移。配送企业只是用户的委托代理人,仅从代存、代送中获取收益。

(三)农产品配送模式

我国生鲜农产品物流主体主要包括农户、贩销户、代理商、运输户、农民专业协会、专业合作社、冷库经营者、仓库经营者、批发商、加工企业、农业生产企业、连锁超市、网络销售商等。按照货源的组织化程度和销售的组织化程度以及实际物流承担方的不同可以将物流主体分为以下四大类:农户、专业合作社和农业生产企业;批发市场中的批发商;连锁超市;仓库、冷库、运输业务的经营者。根据以上四类在农产品物流配送中的作用,可将农产品的物流运作模式分为以下几种:

1.基于批发市场的配送模式

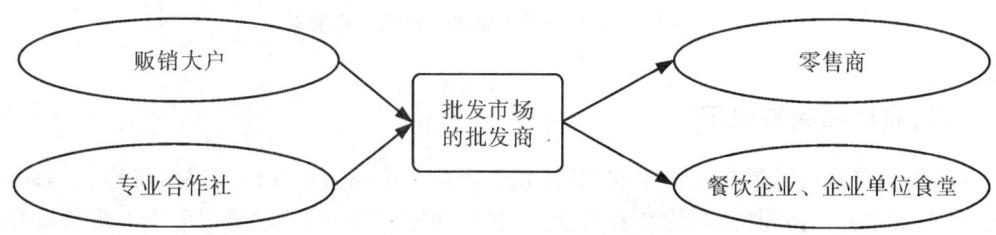

图10-1 基于批发市场的农产品配送模式

2.基于生产基地的配送模式

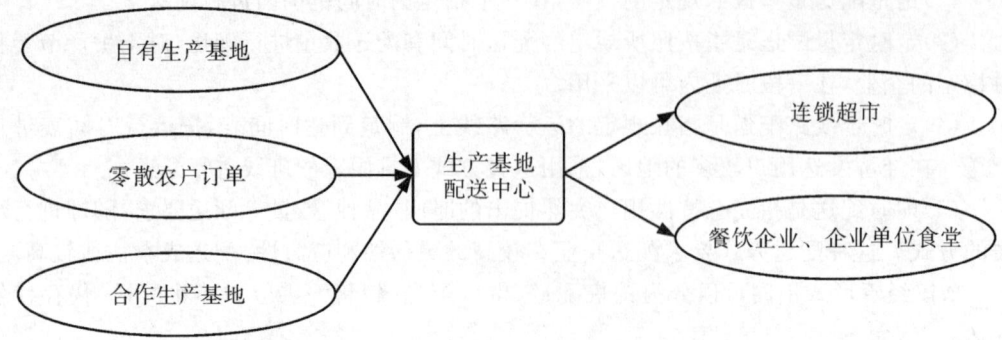

图 10-2　基于生产基地的生鲜农产品物流配送模式

3.基于第二方销售商的配送运作模式

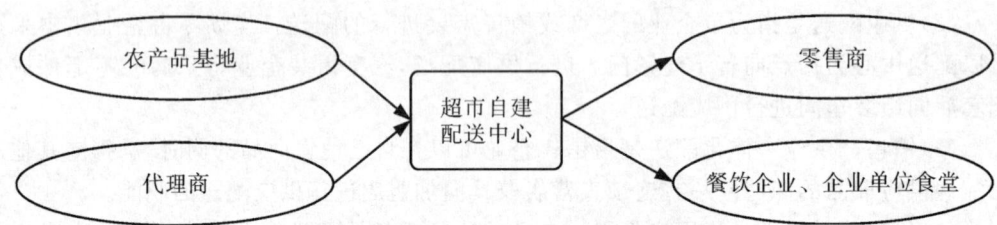

图 10-3　基于第二方销售商的配送运作模式

4.基于第三方物流企业的运作模式

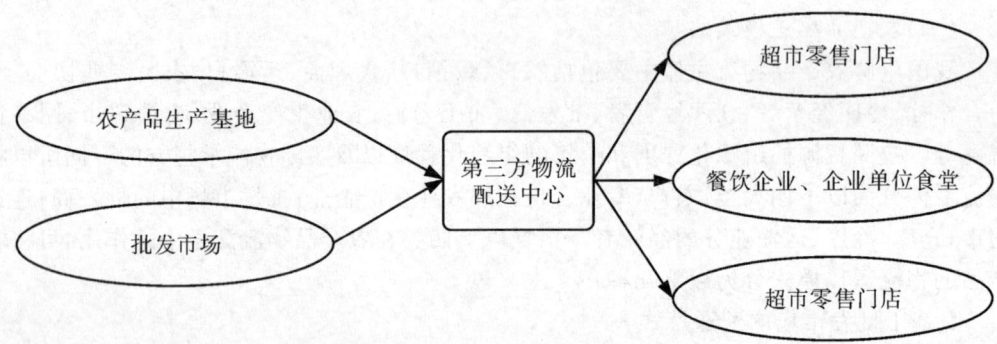

图 10-4　基于第三方物流企业的运作模式

四、农产品会展经济

会展经济是以会展产业为中心,其他相关产业为依托而形成的新兴经济形态,如衢州的"华东农博会"、温州的"名优特农博会"、"农产品宁波交易博览会"、"金华农业科技博览会"等。随着中国农业贸易的发展,各类农业会展活动层出不穷,在提升中国农业的市场化、产业化和国际化水平,解决农产品销售难问题,促进农村经济发展和农民增收等方面发挥了巨大作用。

(一)农业会展分布现状

1.农业会展在举办档期上,呈现出明显的季节性分布特点,且以下半年为主。春季高峰为3月至5月,秋季高峰为9月至11月。

2.从地域上看,东部地区会展数量较多,占全国农业会展总数的60%左右;中部地区次之,约为20%;西部地区最少,占比不足20%。

3.根据活动主题和展出内容,可将全国的农业展览划分为13类。2011年,食品、饮品综合类展为48个,约占全年农业展览总数的18.8%;农产品、加工品及农业生产资料综合类展46个,占18%;农业生产资料综合类展17个,占6.6%。以上三类为综合性展览,其数量约占当年全国农业展览总数的43.4%。在其余十类专业性展览中,数量最多的茶叶类展和畜产品类展,分别约占全年展览总数的10.5%和8.6%。而粮油、农机、果蔬、肥料、水产品、种子等专业性展览占比均不足5%。

(二)农业展会办展主体

1.参展规模偏小。2011年,中国农业展览平均展览总面积达1.9808万平方米,平均参展商数量为610家,平均参观观众达14.5万人次。尽管平均展览总面积达近2万平方米,然而,达到2万平方米以上的展会数量仅占总数的22.3%,这意味着近八成的农业展览尚达不到"规模以上"的会展水平。同样,虽然农业会展平均参展商数已达610家,但其中63.2%的会展达不到这一平均水平,其中参展商数不足300家的小规模会展比例高达36.8%。

2.市场化办展略有提升。2011年,各级政府主办的农业展览占年度农业展览总数的47.3%;各协会主办会展占到37.5%;会展公司主办展览项目占到15.2%,较上年有所提高。据不完全统计,2009年浙江省举办各类农业展会活动132个,累计参展企业、合作社1万余家,参会人次150多万,现场销售额6.5亿元,达成合同金额76亿元。同时,举办以农业产业为依托的茶文化节、杨梅节、油菜花节等各类农业文化节庆活动150场,吸引游客486.2万人,带动了休闲观光农业发展和特色农产品销售。

(三)农业吉尼斯

始于2007年的浙江农业吉尼斯创建活动,是浙江省农业、林业、海洋与渔业三大领域开展的全国首创性的一项活动。它是浙江传统擂台文化与世界现代吉尼斯外来文化相结合的一种新型农业产业文化形态。浙江农业吉尼斯纪录的产生,不仅可以为纪录保持者带来巨大的效益,也会为社会带来可观的"溢出效应"。

浙江农业吉尼斯创建活动以极富参与性、竞赛性、娱乐性的擂台赛、挑战赛等农业竞赛活动为载体,建立浙江吉尼斯网站(http://www.zjnyjns.com),吸引农民、合作社、农业企业和农业科技工作者参与,目的是搭建政府推广农业科技和推介农业品牌的全新服务平台,展示现代农业科技成果,推动高效生态农业发展。农业吉尼斯纪录有最高的亩产,最好的种养亩效益,最大的种养面积,最大、最重的农产品个体,最古老的树种等。截止到2012年底,经专家认定、网上公示、公证部门公证和浙江农业吉尼斯委员会审定,共有154项纪录。如2009年在中国水蜜桃之乡——奉化举行的浙江省吉尼斯水蜜桃擂台赛上,奉化水蜜桃赛高分勇夺擂主,成为"浙江第一桃",并将申报吉尼斯纪录。

第三节 农产品直供直销模式

农产品直供直销是生产者通过配送、专卖、网络等方式直接将农产品销售给消费者,实现生产与消费无缝对接的营销方式,它已逐渐成为现阶段突破传统农产品销售模式悄然兴起的一种农产品流通新型业态。因此,各地出台了相关政策,如海南省《关于做好2012年省内鲜活农产品直供直销配送体系建设试点的通知》(琼商务建[2012]398号)、江苏省《关于加快发展农产品直供直销的意见》(苏农市〔2013〕4号)等,积极探索和发展各种农产品直供直销模式。

一、门店专卖模式

门店专卖模式是指各类农产品生产流通主体在大中城市开设农产品直营店、农产品连锁店、农产品直销窗口和农产品自营超市,或者在城市社区或街道开设农产品销售门店或发送流动农产品售卖车等形式的农产品销售模式。2012年,安徽成立了首个省级农产品直供直销平台,将打造农产品直销中心、团购直配中心、农贸直销专区、社区直销点、流动直销车、电子商务平台等,将全省各地农民专业合作社的优质特色农产品从田间地头直接送到城市社区消费者的菜篮子里。并以合肥为中心在全省建立直销分中心,逐步辐射长三角。

(一)农产品直营店

1.直营店。又称直营连锁,是指企业直接经营连锁店,由企业直接经营、投资、管理各个零售点的经营形态。其主要任务在"渠道经营",即通过经营渠道的拓展从消费者手中获取利润。因此,直营连锁实际上是一种"管理产业",是大型垄断商业资本通过吞并、兼并或独资、控股等途径,发展壮大自身实力和规模的一种形式。直营专卖店是公司建立企业形象、品牌形象的有利场所,是直接的利润与信息来源,是与消费者沟通的平台,是全国专卖店的样板。

2.农产品直营店。供销社、农业企业等农产品流通主体以参股入股的形式,与农民专业合作社联合合作,采取新建、租赁、联合合作等多种方式,建立农产品直营店。直营店的位置一般选择在交通便利、人流量较大的地段,其营业面积在200平方米以上,经营品种多样化,集中销售具有当地特色、优势的农产品。农产品直营店的开设能及时将周边蔬菜瓜果运送到市区销售,解决农产品销售问题,减少中间很多环节,平抑目前农产品价格。如2010年12月10日,杭州第一家大学生名特优农副产品直营店——"清波创驿"开张,店内大多是来自杭州本地的19个厂家、60多种农副产品,有萧山的杭州博鸿系列小辣椒、榨菜,也有富阳的国青食品系列的豆腐皮等。南京桂花鸭集团通过直销门店的信息反馈,将单纯的中式卤菜扩充到了生鲜、熟食以及调理食品等七大系列128个品种,并为消费者开展了菜单式服务。

(二)农产品连锁店

农产品连锁店是指众多小规模的、分散的、经营同类农产品和服务的同一品牌的零售店,在企业总部的组织领导下,采取共同的经营方针、一致的营销行动,实行集中采购和分散销售的有机结合,通过规范化经营实现规模经济效益的联合。如2006年慈溪农产品连锁店开进上海社区,使慈溪市农产品产生了品牌效应,拓宽了销路。2010年,重庆市农产品集团针对不同的消费区域及消费人群的需求,将在主城及区县的中高档社区、交通口岸、高速公路服务区等区域建设了100个"绿色田园"农产品连锁店。

(三)农产品直销窗口

农产品直销窗口是指农业企业或专业合作社在各大中城市设立特色农产品销售点,如展示直销中心、农批市场直销窗口。2009年,宁夏石嘴山在包头设立了7个水产品直销窗口。2010年,丽水遂昌原生态农产品在上海、杭州开出了直销窗口。2011年,甘肃省在浙江义乌和北京设立甘肃农产品展销馆,建立了甘肃马铃薯直销窗口,试点向外省超市直供鲜薯,积极对外推销甘肃马铃薯。

(四)农产品自营超市

1.超市联营模式。联营模式是指超市将部分生鲜食品柜台租赁给供货商,由供货商派驻人员全权负责生鲜食品的销售。由于减少了人力成本,联营能够给超市带来的利润是显而易见的。近几年,自营模式开始逐渐占据市场主流。外资超市从进入中国以来,其水产品的经营模式以自营为主。内资超市的水产品在几年前一直以联营模式为主,主要是因为在当时这些内资超市极度缺乏技术及经营团队方面的支持。而目前几乎所有超市水产品的经营中,联营模式都只占据了很小的比例。

2.超市自营模式。自营模式是农业企业或专业合作社直接经营自己的农产品。自营生鲜产品将有助于超市掌控食品质量安全。生鲜食品的经营,尤其是自营模式已经成为超市经营的核心业务。目前物美等超市生鲜区内基本都是自营柜台,超市方面需要直接派出销售人员负责食品的加工销售。如"十二五"末,山东省争取超市生鲜农产品占超市经营额的30%以上,超市农产品自营占生鲜农产品经营比重的80%以上,超市农产品直采占生鲜农产品经营的60%以上,农民专业合作社主要生鲜农产品直接进入超市销售的比例达到20%。

(五)农产品社区店

农产品社区店是为那些需要日常消费的农产品的社区居民提供极为方便的购物环境,如在社区和菜市场开设直营店和直营点、农产品直通车、蔬菜社区直销车。农产品直销进社区,从终端直接辐射源头,可直接平抑菜价,同时加强了源头控制和质量把关,使在流通环节中省下的利润,转化成了产品的品质和服务保障。作为国家鼓励"送菜进社区"的有益探索,社区农产品直销店在各地正竞相开出。2011年7月,福建省在福州、厦门部署开展平价商店试点,在社区密集地段开通设立农产品直通车、直供点、直销点等。

案例 10-3

重庆建专业合作社直供货农产品社区店

2011年重庆市主城首个由专业合作社直接供货的农产品社区店"绿优鲜"在渝北区

开业,实行的是'委托代销'的经营模式,销售的农产品价格由各个专业合作社自行确定,"绿优鲜"仅负责提供场地、人工、质量检测、配送等服务,除了提取必要的管理成本维持社区店运营外,不向专业合作社收取任何"门槛费"。由于社区店的产品源头都是专业合作社,一旦产品出现质量问题,根据条码上的属地,责任可以直接追溯到各个专业合作社,这就让市民餐桌上的菜品有了严格的质量保证。从定价情况来看,社区店的农产品价格比市场价普遍低8%~10%。到2015年,重庆市农产品社区店总数将达到500个。

资料来源:公众信息网,2011-09-13

二、定点配送模式

定点配送模式是指农产品生产经营主体与超市、酒店、学校、大型企业、批发市场等单位建立长期稳定的供销关系,形成了农超、农餐、农校、农企、农批对接等产销衔接模式。

(一)农餐对接

农餐对接是一种由农业企业、专业合作社向餐馆直供农产品的新型流通方式。它是农产品供应链的优化,有利于建立农产品生产基地与餐饮企业之间稳定的购销关系,促进农产品销售;有利于对农产品生产进行全程监管,提高农产品质量安全水平;有利于降低农产品流通成本和餐饮企业农产品原材料进货成本。2011年呷哺呷哺餐饮管理有限公司等十家大型餐饮连锁(龙头)企业与十家农业专业合作社现场签订了2012年"农餐对接"合作协议。2012年10月26日,北京全聚德股份有限公司与章丘市政府签署了农餐对接战略合作协议,双方将在章丘市绣惠镇建立大葱专供基地,全年为全聚德直供绿色无公害大葱。未来全聚德集团旗下的品牌企业,如全聚德、仿膳、丰泽园、四川饭店等,都将采购绣惠大葱,预计首年订单等可达600吨。

(二)农校对接

农校对接是指农产品与高校食堂直接对接,高校食堂需要什么,农民就生产什么。2009年秋,教育部、农业部、商务部联手启动"农校对接"模式,以此缓解农产品销售难题,有效降低学生食堂的采购成本,确保高校食品安全,实现农民增收、学生受益的双赢局面。开展"农校对接"有利于促进农民订单式生产,提升农民标准化种植水平,建立可追溯源头的食品安全保障体系,加快冷链物流体系的建设规模和速度。为了更加有效地推进农校对接工作,中国高等教育学会后勤管理分会建立了中国农校对接服务网站(http://www.nxdjfuw.org.cn/)。2010年7月,农业部和教育部在天津举办首届"农校对接"洽谈会,目前已形成了通过召开"农校对接"洽谈会、搭建电子商务平台、建立冷链集群产业园区三位一体推进"农校对接"的工作方式。

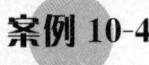

第四届全国"农校对接"洽谈会

2013年8月17日第四届全国"农校对接"洽谈会暨全国名优农副产品博览展销会17

日在湖南省长沙市湖南国际会展中心开幕。洽谈展销会上,中国"农校对接"服务网与中信银行就该行为中国农校对接服务网供应链授信15亿签署了协议,全国各地的"校园食堂"与农产品供应企业合作签约总额约33亿元,活动实现协议签约共约48亿元。来自全国各地约1 600人高校的代表以及农业合作社、农副产品生产与供应企业约1 500家企业参展。

资料来源:中国新闻网,2013年8月17日

（三）农企对接

农企对接是指种植大户、农民专业合作社与农业企业实现合作和对接,形成"企业＋基地(专业合作组织)＋农户"的模式,或者农业企业或专业合作社与非农企业进行产销对接。如通过合作社或专业组织,把企业的需求信息传导给农户。达利食品生产的蛋糕、饮料等所需鸡蛋、绿豆、糯米和面粉等,都是通过合作社组织农民生产,再送企业。配套达利、银鹭、福源等企业,湖北汉川培育了20个蛋鸡养殖小区、10万亩金银花、萱草、马铃薯、花生、糯谷等原料生产基地。2013年长虹集团与四川平武的农企实现对接帮扶活动,主要通过公司集团采购、员工个人消费,以及共建基地和合作经营等模式,帮助平武县有特色的农副产品走出深山、走进长虹,部分解决平武县群众农副产品卖难问题。

（四）农批对接

2012年商务部提出,建立和优化一批跨区域农产品流通链条,全面推进农批对接等产销衔接模式,培育若干集散地和销地农产品批发市场,推行电子结算,探索拍卖交易,建设全国农产品公共信息服务平台。同时,要探索发展网上交易,鼓励发展线上线下相结合的农产品网上批发和网上零售。推进农产品产销链条建设和农批对接,建立长期稳定、合作共赢的对接机制,有利于减少全国市场供需的盲目性。2012年8月,商务部农产品农批对接推进会在昆明举办,来自广西、云南和新疆生产建设兵团等南方蔬菜和西部果品主产区以及北京、黑龙江等农产品主销区共23个省(区、市)的商务主管部门、123家有关企业的200余人参加了推进会,采购量超过100万吨。

（五）农市对接

农市对接是指将千家万户的小生产与千变万化的大市场对接起来,即农民专业合作社与超市、学校、市场之间订立和履行购销合同,构建市场经济条件下产销一体化链条,从而形成商家、农民、消费者三方共赢的格局。2011年各地开始探索尝试"农市对接"新模式,自己组织货源,从田间地头收购新鲜蔬菜拉运到市场销售。它为供应链压缩了成本,解决了农产品质量不一、超市不合理收费等问题,农产品销售有了安全保障,使附近居民购买到既新鲜又实惠的蔬菜,而且更好地保护了菜农的利益。如2012年山西首个"农市对接"售菜点在太原启动,蔬菜均价降了3成。

（六）农社对接

2011年,农业部启动了农社对接试点,引导合作社与城市社区开展对接。农社对接是指农业企业、专业合作社或超市与消费者达成意向性协议书,由农业企业、专业合作社、超市向社区的消费者直供农产品的新型流通方式,主要是为优质农产品进入社区搭建平台,出现了宅配送、周末蔬菜、菜篮子直通车等形式。2011年3月,成都新品川食品公司和崇州文井源品牌推广公司联合提出开办"社区车载菜市",通过企业自筹资金,投入农产

品产销数字化直通车100辆和供给车70辆作为"社区菜市"的配送销售平台,以"菜宅送"网站为电子商务(B2C)联结,打造集"订单对接、冷链配送、电子商务、社区交易"于一体的农产品产销创新模式。

案例10-5

杭州世纪联华推出"菜宅送"

2012年08月,杭州世纪联华推出"菜宅送",有"三人"和"五人"两种套餐,包含了蔬菜、水果、豆制品、肉类、水产。只要预订套餐,每隔一天,就能收到搭配好的菜肴,每次的送货量可供食用两餐。五人套餐每月的价格有1 880元和996元两种,三人套餐为1 380元。三种套餐中各类品种的配送次数不同,例如蔬菜,每月可配送12次,每次可送6斤,有6个单品,而水产每月能配送6次,每次3个单品。

三、电子商务模式

农产品电子商务是在农产品的生产加工及配送销售过程中全面导入电子商务系统,利用信息网络技术,在网上进行信息的发布和收集,同时依托生产基地与物流配送系统,在网上完成农产品或服务的购买、销售和电子支付等业务的过程。

(一)业务层次

目前各地政府积极引导农民专业合作社、农业龙头企业和农产品批发市场开展网上销售,推广农产品电子商务,尝试实体店和网点有机结合的营销模式。而目前国内农产品电子商务业务可分为三个层次:

1.初级层次。主要为农产品交易提供网络信息服务。如一些企业建立的农产品网上黄页,在网络平台上发布企业信息和产品信息。大型农业集团建立超大现代农业网,小企业或是农户则依托各类农产品信息网发布信息。

2.中级层次。一些农产品电子商务网站不仅提供供求信息,还提供网上竞标、网上竞拍、委托买卖等在线交易形式。如上海大宗农产品交易市场依托互联网组织全体交易商成员直接进行大宗农产品网上撮合交易,以覆盖全国的仓储物流体系和交易商服务中心体系为支撑,凭借银行为大宗农产品中远期交易提供的"银商通"资金结算服务体系。

3.高级层次。除在电子商情网上发布、农产品在线交易之外,还力求实现交易货款的网上支付。如中国农副产品供销网、北京的千腾网、中粮旗下的我买网等。

案例10-6

互联网上叫卖土特产

农民们把自家的枣、核桃、小米、新鲜的蔬菜等绿色无污染农产品"摆"到了网上叫卖。

农产品经纪人上网叫卖。苏家屯区红菱镇农民经纪人何庆辉,是当地最早把农产品卖到网上的农民。"很多城市人现在提倡吃粗粮,我就特意去学习电脑知识和网页制作,卖这些城里少有的东西。"他把家里的核桃、小米、红枣都拍成了照片放到网上,利用网络为周边农户查询发布各类信息1 000多条,帮助村民们销售的农副产品有黄瓜、生菜等10多个品种,年销售额800多万元。产品卖到北京、河南、广州等地,还出口卖到韩国、俄罗斯。

3万农民吃上"网络饭"。当地农民种植户苏家屯斥资500多万元建成了区、乡、村、户四级农业电子信息服务网络,形成了纵向可上联国家农业部、省、市等主管部门,下接全区各乡镇、村、户,横向可以连接国际互联网和各省、市、区等四通八达的农业信息网络。该区把700多个种植养殖大户、300多个农产品经纪人、220多个农事企业、20多个特色村"推"上了互联网。目前,该区利用农业信息服务平台直接服务农村用户3万多人。

农民不仅要做高品质的种植业,还要学会推销自家的农产品。这种"电脑+锄头"的模式,力求把最先进的互联网和最原始的土特产连接起来,打开了财富之门。

资料来源:农民日报,2009年12月14日

(二)经营模式

由于农业合作社、传统经纪人、第三方服务商等角色的加入,农产品电子商务的经营模式越来越多样化,线上线下结合成为未来发展趋势。如顺丰速运旗下的电商食品商城"顺丰优选"宣布上线,定位为中高端食品B2C;亚马逊中国推出主营海鲜食品的生鲜频道,淘宝则上线以有机农产品交易为主的生态农业频道,还包括蔬菜水果、肉禽蛋类和粮油副食等。

1.B2B模式。在农产品大宗商品B2B领域,目前有四种交易模式已发展得较为成熟,分别是"挂牌交易"、"竞买交易"、"竞卖交易"和"专场交易"。通过这四种交易模式,农产品大宗商品交易已能实现一个买家对一个卖家、一个买家对多个卖家、多个买家对一个卖家、多个买家对多个卖家等多种交易方式,且能适应多交易品种的交易。

2.B2C模式。B2C(Business-to-Customer)是指一般以网络零售业为主,主要借助于互联网开展在线销售活动,直接面向消费者销售产品和服务。企业通过互联网为消费者提供一个新型的购物环境——网上商店,消费者通过网络在网上购物、网上支付。这种模式节省了客户和企业的时间和空间,大大提高了交易效率。如丽水的山山商城是一个以农产品为特色的电子商务平台,整合了数千家农产品牌商、生产商,为商家和消费者提供一站式服务。如成立于2005年的上海易果电子商务有限公司,与上海欧洋农场合作,由欧洋农场负责供货,易果网的销售配送队伍负责网上销售,搭建"悠悦会"综合食品服务网络平台,逐步建立"易果"、"原膳"、"乐醇"、"锦色"等品牌,覆盖中国人饮食结构的主要部分。同时,以上海、北京为圆心,建立起全国定时冷链配送网络,将"新鲜美味"延伸至客户餐桌。上海菜管家电子商务有限公司将"菜管家"打造成了中国农产品电子商务B2C第一品牌。

3.O2O模式。O2O(Online to Offline)是指将线下商务的机会与互联网结合在一起,让互联网成为线下交易的前台,线下服务可以用线上来揽客,消费者可以用线上来筛选服务,成交可以在线结算,很快达到规模。O2O电子商务模式需具备四大要素:独立网上商城、国家级权威行业可信网站认证、在线网络广告营销推广、全面社交媒体与客户在线互

动。

　　农产品电子商务可以看作是O2O模式的一种具体形态。通过建立农产品渠道网络，利用O2O模式可以建立"农产品在线交易平台＋实体店＋渠道建设＋经纪人"这一新的流通体系。通过建立交易在线平台，实现了农产品的信息流通和交易电子对接，同步通过实体店提供类似卖场的展示和销售功能，作为一个流通的重要节点。并通过诸如渠道建设实现区域和地域的覆盖，使经纪人在中间起到重要的穿插作用。通过实体店面或卖场对接线上交易平台，实现了产品购买和流通的交易对接，其中，阿里巴巴是涉足O2O最早的一家，也是布局链条最长的一家。

案例 10-7

淘宝"特色中国"四川馆

　　从2012年来看，各地以农村合作社为主体、"农产品＋旅游"等形式开展电子商务业务，已经呈现遍地开花之势。以淘宝"特色中国"四川馆为例，它在集合全省原产地名酒、名茶、美食、药材等特色商品的基础上，还首次引入淘宝旅行和本地生活频道，囊括吃喝玩乐、衣食住行。通过四川馆，全国消费者几乎将四川特色产品一"网"打尽。农产品电子商务的线上线下结合，其成长空间非常广阔。

第四节　农产品网络营销方式

　　农产品网络营销是以互联网为基础的一种全新的营销方式，是利用其无时空性、高效率性、交互性、整合性等特点来拓展农产品的营销市场空间，是解决农产品的"卖难"问题的有效途径。

一、博客营销

　　博客营销（blog marketing）是通过博客网站或博客论坛接触博客作者和浏览者，利用博客作者个人的知识、兴趣和生活体验等传播商品信息的营销活动。也就是利用博客这种网络应用形式开展农产品网络营销。

（一）基本特征

1.信息发布和传递的工具。在信息发布方面，博客发挥传递网络营销信息的作用，而网络营销信息传递实际上也是整个网络营销活动的基础。

2.文章的内容题材和发布方式更为灵活。由于博客文章内容题材和形式多样，因而更容易受到用户的欢迎。此外，专业的博客网站用户数量大，有价值的文章通常更容易迅速获得大量用户的关注，从而在推广效率方面要高过一般的企业网站。

3.信息量更大，表现形式灵活，传播经济性。博客文章的信息发布与供求信息发布是完全不同的表现形式,博客文章的信息量可大可小,完全取决于对某个问题描写的需要,博客文章并不是简单的广告信息,实际上单纯的广告信息发布在博客网站上也起不到宣传的效果,所以博客文章写作与一般的商品信息发布是不同的,在一定意义上可以说是一种公关方式,只是这种公关方式完全是由企业自行操作的,而无须借助于公关公司和其他媒体。同时博客的信息传递无须直接费用,是最低成本的推广方式。

4.文章显得更正式,可信度更高。博客文章与一般的论坛信息发布相比所具有的最大优势在于,每一篇博客文章都是一个独立的网页,而且博客文章很容易被搜索引擎收录和检索,这样使得博客文章具有长期被用户发现和阅读的机会。一般论坛的文章读者数量通常比较少,而且很难持久,几天后可能已经被人忘记。

(二)博客营销模式

1.在博客网站上做广告。在博客世界,标准的、口号式的广告,就仿佛是鸡尾酒会上的大声叫唤。广告的设计要把博客考虑进去,要让博客成为广告对话的一部分。

2.发表专业文章。作为专业文章的主角,产品一定要有一个知识点,用来和公众沟通,并树立权威感。

3.打造博客团队。通过公关公司发布博客日记,来影响主流媒体的报道。

4.监测博客网站。通过监测博客网站,及时发觉当前谈论最多的公司或民众最关注的话题,为潜在的公关危机做好准备。

(三)博客定位

1.目标定位。首先需要考虑博客营销的最终目的是为了提升品牌形象,还是为了提高产品曝光度。其次,要明确是企业型的博客,还是私人身份的博客。最后,要确定博客的目标读者是潜在客户,还是目标客户,或者大众读者。

2.内容定位。在内容上首先应该考虑宽度与深度两个方面。宽度就是指内容的涵盖范围,深度就是指博客的专业程度。这两点既是可区分的又是互相涵盖的。在做博客之前必须要定位博客的内容,到底是大杂烩类型的,还是在某一领域专业类型的。大杂烩类型的博客的最大特点就是转化率不高,因此要具有相当旺的人气,如盛世金农网农业博客就是比较典型的大杂烩型的。而专业类型的博客的特点是受众人群少,但是转化率高,吸引的都是潜在的客户人群,这就需要博主具有专业的知识,内容一定要具有可信度,才能吸引潜在的客户人群,转化为实际的销售。如农夫博主关于农产品流通与营销的博客就属于专业类型的博客。

3.博主身份定位。需要根据前两点来确定:你是一个企业的专家身份,还是纯私人的身份,还是介于两者之间。

案例 10-8

进口大葱的博客营销

农产品不一定非要以网站为依托进行网络营销。曾有一家生产大葱的企业,虽然是一种进口葱,但采取了博客营销。进口大葱只是在质量上更精良一些,因此需要在博客内容上更精彩更加吸引消费者的眼球。最后确定了以大葱的吃法、大葱的营养,以及"吃葱可以让男人更强壮"的说法等一系列主题进行博文撰写。还有关于农村的一些趣闻、农家趣事等内容,多角度让大家对话题更感兴趣从而代入产品。同时PS一些搞笑图片,以各种名人吃大葱为样式发表,最为著名的就是赵本山多次在小品与影视作品中吃大葱的表情。这些都可以使来访者感觉很搞笑,很有趣,一点点吸引大家眼球,提升博客流量。

来源:作者整理改编

二、搜索引擎营销

搜索引擎营销当前已经成为网络营销领域最主要的营销手法之一。如京东商城将搜索引擎营销作为重要的市场营销手段之一,在关键词广告上投入重金;搜索引擎营销也在凡客诚品获得大量访问流量中起着重要推动作用。

(一)内涵

搜索引擎营销(search engine marketing,简称为SEM),就是基于搜索引擎平台的网络营销,利用人们对搜索引擎的依赖和使用习惯,在人们检索信息的时候尽可能将营销信息传递给目标客户。一般认为,搜索引擎优化设计主要目标有2个层次:被搜索引擎收录、在搜索结果中排名靠前。推行搜索引擎营销SEM最根本的原因之一是搜索者会购买产品:33%的搜索者在进行购物,并且44%的网民利用搜索站点来为购物做调研。2009年9月21日,中国互联网络信息中心(CNNIC)发布《2009年中国搜索引擎用户行为研究报告》显示,截至2009年6月底,中国搜索引擎用户规模达到2.35亿人,我国搜索引擎用户人数增长了5 949万人,年增长率达34%。搜索引擎在网民中的使用率达到69.4%,较2008年底增长了1.4个百分点,这是自2007年以来我国搜索引擎使用率首次出现增长趋势。

(二)"三搜"营销理论

"三搜"是指消费者通过三次搜索完成一次购买的搜索营销理论。消费者从一个需求的产生到一个交易的完成,需要经过三次搜索。"三搜"营销理论是一套营销理论,对网络消费者的行为分析,并不是实际上去搜索引擎上搜索三次,也可能搜索了四次,前两次搜索都属于是需求搜索,也有的客户需求明确,直接进行品牌搜索。

1.需求搜索。需求搜索是三搜营销理论里的第一搜,客户都是潜在客户群体,搜索者对企业的同类型产品有需求,但是泛需求,并没有明确的品牌目标和产品目标,通过搜索营销第一个展现在客户屏幕上的商家有"先入为主"的优势。当消费者产生需求的时候,也是第一次去搜索的时候,搜索的词是需求导向性的,如"新鲜的薄皮核桃"、"人参果"、"黑美人""礼品西瓜"等。

2.品牌搜索。当消费者对该类产品了解之后,便有了初步的选择,再次搜索的时候,也就是第二次搜索,有了一定的品牌导向。这类群体目标明确,就是选择某品牌的产品,如"新疆灰枣""阿克苏冰糖心苹果"。企业针对这类搜索消费者,最应该做的是品牌的公关与维护,在消费者对品牌有好感的前提下,再有一个优良的网络品牌口碑,成交自然水到渠成。企业可以通过百科、问答、门户新闻的形式提升企业或产品的品牌口碑,提高成交率。

3.产品搜索。第三次搜索的时候,消费者对需求已经十分明确,已经确定了购买的意向,搜索的关键词也会有所变化,如"威龙有机酒堡•优级(干白)"等,搜索到合适的商家之后很可能马上订购。

(三)营销技巧

1.网站曝光。运用搜索引擎营销增加网站曝光度,不论是自然排序的网站优化或是竞价排名都各有其优势,企业网站要掌握两者间的不同。对于关键词的挖掘、竞价广告的管理、网站优化的技巧等都会影响网站曝光之后带来的是否是目标客户或是潜在客户的有效浏览量。

2.关键词选择。关键词选择对于搜索引擎营销至关重要,不同的关键词指向的目标人群不相同,所以选择不同的关键词就会有不同的投放结果。每个企业在选择自己推广的关键词时都有各自的考虑,但由于受到各种条件限制,所选择的关键词覆盖面有限,此时就有必要参照一下竞争对手都有哪些关键词,通过与竞争对手的关键词对比,了解他们哪些关键词流量比较大,然后可以考虑将其直接引用过来进行投放。

3.广告创意。即便在搜索引擎上投放的广告获得了展现的机会,但潜在消费者也不一定会点击,这主要除了和搜索排名相关外,还与广告创意有很大关系。一条好的广告创意,不但能够吸引潜在消费者关注,而且可以提升企业自身的综合形象。但是一条好的广告创意,不仅要包含企业自身业务,而且对文笔、所在行业状况、潜在消费者心理特点的掌握等都有较高要求。所以想要撰写多条高质量广告创意并非易事,尤其对没有专业文案的企业来说更是一个挑战。因此,可以借鉴或直接引用竞争对手或同行的一些比较能吸引人的广告创意,这样不但可以节省广告创意时间,还可以快速提升自身关键词广告的吸引力。

4.关键词投放策略。每个行业都有各自的特点,因此企业在关键词投放数量、争夺搜索排名、投放时间段等方面的选择存在差异性。以关键词排名策略为例,并非所有关键词都需要争夺搜索排名第一,这需要综合考虑点击成本、潜在消费者心理等多种因素。

5.营销动线管理。影响流量转换率的方面很多,其中就包含营销动线。在超市或卖场内部的商品配置需要合理的布局,如食品区、生鲜区、小百货区等,需要用什么样的标牌或广告来引导或刺激消费者;即使在便利店超市里,也会在结账的柜台前放一些消费者日常生活用品,在顾客结账的时候会顺手去选购,从而达到营销的目的。因此,网站同样需要营销动线的设计。如在企业网站建设之始是否考虑了网站营销动线的规划能方便无障碍,明显有吸引力地引导消费者,让消费者进入网站能够交易,不交易的消费者愿意留下个人信息,不留下信息的消费者还记得下次再回来;网站能不能让消费者很快地找到他想要找的商品;还是准备考验消费者的耐性,让他自己抓瞎慢慢找;有没有设计促销引导。一个想要购买商品的消费者会关心的不是企业的网站系统功能多强、flash多漂亮,而是要买的商品信息、钱如何支付、商品如何得到等问题。这些就是网站营销动线规划所需要思考的方向。

三、口碑营销

(一)口碑传播与口碑营销

1.口碑传播是指由生产者、销售者以外的个人,通过明示或暗示的方式,传递关于厂商、销售者、产品和服务等信息的行为。

2.口碑营销(buzz marketing)是企业运用各种有效的手段,引发消费者对其产品、服务以及企业整体形象的谈论和交流,并激励顾客向其周边人群进行介绍和推荐的市场营销方式和过程,即企业有意识地制作、发布口碑题材,并借助一定的渠道或途径帮助实现和加快口碑传播,为最终达成商品交易而开展的计划、组织、执行、控制等一系列管理活动。它具有可信性非常高,具有群体性,传播成本低,传播速度较快、范围较广,能促使人们改变消费习惯并立即购买等特点。

(二)实施步骤

1.鼓动。追赶潮流者是产品消费的主流人群,即他们是最先体验产品的可靠性、优越性的受众,他们也会第一时间向周围朋友圈传播产品本身质地、原料和功效,或者把产品企业、商家5S系统、周密的服务感受告诉身边的朋友,以此引发别人跟着去关注某个新产品、一首流行曲或是新业务。鼓动消费精英群体,口碑组合化、扩大化,就能拉动消费,使产品极具影响力。如五粮液、农夫山泉、娃哈哈等知名企业,在口碑营销上通过调动一切资源来鼓动消费者购买欲;同时,大打口碑营销组合拳,千方百计扩大受众群体,开展"一对一"、"贴身式"组合口碑营销战术,降低运营成本,扩大消费。

2.价值。传递信息的人没有诚意,口碑营销就是无效的,失去了口碑传播的意义。任何一家希望通过口碑传播来实现品牌提升的公司必须设法精心修饰产品,提高健全、高效的服务价值理念,以便达到口碑营销的最佳效果。当某个产品信息或使用体验很容易为人所津津乐道,产品能自然而然地成为人们茶余饭后的谈资时,这样的产品就很有价值,因此也易于口碑的形成。传播的产品是有价值的,就需要企业要有合理的导向,让市场尝鲜者有关注的侧重点和对产品的正确的理解,才能充分表达企业产品的价值。如近几年国内比较流行的一种补肾菜——黄秋葵,原产于非洲,现在最大的秋葵生产地在美国南部,美国人还给它一个更容易被记住的名字:"植物伟哥"。

(3)回报。当消费者通过媒介、口碑获取产品信息并产生购买欲望时,他们希望得到相应的回报。如果企业提供的产品或服务让受众的确感到物超所值,进而可以顺利、短期将产品或服务理念推广到市场,实现低成本获利的目的。

(三)口碑营销的技巧

口碑传播制造爆炸性需求,绝不是意外和巧合,而是有几个规律可循。企业完全可以通过分析消费者之间的相互作用和相互影响来预见口碑的传播,使其网络化、知识化、全球化,同时,也可以有目的地制造一些口碑传播的素材,引导消费,传播品牌。

1.以品质创造口碑。"酒香不怕巷子深",如果没有让顾客满意的产品质量,良好的口碑只能是空谈。无论是实体产品、网络产品,还是各种服务,都必须得以其自身的品质作为基础,这是消费者对企业的刚性要求。只有好的产品(服务)才能为企业赢得知名度、美誉度、忠诚度及至口碑,从而发展、壮大。

2.以事件创造口碑。通过制造新闻事件,吸引媒体注意,通过媒体传播,达到预期的宣传目的。对企业来说,创造口碑不是目的,让口碑传播起来才是目的。

3.以幽默故事突出产品特点。山药当推铁棍山药最有名。之所以叫铁棍山药,顾名思义,表面上是因为它硬,实际是它具备健脾养胃、补肾等药效。铁棍山药外表毛孔突出、身道较普通山药细,用手挤捏,铆足劲也不碎,断面粉性足。因为铁棍山药含水量不足普通山药的一半,所以吃起来干、面、香甜。普通山药吃着味淡、口感水气大。铁棍山药区域气候优良、土壤肥沃、矿物质有机成分高,因此铁棍山药为淮山药中的上上品,是馈赠亲朋好友的最佳礼品。

案例 10-9

铁棍山药"受不了"

关于铁棍山药的药效家喻户晓,但有些趣闻外地人却知之不多。为此,有人就总结了一个非常有趣的故事,概括为几个"受不了"——"男的吃了女的受不了;女的吃了男的受不了;男女都吃了床受不了;全家人吃了房子受不了;连年种植土地受不了。"这个段子首先在焦作当地流传,后来被放到了网站上,随之在全国广为流传。据说后来被港澳台的客商带到了海外,取得了良好的宣传效果。

4.巧妙借势。通过借力造势引爆口碑,以小搏大,在操作时应善于利用自然规律、政策法规、突发事件,甚至是竞争对手等各种强大的外部势能来为己所用。新产品上市,缺乏品牌知名度,做广告又没有足够的实力,这时,如果能够巧妙地借助那些已经成名的品牌声势,对快速提升自己的品牌形象无疑是一种捷径。台湾当年有一种茶叶上市,名字叫"包种",既不响亮,又无特色,但经营销专家精心策划,打出"南乌龙,北包种"的广告,一下子让其同大名鼎鼎的乌龙茶比肩齐名。"宁城老窖,塞外茅台"运用的也是这个道理。

5.运用老百姓喜闻乐传的顺口溜形式进行传播。"能力强,芙蓉王;能力差,抽白沙"。当年两家烟草品牌的竞争也运用了顺口溜的传播形式,在激发消费者逗趣心理的同时,显示出不同品牌的定位差别。

6.运用综合比较法制造流行语。郑州市下辖的几个县市的资源不同,发展道路也不同,有人形象地总结为"登丰靠寺院(少林寺),新密靠煤炭,中牟靠瓜蛋(西瓜),新郑靠枣片(好想你枣片),巩义靠电线,荥阳靠实干(没有特色资源)"。这种传播方法无意识地把当地农产品的优势彰显了出来,无疑会对这些地方的农产品品牌传播带来一些积极的影响。

7.通过文化塑造提升口碑。企业需要构筑其竞争对手不可复制的独特的核心竞争力。当这种核心竞争力具有其独特性和无法模仿性时,就可以成为一种品牌资本,引起消费者的兴趣,产生口碑传播的驱动力。在产品同质化日益严重的今天,赋予产品生动而深刻的文化内涵,让文化本身成为口口相传的力量,已成为许多营销人的共识。企业应深入挖掘自身的历史文化,并不断将自身的历史文化传统与地方文化、行业文化、民族和社会文化融入一起,最大限度提升品牌的知名度。

案例 10-10

山兰米包装成"爱情米"

白沙黎族自治县尝试推出文化农业概念,重新包装特色农产品,赋予它们以故事,打造生态农业品牌,"山兰米,吃的不是米,而是爱情。古时,阿山和阿兰这对黎族年轻男女,发明了在山坡石缝中种稻谷的技术,从此过上了童话般的生活。后人就把这种米叫山兰米。"将山兰米包装成"爱情米",使其身价从10元/公斤升到了206元/公斤,每盒2斤装,内有一包黑色的山兰米,一包白色的山兰米,分别代表阿山和阿兰。

资料来源:海南日报,2013-1-04,经作者整理改编

四、病毒式营销

病毒式营销是一种常用的网络营销方法,并非真的以传播病毒的方式开展营销,而是通过用户的口碑宣传网络,使信息像病毒一样传播和扩散,利用快速复制的方式传向大量的受众。它一种高效的信息传播方式,通过提供有价值的信息和服务,利用用户之间的主动传播来实现网络营销信息传递的目的,常用于进行网站推广、品牌推广等。

(一)基本特点

1.有吸引力的病原体。病毒式营销利用了目标消费者的参与热情,受商家的信息刺激自愿参与到后续的传播过程中,原本应由商家承担的广告成本转嫁到了目标消费者身上,但渠道使用的推广成本是依然存在的。第一传播者传递给目标群的信息不是赤裸裸的广告信息,而是经过加工的、具有很大吸引力的产品和品牌信息,而正是这一披在广告信息外面的漂亮外衣,突破了消费者戒备心理的"防火墙",促使其完成从纯粹受众到积极传播者的变化。

2.几何倍数的传播速度。大众媒体发布广告的营销方式是"一点对多点"的辐射状传播,实际上无法确定广告信息是否真正到达了目标受众。病毒式营销是自发的、扩张性的信息推广,它并非均衡地、同时地、无分别地传给社会上每一个人,而是通过类似于人际传播和群体传播的渠道,使产品和品牌信息被消费者传递给那些与他们有着某种联系的个体。

3.高效率的接收。大众媒体投放广告有一些难以克服的缺陷,如信息干扰强烈、接收环境复杂、受众戒备抵触心理严重。对于那些可爱的"病毒",是受众从熟悉的人那里获得或是主动搜索而来的,在接受过程中自然会有积极的心态;接收渠道私人化,如手机短信、电子邮件、封闭论坛等。因此,病毒式营销尽可能地克服了信息传播中的噪音影响,增强了传播的效果。

4.更新速度快。网络产品有自己独特的生命周期,一般都是来得快去得也快,病毒式营销的传播过程通常是呈S形曲线的,即在开始时很慢,当其扩大至受众的一半时速度加快,而接近最大饱和点时又慢下来。针对病毒式营销传播力的衰减,一定要在受众对信息产生免疫力之前,将传播力转化为购买力,方可达到最佳的销售效果。

(二)基本要素

美国电子商务顾问Ralph F.Wilson博士将一个有效的病毒式营销战略的基本要素归纳为6个方面:提供有价值的产品或服务;提供无须努力的向他人传递信息的方式;信息传递范围很容易从小向很大规模扩散;利用公众的积极性和行为;利用现有的通信网络;利用别人的资源进行信息传播。

(三)基本步骤

在实施病毒式营销的过程中,一般需要经过方案的规划和设计、信息源和传递渠道的

设计、原始信息发布、效果跟踪管理等基本步骤。

1.病毒性营销方案的整体规划和设计。应该进行病毒式营销方案的整体规划,确认病毒式营销方案符合病毒式营销的基本思想,即传播的信息和服务对用户是有价值的,并且这种信息易于被用户自行传播。

2.病毒式营销需要独特的创意,并且精心设计病毒式营销方案。病毒式营销之所以吸引人就在于其创新性,而最有效的病毒式营销往往是独创的。在方案设计时,一个特别需要注意的问题是,如何将信息传播与营销目的结合起来?如果仅仅是为用户带来了娱乐价值或者实用功能、优惠服务而没有达到营销的目的,这样的病毒式营销计划对企业的价值就不大了,反之,如果广告气息太重,可能会引起用户反感而影响信息的传播。

3.信息源和信息传播渠道的设计。对网络营销信息源和信息传播渠道进行合理的设计以便利用有效的通信网络进行信息传播,需要考虑这种信息的传递渠道,是在某个网站下载还是用户之间直接传递文件,或者是这两种形式的结合。这就需要对信息源进行相应的配置。

4.原始信息的发布和推广。要对病毒式营销的原始信息在易于传播的小范围内进行发布和推广。最终的大范围信息传播是从比较小的范围内开始的,如果希望病毒式营销方法可以很快传播,那么对于原始信息的发布也需要经过认真筹划,原始信息应该发布在用户容易发现,并且用户乐于传递这些信息的地方(比如活跃的网络社区)。还可以在较大的范围内去主动传播这些信息,等到自愿参与传播的用户数量比较大之后,才让其自然传播。

5.对病毒式营销的效果进行跟踪和管理。当病毒式营销方案设计完成并开始实施之后(包括信息传递的形式、信息源、信息渠道、原始信息发布),对于病毒式营销的最终效果实际上自己是无法控制的,因此对于病毒式营销的效果分析是非常重要的。这样不仅可以及时掌握营销信息传播所带来的反应,也可以从中发现这项病毒式营销计划可能存在的问题,以及可能的改进思路,将这些经验积累为下一次病毒式营销计划提供参考。

案例 10-11

盐荒看病毒式营销

从"盐荒"的整个流程中,不难看出5个营销点和营销策略:

1.是谁制造了"食盐含碘"防止核辐射的谎言。食盐疯狂的销售,其实源于一个低劣的概念炒作。受日本核电站泄漏事故影响,有消息称食用碘盐可以防核辐射,致使全国多地出现食盐抢购潮。于是这个貌似很靠谱的概念就在我们不甚了解核辐射、看到这个字眼就色变的基础上,被以讹传讹了。

2.是谁传播了这个闹剧式的笑话?当最初的一部分种子用户散布"食盐含碘"防核辐射的信息出去后,开始有一部分人群产生了潜在的恐慌,这个很像蒙牛伊利的公关战。担心健康的这部分人群开始在小范围传播,让更多不明真相的朋友亲人开始围观。

3.是谁抓住了人们的心理?健康是人们普遍关心的问题,而食盐作为生活必需品,它的产品属性更增加了人们产生恐慌的价码,因为食盐不像汽车房子之类的,忍忍还可以凑合。于是第一波人群传递信息后,在最可信任的人群中产生了二次传播。由于群体效应,于是造成了全国范围内的最佳传播。

4.病毒式传播源于最近的人。真正可信任的传播是在六度理论内分层传递的,因为这样才能产生核变式的巨大爆发力。而"食盐含碘防核辐射"的概念,正是这种带有威胁健康性的概念,促使了整个传播的产业链。

5.缺货是二期传播的最佳宣传点。如果只是疯抢,未必达到恐慌的地步。因为很多的促销活动都会产生疯抢的状态,因为促销的本身就是为了吸引这么一部分人群,进而对其他的产品产生销售。而"食盐"却在某些利欲熏心的销售商提价后还被疯抢,这就违背了正常的市场营销原则。

五、无站点网络营销

无站点网络营销是指农业企业或专业合作社没有建立自己的专业网站,而是利用电子邮件、邮件列表和新闻组等现代互联网的资源,开展农产品网络营销活动,属于初级的网络营销。无站点网络营销的主要方式有两大类:信息发布和在线销售。

(一)信息发布

它是目前网络宣传推广的一种重要形式。农业企业可以借助各种网络资源发布自己企业和产品信息,达到宣传和促销的目的。目前可供发布的平台主要有供求信息平台、分类广告、黄页服务、网络社区等。

1.供求信息平台。供求信息平台是目前应用最为普遍和有效的三大网络推广方式之一。目前,国内成熟的 B2B 供求平台,如阿里巴巴;还有政府部门建立的电子商务平台,如新疆农产品流通公共信息服务平台等。

2.网络分类广告。网络分类广告是网络广告中比较常见的形式,它具有形式简单、费用低廉、发布快捷、信息集中、便于查询等优点。可以分为两大类:专业的分类广告网站和综合性网站开设的频道或栏目。

3.网上黄页。在线黄页服务来源于电话号码黄页,是指企业名录和简介,通常具有一个网页,企业用来发布基本信息,如产品介绍、企业新闻、联系方式,可以发布一定数量的文字和图片信息。与电话黄页相比,在线黄页有更多的优越性,如企业信息可以随时更新,便于用户检索等。典型的黄页服务如新浪企业黄页,3721 企业名片服务等。

4.网络社区。网络社区包括 BBS/论坛、讨论组、聊天室、博客等形式的网上交流空间。同一主题因为集中了具有共同兴趣、爱好的访问者,不仅具备了交流的功能,实际上也成为一种营销场所和工具。

5.邮件营销。电子邮件营销是在用户事先许可的前提下,通过电子邮件的方式向目标用户传递有价值信息的一种网络营销手段。e-mail 营销有三个基本因素:基于用户许可,通过电子邮件传递信息,信息对用户是有价值的。而基于用户许可的 e-mail 营销与滥发邮件(spam)不同,它具有明显优势,比如可以减少广告对用户的滋扰、增加潜在客户定位的准确度,增强与客户的关系,提高品牌忠诚度等。

（二）在线销售

企业无论是否拥有网站，都可以利用网上商店、网上拍卖等方式开展网上销售工作，让互联网真正成为企业新型的销售渠道。

1．网上商店。网上商店是指建立在第三方提供的电子商务平台上的，由商家自行开展电子商务的一种形式。现在大多数门户网站和专业电子商务公司都提供网上商店平台服务，如淘宝、京东、当当等。

2．网上拍卖。网上拍卖是电子商务领域比较成功的一种商业模式，是个人对个人（C2C）电子商务的一种具体表现形式。淘宝网也从网上拍卖开始逐渐发展成为包括C2C、B2B、B2C为一体的电子商务平台，为个人和中小企业开展电子商务提供了极大的便利。

六、网络团购促销

网络团购是电子商务的一种模式，该模式最早起源于美国的Groupon，在国内始发于北京、上海、深圳等城市，目前已经在全国各大城市迅速发展起来。

（一）网络团购优势

1．网络团购。网络团购是指一定数量的消费者通过互联网渠道组织成团，如消费者自行组团、专业团购网站、商家组织团购等形式，以折扣购买同一种商品。其根本特征就在于借助互联网的凝聚力量来聚集资金，以满足数量折扣要求的动态定价机制，可以提高用户的议价能力，极大幅度地获得商品让利。

2．网络团购的优势。目前传统农产品销售面临着销售渠道比较单一、流通环节繁多、农产品物流跟不上市场需求等问题。与传统市场渠道相比，网络团购模式具有凸显竞争力、拓宽市场、增加市场份额等优势。因此，网络团购应用到农产品销售中，是网络团购发展的必然结果（案例10-12）。

案例 10-12

农产品网络团购成为农产品促销的新模式

2011年7月8日、15日，"聚蕉行动"公益团购活动在全国九大城市启动，得到广大网友的积极响应。将网络草根力量汇集起来的"聚蕉行动"，不但成为中国网络公益团购的一个成功案例，也为农产品营销、开拓渠道提供了新思路。公益团购充分发挥了网络平台的作用，借用线上和线下资源将处于困境的蕉农与愿意献爱心的消费者对接起来。同时也为企业整合多方资源搭建了平台，将现代电子商务与农业产业巧妙结合，提供了一种可操作、可推广的模式。其实"聚蕉行动"高效快速的反应背后，是营销策划团队的巧妙"操盘"。像新疆哈密瓜、海南芒果等具有地域特色的农产品，往往有很大的议价空间，可以通过发掘产品文化底蕴、提升产品的附加值来扩大赢利空间。因此，用团购模式来推销农产品，实现多赢才能让新模式可持续发展。

资料来源：三农直通车综合报道，经作者改编

（二）网络团购的模式

目前的农产品网络团购形式大体可分为三种：

1.自发组织的农产品网络团购。该模式中所有参与网络团购的都是消费者，组织者作为消费者之一通过网络将零散的消费者组织起来，以团体的优势与销售者谈判，从而获得比单个消费者优越的购买条件。该模式的核心是消费者对某一商品具有相同的需求，通过对商品要求、数量、价格等因素达成一致，自发组团（见图10-5）。

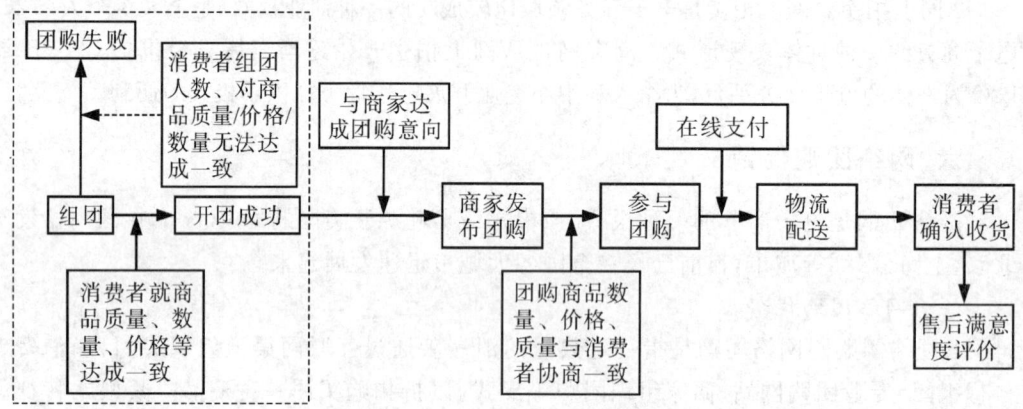

图10-5　自发组织的农产品网络团购流程

2.销售商通过网络组织消费者团购。销售者或者是农产品生产者通过网络发布团购信息，邀请消费者参与团体采购，而销售者自愿将价格降低到比单个采购更低的水平。因为消费者采购数量大，从而也保证了销售者的更大利润（见图10-6）。

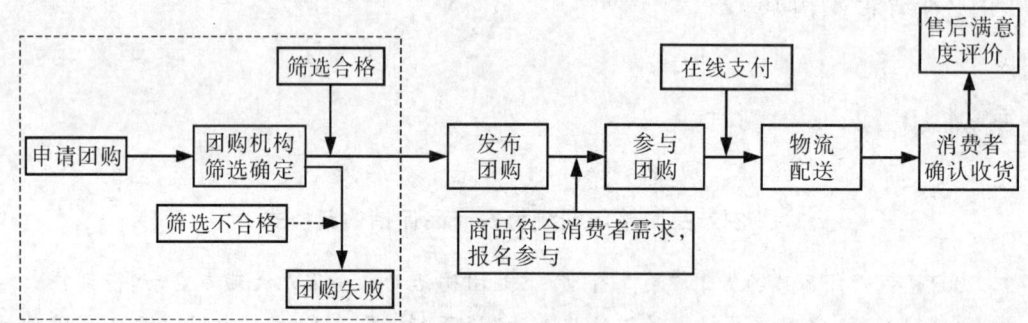

图10-6　销售商组织的网络团购流程

3.专业团购组织通过网络组织团购。为了帮助消费者购买而提供服务的组织发起网络团购，现已成为团购市场的主流模式。该种模式的建立要求有第三方专业团购团队和过硬的团购素质，对农产品市场信息搜集要及时准确（见图10-7）。

（三）运行条件

1.网络销售平台要与农业企业或种养殖大户直接对接，才能掌握农产品品种、上市时间、上市数量等第一手信息；

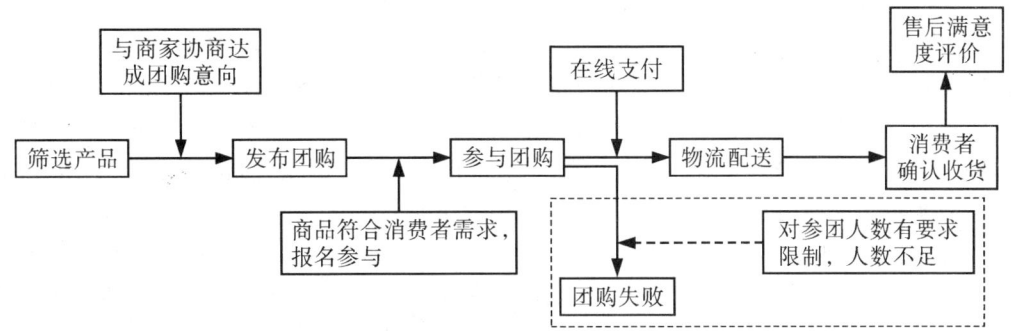

图 10-7　专业团购组织通过网络组织团购流程

2.农产品生产经营者和网站、超市需建立起守信、互信的关系,保持长期稳定的合作;
3.网络销售平台要建立起一套质量标准体系,保证农产品品质;
4.网络销售平台必须要有一支专业的营销服务队伍,做到上联客户、下接基地。

七、农产品拍卖

农产品拍卖是国际通行的一种商品交易行为,世界上发达国家和地区农产品价格的形成绝大部分是在拍卖市场中形成的。商务部2011年发布的《关于"十二五"期间促进拍卖业发展的指导意见》提出,要积极探索农产品拍卖,制定相应的鼓励发展政策,选择具备条件的地区,有计划地建立农产品拍卖市场,选择适合拍卖交易的农产品品种,探索进行拍卖交易,逐步推动拍卖成为大宗农产品流通的重要交易方式;鼓励中西部地区发展粮食、蔬菜、花卉、辣椒等特色农产品拍卖;发展电子化、信息化的拍卖方式。拍卖交易是我国农产品批发市场的创新方向,大量批发市场将引入拍卖制。

(一)农产品拍卖的内涵

农产品拍卖是指采用公开竞价的方式实现农、林、牧、副、渔产品的交易。按照国际惯例,粮食、棉花、水果、鲜花、茶叶、畜产品和水产品等农产品适于采用拍卖实现成交。农产品拍卖能有效地在同一时间集中客商,在最短时间内以最公平的价格出售农产品,降低农产品上市风险,极大地节约了交易成本(案例10-13)。

案例 10-13

山东农产品电子拍卖第一槌

2012年5月22日,山东省农产品电子拍卖敲响第一槌。拍卖采取现场与网络同步拍卖的方式,15位竞拍人中12人参加现场拍卖,3人通过网络参加电子拍卖。参加竞拍的300克日照绿茶"碧波银针"最终以9.8万元的天价拍出,另300克"碧波春"随后也拍出7.1万元的高价。

资料来源:农博网,2012年05月23日

(二)农产品拍卖标的的特点

1.易损耗性。由于很多农产品水分含量大、保鲜冷藏要求高,易腐烂容易变质、不易长期储存,需要快速处理。而拍卖方式的快捷性正适合农产品的这一特点。2011年山东省实现拍卖成交额865亿元,同比增长23%,位居全国第一,并正在积极开拓农产品拍卖市场。目前山东全省绝大多数拍卖企业已具备了网上拍卖的条件,部分拍卖企业已在网上组织实施了网络拍卖。同时,将逐步推进拍卖企业集团化。

2.价格的客观稳定性。农产品产地遍布全国各地,极易受天气状况和运输储藏等各种条件的影响,再加上市场供求矛盾和长期的垄断散乱的交易,使得我国农产品价格很不稳定,变动幅度较大。拍卖的介入,使得农产品以"标的"的方式进行公平、公开的竞价交易,根据市场的实际需求确定合理的价格。

3.快速便捷的服务需求。农产品是生活必需品,价值较低且数量较大,加之农产品的易损耗性,使得农产品标的需具备简便快捷的服务和相配套的硬件设施。从农产品标的的供货验收,到现场拍卖、货品分流,再到财务结算、仓储运输等都要快速便捷,防止农产品标的被无形地损耗。

4.健全的制度和品质保证。标的的品质保证是农产品拍卖简便快捷的前提,政府部门对农产品质量标准控制和检测的制度规章是根本性保障。农产品拍卖交易市场所设立的质检中心,需严格按照规章制度对供货商的拍卖标的进行检验。

(三)农产品拍卖主要方式

1.现货移动拍卖。也称现货现场拍卖,拍卖时人动货不动,在拍卖师的引导下,面对特定的一批批农产品,由竞买人竞相加价,直到无人加价时,拍卖时口头宣布成交,由买家签署成交确认书,然后拍卖下一批农产品。现货移动拍卖直观、便捷,适合于初级农产品拍卖市场,目前国内多采用该方式。

2.样品拍卖。样品拍卖即在固定的场所举办拍卖会,工作人员把等级相同、质量一致、同一批货物的农产品取样品当众向竞买人展示,然后进行拍卖的方式。样品拍卖操作简单、易于成交,适合于小批量、同种类农产品拍卖。

3.电子钟拍卖。拍卖会场中与电脑连接的电子钟显示竞价阶梯,与之相连的电子显示屏显示农产品的产地、品种、数量、价格。拍卖时,电子钟启动,并按逆时钟方向转动,价格由高向低回落,竞买人若接受当前价格,按动按钮电子钟停止走动,与之相连的电子显示屏则锁定价位,拍卖即告成交。电子钟拍卖在于借助先进的电子技术,快速成交,适合于发展较为完善、成熟的农产品拍卖市场,是目前国际通用的拍卖方式。

(四)农产品拍卖程序

1.委托。拍卖人在接受农产品供货商的委托时,应对产地供货商的供货资格进行考察,筛选出合格的产地供货商,并与具备供货条件的供货商签订短期供货合同。并在质检理货后,由理货员开具《委托拍卖合同书》,并根据收购价、运输费、佣金、毛利以及近日成交价与供货商协商制定拍卖保留价。

2.检验理货。按照与农产品供货商签订的合同,将协议规定的供货品种卸在指定的区域内。并根据相关的市场质检规定,对进入拍卖市场的农产品进行分批、分品种、分产地的检验,把农药含量超标或不符合质检标准的品种排除在市场之外。然后,在理货员的组织下对拍卖标的进行分级、分品种理货、挂标牌,注明产地、数量、代码编号。

3.发布拍卖公告。农产品拍卖市场必须要有市场信息、拍卖公告发布系统,农产品拍卖公告不可能在拍卖日七天前发布,应每天发布拍卖公告,反映当日拍卖成交的价格、数量、品种、产地等重要市场信息,以便于供货商根据市场行情和价格趋势,调整供货品种、供货数量,从而提高经济效益。

4.拍品展示。承销商凭借资格证明,在拍卖前数小时内对所拍卖的农产品的数量、质量、产地、品种进行了解,根据以往每天的销售情况,选定自己需要的品种和数量。

5.登记竞买。已获得资格证明的承销商,凭身份证或有效证件办理竞买登记手续,交付拍卖保证金,领取竞买号牌或席位资格证明。在拍卖师的主持下,承销商参与农产品竞价。拍卖师对竞买人的最高应价宣布成交后,开票员当场开具农产品《拍卖成交确认书》,交付承销商,承销商签字后作为销售凭证,以此作为财务结算的依据。

6.结账提货。承销商到财务结算中心付款结算,在理货员的协助下,完成交割、提货,搬运工把承销商当天购买的农产品运送到承销商指定档口或者铺位。

7.委托人结算。拍卖成交后,供货商凭《委托拍卖合同书》《拍卖成交确认书》到财务处结算并领取货款。对于未成交的农产品,供货商根据市场行情,可以在服务人员的协助下,把剩余部分农产品存放在拍卖市场的冷库或保鲜库储存,第二天再次拍卖。也可以把剩余部分运往其他农产品批发市场自行销售。

案例 10-14

茶叶拍卖对产业发展影响深远

在2013年6月初举行的翰海大型春拍中将开辟"名优茶专场拍卖",这将是国内首次由拍卖公司推出的茶叶专场拍卖会。茶叶拍卖交易是国际茶叶贸易的通行方式,国际上70%以上的茶叶贸易通过拍卖成交。世界上茶叶出口最多的几大国家,如出口量第一的肯尼亚、第三的印度和第四的斯里兰卡,都采取拍卖方式。茶叶拍卖是我国茶叶营销模式的一次创新,通过拍卖平台,对及时准确传递茶叶市场信息,从而为茶业产前、产中、产后提供全过程的信息服务,使茶产业健康有序发展具有重要意义。中国茶叶拍卖未来的市场前景是非常可观的。由于农产品有其共性,茶叶拍卖对其他农产品有借鉴性意义。农产品通过拍卖的形式可以起到价格发现、品质保证、规避风险等作用,违规企业在高透明度下将无法生存,对产业发展、产品信誉度的提升都有很大帮助。

资料来源:中国经济时报,2013-04-26,经作者整理改编

第五节 农产品期货

随着我国农产品期货市场的发展,农产品期货投资者参与度不断提高,在引导种植业

结构调整、推进农业产业化和现代化、规避市场风险、保护农民利益等方面发挥了明显作用。2011年,我国农产品期货共成交5.73亿手,成交金额55.28万亿元,分别占期货市场总成交量和总成交金额的54%和40%。根据美国期货业协会(FIA)统计,2011年我国农产品期货成交量占全球农产品期市成交量的58%。

一、期货交易特点

期货交易(forward transaction)是指采用公开的集中交易方式或者国务院期货监督管理机构批准的其他方式进行的以期货合约或者期权合约为交易标的的交易活动。期货交易具有以下几个方面的基本特征。

(一)合约标准化

期货交易是通过买卖期货合约进行的,而期货合约是标准化的。期货合约标准化指的是除价格外,期货合约的所有条款都是预先由期货交易所规定好的,具有标准化的特点。期货合约标准化给期货交易带来极大便利,交易双方不需对交易的具体条款进行协商,节约交易时间,减少交易纠纷。

(二)交易集中化

期货交易是一种规范化的交易,有固定的交易程序和规则。期货交易所实行会员制,只有会员方能进场交易。那些处在场外的广大客户若想参与期货交易,只能委托期货经纪公司代理交易。所以,期货市场是一个高度组织化的市场,并且实行严格的管理制度,期货交易最终在期货交易所内集中完成。

(三)双向交易和对冲机制

双向交易是指期货交易者既可以买入期货合约作为期货交易的开端(称为买入建仓),也可以卖出期货合约作为交易的开端(称为卖出建仓),也就是通常所说的"买空卖空"。与双向交易的特点相联系的还有对冲机制,在期货交易中大多数交易并不是通过合约到期时进行实物交割来履行合约,而是通过与建仓时的交易方向相反的交易来解除履约责任。就是买入建仓之后可以通过卖出相同合约的方式解除履约责任,卖出建仓后可以通过买入相同合约的方式解除履约责任。期货交易的双向交易和对冲机制的特点,吸引了大量期货投机者参与交易,因为在期货市场上,投机者有双重的获利机会,期货价格上升时,可以低买高卖来获利,价格下降时,可以通过高卖低买来获利,并且投机者可以通过对冲机制免除进行实物交割的麻烦,投机者的参与大大增加了期货市场的流动性。

(四)杠杆机制

期货交易实行保证金制度,即交易者在进行期货交易时者需缴纳少量的保证金,一般为成交合约价值的5%~10%,就能完成数倍乃至数十倍的合约交易。期货交易的这种特点吸引了大量投机者参与期货交易。期货交易具有的以少量资金就可以进行较大价值额的投资的特点,被形象地称为"杠杆机制"。由于期货交易保证金制度的杠杆效应,使之具有"以小博大"的高收益高风险特点;交易者可以用少量的资金进行大宗的买卖,节省大量的流动资金。

(五)每日盯市制度

又称每日无负债结算制度,是指每日交易结束后,交易所按当日各合约结算价结算所有合约的盈亏、交易保证金及手续费、税金等费用,对应收应付的款项实行净额一次划转,相应增加或减少会员的结算准备金。经纪会员负责按同样的方法对客户进行结算。该制度实际上是对持仓合约实施的一种保证金管理方式。按正常的交易程序,交易所在每个交易日结束后,由结算部门先计算出当日各种商品期货合约的结算价格。

二、期货农业

期货农业是推进现代化大农业发展的有效途径。期货农业模式在欧美一些国家作为一种最主流的形式已经存在几十年时间。近年来,期货农业作为先找市场后生产的新型生产经营模式在我国黑龙江、湖北、河南等地逐渐兴起,利用了期货市场的价格发现和避险功能,创新地将期货市场与传统农业和订单农业相结合,实现了企业、农民专业合作组织、农民等经济主体的有效连接,提高了农业产业化和组织化程度,促进了农民增收,为发展现代化大农业带来了启示。

(一)期货农业的内涵

期货农业是指农产品订购合同、协议,也叫合同农业或契约农业,即将期货市场引入农产品种植、采购、加工、销售等生产经营过程中,涉农企业利用期货市场价格作为经营决策参考,更合理地确定订单价格;同时,通过参与期货市场套期保值,规避农产品价格波动风险,锁定利润。期货农业具有市场性、契约性、预期性和风险性的特点,较好地解决了订单农业中企业面临较大农产品价格波动风险的问题,弥补了订单农业的缺陷。

国内外有许多期货农业经营模式成功的范例,如美国政府将玉米生产与玉米期货期交易联系起来,积极鼓励和支持农民利用期货市场进行套期保值交易,以维持玉米的价格水平,替代政府的农业支持政策。通过玉米期货市场,美国已经成为全球玉米定价中心。我国已经有不少农产品已经实行了期货交易,如黑龙江省的大豆交易市场,天津市的红小豆交易市场,其中最引人注目的是河南省延津县的小麦交易成功地使用了期货农业模式。

(二)期货农业经营模式

与近几年农民专业合作社的快速发展相结合,涌现出了"白银模式"、"奥星模式"、"延津模式"等多种形式的"期货农业"经营模式。

1.黑龙江省望奎模式。为探索利用期货市场避险、促进农民增收的长效机制,大连商品期货交易所2005年在东北粮食主产区开展了"千村万户市场服务工程"。黑龙江省望奎县作为示范点,在大商所与大通期货公司的合作指导下,试点开展了"公司+农户、期货+订单"的期货农业生产经营模式。"公司+农户"是指由农户和村集体出资组建两家粮食经销公司,将农民与公司捆绑在一起,越过个人无法参与套期保值交易的障碍。"期货+订单"是指在种植季节,经销公司与非入股农户签订订单,约定粮食收获后以订单价格进行收购;同时为规避市场价格波动风险,经销公司在期货公司开立账户,存入保证金并进行套期保值操作。粮食收获后,如果现货市场粮价高于订单价格,农民可自愿销售;如果低于订单价,经销公司如期履约,农民按合同价出售粮食,农民基本处于无风险状态。

2.湖北省银丰模式。湖北省银丰实业集团公司是以棉花收购、加工为主要业务的企业集团,2001年建立了"农户+合作社+龙头企业+期货市场"经营模式。在银丰模式的示范带动下,湖北省期货农业发展迅速,目前有八成成规模的涉棉企业参与了期货市场,约三分之二的菜籽油企业参与期货交易。银丰模式与望奎模式操作原理基本相同,企业与农民签订收购订单,同时在期货市场上进行套期保值操作,规避价格风险。但不同的是,银丰模式中的农产品收购主体是加工企业,企业资金实力雄厚,期货操作更加专业,可持续发展能力强。另外,该模式中增加了合作社这一中间经济体,它一端连接企业,与企业集团直接签订订单,避免了企业集团与无数分散农民联系的烦琐,降低了信用风险;一端连接农民,为农民提供专业的生产指导和统一的收购服务,提高了农民的生产效率。以湖北银丰集团为例,2004年棉花期货上市后,该企业依托期货市场,采取"订单农业+期货市场"的经营模式,到2011年,在全省各主产棉区创办和领办棉花专业合作社26家,订单植棉面积18.2万亩,带动了2万多户农民,集团营业收入达47亿元。

3.河南省延津金粒模式。河南省延津县金粒麦业有限公司是以粮油购销、种子经营、粮食深加工等为主营业务的综合型企业。公司探索建立"公司+专业协会+农户"和"订单+期货"的经营模式,发起成立了全县小麦协会。通过400多个中心会员(中心会员以行政村为单位)向全县10万多农户实行供种、机播、管理、机收和收购"五统一"。企业以高于市场价0.05分/斤至0.06分/斤的价格与农民签订优质小麦订单,同时通过期货市场进行套期保值,并根据在期货市场套期保值的收入情况,对参与订单的农民进行二次分配。企业运用这种经营方式走出了一条加快推进粮食产业化经营的新路子,实现了优质专用小麦生产标准化、布局区域化、营销现代化和运作产业化,达到了农民增收、企业增效、产业发展的目的。

三、农产品期货品种

农产品是最早构成期货交易的商品。目前全球农产品期货价格比较有影响力的是芝加哥商品交易所和纽约商品交易所,并大大增强了美国对全球主要农产品的定价权。尤其是芝加哥期货交易所是农产品期货的主要集中地。

(一)期货品种分类

我国期货市场已经上市的农产品期货有早籼稻等15个品种,占上市期货品种数量的近一半,覆盖了粮棉油等农产品系列,具体包括以下4大类:

1.粮食期货,主要有小麦期货、玉米期货、大豆期货、豆粕期货、红豆期货、大米期货、花生仁期货等;

2.经济作物类期货,主要有原糖、咖啡、可可、橙汁、棕榈油和菜籽期货;

3.畜产品期货,主要有肉类制品和皮毛制品两大类期货;

4.林产品期货,主要有木材期货和天然橡胶期货。

(二)期货发展趋势

1990年,我国国内开始引入期货交易机制以来,农产品上市品种不断增多,交易和交割制度也不断完善,在指导现货价格方面发挥了重要作用。截至目前,国内三大商品期货交易所累计上市农产品期货品种15个,占商品期货市场的一半。2013年中央1号文件,明确提出要"加强农产品期货市场建设,适时增加新的大宗农产品期货品种,培育具有国内外影响力的农产品价格形成和交易中心"。

1.在品种创新方面,推出更多小合约产品。农产品是大连期货市场的重要品种板块,

第十章 农产品经营业态

2012年农产品期货交易量占交易所各品种交易份额的82.36%,2013年大连商品交易所将开发上市更多农产品品种,完善农产品品种体系,拓展服务产业的覆盖面。继2012年12月推出玻璃、油菜籽、菜籽粕三个新期货品种之后,郑州商品交易所表示,目前正在准备的涉农产品有粳稻、晚籼稻、干茧、生丝、花生、花生油、土豆、尿素、棉纱等,其中,土豆、粳稻、晚籼稻、尿素已经向证监会申请立项。同时,他们正在积极推动鸡蛋和木材等期货上市交易,鸡蛋、木材期货已经立项(案例10-15)。此外,大连商品交易所还在研究设计生猪、肉鸡等畜禽产品,化肥等农资品种。

案例 10-15

大商所鸡蛋期货合约获批

证监会日前批准大商所上市鸡蛋期货合约,以进一步健全农产品期货品种体系,满足现货企业的实际需求。鸡蛋是我国重要的畜牧产品,产量约占我国禽蛋总产量的84%,人均年消费量约18公斤。2012年我国鸡蛋总产量约为2 430万吨,约占全球总产量的36.5%,近5年的平均市场规模约1 856亿元,已连续28年保持全球第一位。我国鸡蛋主要以鲜鸡蛋的形式消费,53%为家庭消费,28%为户外消费(包括餐饮行业和企业食堂消费),19%为工业消费(包括保洁蛋、食品行业及深加工等)。鸡蛋贸易大体是从产量较大的豫、冀、鲁、辽等省运往华南、东南沿海省份以及京津沪等城市,物流流向明晰。2012年我国鸡蛋出口量为7万吨,主要出口港澳地区。近年来,受饲料、季节等因素影响,我国鸡蛋价格波动幅度较大,对鸡蛋生产、贸易、加工等环节的正常经营造成较大影响。上市鸡蛋期货有利于进一步完善鸡蛋价格体系,健全鸡蛋价格形成机制,有助于鸡蛋市场的平稳运行,同时为鸡蛋生产、贸易和消费企业提供必要的避险工具,推进鸡蛋产业化、规模化经营,促进现货企业的稳健发展。

资料来源:证券时报网,2013年10月6日

2.在合约和制度设计上尽可能贴近现货。合约单位大小适中,可以便于产业群体参与。交割方式的选择应适合现货贸易习惯。交割仓库的设置应更符合物流特点,使期货价格更好地反映现货市场供求。通过研究推出农产品期货指数产品、相关农产品期货期权等,为涉农企业和"三农"发展提供更广泛的避险渠道和服务工具。

3.不断完善现有合约规则制度。根据实体经济需要和市场发展现状,对已上市相关农产品期货品种进行梳理,对品种的合约规则、保证金标准、交割仓库设置等不断进行修改完善。在大豆、棕榈油等品种合约规则修改完善基础上,进一步研究玉米等其他已上市合约的修改,研究推动大豆等部分农产品在产区增设交割库,以交割时考虑客户意向和提升交割效率、降低交割成本为方向,进一步修改完善现有交割制度,做深做细现有品种,提升对农业产业和实体经济的服务能力。

第十一章　农产品标准化管理

农产品标准化成阻碍农超对接重要门槛

农超对接是指农户和商家签订意向性协议书,由农户向超市、菜市场和便民店直供农产品的新型流通方式。然而,在具体实行的过程中,农超对接目前最大的困难是农产品的标准问题。

第一,超市对农产品的要求特别多,一般需要有条码、商标,并要求是包装商品。同时每个超市的要求也不一样。调查发现,我国有的超市标准一般为:不合格率在3%以内的农产品是可以接受;不合格率在4%~10%,就会发生退货现象;如果超过10%,超市就拒收。像联华、华润万家和乐购等大型超市,产品质量标准是他们选择合作对象时首先考虑的条件之一。

第二,农产品标准化太低是阻碍农超对接顺利推广的重要因素。由于我国农民种蔬菜的方式延续的是几千年的习惯,大部分农民都不知道怎样才能将产品做到标准化。而超市是从发达国家移植过来的,在发达国家的农业已经达到非常高的标准化上的基础上,他们的蔬菜才能达到70%都在超市销售。目前我国农产品标准化程度还很低,广大农民仍采用传统的生产方式,无法适应和满足超市的采购标准。想要通过中国传统的方式将农产品标准化是很困难的,而农超对接恰好可以通过市场形势让农民接受标准化这个概念。

资料来源:沈阳报道,2011-11-23,经作者整理改编

第一节　农业标准化与食品安全

农业标准化是现代农业的重要内容,是规范农业生产、转变增长方式的必然要求。没有农业标准化,就不能改变一家一户一块地的小农经济生产组织形式,就不可能有农业专业化、规模化和市场化。

一、农业标准化

农业标准化是指以农业和农产品为对象的标准化活动,把农业产前、产中、产后各个

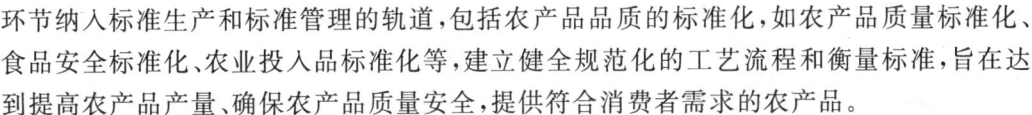

环节纳入标准生产和标准管理的轨道,包括农产品品质的标准化,如农产品质量标准化、食品安全标准化、农业投入品标准化等,建立健全规范化的工艺流程和衡量标准,旨在达到提高农产品产量、确保农产品质量安全,提供符合消费者需求的农产品。

(一)农业标准化的内容

农业标准化的主要内容就是规范农业生产,形成农产品的开发、生产、加工、销售一条龙格局,走专业化、市场化发展的道路。农业标准化的内容十分广泛,主要有以下八项内容:

1.农业基础标准。农业基础标准是指在一定范围内作为其他标准的基础并普遍使用的标准,主要是指在农业生产技术中所涉及的名词、术语、符号、定义、计量、包装、运输、贮存、科技档案管理及分析测试标准等。

2.种子、种苗标准。它主要包括农、林、果、蔬等种子、种苗、种畜、种禽、鱼苗等品种种性和种子质量分级标准、生产技术操作规程、包装、运输、贮存、标志及检验方法等。

3.产品标准。产品标准是指为保证产品的适用性,对产品必须达到的某些或全部要求制定的标准。主要包括农林牧渔等产品品种、规格。质量分级、试验方法、包装、运输、贮存、农机具标准、农资标准以及农业用分析测试仪器标准等。

4.方法标准。方法标准是指以试验、检查、分析、抽样、统计、计算、测定、作业等各种方法为对象而制订的标准。包括选育、栽培、饲养等技术操作规程、规范、试验设计、病虫害测报、农药使用、动植物检疫等方法或条例。

5.环境保护标准。环境保护标准是指为保护环境和有利于生态平衡、对大气、水质、土壤、噪声等环境质量、污染源检测方法以及其他有关事项制定的标准。例如水质、水土保持、农药安全使用、绿化等方面的标准。

6.卫生标准。卫生标准是指为了保护人体和其他动物身体健康,对食品饲料及其他方面的卫生要求而制定的农产品卫生标准。主要包括农产品中的农药残留及其他重金属等有害物质残留允许量的标准。

7.农业工程和工程构件标准。它是指围绕农业基本建设中各类工程的勘察、规划、设计、施工、安装、验收,以及农业工程构件等方面需要协调统一的事项所制定的标准。如塑料大棚、种子库、沼气池、牧场、畜禽圈舍、鱼塘、人工气候室等。

8.管理标准。管理标准是指对农业标准领域中需要协调统一的管理事项所制定的标准,如标准分级管理办法、农产品质量监督检验办法及各种审定办法等。

(二)农业标准等级

我国的标准依据《中华人民共和国标准化法》的规定,按照适用范围将标准划分为国家标准、行业标准、地方标准和企业标准等4个层次。各层次之间有一定的依从关系和内在联系,形成一个覆盖全国又层次分明的我国标准体系。

1.国家标准。国家标准是指由国家标准化主管机构批准发布,对全国经济、技术发展有重大意义,且在全国范围内统一的标准。国家标准是在全国范围内统一的技术要求,由国务院标准化行政主管部门编制计划,协调项目分工,组织制定(含修订),统一审批、编号、发布。法律对国家标准的制定另有规定的,依照法律的规定执行。随着社会的发展,国家需要制定新的标准来满足人们生产、生活的需要。国家标准的年限一般为5年,过了年限后,国家标准就要被修订或重新制定。因此,标准是一种动态信息。

2.行业标准。由我国各主管部、委(局)批准发布,在该部门范围内统一使用的标准,称为行业标准。行业标准分为强制性标准和推荐性标准。如农业产品及产品生产、储运和使用中的安全、卫生行业标准属于强制性标准。推荐性行业标准的代号是在强制性行业标准代号后面加"/T",例如农业行业的推荐性行业标准代号是 NY/T。

3.地方标准。又称为区域标准,是指对没有国家标准和行业标准而又需要在省、自治区、直辖市范围内统一的工业产品的安全、卫生要求,可以制定地方标准。地方标准由省、自治区、直辖市标准化行政主管部门制定,并报国务院标准化行政主管部门和国务院有关行政主管部门备案,在公布国家标准或者行业标准之后,该地方标准即应废止。地方标准属于我国的四级标准之一。如 2012 年 12 月,太原市 42 个无公害农产品生产技术规程有了地方标准,涉及粮油类作物谷子、大豆等 7 个,番茄、黄瓜等蔬菜作物 29 个,葡萄等果树类 5 个,食用菌(白灵菇)1 个。

4.企业标准。企业标准虽然是我国标准体系中最低层次的标准,但这不是从标准的技术水平的高低来划分的。企业标准是对企业范围内需要协调、统一的技术要求,管理要求和工作要求所制定的标准。企业标准由企业制定,由企业法人代表或法人代表授权的主管领导批准、发布。企业标准一般以"Q"标准的开头。

(三)农业标准的性质

我国国家标准、行业标准分为强制性标准和推荐性标准,地方标准涉及安全卫生的技术要求属于强制性标准。强制性国标(GB)是保障人体健康、人身、财产安全的标准和法律及行政法规规定强制执行的国家标准;推荐性国标是指生产、检验、使用等方面,通过经济手段或市场调节而自愿采用的国家标准。但推荐性国标(GB/T)一经接受并采用,或各方商定同意纳入经济合同中,就成为各方必须共同遵守的技术依据,具有法律上的约束性。如 2001 年 9 月国家质检总局发布了 8 项有关农产品安全质量的国家标准,并于 2001 年 10 月 1 日起实施无公害农产品国家标准,包括蔬菜、水果、畜禽肉、水产品 4 类农产品,每一类农产品都有"安全要求"和"产地环境要求"两个标准。这 8 项国家标准中,关于"安全要求"的 4 项标准是强制性的,关于"产地环境要求"的 4 项标准是推荐性的。

(四)农产品流通标准化

农产品流通标准是建立在农产品质量安全标准基础之上,以农产品质量等级、包装、标识、采购、运输、贮藏、批发、零售等方面规范要求为主要内容的标准,从初级农产品生产加工到消费者消费整个过程的各个环节。我国涉及农产品流通的相关标准数量较多,但绝大部分是具体农产品的贮藏或冷藏运输方面的技术规程类标准,标准的适用范围较小。截止到 2011 年,我国制定的农产品,包括食用和非食用农产品流通的相关国家标准、行业标准和地方标准,以及农产品流通相关的国家标准制定修订计划 900 余项,形成了以食用农产品为主的农产品流通标准体系的雏形。

二、食品安全

(一)食品安全

食品安全是指食品无毒、无害,符合应当有的营养要求,对人体健康不造成任何急性、亚急性或者慢性危害。根据世界卫生组织的定义,食品安全是"食物中有毒、有害物质对人体健康影响的公共卫生问题"。它具体包括食物量的安全和食物质的安全。食物量的安全主要指能不能解决吃得饱的问题,食物质的安全是指确保食品消费对人类健康没有直接或潜在的不良影响。不同国家、不同时期,食品安全面临的突出问题和治理要求有所不同。在发达国家,食品安全所关注的主要是因科学技术发展所引起的问题,如转基因食品对人类健康的影响;在发展中国家,食品安全侧重市场经济发育不成熟所引发的问题,如假冒伪劣、有毒有害食品的非法生产经营等。

(二)QS认证

QS是食品质量安全(Quality Safety)的英文缩写,带有QS标志的产品就代表着经过国家的批准,所有的食品生产企业必须经过强制性的检验,合格且在最小销售单元的食品包装上标注食品生产许可证编号并加印食品质量安全市场准入标志("QS"标志)后才能出厂销售。没有食品质量安全市场准入标志的,不得出厂销售。自2004年1月1日起,我国首先在大米、食用植物油、小麦粉、酱油和醋五类食品行业中实行食品质量安全市场准入制度。

图 11-1　QS 标志图

(三)QS认证程序

1.申请阶段。从事食品生产加工的企业(含个体经营者),应按规定程序获取生产许可证。新建和新转产的食品企业,应当及时向质量技术监督部门申请食品生产许可证。省级、市(地)级质量技监部门在接到企业申请材料后,在15个工作日内组成审查组,完成对申请书和资料等文件的审查。企业材料符合要求后,发给《食品生产许可证受理通知书》。企业申报材料不符合要求的,企业从接到质量技术监督部门的通知起,在20个工作日内补正,逾期未补正的,视为撤回申请。

2.审查阶段。企业的书面材料合格后,按照食品生产许可证审查规则,在40个工作日内,企业要接受审查组对企业必备条件和出厂检验能力的现场审查。现场审查合格的企业,由审查组现场抽封样品。审查组或申请取证企业应当在10个工作日内(有特殊规定的除外),将样品送达指定的检验机构进行检验;经必备条件审查和发证检验合格而符合发证条件的,地方质量技监部门在10个工作日内对审查报告进行审核,确认无误后,将统一汇总材料在规定时间内报送国家质检总局;省级质量技监部门在送出汇总材料后,保证国家质检总局在 10 个工作日内能够收到该材料；国家质检总局收到省级质量技监部门上报的符合发证条件的企业材料的，在 10 个工作日内审核批准。

3. 发证阶段。经国家质检总局审核批准后，省级质量技监部门在 15 个工作日内，向符合发证条件的生产企业发放食品生产许可证及其副本。

4. 许可证相关时间。食品生产许可证的有效期为 3 年。不同食品其生产许可证的有效期限在相应的规范文件中规定。

①换证。在食品生产许可证有效期满前 6 个月内，企业应向原受理食品生产许可证申请的质量技术监督部门提出换证申请。质量技术监督部门应当按规定的申请程序进行审查换证。

②年审。对食品生产许可证实行年审制度。取得食品生产许可证的企业，应当在证书有效期内，每满 1 年前的 1 个月内向所在地的市（地）级以上质量技术监督部门提出年审申请。年审工作由受理年审申请的质量技术监督部门组织实施。年审合格的，质量技术监督部门应在企业生产许可证的副本上签署年审意见。

③变更。食品生产加工企业在食品原材料、生产工艺、生产设备等生产条件发生重大变化，或者开发生产新种类食品的，应当在变化发生后的 3 个月内，向原受理食品生产许可证申请的质量技术监督部门提出食品生产许可证变更申请。受理变更申请时，质量技术监督部门应当审查企业是否仍然符合食品生产企业必备条件的要求。企业名称发生变化时，应当在变更名称后 3 个月内向原受理食品生产许可证申请的质量技术监督部门提出食品生产许可证更名申请。

（四）QS 认证的范围和费用

1. QS 认证范围：①所有经过加工的食品（现做现买的、初级加工的产品不在此范围）；②化妆品；③塑料和纸包装容器；④食用化工产品；⑤食品加工用的相关设备；⑥牙膏。

2. QS 认证费用

①申请费用：2 200/单元。同时申请两个含两个以上的，每加一个加收 20%。

②检验费用：按照各省标准执行。同时，咨询费另计。

③咨询服务费用：按咨询机构标准执行，一般为 12 000~15 000 元，包括企业标准备案咨询费用。

第二节　三品一标认证

从生产的数量、市场占有率角度看，无公害农产品、绿色食品和有机农产品依次由大到小，生产技术的难度和对环境的要求它们依次从低到高。

一、无公害农产品

无公害农产品是保证人们对食品质量安全最基本的需要，是最基本的市场准入条件。

(一)无公害农产品标准构成

无公害农产品是指产地环境符合无公害农产品的生态环境质量,生产过程符合规定的农产品质量标准和规范,有毒有害物质残留量控制在安全质量允许范围内,安全质量指标符合《无公害农产品(食品)标准》的农、牧、渔产品(食用类,不包括深加工的食品),经专门机构认定,许可使用无公害农产品标识的产品。这类产品生产过程中允许限量、限品种、限时间地使用人工合成的安全的化学农药、兽药、肥料、饲料添加剂等,它符合国家食品卫生标准,但比绿色食品标准要宽。

无公害农产品标准是无公害农产品认证和质量监管的基础,其结构主要由环境质量、生产技术、产品质量标准三部分组成,其中产品标准、环境标准和生产资料使用准则为强制性国家及行业标准,生产操作规程为推荐性国家行业标准。2001年,农业部启动了"无公害食品行动计划",认证企业和产品的数量与质量都有了很大的提高。据农业部农产品质量安全中心统计,截至2013年第1季度,无公害农产品认证有效证书数量为63 615张。

(二)无公害农产品认证

无公害农产品认证是为保障农产品生产和消费安全而实施的政府质量安全担保制度,属于政府行为、公益性事业,不收取任何费用。

1.含义。无公害农产品认证是由农业部农产品质量安全中心依据认证认可规则和程序,按照无公害农产品质量安全标准,对未经加工或初加工的食用农产品产地环境、农业投入品、生产过程和产品质量等环节进行审查验证,向经评定合格的农产品颁发无公害农产品认证证书,并允许使用全国统一的无公害农产品标志的过程。无公害农产品标志图案由麦穗、对勾和无公害农产品字样组成(图11-2),麦穗代表农产品,对勾表示合格,金色寓意成熟和丰收,绿色象征环保和安全。

图11-2 无公害农产品标志

2.认证性质。无公害农产品认证执行的是无公害食品标准,认证的对象主要是百姓日常生活中离不开的"菜篮子"和"米袋子"产品。也就是说无公害农产品认证的目的是保障基本安全,满足大众消费,是政府推动的公益性认证。

3.认证方式。无公害农产品认证采取产地认定与产品认证相结合的方式,运用了"从农田到餐桌"全过程管理的指导思想,打破了过去农产品质量安全管理分行业、分环节管理的理念,强调以生产过程控制为重点,以产品管理为主线,以市场准入为切入点,以保证最终产品消费安全为基本目标。无公害农产品产地认定与产品认证审批事项是对申报种植业、畜牧业无公害农产品产地认定与产品认证项目进行审核,审核其产地环境、生产过程、产品质量是否符合农业部无公害农产品相关标准和规范的要求。

(1)产地认定是对农业生产过程的检查监督行为,主要解决产地环境和生产过程中的质量安全控制问题,是产品认证的前提和基础;

(2)产品认证是对管理成效的确认,包括监督产地环境、投入品使用、生产过程的检查及产品的准入检测等方面,主要解决产品安全和市场准入问题。

4.技术制度。无公害农产品认证推行"标准化生产、投入品监管、关键点控制、安全性保障"的技术制度。从产地环境、生产过程和产品质量三个重点环节控制危害因素含量,保障农产品的质量安全。

(三)认证申请程序

1.省农业行政主管部门组织完成无公害农产品产地认定(包括产地环境监测),并颁发《无公害农产品产地认定证书》。

2.省级承办机构接收《无公害农产品认证申请书》及附报材料后,审查材料是否齐全、完整,核实材料内容是否真实、准确,生产过程是否有禁用农业投入品使用不规范的行为;

3.无公害农产品定点检测机构进行抽样、检测。

4.农业部农产品质量安全中心所属专业认证分中心对省级承办机构提交的初审情况和相关申请材料进行复查,对生产过程控制措施的可行性、生产记录档案和产品(检测报告)的符合性进行审查。

5.农业部农产品质量安全中心根据专业认证分中心审查情况,组织召开"认证评审专家会"进行最终评审。

6.农业部农产品质量安全中心颁发认证证书、核发认证标志,并报农业部和国家认监委联合公告。

二、绿色食品

(一)绿色食品标识

1.绿色食品概念。绿色食品是指产自优良生态环境、按照绿色食品标准生产、实行全程质量控制并获得绿色食品标志使用权的安全、优质食用农产品及相关产品。我国绿色食品于1990年由农业部发起,1992年农业部成立中国绿色食品发展中心,1993年农业部发布了《绿色食品标志管理办法》,2012年10月1日起施行新版《绿色食品标志管理办法》,同时废止《绿色食品标志管理办法》(1993农(绿)字第1号)。据中国绿色食品发展中心统计,截至2013年第1季度,绿色食品认证有效证书数量为14 477张。

2.绿色食品标识。绿色食品标志是由绿色食品发展中心在国家工商行政管理总局商标局正式注册的质量证明标志。1990年5月,中国农业部正式规定了绿色食品的名称、标准及标志。它由三部分构成,即上方的太阳、下方的叶片和中心的蓓蕾,象征自然生态;颜色为绿色,象征着生命、农业、环保;图形为正圆形,意为保护。A级绿色食品标志与字体为白色,底色为绿色;AA级绿色食品标志与字体为绿色,底色为白色(图11-3)。

图 11-3　绿色食品标志(左为 A 级,右为 AA 级)

绿色食品标志使用证书是申请人合法使用绿色食品标志的凭证,应当载明准许使用的产品名称、商标名称、获证单位及其信息编码、核准产量、产品编号、标志使用有效期、颁证机构等内容。绿色食品标志使用证书分中文、英文版本,具有同等效力。

(二)绿色食品申请的条件

1.产品条件。申请使用绿色食品标志的产品,应当符合《中华人民共和国食品安全法》和《中华人民共和国农产品质量安全法》等法律法规规定,在国家工商总局商标局核定的范围内,并具备下列条件:

(1)产品或产品原料产地环境符合绿色食品产地环境质量标准;

(2)农药、肥料、饲料、兽药等投入品使用符合绿色食品投入品使用准则;

(3)产品质量符合绿色食品产品质量标准;

(4)包装贮运符合绿色食品包装贮运标准。

2.单位条件。申请使用绿色食品标志的生产单位(以下简称申请人),应当具备下列条件:

(1)能够独立承担民事责任;

(2)具有绿色食品生产的环境条件和生产技术;

(3)具有完善的质量管理和质量保证体系;

(4)具有与生产规模相适应的生产技术人员和质量控制人员;

(5)具有稳定的生产基地;

(6)申请前三年内无质量安全事故和不良诚信记录。

(三)绿色食品标准

绿色食品标准是由农业部发布的推荐性农业行业标准(NY/T),是绿色食品生产企业必须遵照执行的标准。绿色食品标准以"从土地到餐桌"全程质量控制理念为核心。绿色食品标准分为两个技术等级,即 A 级绿色食品标准和 AA 级绿色食品标准。

1. A级绿色食品标准要求。生产地的环境质量符合《绿色食品产地环境质量标准》，生产过程中严格按绿色食品生产资料使用准则和生产操作规程要求，限量使用限定的化学合成生产资料，并积极采用生物学技术和物理方法，保证产品质量符合绿色食品产品标准要求。

2. AA级绿色食品标准要求。生产地的环境质量符合《绿色食品产地环境质量标准》，生产过程中不使用化学合成的农药、肥料、食品添加剂、饲料添加剂、兽药及有害于环境和人体健康的生产资料，而是通过使用有机肥、种植绿肥、作物轮作、生物或物理方法等技术，培肥土壤、控制病虫草害、保护或提高产品品质，从而保证产品质量符合绿色食品产品标准要求。

（四）绿色食品认证程序

1. 申请认证企业向市、县（市、区）绿色食品办公室（以下简称绿办），或向省绿色食品办公室索取，或从网站（www.ahgreenfood.com）下载《绿色食品申请表》。

2. 市、县（市、区）绿办指导企业做好申请认证的前期准备工作，并对申请认证企业进行现场考察和指导，明确申请认证程序及材料编制要求，并写出考察报告报省绿办，省绿办酌情派员参加。

3. 企业按照要求准备申请材料，根据《绿色食品现场检查项目及评估报告》自查、草填，并整改，完善申请认证材料；市、县（市、区）绿办对材料审核，并签署意见后报省绿办。

4. 省绿办收到市、县（市、区）的考察报告、审核表及企业申请材料后，审核定稿。企业完成5套申请认证材料（企业自留1套复印件，报市、县绿办各1套复印件，省绿办1套复印件，中国绿色食品发展中心1套原件）和文字材料软盘，报省绿办。

5. 省绿办收到申请材料后，登记、编号，在5个工作日内完成审核，下发《文审意见通知单》，同时抄传中心认证处，说明需补报的材料，明确现场检查和环境质量现状调查计划。企业在10个工作日内提交补充材料。

6. 现场检查计划经企业确认后，省绿办派2名或2名以上检查员在5个工作日内完成现场检查和环境质量现状调查，并在完成后5个工作日内向省绿办提交《绿色食品现场检查项目及评估报告》、《绿色食品环境质量现状调查报告》。

7. 检查员在现场检查过程中同时进行产品抽检和环境监测安排，产品检测报告、环境质量监测和评价报告由产品检测和环境监测单位直接寄送中国绿色食品发展中心同时抄送省绿办。对能提供由定点监测机构出具的一年内有效的产品检测报告的企业，免做产品认证检测；对能提供有效环境质量证明的申请单位，可免做或部分免做环境监测。

8. 省绿办将企业申请认证材料（含《绿色食品标志使用申请书》、《企业及生产情况调查表》及有关材料）、《绿色食品现场检查项目及评估报告》、《绿色食品环境质量现状调查报告》、《省绿办绿色食品认证情况表》报送中心认证处；申请认证企业将《申请绿色食品认证基本情况调查表》报送中心认证处。

9. 中心对申请认证材料做出："合格"、"材料不完整或需补充说明"、"有疑问，需现场检查"、"不合格"的审核结论，书面通知申请人，同时抄传省绿办。省绿办根据中心要求指导企业对申请认证材料进行补充。

10. 对认证终审结论为"认证合格"的申请企业，中心书面通知申请认证企业在60个工作日内与中心签订《绿色食品标志商标使用许可合同》,同时抄传省绿办。

11.申请认证企业领取绿色食品证书。

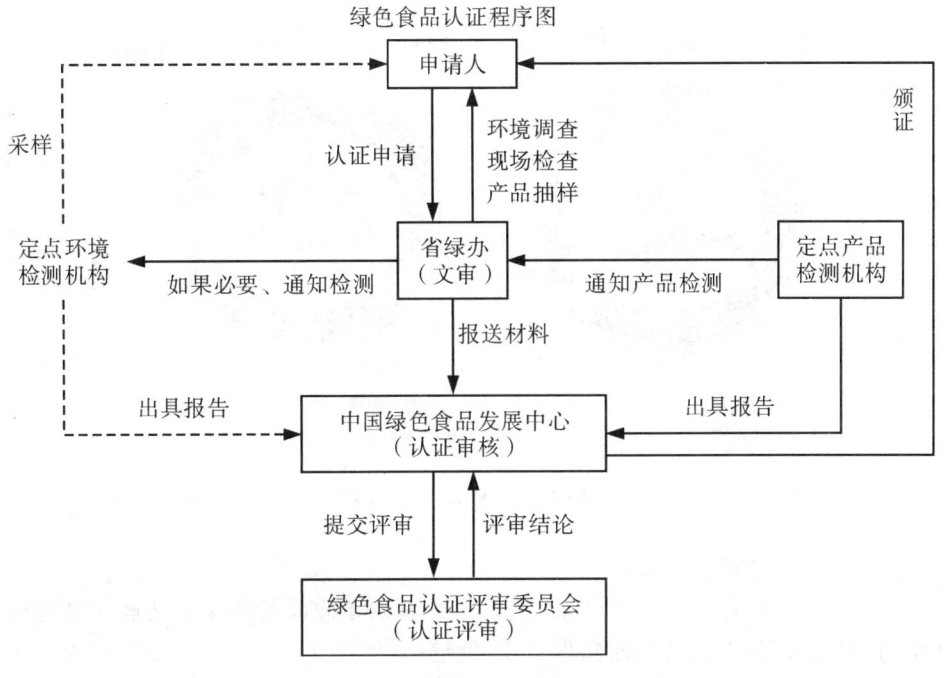

图11-4 绿色食品认证程序

(五)绿色食品管理

1.县级以上人民政府农业行政主管部门依法对绿色食品及绿色食品标志进行监督管理。

2.省级人民政府农业行政主管部门所属绿色食品工作机构负责本行政区域绿色食品标志使用申请的受理、初审和颁证后跟踪检查工作。

3.中国绿色食品发展中心负责全国绿色食品标志使用申请的审查、颁证和颁证后跟踪检查工作。

三、有机农产品

(一)有机农产品标识

有机农产品是纯天然、无污染、安全营养的食品,也可称为"生态食品"。它是根据有机农业原则和有机农产品生产方式及标准生产、加工出来的,并通过有机食品认证机构认证的农产品。有机农业的原则是在农业能量的封闭循环状态下生产,全部过程都利用农业资源,而不是利用农业以外的能源(化肥、农药、生产调节剂和添加剂等)影响和改变农业的能量循环。有机农业生产方式是利用动物、植物、微生物和土壤4种生产因素的有效循环,不打破生物循环链的生产方式。

中国有机产品认证标志分为中国有机产品认证标志和中国有机转换产品认证标志(见图11-5)。初次获得有机转换产品认证证书一年内生产的有机转换产品,只能以常规产品销售,不得使用有机转换产品认证标志及相关文字说明。据国家认证认可监督管理委员会统计,截至2013年第1季度,食品农产品有机认证有效证书数量为8 262张。

图11-5 有机产品标志

(二)有机农产品的发展历史

1.国外。发达国家农产品过剩与生态环境恶化的矛盾以及环保主义运动是有机农产品产生的背景。国际上有机食品起步于20世纪70年代,以1972年国际有机农业运动联盟的成立为标志。

2.国内。我国的有机农业起步于上世纪90年代,1994年,国家环保总局在南京成立有机食品中心,标志着有机农产品在我国迈出了实质性的步伐。但直至2003年,国家才颁布《认证认可条例》,使有机产品的认证走上规范化。2005年6月国家认监委发布《有机产品认证实施规则》,新版《有机产品认证实施规则》于2013年3月1日开始实施。

案例 11-1

承德"滦熙"梨通过2013年度国家有机产品认证

北京中安质环认证中心通过对"滦熙"梨的有机认证检查,使滦平县"滦熙"梨顺利通过2013年度国家有机产品认证。在此次认证检查中,北京谱尼测试中心随机抽取43块"滦熙"梨样地,检测内容分为26大项,内含28小项。有机认证的顺利通过,增强了果品销售市场的竞争力,为"滦熙"梨有机发展提供依据。目前,西沟乡注册了"滦熙"梨商标,并通过中国航天局的认可,成为中国航天局指定产品。他们还将以林果业为依托,着力谋划完善基础设施建设、提升林果产业文化内涵,努力将西沟打造成集踏青、赏花、采摘、休闲、娱乐于一体的农家旅游度假区。

资料来源:长城网,2013-08-29,经作者整理改编

（三）有机农产品与其他农产品的区别

1.有机农产品在生产加工过程中禁止使用农药、化肥、激素等人工合成物质,并且不允许使用基因工程技术;其他农产品则允许有限使用这些物质,并且不禁止使用基因工程技术。

2.有机农产品在土地生产转型方面有严格规定。考虑到某些物质在环境中会残留相当一段时间,土地从生产其他农产品到生产有机农产品需要 2~3 年的转换期,而生产绿色农产品和无公害农产品则没有土地转换期的要求。美国规定土地上的有机农作物在认证前,必须停止使用禁用物质 3 年;在德国,由常规农业转为有机农业生产,必须经历 2 至 3 年的过渡期;而在日本,即使是新开垦地、撂荒地,也需至少经 12 个月的转换期才有可能获得有机农业认证书。

3.有机农产品在数量上须进行严格控制,要求定地块、定产量,其他农产品没有如此严格的要求。

4.定价差异。绿色食品 70% 为加工产品,30% 为初级农产品,有机农产品和无公害农产品都以初级农产品为主。有机农产品的价格比普通农产品高二分之一至几倍,绿色农产品的价格比普通农产品高 10%~20%,无公害农产品的价格略高于一般农产品。

（四）有机农产品认证机构和监管

1.中国。我国目前的 23 家有机食品认证机构,其类型分成三种:一种是部委下属机构;一种是挂靠大学或科研单位名下;最后一种是民营类。所有的认证机构都归国家认监委统管,并委托各地质量技术监督部门和进出口检验检疫部门分管。《有机产品认证实施规则》规定,认证机构应当每年对获证组织至少实施一次现场检查。此外,还应在风险评估的基础上,每年至少对 5% 的获证组织实施一次不通知的现场检查。中国食品农产品认证信息网显示,截至 2013 年 7 月 25 日,被撤销的有机认证有 257 张,被暂停的有机认证为 43 张。

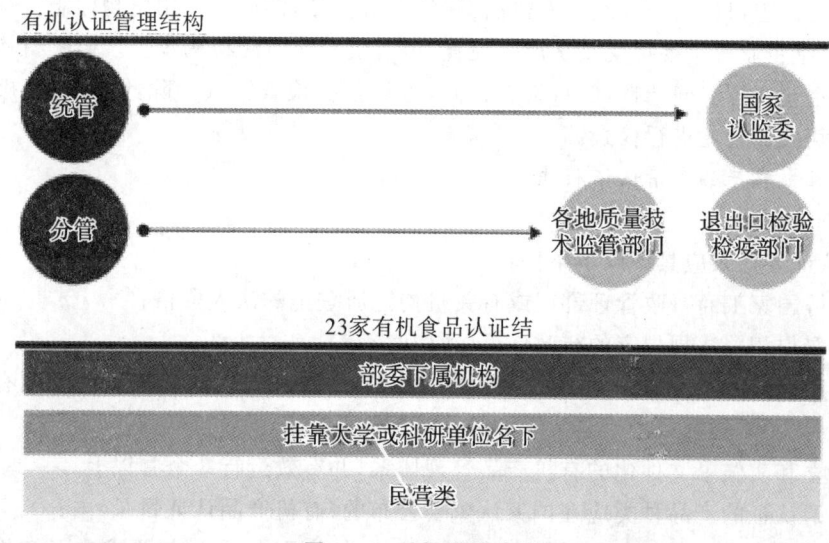

图 11-6　认证机构分类

2.美国。有机认证机构大致分为两类,需要得到美国农业部审批。一类是官方机构,主要是指经美国农业部认可并获得授权,开展有机认证的各地方州(县)一级的政府农业主管部门;第二类是非营利组织和私人部门,如著名的 CCOF(加州有机农场组织,California Certified Organic Farmers)和 OCIA(美国国际有机作物改良协会,Organic Crop Improvement Association)。美国对有机农产品有严格的认证要求,不能随便将"有机"冠在商品上,不对获证产品强制使用国家标志和认证机构标志,但上市的获证有机产品,必须在产品包装上标明认证机构的名称。还根据有机成分占产品的 100%、95%、70%,将有机食品的标签依次分为"100%有机"、"有机"、"有机成分制造"三种。对于有机成分占其质量不到 70%的食品,可以列出各类成分,但是不可以在包装袋上贴有"有机"字样的标志。美国建立农产品分品种的全国性专业机构、分区域的大区性农产品质量检测机构,加强对有机农产品的准入监管。同时,各州也建立州级农产品检测机构,负责农产品生产过程中的质量安全和产地安全。

3.日本。县、市分别申请、成立农林水产省授权的登记认证机构,实施有机食品的检验和认证业务。登记认证机构必须接受农林水产省审查,满足基准机构的,农林水产省大臣给予认可并登记,确定实施登记认证业务,对农户等的申请者是否符合认证基准进行检验和判定。日本明确规定,未经有机认证,不允许在产品包装物标识"有机—"、"有机栽培—"、"—有机"、"有机栽培"等字样。根据日本 2001 年 4 月 1 日实施的有机农产品表示法,符合 JAS 基准的商品包装袋和农产品必须贴有机 JAS 标识。日本的有机产品的企业在认证之后,仍要定期接受登记认证机关的抽检,对于不符合 JAS 基准的,取消其有机产品生产资格。

4.德国。采用市场化的认证机构,经过激烈的竞争,原有的 50 多家有机食品认证机构现在已经降至 23 家,均是经政府确认的私营企业。德国对认证机构的要求非常严格,认证机构的认证必须符合 ISO 标准。德国于 2002 年 2 月正式启用新的、统一的有机标志——生物标志,只要符合《欧洲有机法案》的有机食品,都可以使用生物标志。德国则规定,有机农业企业每年要接受 1 次严格检查,由有机农业监测机构承担。监测机构与有机农场主或企业实行双向选择,签订检查合同,每年至少检查一次。除此之外,有机农业协会也要对其会员企业进行检查。

(五)有机农产品申请认证程序

1.认证申请

(1)认证委托人应具备以下条件:

①取得国家工商行政管理部门或有关机构注册登记的法人资格;

②已取得相关法规规定的行政许可(适用时);

③生产、加工的产品符合中华人民共和国相关法律、法规、安全卫生标准和有关规范的要求;

④建立和实施了文件化的有机产品管理体系,并有效运行 3 个月以上;

⑤申请认证的产品种类应在国家认监委公布的《有机产品认证目录》内;

⑥在五年内未因获证产品质量不符合国家相关法规、标准强制要求或者被检出禁用物质的;生产、加工过程中使用了有机产品国家标准禁用物质或者受到禁用物质污染的;

虚报、瞒报获证所需信息的;超范围使用认证标志的等原因,将被认证机构撤销认证证书;

⑦在一年内,未因产地(基地)环境质量不符合认证要求的;认证证书暂停期间,认证委托人未采取有效纠正或者(和)纠正措施的;获证产品在认证证书标明的生产、加工场所外进行了再次加工、分装、分割的;对相关方重大投诉未能采取有效处理措施的;获证组织因违反国家农产品、食品安全管理相关法律法规,受到相关行政处罚的;获证组织不接受认证监管部门、认证机构对其实施监督的;认证监管部门责令撤销认证证书的等原因,将被认证机构撤销认证证书。

(2)认证委托人应提交的文件和资料:

①认证委托人的合法经营资质文件复印件,如营业执照副本、组织机构代码证、土地使用权证明及合同等。

②认证委托人及其有机生产、加工、经营的基本情况:认证委托人名称、地址、联系方式;当认证委托人不是产品的直接生产、加工者时,生产、加工者的名称、地址、联系方式;生产单元或加工场所概况;申请认证产品名称、品种及其生产规模包括面积、产量、数量、加工量等;同一生产单元内非申请认证产品和非有机方式生产的产品的基本信息;过去三年间的生产历史,如植物生产的病虫草害防治、投入物使用及收获等农事活动描述;野生植物采集情况的描述;动物、水产养殖的饲养方法、疾病防治、投入物使用、动物运输和屠宰等情况的描述;申请和获得其他认证的情况。

③产地(基地)区域范围描述,包括地理位置、地块分布、缓冲带及产地周围临近地块的使用情况等;加工场所周边环境描述、厂区平面图、工艺流程图等。

④有机产品生产、加工规划,包括对生产、加工环境适宜性的评价,对生产方式、加工工艺和流程的说明及证明材料,农药、肥料、食品添加剂等投入物质的管理制度以及质量保证、标识与追溯体系建立、有机生产加工风险控制措施等。

⑤本年度有机产品生产、加工计划,上一年度销售量、销售额和主要销售市场等。

⑥承诺守法诚信,接受行政监管部门及认证机构监督和检查,保证提供材料真实、执行有机产品标准、技术规范的声明。

⑦有机生产、加工的管理体系文件。

⑧有机转换计划(适用时)。

⑨当认证委托人不是有机产品的直接生产、加工者时,认证委托人与有机产品生产、加工者签订的书面合同复印件。

⑩其他相关材料。

2.认证受理

(1)认证机构应至少公开以下信息:

①认证资质范围及有效期;

②认证程序和认证要求;

③认证依据;

④认证收费标准;

⑤认证机构和认证委托人的权利与义务;

⑥认证机构处理申诉、投诉和争议的程序;

⑦批准、注销、变更、暂停、恢复和撤销认证证书的规定与程序；
⑧获证组织使用中国有机产品认证标志、认证证书和认证机构标识或名称的要求；
⑨获证组织正确宣传的要求。

(2)申请评审。对符合要求的认证委托人,认证机构应根据有机产品认证依据、程序等要求,在10个工作日内对提交的申请文件和资料进行评审并保存评审记录,以确保：
①认证要求规定明确、形成文件并得到理解；
②认证机构和认证委托人之间在理解上的差异得到解决；
③对于申请的认证范围,认证委托人的工作场所和任何特殊要求,认证机构均有能力开展认证服务。

(3)评审结果处理。申请材料齐全、符合要求的,予以受理认证申请。对不予受理的,应当书面通知认证委托人,并说明理由。

3.现场检查准备与实施

(1)根据所申请产品的对应的认证范围,认证机构应委派具有相应资质和能力的检查员组成检查组。每个检查组应至少有一名相应认证范围注册资质的专业检查员。对同一认证委托人的同一生产单元不能连续3年以上(含3年)委派同一检查员实施检查。

(2)检查任务。认证机构在现场检查前应向检查组下达检查任务书,内容包括但不限于：
①认证委托人的联系方式、地址等；
②检查依据,包括认证标准、认证实施规则和其他规范性文件；
③检查范围,包括检查的产品种类、生产加工过程和生产加工基地等；
④检查组成员,检查的时间要求；
⑤检查要点,包括管理体系、追踪体系、投入物的使用和包装标识等；
⑥上年度认证机构提出的不符合项(适用时)。

(3)文件评审。在现场检查前,应对认证委托人的管理体系文件进行评审,确定其适宜性、充分性及与认证要求的符合性,并保存评审记录。

(4)检查计划
①检查组应制订检查计划,并在现场检查前得到认证委托人的确认。认证监管部门对认证机构检查方案、计划有异议的,应至少在现场检查前2天提出。认证机构应当及时与该部门进行沟通,协调一致后方可实施现场检查。
②现场检查时间应当安排在申请认证产品的生产、加工的高风险阶段。因生产季等原因,初次现场检查不能覆盖所有申请认证产品的,应当在认证证书有效期内实施现场补充检查。
③应对生产单元的全部生产活动范围逐一进行现场检查；多个农户负责生产(如农业合作社或公司＋农户)的组织应检查全部农户。应对所有加工场所实施检查。需在非生产、加工场所进行二次分装/分割的,也应对二次分装/分割的场所进行现场检查,以保证认证产品的完整性。现场检查还应考虑以下因素：
——有机与非有机产品间的价格差异；
——组织内农户间生产体系和种植、养殖品种的相似程度；

——往年检查中发现的不符合项；

——组织内部控制体系的有效性；

——再次加工分装分割对认证产品完整性的影响(适用时)。

(5)检查实施

根据认证依据的要求对认证委托人的管理体系进行评审,核实生产、加工过程与认证委托人所提交的文件的一致性,确认生产、加工过程与认证依据的符合性。检查过程至少应包括：

①对生产、加工过程和场所的检查,如生产单元存在非有机生产或加工时,也应对其非有机部分进行检查；

②对生产、加工管理人员、内部检查员、操作者的访谈；

③对 GB/T 19630.4 所规定的管理体系文件与记录进行审核；

④对认证产品的产量与销售量的汇总核算；

⑤对产品和认证标志追溯体系、包装标识情况的评价和验证；

⑥对内部检查和持续改进的评估；

⑦对产地和生产加工环境质量状况的确认,并评估对有机生产、加工的潜在污染风险；

⑧样品采集；

⑨对上一年度提出的不符合项采取的纠正和/或纠正措施进行验证(适用时)。

检查组在结束检查前,应对检查情况进行总结,向受检查方及认证委托人明确并确认存在的不符合项,对存在的问题进行说明。

(6)样品检测

①应对申请认证的所有产品进行检测,并在风险评估基础上确定检测项目。认证证书发放前无法采集样品的,应在证书有效期内进行检测。

②认证机构应委托具备法定资质的检测机构对样品进行检测。

③有机生产或加工中允许使用物质的残留量应符合相关法规、标准的规定。有机生产和加工中禁止使用的物质不得检出。

(7)产地环境质量状况。认证委托人应出具有资质的监(检)测机构对产地环境质量进行的监(检)测报告以证明其产地的环境质量状况符合 GB/T 19630《有机产品》规定的要求。土壤和水的检测报告委托方应为认证委托人。

(8)有机转换要求

①未能保持有机认证的生产单元,需重新经过有机转换才能再次获得有机认证。

②有机转换计划须获得认证机构批准,并且在开始实施转换计划后每年须经认证机构核实、确认。未按转换计划完成转换的生产单元不能获得认证。

(9)投入品

①有机生产或加工过程中允许使用 GB/T 19630.1 附录 A、附录 B 及 GB/T 19630.2 附录 A、附录 B 列出的物质。

②对未列入 GB/T 19630.1 附录 A、附录 B 或 GB/T19630.2 附录 A、附录 B 的投入品,认证委托人应在使用前向认证机构提交申请,详细说明使用的必要性和申请使用投入品的组分、组分来源、使用方法、使用条件、使用量以及该物质的分析测试报告(必要时),

认证机构应根据 GB/T 19630.1 附录 C 或 GB/T 19630.2 附录 C 的要求对其进行评估。经评估符合要求的，由认证机构报国家认监委批准后方可使用。

③国家认监委可在专家评估的基础上，公布有机生产、加工投入品临时补充列表。

(10) 检查报告

①认证机构应规定检查报告的格式。

②应通过检查记录、检查报告等书面文件，提供充分的信息使认证机构能做出客观的认证决定。

③检查报告应包括检查组通过风险评估对认证委托人的生产、加工活动与认证要求符合性的判断，对其管理体系运行有效性的评价，对检查过程中收集的信息以及对符合与不符合认证要求的说明，对其产品质量安全状况的判定等内容。

④检查组应对认证委托人执行标准的总体情况做出评价，但不应对认证委托人是否通过认证做出书面结论。

4. 认证决定

(1) 认证机构应基于对产地环境质量在现场检查和产品检测评估的基础上做出认证决定。认证决定同时应考虑的因素还应包括：产品生产、加工特点，企业管理体系稳定性，当地农兽药管理和社会整体诚信水平等。对于符合认证要求的认证委托人，认证机构应颁发认证证书。对于不符合认证要求的认证委托人，认证机构应以书面的形式明示其不能通过认证的原因。

(2) 认证委托人符合下列条件之一的，予以批准认证：生产加工活动、管理体系及其他审核证据符合本规则和认证标准的要求；生产加工活动、管理体系及其他审核证据虽不完全符合本规则和认证依据标准的要求，但认证委托人已经在规定的期限内完成了不符合项纠正或(和)纠正措施，并通过认证机构验证。

(3) 认证委托人的生产加工活动存在以下情况之一的，不予批准认证：提供虚假信息、不诚信的；未建立管理体系或建立的管理体系未有效实施的；生产加工过程使用了禁用物质或者受到禁用物质污染的；产品检测发现存在禁用物质的；申请认证的产品质量不符合国家相关法规和(或)标准强制要求的；存在认证现场检查场所外进行再次加工、分装、分割情况的；一年内出现重大产品质量安全问题或因产品质量安全问题被撤销有机产品认证证书的；未在规定的期限完成不符合项纠正或者(和)纠正措施，或者提交的纠正或者(和)纠正措施未满足认证要求的；经监(检)测产地环境受到污染的；其他不符合本规则和(或)有机标准要求，且无法纠正的。

(4) 申诉。认证委托人如对认证决定结果有异议，可在 10 个工作日内向认证机构申诉，认证机构自收到申诉之日起，应在 30 个工作日内进行处理，并将处理结果书面通知认证委托人。认证委托人如认为认证机构的行为严重侵害了自身合法权益，可以直接向认证监管部门申诉。

四、农产品地理标志

地理标志保护制度是国际上普遍承认、颇具影响的产品质量监控保护制度。具有地理标志的产品，市场价值远远高于同类其他产品。

(一)地理标志

1.地理标志定义

又称原产地标志(或名称),《与贸易有关的知识产权协议》(TRIPS协议)将其定义为:"其标志出某商品来源于某成员地域内,或来源于该地域中的地区或某地方,该商品的特定质量、信誉或其他特征主要与该地理来源有关。"我国2001年修订后的《商标法》也增设了地理标志方面的规定,"地理标志是指标示某商品来源于某地区,该商品的特定质量、信誉或者其他特征,主要由该地区的自然因素或人为因素所决定的标志。"

图11-7 中国地理标志

2.地理标志基本特征

(1)地域性。知识产权都具有地域性,只有一定范围内才受到保护,但地理标志的地域性显得更为强烈,因为地理标志不仅存在国家对其实施保护的地域限制,而且其所有者同样受到地域的限制,只有商品来源地的生产者才能使用该地理标志。

(2)集团性。地理标志可由商品来源地所有的企业、个人共同使用,只要其生产的商品达到了地理标志所代表的产品的品质,这样在同一地区使用同一地理标志的人就不止一个,使得地理标志的所有者具有集团性。

(3)商品独特性。地理标志作为一种标记与一定的地理区域相联系,其主要的功能就在于使消费者能区分来源于某地区的商品与来源于其他地区的同种商品,从而进行比较、挑选,以找到商品的价值与使用价值的最佳切合点,购买到自己想要的商品。

(4)主要影响因素。自然因素和人文因素是影响地理标志的主要因素。其中,自然因素是指原产地的气候、土壤、水质、天然物种等;人文因素是指原产地特有的产品生产工艺、流程、配方等。

3.地理标志的作用

(1)地理标志能够成为区分同类产品不同类型的重要手段。消费者能根据地理标志在众多的同类产品中选择自己理想的产品。据国家工商总局统计,从全国各地反映的情况看,目前已获得地理标志注册的农产品收购价格普遍上涨了15%至20%。

(2)地理标志具有排他性和永久性。像绍兴黄酒,在取得地理标志保护前,我国台湾、日本等地也在生产,但在绍兴黄酒取得地理标志保护后,这些地区就不能再生产了。地理标志制度可以有力保护地域特征明显的名、特、优产品。而且按照WTO-TRIPS协议,由于其地理文化遗产的排他性,地理标志可在WTO成员范围内自动得到承认和保护。

(3)地理标志在国际贸易中通关入境、国际名牌效应、打破壁垒、增强谈判能力和产品竞争能力等方面的作用巨大。"安溪铁观音"茶自从获得地理标志证明商标注册以来,严格按照《"安溪铁观音"证明商标管理办法》进行管理,有效防止了假冒伪劣产品的侵害,"安溪铁观音"的市场知名度和消费信誉度空前提高,产品销往日本、东南亚、欧洲、美洲的60多个国家和地区,每年出口创汇6 000多万美元,茶农人均收入达到2 660元。

4.注册审批机构

地理标志存在于三种类型:证明商标和集体商标、原产地域产品、原产地标记。现阶段,我国有农业部、质检总局和商标局等三个部门对地理标志进行注册、登记和管理。国家工商总局商标局通过集体商标或证明商标的形式进行法律注册和管理,国家质检总局和农业部以登记的形式对地理标志进行保护和管理。其中,由于国家商标局是以商标的形式对地理标志进行注册,并因此而具有法律地位,所以对地理标志产品的保护更加有力。第二次全国地理标志调研报告显示,有的地理标志在一个部门注册,有的在两个部门注册,有的在三个部门都注册,在三个部门都注册的共有18个,占总数的0.77%。地理标志分为十个类别,其中蔬菜瓜果类地理标志产品最多,有793个,占总数的40.69%;其次是粮食油料类,有207个,占总数的10.62%;第三是中草药材类,有190个,占总数的9.75%。这三类占到了总数的60%以上。另外,涉农产品总数有1 850个,占总数的94.92%。

(二)农产品地理标志

1.农产品地理标志内涵。农产品地理标志是指标示农产品来源于特定地域,产品品质和相关特征主要取决于自然生态环境和历史人文因素,并以地域名称冠名的特有农产品标志。农产品地理标志实行公共标识(见图11-8)与地域产品名称相结合的标注制度。国家对农产品地理标志实行登记制度,经登记的农产品地理标志受法律保护。

图11-8 农产品地理标志公共标识

2.申请登记的农产品应具备的条件。申请地理标志登记的农产品,应当符合下列条件:

(1)称谓由地理区域名称和农产品通用名称构成;

(2)产品有独特的品质特性或者特定的生产方式;
(3)产品品质和特色主要取决于独特的自然生态环境和人文历史因素;
(4)产品有限定的生产区域范围;
(5)产地环境、产品质量符合国家强制性技术规范要求。

3.登记申请人应具备的条件。农产品地理标志登记申请人应为县级以上地方人民政府根据下列条件择优确定的农民专业合作经济组织、行业协会等组织。
(1)具有监督和管理农产品地理标志及其产品的能力;
(2)具有为地理标志农产品生产、加工、营销提供指导服务的能力;
(3)具有独立承担民事责任的能力。

案例 11-2

三杯香获农产品地理标志认证

国家农业部10月28日公布了第六批中华人民共和国农产品地理标志登记公示名单,"泰顺三杯香茶"名列其中。温州泰顺县茶业协会等单位申请对"泰顺三杯香茶"等101个产品实施国家农产品地理标志登记保护,申请材料已通过地县两级农业部门审核确认和省级农产品地理标志工作机构初审合格,并经农业部农产品质量安全中心审查和组织专家评审,符合《农产品地理标志管理办法》规定的登记保护条件,农业部拟准予登记,依法实施保护。此次"泰顺三杯香茶"农产品地理标志地域保护范围为:泰顺县36个乡镇205个村(场)。保护区茶园面积6.3万亩,年产茶2 309吨。"泰顺三杯香茶"是温州首个通过中华人民共和国农产品地理标志地域保护登记的农产品,通过登记,"泰顺三杯香茶"有了品质和声誉的"身份证"。

资料来源:泰顺网,http://www.ts.gov.cn,2010年11月8日

(三)地理标志保护产品

对于农产品而言,原产地的气候、地质、土壤以及品种等自然因素和与之相适应的生产技术、加工工艺等人为因素,决定了该产品的质量及其特征和风格。

1.内涵。地理标志保护产品是指产自特定地域,所具有的质量、声誉或其他特性本质上取决于该产地的自然因素和人文因素,经审核批准以地理名称进行命名的产品。地理标志产品包括:一是来自本地区的种植、养殖产品;二是原材料来自本地区,并在本地区按照特定工艺生产和加工的产品。

案例 11-3

中欧启动农产品进出口"地理标识"认证

欧盟的"地理标识"包括原产地保护、地理标识保护和传统特产保护。2011年欧盟和

图 11-9 地理标志保护产品

中国启动农产品进出口"地理标识"认证。2007年,欧盟和中国正式向对方提交了保护10种农产品地理标识的申请,其中包括法国洛克福尔奶酪原产地保护、意大利帕尔玛火腿原产地保护、苏格兰农家三文鱼地理标识保护以及龙井茶、龙口粉丝、陕西苹果、镇江香醋等。

资料来源:新华网,2011年03月21日

2.地理标志产品保护申请及受理

(1)地理标志产品保护申请,由当地县级以上人民政府指定的地理标志产品保护申请机构或人民政府认定的协会和企业(以下简称申请人)提出,并征求相关部门意见。

(2)申请保护的产品在县域范围内的,由县级人民政府提出产地范围的建议;跨县域范围的,由地市级人民政府提出产地范围的建议;跨地市范围的,由省级人民政府提出产地范围的建议。

(3)申请人应提交以下资料:

①有关地方政府关于划定地理标志产品产地范围的建议。

②有关地方政府成立申请机构或认定协会、企业作为申请人的文件。

③地理标志产品的证明材料,包括:地理标志产品保护申请书;产品名称、类别、产地范围及地理特征的说明;产品的理化、感官等质量特色及其与产地的自然因素和人文因素之间关系的说明;产品生产技术规范(包括产品加工工艺、安全卫生要求、加工设备的技术要求等);产品的知名度,产品生产、销售情况及历史渊源的说明。

④拟申请的地理标志产品的技术标准。

案例 11-4

中国地理标志保护产品数量突破1 000个

1999年实施地理标志产品保护制度以来,截至2011年12月31日,中国已对1 382个产品实施了地理标志保护。中国地理标志保护产品数量呈稳步增长趋势,产品范围涉及白酒、葡萄酒、黄酒、产业、水果、花卉、工艺品、中药材、调味品、肉制品以及其他加工食品

等多个领域,产地遍布全国。据统计,中国受地理标志保护产品的经济效益平均提高了20%以上,有的甚至成倍增长。中国通过实施地理标志产品保护,对于保护民族精品和文化遗产,提高中国地理标志产品的附加值和在国内外的知名度,扶持和培育民族品牌,保护资源和环境,服务地方经济发展,促进农民增收,扩大外贸出口及塑造中国产品形象都有着积极意义。

第三节 农产品国际认证体系

近年来,国际上对农产品质量安全要求从要求最终产品合格转向要求种植养殖环节规范、安全、可靠,积极推崇和推行农产品质量安全从"农场到餐桌"全过程控制,随之产生了生产管理和控制体系及相应的体系认证。目前,国际较为普遍的农产品认证主要有良好农业规范(GAP)、良好生产规范(GMP)、危害分析和关键点控制体系(HACCP)、食品质量安全体系(SQF)以及 ISO 相关农产品认证等,还包括如日本的 JAS 认证、欧盟的 CE 认证、美国的 NOP 认证、英国 BRC 标准认证、IFS 标准认证等各个国家地区相关的认证。

一、良好农业规范(GAP)

良好农业规范允许有条件合理使用化学合成物质,并且其认证在国际上得到广泛认可。其核心和实质是农产品规范化管理、标准化生产,以 EUREPGAP 为典型代表。EUREPGAP 由欧洲零售商联合会所创立,其体系包括标准体系和认证体系两个部分。EUREPGAP 对农产品产地、生产控制、质量安全、环境保护等方面都有明确的规定和要求。在欧盟内部,除德国及法国外,所有成员国都在全面采纳和推行 EUREPGAP 体系。

(一)GAP 的内涵

1.良好农业规范(Good Agricultural Practices)。简称"GAP",从广义上讲,良好农业规范作为一种适用方法和体系,通过经济的、环境的和社会的可持续发展措施,来保障食品安全和食品质量。GAP 主要针对未加工和最简单加工(生的)出售给消费者和加工企业的大多数果蔬的种植、采收、清洗、摆放、包装和运输过程中常见的微生物的危害控制,其关注的是新鲜果蔬的生产和包装,但不限于农场,包含了从农场到餐桌的整个食品链的所有步骤。

2.作用。在我国加入世界贸易组织之后,GAP 认证成为农产品进出口的一个重要条件,通过 GAP 认证的产品将在国内外市场上具有更强的竞争力。具体可以起到以下几个方面的作用:

(1)通过 GAP 认证,能够提升农业生产的标准化水平,有利于提高农产品的内在品质和安全水平,有利于增强消费者的消费信心;

(2)通过 GAP 认证的产品,其销售价格高于非认证的同类产品,因此,通过 GAP 认证可以提升产品的附加值,从而增加认证企业和生产者的收入;

(3)通过 GAP 认证,有利于增强生产者的安全意识和环保意识,有利于保护劳动者的身体健康;

(4)通过 GAP 认证,有利于保护生态环境和增加自然界的生物多样性,有利于自然

图 11-10 良好农业规范认证标志式样

界的生态平衡和农业的可持续性发展。

(二)GAP 发展历史

1.国外发展历程。1997 年欧洲零售商农产品工作组(EUREP)在零售商的倡导下提出了"良好农业规范",简称为 EUREPGAP;2001 年 EUREP 秘书处首次将 EUREPGAP 标准对外公开发布。EUREPGAP 标准主要针对初级农产品生产的种植业和养殖业,分别制定和执行各自的操作规范,鼓励减少农用化学品和药品的使用,关注动物福利、环境保护、工人的健康、安全和福利,保证初级农产品生产安全的一套规范体系。它以危害预防(HACCP)、良好卫生规范、可持续发展农业和持续改良农场体系为基础,避免在农产品生产过程中受到外来物质的严重污染和危害。该标准主要涉及大田作物种植、水果和蔬菜种植、牛羊养殖、奶牛养殖、生猪养殖、家禽养殖、畜禽公路运输等农业产业。EUREPGAP 作为一种评价用的标准体系,目前涉及水果蔬菜、观赏植物、水产养殖、咖啡生产和综合农场保证体系(IFA)。EUREPGAP 作为大型超市采购农产品的评价标准,不仅在欧洲零售商业内受到青睐,而且受到越来越多的政府部门的重视。2007 年 9 月 7 日 EUREPGAP 宣布将名称和标识更改为 GLOBALGAP。

2.国内发展历程。2003 年我国卫生部制订和发布了《中药材 GAP 生产试点认证检查评定办法》,作为中国官方对中药材生产组织的控制要求。2003 年 4 月国家认证认可监督管理委员会首次提出在我国食品链源头建立"良好农业规范"体系,并于 2004 年启动了 ChinaGAP 标准的编写和制定工作。2005 年 11 月 ChinaGAP 认证系列标准通过审定并公布,2006 年 1 月 CNCA 公布了《良好农业规范认证实施规则(试行)》。2007 年 1 月国家认监委、标准委下达了《关于下达国家第一批良好农业规范(GAP)试点项目的通知》,启动了国家层面推动良好农业规范认证的进程,北京凯达恒业农业技术开发有限公司等 286 家公司成为第一批国家良好农业规范试点项目单位。据国家认证认可监督管理委员会统计,截至 2013 年第 1 季度,食品农产品 GAP 认证有效证书数量为 531 张。

(三)GAP 认证标准

良好农业规范标准分为农场基础标准、种类标准(作物类、畜禽类和水产类等)和产品模块标准(大田作物、果蔬、茶叶、肉牛、肉羊、生猪、奶牛、家禽、罗非鱼、大黄鱼等)三类。

在实施认证时,应将农场基础标准、种类标准与产品模块标准结合使用——例如,对生猪的认证应当依据农场基础、畜禽类、生猪模块三个标准进行检查/审核(见图11-11)。不同行业、不同类型申请人开展GAP认证执行不同的标准,以农业生产经营者组织申请认证时还需满足质量管理体系要求。

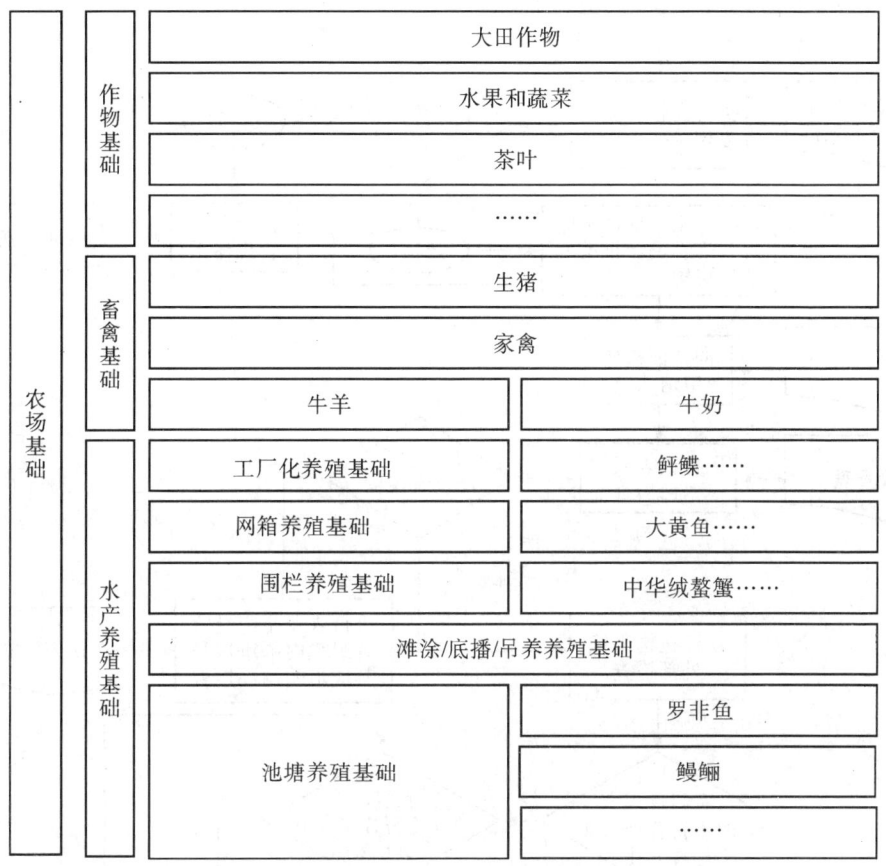

图11-11 良好农业规范控制点与符合性规范使用示例

1.大田作物种植:农场基础控制点与符合性规范、作物基础控制点与符合性规范、大田作物控制点与符合性规范;

2.果蔬种植:农场基础控制点与符合性规范、作物基础控制点与符合性规范、水果和蔬菜控制点与符合性规范;

3.茶叶种植:农场基础控制点与符合性规范、作物基础控制点与符合性规范、茶叶控制点与符合性规范;

4.生猪养殖:农场基础控制点与符合性规范、畜禽基础控制点与符合性规范、猪控制点与符合性规范。

(四)GAP认证程序

China GAP认证程序一般包括认证申请和受理、检查准备与实施、合格评定和认证的批准、监督与管理等主要流程(见图11-12)。

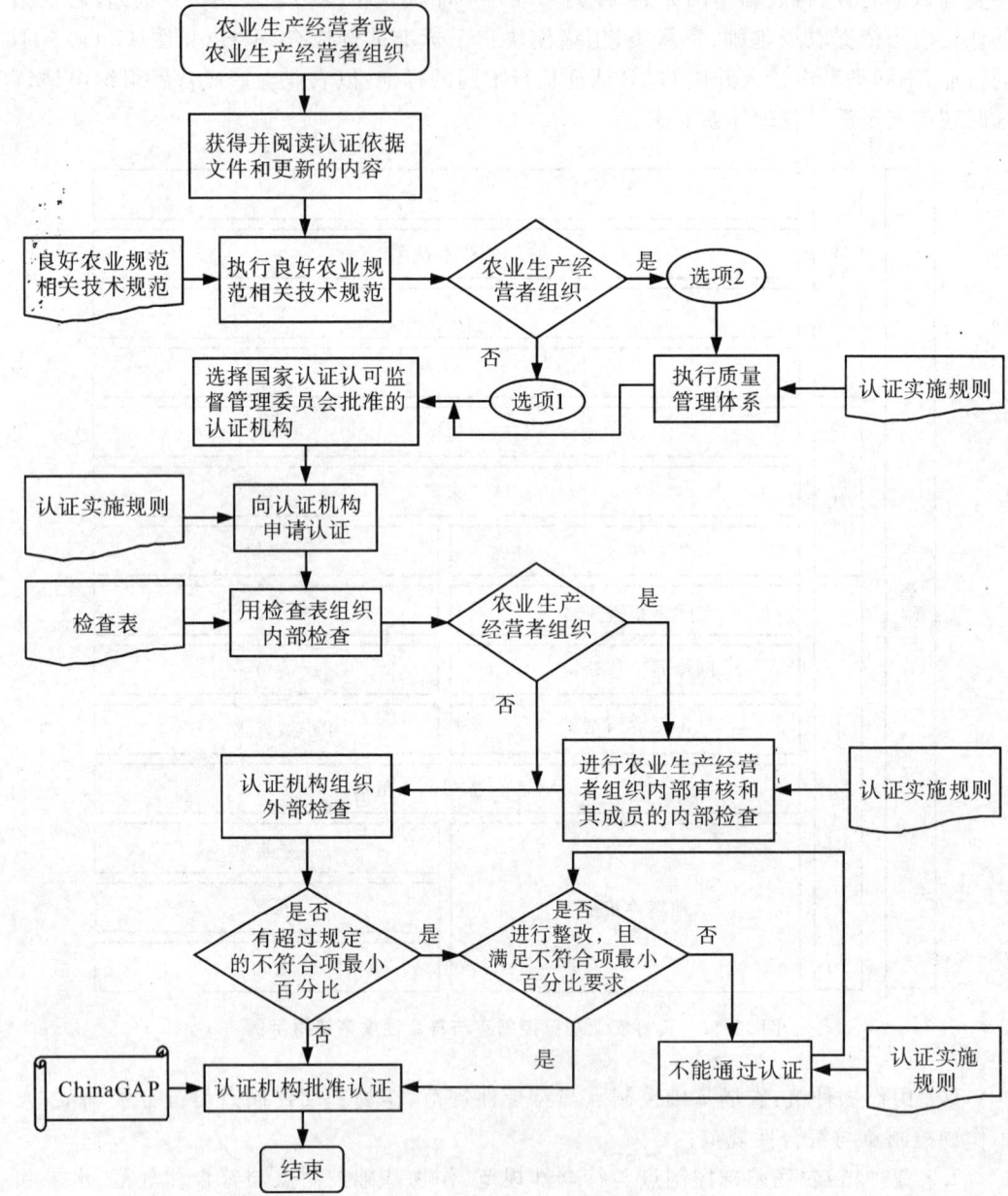

图 11-12 GAP 认证流程图

1.申请

①认证申请人包括农业生产经营者和农业生产经营者组织。

②申请文件应包括以下内容:申请人的名称、联系人的姓名、最新的地址(地址和邮编)、其他身份证明(营业执照等)、联络方式(电话传真及电子邮件地址)、产品名称、当年的生产面积(作物类)/产品的数量(畜禽、水产类)、申请的和不准备申请的作物名称(作物类)、一次收获还是多次收获(作物类)、申请选项(1或2)、申请级别(一级或二级)、申请认

证的标准名称和版本、原认证注册号(如有)、认证机构要求提交的信息、对果蔬产品(如果不进行产品处理,则声明不包含产品处理;如果是在农场范围外进行产品处理,产品处理者的认证注册号码;如果产品需进行处理,生产者应说明是否同时处理来自其他获证生产者的产品)、对茶叶和水产品(如产品由监管链中指定的加工者加工,生产者应立即将其注册号码通知认证机构并及时更新)、对畜禽和水产品(当生产者获悉运输方的注册号码或注册号码变更时,应立通知认证机构并更新)、产品可能的消费国家/地区的声明、产品符合产品消费国家/地区的相关法律法规要求的声明和产品消费国家/地区适用的法律法规清单(包括申请认证产品适用的最大农药残留量 MRL 法规)。

③申请人向认证机构申请认证后,应与认证机构签署认证合同。申请人与认证机构签署合同后,认证机构应授予申请人一个认证申请的注册号码。注册号编码规则:China-GAP＋空格＋认证机构名称的字母缩写＋空格＋申请人的流水号码。只有在取得注册号后才能开始检查/审核。

2.检查/审核程序

首先,对于农业生产经营者和农业生产经营者组织的认证检查/审核;其次,现场确认:作为审核活动的一部分,必须检查农场及其模块的生产场所。第三,检查/审核时间安排。

(1)作物类认证

①初次认证检查。初次检查要求申请人提供获得注册号之后,收获日期之前的3个月的记录。其中收获和生产处理过程必须在申请注册之后实施,注册之前的收获和生产处理的记录无效。

第一,初次认证检查时间安排。宜选择在收获期间安排初次检查,以便对与收获相关的控制点(如最大农残限量、收获期间的卫生除害等)进行查证。

第二,初次认证检查时间调整。在收获期间无法实施检查时,可以调整检查时间,但认证机构应对此做出说明。如果检查在作物收获之前进行,致使部分适用的控制点无法检查,认证机构应当做后续跟踪检查或者由生产者以传真、照片或其他可接受(由农业生产者和认证机构进行协商确定)的形式提交证据;如果检查是在作物收获之后进行,生产者必须保留有关收获的适用控制点符合性的证据。认证机构应适当增加对未在收获期进行检查的生产者在收获期进行不通知检查的概率。颁发认证证书前应保证所有未被检查控制点得到验证,并保证超出规定比例的不符合项已经关闭。

第三,多种作物认证检查时间安排。申请一种以上作物的认证,如果生产期同步或相近的,检查时间宜靠近收获期;如果生产期不同步或不相近的,那么初次认证检查应选择在最早收获作物的收获期间进行,其他产品只有在通过现场检查或者由生产者提供可接受的证据,验证了适用控制点的符合性后,方可将其加入到认证证书的覆盖范围。

②复评。如果在规定的复评时间内,没有当季作物供检查,认证机构可以将原证书有效期再延长3个月(认证证书有效期的延长必须在证书有效期之前提出,并被认证机构批准,否则认证证书将被撤销);复评应在上一次检查6个月后,证书有效期之前完成。现场至少必须有一种证书覆盖范围内的当季作物(指在尚未收获阶段或已收获且尚在仓库中)能使认证机构相信,任何其他当时不在种植状态的证书覆盖范围的作物(如果有)也按照相关要求进行控制。

③认证机构应当根据认证产品模块的风险程度,制定适宜的产品抽样程序和检验方案,实施相应的抽样检验,以验证认证产品符合消费国家/地区的相关法律法规要求。

(2)畜禽类和水产类认证

①初次认证检查和复评时,畜禽或水产品必须在养殖状态。

②复评应在上一次检查6个月后,证书有效期之前完成。

③如果在规定的复评时间内,没有畜禽在养殖状态供检查,认证机构可将生猪、家禽模块认证证书有效期再延长3个月,牛、羊以及奶牛模块认证证书有效期延长6个月(认证证书有效期的延长必须在证书有效期之前提出,并被认证机构批准,否则认证证书将被撤销)。

④如果认证证书同时覆盖了生猪/家禽和牛/羊/奶牛模块,则复评应按照在生猪/家禽的复评时间要求进行,以满足不同模块复评时间的要求。

⑤对于畜禽24个月内检查时间的确定,应考虑冬季、夏季和室内、室外的因素。

3.认证的批准

认证的批准是指签发认证证书。认证的批准条件,即申请人必须满足本规则所有适用条款的要求。认证证书由认证机构颁发,有效期为12个月。证书持有人若要延长证书的有效期,在证书失效前应向认证机构进行年度再注册,否则,证书状态将由"有效"变为"证书未更新或未再注册"。认证机构和申请人的认证合同期限最长为3年,到期后可续签或延长3年。当颁发或再次颁发认证证书时,证书上的颁证日期是认证机构做出认证决定的日期。

4.批准范围

批准范围应指明认证的产品范围、场所范围和生产范围。

(1)产品范围是指发放给获证申请人的证书内容包括获证的农场和声明的产品。对于农业生产经营者组织认证,农业生产经营者组织成员可以从农业生产经营者组织处获取认证确认函,但是未经农业生产经营者组织同意不得使用农业生产经营者组织的认证证书。

(2)场所范围是指在获证农场中注册产品的所有种植/养殖区域及模块场所都必须符合良好农业规范相关技术规范的规定。

(3)生产范围是指不论产品在离开农场前所有权是否发生变化,生产范围应涵盖认证模块所有的生产过程,对作物至少覆盖到收获(果蔬例外),对畜禽至少覆盖到运输装载点。对果蔬产品,农业生产经营者或农业生产经营者组织已声明不进行农产品处理时(不包括那些为加工产品进行的活动),针对该农产品良好农业规范相关技术规范中处理部分条款不适用,认证范围可缩小。对果蔬产品中包含农产品处理的范围的,必须符合良好农业规范相关技术规范中关于处理的条款。如果农产品处理采用外包方式,只有满足下述条件才能在认证证书中包含处理的范围:①在处理时农产品所有权仍然属于申请人。②农产品处理的分包方应获得相应产品处理的认证范围。③分包方能建立追溯体系区分处理的产品。④分包方关于产品处理部分的二级控制点要求按一级控制点检查。⑤分包方不得包装、加工或储存非认证的同一种产品。

对果蔬产品如果在收获期之前,产品在田间已被售出,并且购买者也负责农产品加工、收获和生产,那么认证证书中可不包括收获部分。

(4)产品监管链的范围包括产品从农场售出后所有权变化的相关各方(贸易方、存储方、收集方、运输方和零售商卖到最终消费者)的所有活动,包括一套能够区分认证和非认证产品的隔离和区分管理体系,确保产品不被混淆。监管链应用于水产和茶叶的认证。

5.分包方的控制

首先,应建立程序以确保分包给第三方的活动满足良好农业规范相关技术规范的要求;其次,应对分包方的能力进行评估并保留评估记录;最后,应在同分包方的合同中明确分包方应遵守申请人的质量管理体系和相关程序要求。

二、良好生产规范(GMP)

良好生产规范(Good Manufactoring Practices,GMP)是一种特别注重制造过程中产品质量和安全卫生的自主性管理制度。良好生产规范在食品中的应用,即食品GMP。食品GMP于20世纪60年代诞生于美国,世界卫生组织于1975年11月正式公布GMP标准。目前,美国已立法强制实施食品GMP,日本、加拿大、新加坡、德国、澳大利亚等国政府也在积极推动。中国自1988年正式推广GMP标准以来,先后于1992年和1998年进行了两次修订。

(一)GMP的内涵

1.GMP。它是指导食物、药品、医疗产品生产和质量管理的法规,是指一种特别注重在生产过程中实施对产品质量与卫生安全的自主性管理制度。它是一套适用于食品等行业的强制性标准,要求企业从原料、人员、设施设备、生产过程、包装运输、质量控制等方面按国家有关法规达到卫生质量要求,形成一套可操作的作业规范,帮助企业改善企业卫生环境,及时发现生产过程中存在的问题,并加以改善。

2.食品GMP。也称为食品良好生产规范,是一种专业的质量保证体系和制造业管理体系。政府以法规形式,对所有食品生产企业制定了一个通用的良好生产规范,所有企业在生产食品时都应自主地采用该生产规范。同时政府还针对各种主要类别的食品生产企业制定一系列的GMP,各类食品厂也应自觉地遵守它的GMP。食品GMP要求食品加工的原料、加工的环境和设施、加工贮存的工艺和技术、加工的人员等的管理都符合良好生产规范,防止食品污染,减少事故发生,确保食品安全和稳定。自20世纪80年代以来,已建立了19个食品企业卫生规范和良好生产规范,极大地提高了我国食品企业的整体生产水平和管理水平。

案例 11-5

台湾食品 GMP

食品GMP(FGMP)认证自1989年起,在台湾推行已有20年,截至2009年2月底,总计已有超过400条生产线及3 000多项产品通过食品GMP认证,目前共有27个种类的产品可以申请食品GMP认证,包括水产加工食品、肉类加工食品、冷藏调理食品、茶叶、酒类、机能性食品以及其他一般食品等27项。

(二)GMP 内容

食品 GMP 详细规定了食品加工、贮藏、流通等各个工序中所要求的操作和管理以及控制规范,对人员卫生健康、建筑设施、加工工艺等软硬件都做出了详细的要求和规定。

1.GMP 的内容。根据 FDA 的法规,它分为 4 个部分:总则、建筑物与设施、设备、生产和加工控制。GMP 是适用于所有食品企业的,是常识性的生产卫生要求,GMP 基本上涉及的是与食品卫生质量有关的硬件设施的维护和人员卫生管理。符合 GMP 的要求是控制食品安全的第一步,其强调食品的生产和贮运过程应避免微生物、化学性和物理性污染。我国食品卫生生产规范是在 GMP 的基础上建立起来的,并以强制性国家标准规定来实行,该规范适用于食品生产、加工的企业或工厂,并作为制定各种食品厂的专业卫生依据。

2.GMP 实施目的和重点。GMP 实际上是一种包括 4M 管理要素的质量保证制度,即选用规定要求的原料(material),以合乎标准的厂房设备(machines),由胜任的人员(man),按照既定的方法(methods),制造出品质既稳定又安全卫生的产品的一种质量保证制度。

(1)实施的主要目的包括三方面:①降低食品制造过程中人为的错误;②防止食品在制造过程中遭受污染或品质劣变;③要求建立完善的质量管理体系。

(2)GMP 的重点是:①确认食品生产过程安全性;②防止物理、化学、生物性危害污染食品;③实施双重检验制度;④针对标签的管理、生产记录、报告的存档建立和实施完整的管理制度。

(三)GMP 的原则

GMP 是将保证食品质量的重点放在成品出厂前的整个生产过程的各个环节上,而不仅仅是着眼于最终产品上,其目的是从全过程入手,从根本上保证食品质量。GMP 制度是对生产企业及管理人员的长期保持和行为实行有效控制和制约的措施,它体现如下基本原则:

1.食品生产企业必须有足够的资历的,合格的生产食品相适应的技术人员承担食品生产和质量管理,并清楚地了解自己的职责;

2.操作者应进行培训,以便正确地按照规程操作;

3.按照规范化工艺规程进行生产;

4.确保生产厂房、环境、生产设备符合卫生要求,并保持良好的生产状态;

5.使用符合规定的物料、包装容器和标签;

6.具备合适的储存、运输等设备条件;

7.全生产过程严密并有有效的质检和管理;

8.拥有合格的质量检验人员、设备和实验室;

9.应对生产加工的关键步骤和加工发生的重要变化进行验证;

10.生产中使用手工或记录仪进行生产记录,以证明所有生产步骤是按确定的规程和指令要求进行的,使产品达到预期的数量和质量要求,出现的任何偏差都应记录并做好检查;

11.保存生产记录及销售记录,以便根据这些记录追溯各批产品的全部历史;

12.将产品储存和销售中影响质量的危险性降至最低限度;

13.建立由销售和供应渠道收回任何一批产品的有效系统;

14.了解市售产品的用户意见,调查出现质量问题的原因,提出处理意见。

(四)食品 GMP 认证程序

食品 GMP 是一种自主性的质量保证制度,为了提高消费者对食品良好生产规范的认知和信赖,一些国家和地区开展了食品良好生产规范的自愿认证工作。食品 GMP 认证工作程序包括申请受理、资料审查、现场勘验评审、产品抽验、认证公示、颁发证书、跟踪考核等步骤(图 11-13)。

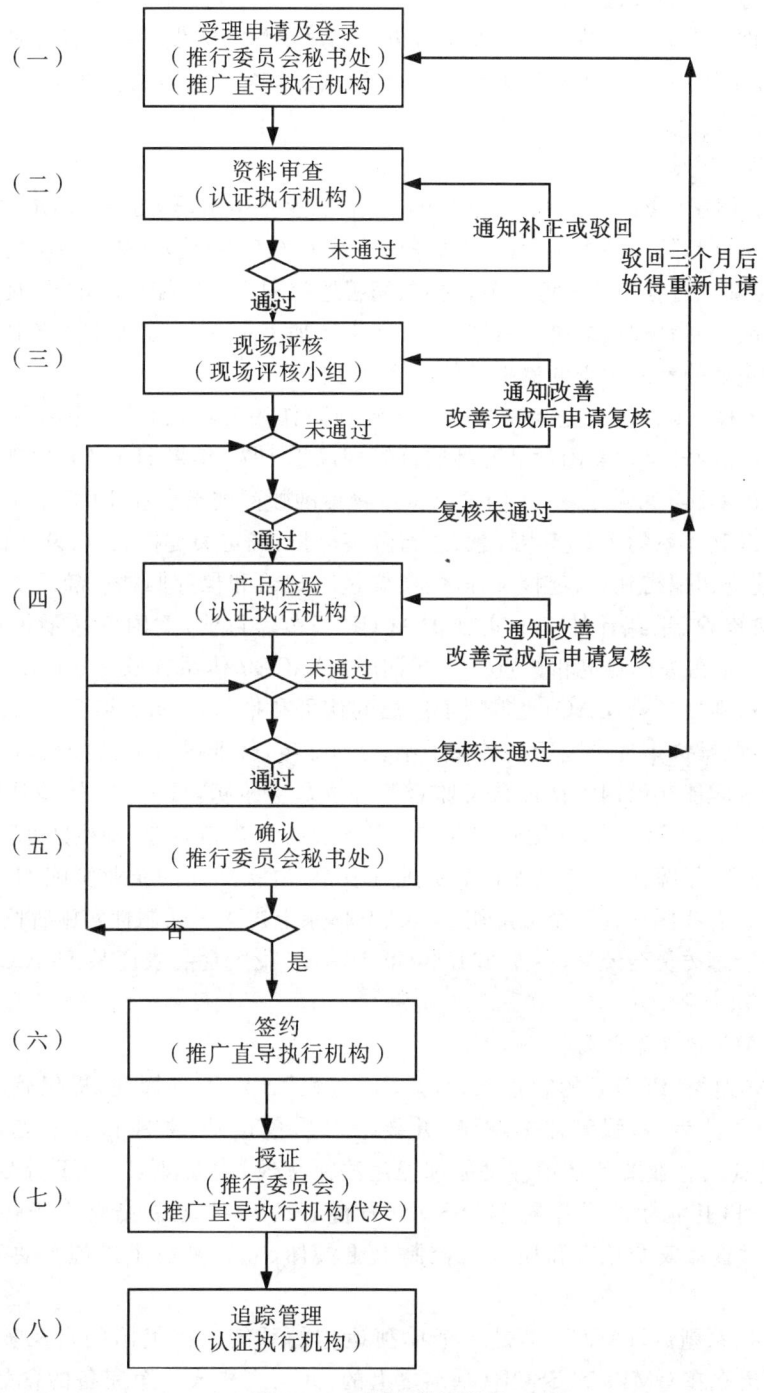

图 11-13　GMP 认证流程

三、危害分析和关键点控制体系(HACCP)

近年来,随着全世界人民对食品安全卫生的日益关注,食品工业和其消费者已经成为企业申请危害分析和关键点控制体系(Hazard Analysis Critical Control Point,HACCP)认证的主要推动力。世界范围内食物中毒事件的显著增加激发了经济秩序和食品卫生意识的提高,在美国、英国、澳大利亚和加拿大等国家,越来越多的法规和消费者要求将HACCP体系的要求变为市场的准入要求。

(一)HACCP含义

1.含义。国家标准GB/T15091—1994《食品工业基本术语》对HACCP的定义为:生产(加工)安全食品的一种控制手段;对原料、关键生产工序及影响产品安全的人为因素进行分析,确定加工过程中的关键环节,建立、完善监控程序和监控标准,采取规范的纠正措施。美国食品药品管理局的统计数据表明,在水产加工企业中,实施HACCP体系的企业比没实施的企业的食品污染的概率降低了20%到60%。

2.发展历程。HACCP是能提供一种起到预防作用的体系,并且更有效地预防食品污染,保障食品的安全。美国食品药品监督管理局于1973年将HACCP原理引入低酸罐头食品加工的GMP规范之中,美国食品微生物标准顾问委员会在1992年正式明确了食品生产HACCP体系的7个基本要素:进行危害分析、确定关键控制点、设立临界值、确立监控程序、建立纠偏措施、制定核查程序、实施过程记录和保存归档。随后美国政府相继在水产品、禽肉业、果蔬汁加工业实施HACCP规范。目前,美国食品零售业和乳品业HACCP规范正在进行制定和试点。与此同时,HACCP体系在欧盟、加拿大、澳大利亚和国际食品法典委员会(CAC)也得到了广泛的认可和推行。1997年新版《HACCP体系及其应用准则》被许多成员国所接受和采纳。2001年,按照国务院的授权,HACCP体系认证认可管理职能交给国家认证认可监督管理委员会承担,HACCP体系认证工作实行了依法管理。2002年5月,我国强制要求六类产品生产出口企业,即生产水产品、肉及肉制品、速冻蔬菜、果蔬汁、含肉及水产品的速冻食品、罐头产品的企业实施HACCP体系,这一要求标志着我国在食品企业应用HACCP体系上进入了强制性实施阶段。据国家认证认可监督管理委员会统计,截至2013年第1季度,我国食品农产品HACCP认证有效证书数量为3 919张。

(二)HACCP运作方式

HACCP遵循"PDCA"的管理原则,采用"过程"方法进行管理,提倡管理者的领导核心作用和全员参与,强调监视测量,并要求对质量记录、文件和数据进行控制管理等。它强调食品企业要严格遵守食品和卫生法律法规、建立以HACCP计划、良好生产规范(GMP)和卫生标准操作规程(SSOP)为核心的三级食品安全管理体系。因此,HACCP在对食品安全危害和质量的控制上更具体、在管理技术措施上更富有针对性和有效性。

1.运行的原则。HACCP不是一个单独运作的系统。在美国的食品安全体系中,HACCP是建立在GMPs和SSOPs基础之上的,并与之构成一个完备的食品安全体系。在HACCP中,有七条原则作为体系的实施基础,它们分别是:

(1)进行危害分析和提出预防措施(Conduct Hazard Analysis and Preventive Measures);

(2)确定关键控制点(Identify Critical Control Point);

(3)建立关键界限(Establish Critical Limits);

(4)关键控制点的监控(CCP Monitoring);

(5)纠正措施(Corrective Actions);

(6)记录保持程序(Record-keeping Procedures);

(7)验证程序(Verification Procedures)。

HACCP更重视食品企业经营活动的各个环节的分析和控制,使之与食品安全相关联。从经营活动之初的原料采购、运输到原料产品的储藏,到生产加工与返工和再加工、包装、仓库储放,到最后产成品的交货和运输,整个经营过程中的每个环节都要经过物理、化学和生物三个方面的危害分析(Hazard Analysis),并制定关键控制点(Critical Control Points)。危害分析与关键点控制,涉及企业生产活动的各个方面,如采购与销售、仓储运输、生产、质量检验等等,为的是在经营活动可能产生的各个环节保障食品的安全。另外HACCP还要求企业有一套召回机制,由企业的管理层组成一个小组,必须要有相关人员担任总协调员(HACCP Coordinator)对可能的问题产品实施紧急召回,最大限度保护消费者的利益。

2.HACCP的应用范围。HACCP是可广泛应用于简单和复杂操作的一种强有力的体系,它被用来保证食品的所有阶段的商品安全。

(1)生产者在实施HACCP时,不仅必须检查其产品和生产方法,还必须将HACCP应用于原材料的供应,直到成品储存,同时还必须考虑发售环节,直到包括消费终点在内。

(2)HACCP体系可应用于新产品或生产方法。引入HACCP将其应用于新产品、新生产方法或部分工艺都是很方便的。HACCP在许多行业被采用,比如水产品、禽肉类、罐头、速冻蔬菜、果蔬汁、化妆品、餐饮业等行业中。

(3)其他新技术在HACCP体系中的用处。自从减少或消除有害的食品污染的HACCP体系发布以来,新技术在该体系的工艺中就发挥了重要的作用。如在整个生产过程中,新技术能有效地防止或消除食品安全的危害,将会被广泛地接受并采用。

(三)HACCP认证程序

1.认证程序。认证的基本程序一般包括五个阶段:认证资料审核受理、现场审核、纠正措施及跟踪、认证审核报告、认证后的监督。

2.认证文件资料:

(1)食品安全管理体系认证申请;

(2)有关法规规定的行政许可文件证明文件(适用时);

(3)组织机构代码证书复印件;

(4)食品安全管理体系文件;

(5)加工生产线、HACCP项目和班次的详细信息;

(6)申请认证产品的生产、加工或服务工艺流程图、操作性前提方案和HACCP计划;

(7)生产、加工或服务过程中遵守(适用)的相关法律、法规、标准和规范清单;产品执行企业标准时,提供加盖当地政府标准化行政主管部门备案印章的产品标准文本复印件;

(8)承诺遵守法律法规、认证机构要求、提供材料真实性的自我声明;

(9)产品符合卫生安全要求的相关证据和(或)自我声明;

(10)生产、加工设备清单和检验设备清单;

(11)其他需要的文件。

根据《认证机构实施 HACCP 质量体系认证的认可基本(试行)》的规定,认证机构需每年组织全部体系进行一次复评,复评至少包括一次文件审查和一次现场审核。认证机构可对获证企业进行监督审核,通常为半年一次,监督企业实施 HACCP 体系。

3.国内认证机构。目前有 19 家食品安全管理体系认证机构获得了国家认监委的批准,分别是:中国质量认证中心、方圆标志认证中心、上海质量管理体系审核中心、杭州万泰认证有限公司、北京中大华远认证中心、兴原认证中心、中国检验认证集团质量认证公司、北京大陆航星质量认证中心、北京陆桥质检认证中心有限公司、华夏认证中心有限公司、北京新世纪认证有限公司、深圳环通认证中心有限公司、北京五洲恒通认证有限公司、广东中鉴认证有限公司、中环联合(北京)认证中心有限公司、中安质环认证中心、浙江公信认证有限公司、长城(天津)质量保证中心、中食恒信(北京)质量认证中心有限公司。

四、食品质量安全体系(SQF)

食品质量安全(Safe Quality Food,SQF)体系专门用于食品加工行业的全程质量安全管理,是全球食品行业安全与质量体系的最高标准。

(一)SQF 体系的内涵

1.含义。SQF 是目前世界上将 HACCP 和 ISO9000 这两套体系完全融合的标准,同时也最大限度地减少了企业在质量安全体系上的双重认证成本,为食品行业提供了一个针对性、适用性、可操作性均很强的食品安全与质量保证体系模式。

2.发展历程。SQF 源自于澳大利亚,是 1995 年农业委员会为食品行业(包括农产品生产、食品加工制造、贸易、零售企业)专门制定的食品安全与质量管理体系标准。2003年该体系监管权移交给了位于美国华盛顿的美国食品营销组织(FMI),该组织的成员在占据全美国食品零售额的三分之二。SQF2000 迅速向亚太地区乃至欧美地区扩散,成为被许多先进食品生产、贸易和零售商认可和采用的体系标准。如日本最大的连锁超市集团"佳世客"就要求它的食品供应商必须建立 SQF2000CM 体系并取得相应的认证资格。中国的蒙牛乳业集团、东方航空食品公司、山东凤祥集团等许多大型企业均按照 SQF2000CM 建立了产品的安全与质量保证体系,并取得了相应的认证资格。

(二)SQF2000 的作用

SQF2000 标准认证体系的有效实施可体现对企业的保护并增强品牌价值、提高客户购买产品的信心,使产品能够满足市场及法规的要求。

1.通过 SQF2000 认证,食品企业可以将认证标志直接使用在企业的广告和产品包装上,这也是 SQF2000 与其他认证体系(诸如 HACCP、ISO9000 等)最大的区别。

2.在由独立第三方认证审核机构的监督管理下,该标志体现了企业展示其生产高质量安全食品的能力和承诺,通过实施 SQF2000 认证体系,企业能够提升其良好的社会效益,扩大产品市场占有率。世界上主要的采购商、经销商和零售商都认识到了对食品产品的原料、生产过程和服务进行独立监督的重要性,因此 SQF2000 这一标准在全球范围内获得市场共同的认可。

3.SQF2000 帮助和督促食品加工企业实施食品质量及安全计划,如果食品企业正在申请 HACCP、ISO9000 等认证,建议采用 SQF2000 认证,那样更为合算。

(三)SQF2000 内容和认证程序

1.SQF2000 标准的主要内容。具体包括承诺、供应商、生产控制、检验与测试、文本控制及质量记录、产品识别和追踪等。

2.认证程序。具体包括认证培训、提交认证计划和申请书、申请资料的审阅、预审、正式认证审核、注册及跟踪监督等。

案例 11-6

农夫果业农产品生产标准化战略

陕西杨凌农夫果业专业合作社确立以"果品安全、健康、有机"为"健康家族"品牌市场定位,制定符合国际 GAP 体系认证标准的果品规范化管理、标准化生产;通过食品质量安全体系 SQF 确保果品从"农田到餐桌"全过程监控的体系;通过田间食品安全体系 On-Farm,减少果品生产和加工过程中不安全因子产生的风险,确保果品加工和消费都能获得高质量的产品而采取的安全管理措施。通过上述果品生产管理、加工配送标准体系规范,提升"健康家族"品牌价值。

第四节 农产品品牌标准化

品牌营销是 21 世纪市场营销的主流。农业标准化建设成为农产品品牌建设的重要支撑,而农产品品牌建设是农业标准化的重要内容。"寒地黑土"等 100 个来自龙头企业、专业合作社的优秀农产品品牌荣获 2012 年度全国供销合作社"百佳标准化农产品品牌"。

一、品牌的相关概念

(一)品牌

1.品牌的价值。品牌是指消费者对产品及产品系列的认知程度,品牌价值具体包括用户价值和自我价值两部分,品牌的用户价值大小取决于内在三要素,品牌的自我价值大小取决于外在三要素。品牌的功能、质量和价值是品牌的用户价值要素,即品牌的内在三要素;品牌的知名度、美誉度和普及度是品牌的自我价值要素,即品牌的外在三要素。

2.品牌种类

(1)根据品牌知名度的辐射区域划分,可以将品牌分为地区品牌、国内品牌、国际品牌、全球品牌。地区品牌是指在一个较小的区域之内生产销售的品牌,如地区性生产销售的特色产品,生产和销售产品辐射范围不大,主要是受产品特性、地理条件及某些文化特性影响。国内品牌是指国内知名度较高,产品在全国生产、销售的品牌,如娃哈哈。国际品牌是指在国际市场上知名度、美誉度较高,产品辐射全球的品牌,如可口可乐、立顿红茶等。

(2)根据产品生产经营的所属环节,可以将品牌分为制造商品牌和经销商品牌。制造商品牌是指制造商为自己生产制造的产品设计的品牌,如三海瓜园;经销商品牌是经销商根据自身的需求,对市场的了解,结合企业发展需要创立的品牌,如天目茂林。

(3)依据品牌的来源,可以将品牌分为自有品牌、外来品牌和嫁接品牌。自有品牌是企业依据自身需要创立的,如全聚德等等;外来品牌是指企业通过特许经营、兼并、收购或其他形式而取得的品牌;嫁接品牌主要指通过合资、合作方式形成的带有双方品牌的新产品。

(4)根据品牌的生命周期长短划分,可以分为短期品牌、长期品牌。短期品牌是指品牌生命周期持续较短时间的品牌,由于某种原因在市场竞争中昙花一现或持续一时;长期品牌是指品牌生命周期随着产品生命周期的更替,仍能经久不衰、永葆青春的品牌。

(5)依据产品品牌是针对国内市场还是国际市场,可以将品牌划分为内销品牌和外销品牌。由于世界各国在法律、文化、科技等宏观环境方面存在巨大差异,一种产品在不同的国家市场上有不同的品牌,在国内市场上也有单独的品牌。品牌划分为内销品牌和外销品牌对企业形象整体传播不利,但由于历史、文化等原因,不得不采用,而对于新的品牌命名应考虑到国际化的影响。

(6)依据产品或服务在市场上的态势,划分为强势和弱势品牌。一个强势品牌必须具备四大品牌资产:品牌知名度、品牌认知度、品牌联想和品牌忠诚度。因此,强势品牌不仅拥有广泛的品牌知名度,还拥有较高的品牌美誉度,而且还因为自身鲜明的品牌个性与品牌形象而形成了一定的品牌忠诚度。如果企业片面追求品牌知名度而忽视品牌美誉度、忠诚度等,往往导致品牌畸形发展,生命力极其脆弱,一旦遇到品牌危机,不是大伤元气就是覆灭夭折。

(二)商标

商标与品牌是既有联系,又有区别,但极易混淆的两个概念。

1.商标含义。商标是识别某商品、服务或与其相关具体个人或企业的显著标志。图形常用来表示某个商标经过注册,并受法律保护。企业在政府有关主管部门注册登记以后,就享有使用某个品牌名称和品牌标志的专用权,并得到法律保护,其他任何企业都不得仿效使用。因此,商标实质上是一种法律名词,是指已获得专用权并受法律保护的一个品牌或一个品牌的一部分。

2.品牌与商标的关系。

(1)商标只是品牌的一个组成部分,是品牌最直观的识别部分,即品牌的标志和名称,便于消费者记忆识别。品牌是一种商业用语,品牌注册后形成商标,企业即获得法律保护拥有其专用权。

(2)品牌有着更丰富的内涵,不仅仅是一个标志和名称,更蕴含着生动的精神文化层面的内容,体现着人的价值观,象征着人的身份,抒发着人的情怀。

(3)起名字和标志设计只是品牌建立的第一步骤。打造一个卓越品牌,需要进行品牌调研诊断、品牌规划定位、品牌传播推广、品牌调整评估等各项工作,提高品牌的知名度、美誉度、忠诚度,积累品牌资产。

(4)商标和品牌都是商品的标记,但商标是一个法律名词,品牌是一个经济名词。品牌只有打动消费者的内心,才能产生市场经济效益。同时品牌只有根据《商标法》登记注册后才能成为注册商标,才能受到法律的保护,避免其他任何个人或企业的侵权模仿使用。

(5)商标掌握在注册人手中,而品牌则植根于消费者心中。商标的所有权是掌握在注册人手中的,商标注册人可以转让、许可自己的商标,可以通过法律手段打击别人侵权使用自己的商标。但品牌则植根于广大消费者心中,品牌巨大的价值及市场感召力是来源于消费者对品牌的信任、偏好和忠诚。

(三)名牌

1.名牌的定义。名牌是指在同类产品市场中长期具有较高知名度和市场占有率的品牌,也就是领导品牌或强势品牌。创建名牌的实质是建造消费者记忆中关于品牌的知识,也就是建立品牌名字与产品类别、产品评价和其他独特概念的联想。

2.名牌的特征。一般认为,名牌应该具有以下三个主要特征:高市场占有率、高知名度和高品质。高知名度和高品质是名牌的必要条件,但不是名牌的充分条件。名牌必须是高知名度和高品质的;相反,高知名度和高品质的品牌并不一定是名牌。名牌是品牌的延伸,是品牌发展的更高层次的目标。

3.对名牌理解的误区

(1)名牌产品与名牌等同化。由于大多数产品皆有生命周期,所以,再好的名牌产品也有可能会过时。名牌是一个符号,真正的名牌历史越悠久价值就会越高。因此,企业努力创的应该是品牌,而不是产品。

(2)地方名产等同于名牌。如"北京烤鸭"就不是名牌,而属地方名土特产,它没有商标、商号,只是一种产品,谁都可以套用。而"全聚德"则是名牌、商号,是独一无二的。

(3)片面强调名牌的知名度,而忽视名牌的信任度和美誉度。

(4)片面认为中小企业不能搞名牌。名牌是一个不断淘汰的动态的过程。

二、品牌设计元素

品牌设计就是对一个企业或产品进行命名、标志设计、平面设计、包装设计、展示设计、广告设计及推广、文化理念的提炼等,从而使其区别于其他企业或产品的个性塑造过程。一般而言,品牌元素包括品牌名称、品牌标记、产品品类、产品品质、品牌形象、品牌个性等,即品牌元素=品名+品记+品类+品质+品位+品德+品行。

(一)品名

品牌名称是指品牌中可以用语言称呼的部分,如农夫山泉。品牌名称应该要能够易于发音,与产品有清楚的关联性,并且易于记忆。把地理名词用在品牌名称上通常都被证实是一种差劲的选择。因为法律无法禁止竞争者利用相同的地理名称作为产品识别的方法,从而让某产品的制造商得到保障。但农产品由于生产区域性、分散性等特点,很多农产品品牌在区域公用品牌影响下发展,借助区域公用品牌来提升企业品牌的市场影响力。如"咯咯达"牌鸡蛋和"老蜂农"牌蜂蜜,名称的形象性很强,便于识别和记忆。

(二)品记

品记即品牌标识,是指品牌中可以被识别,但不能用语言简洁而准确地称呼的部分,如符号、标志、图案、颜色以及组合等。标识是品牌的视觉化传达,一个好的标识能让人过目不忘并产生好感,而设计不当不仅不易记忆,还可能让人产生排斥的心理。其中吉祥物卡通形象设计能拉近与顾客之间的距离,加深印象,如旺旺食品的旺仔形象等。如"德清源"和"百年栗园"等柴鸡蛋品牌,品牌标识简单明了,容易识别,在消费者中有较高知名度。

(三)品类

它是指品牌所涵盖的产品类别,即该品牌具有哪些类别的产品。蒙牛是乳制品,乐百氏是饮料,这就是品牌所具有的产品品类概念。让品牌成为品类代表将对品牌的建设与发展有很大的帮助。只有努力去做品类的代表,才更容易成为知名品牌与行业领导者,如很多企业采用"第一"、"专家"等传播策略,让消费者认为该产品是品类中的第一或专家,久而久之该品牌将真的成为第一或专家,并成为该品类中的领导者与代名词,如群丰果品致力于打造"中国水果营养专家"连锁第一品牌,旗下拥有鲜丰、水果码头、鲜果码头、杨果铺、中国水果营养专家5个品牌,是全国最大的果品连锁零售企业,其中"鲜丰水果"直营连锁门店在浙江地区达55家。

(四)品质

它是指反映品牌所涵盖的产品的耐用性、可靠性、精确性等价值属性的一个综合尺度,是反映品牌形象的一个公认的重要元素。产品是品牌之基,品牌是产品之本,想要打造优秀的品牌,拥有过硬的产品品质是前提。企业或商品通过借用一种东西、符号或人物来代表商品,以此种形式来塑造企业的形象,给予人们以情感上的感染,唤起人们对产品质地、特点、效益的联想。同时,由于把企业和产品的形象高度概括和集中在某一象征上,能够有益于记忆,扩大影响(案例11-7)。

案例11-7

戴"耳环"土猪肉卖得火,喝山泉水吃原生态食物

遂昌县妙高七山头土猪养殖户有240户,实行统一的养殖标准,因而土味十足,味道鲜美,虽然在春节前后集中屠宰上市,但很快就销售一空。

25元/斤的排骨很抢手。土猪最初是在妙高镇7个山头自然村养殖的,海拔均在650米到1 200米之间,因此,他们把土猪的品牌取为"七山头"。他们实行"订单农业",由农户按合作社统一标准养殖,合作社统一收购、统一屠宰,并在镇中心菜场唯一指定的摊点上销售,同时11家酒店成了七山头原生态猪肉特约经销商。七山头土猪的条肉价格可卖到17元/斤,排骨卖到25元/斤,比普通的价格高50%左右。

土猪喝的是山泉水。七山头土猪肉为何能卖出好价钱?猪舍统一浇了水泥地和水泥护栏,水泥地有一定坡度。猪粪要每天清理,土猪则用水桶经常冲水洗澡。猪舍排放的污水集中到村里的化粪池处理。土猪喝的也是干净的山泉水,吃的是猪草和村民自己种植的番薯、玉米、土豆、紫云英、葛藤、葫芦等。这些农作物都是原生态的。

标准化养殖。高山土猪必须在海拔500米以上的山村养殖;喂养的饲料必须是无污染的,并且煮熟再喂,保证品质;猪舍每天清扫一次,用水冲之后再用草木灰消毒;养殖的土猪时间必须在一周年以上,俗称"年猪";每个村确定一名管理员,对养殖户进行监督,养殖户之间也要相互监督,猪仔的进栏时间、出栏时间、吃的食物都要登记在册,并且每头猪都戴有"耳环",便于全程跟踪。每户养殖的土猪数量以两头左右为宜,不能超过4头,以确保土猪的食物供应和质量。

资料来源:浙江在线—钱江晚报,2011年02月07日,经作者整理改编

(五)品味

它是指品牌所涵盖的产品的科技含量、文化底蕴、审美情趣以及品牌传播所形成的品牌形象与品牌个性。如沱牌原浆酒是四川沱牌集团明星产品,是传统工艺与现代高科技结合的产物,酒体清澈透明,气味芳香醇厚,后味清香纯正,余味悠长。既满足了商务消费的需求,也成为馈赠宾朋的上上之选。

(六)品德

它是指品牌宣传中所倡导的企业文化、价值观念与经营理念。品牌故事是品牌文化中最感性的部分,有趣或感人的品牌故事可以让顾客产生深刻的记忆。提炼脍炙人口的广告语,可以让大家很容易记忆并产生认同。如"鹤舞白沙,我心飞翔"、"怕上火喝王老吉"这些耳熟能详的广告。

(七)品行

它是指企业的管理行为、广告宣传行为、公共关系行为、销售行为、服务行为等企业组织行为和员工个人行为在社会上的表现给公众留下的印象。品牌与消费者产生接触的环节就是品牌接触点,找出所有的品牌接触点并将其优化,给消费者留下美好的印象及记忆,就可以使品牌走向成功。如2013年9月2日,中国第一大闸蟹品牌江苏蟹都汇在北京钓鱼台大酒店召开全国性的顶级行业发布会。

三、农产品品牌化的一般程序

德清源的鸡蛋、小汤山的蔬菜、仲景香菇酱、华圣苹果、娃哈哈的杏仁青稞粥等等,以厨房餐桌为代表的农产品被"品牌化"将是大势所趋。农产品品牌化就是农产品经营者根据市场需求与当地资源特征给自己的产品设计一个富有个性化的品牌,并取得商标权,实行企业化经营,使品牌在经营过程中不断得到消费者的认可,树立品牌形象,扩大市场占有率,实现经营目标的一系列活动。因此,农产品品牌化经营是一个系统工程,就是用工业化理念发展农业的过程,要实现专业化生产、标准化控制、产业化经营、品牌化销售、社

会化服务,以成型产品为核心,通过品牌命名和商标注册、品牌符号系统设计、品牌传播管理、品牌价值管理、品牌整合管理等步骤进行产品的品牌化程序。

(一)品牌命名和商标注册

品牌命名和商标注册是将一个原生态的成型产品通过以标志为核心的符号系统的注册,成为一个有法律保护,并具有商标专用权,获得特定的品牌权益的过程。在农产品品牌的商标注册中,由于对地理特征的依赖性,农产品品牌有更多的证明商标、集体商标;在品牌命名上,也体现了浓厚的地理色彩。

(二)品牌符号系统设计

1.品牌符号。品牌不仅是一个符号,而且是一个符号系统。品牌符号是区别产品或服务的基本手段,包括名称、标志、基本色、口号、象征物、代言人、包装等。这些识别元素形成一个有机结构,对消费者施加影响,是形成品牌概念的基础。品牌符号化是最简单直接的传播方式,其最大的贡献就是能帮助消费者简化对品牌的判断,对于企业而言是最节省沟通成本的做法。通过视觉的、声音的、语言的、颜色的各种各样的符号,与消费者从精神层面上沟通,成就许多著名品牌。

2.品牌识别系统。它由品牌理念识别、品牌行为识别、品牌符号识别三部分构成,其中品牌理念识别的核心是品牌价值、品牌利益、品牌关系、品牌个性;品牌行为识别系统的核心是产品的品质识别、员工行为表达及其品牌、产品终端服务体系;品牌符号系统的核心在于视觉符号系统和听觉符号系统及综合符号体系,包括标志、象征物、代言人、广告发布版式、产品包装设计等视觉符号系统,主题歌曲、有声商标等听觉符号及品牌名称、品牌核心标语综合符号等。

3.品牌设计。品牌设计的关键价值在于体现品牌所聚焦的核心利益点,成为消费者体验和联想的徽记象征。如红色气泡是可口可乐的徽记象征,代表激爽;蓝色是百事可乐的徽记象征,代表时尚先锋;除了颜色能够成为徽记象征之外,人物也同样能够成为品牌的徽记,如老干妈女士是老干妈辣椒酱的徽记一样。设计的价值就是通过不断创造与消费者联想密切相关的各种徽记象征,从而增强消费者的体验,增强消费者对品牌的忠诚度和热爱,这是设计于品牌的核心价值。品牌设计能够提升特色农产品的品味,满足消费者对面子和品质生活的追求,成就特色农产品的高性价比。

(三)品牌传播管理

1.品牌传播内涵。品牌传播就是企业以品牌的核心价值为原则,在品牌识别的整体框架下,选择广告、公关、销售、人际等传播方式,将特定品牌推广出去,以建立品牌形象,促进市场销售。品牌传播是诉求品牌个性的手段,也是形成品牌文化的重要组成部分,是企业满足消费者需要和培养消费者忠诚度的有效手段。通过品牌的有效传播,可以使品牌为广大消费者和社会公众所认知,使品牌得以迅速发展。同时,还可以实现品牌与目标市场的有效对接,为品牌及产品进入市场、拓展市场奠定宣传基础。

2.品牌传播的方式。农产品不仅需要品牌,更需要品牌的整合传播,要增加对品牌产品的宣传投入,善于利用媒体广告以及博览会、招商会、网络营销、专题报道、展销会和公共关系等多种促销手段,进行品牌的整合宣传,提高公众对品牌形象的认知度和美誉度。

(1)广告传播。广告作为一种主要的品牌传播手段,是指品牌所有者以付费方式,委托广告经营部门通过传播媒介,以策划为主体,创意为中心,对目标受众所进行的以品牌名称、品牌标志、品牌定位、品牌个性等为主要内容的宣传活动。对品牌而言,广告是最重要的传播方式。消费者通过广告获得了品牌的绝大多数信息,同时广告提高了品牌知名度、信任度、忠诚度,是塑造品牌形象和个性的强有力工具。根据资料显示,在美国排名前20位的品牌,每个品牌平均每年广告费用为3亿美元。

(2)公关传播。公共关系是企业形象、品牌、文化、技术等传播的一种有效解决方案,包含投资者关系、员工传播、事件管理以及其他非付费传播等内容,为品牌提供有利信息,从而教育和引导消费者。它可为企业解决以下问题:一是塑造品牌知名度,巧妙创新运用新闻点,塑造组织的形象和知名度;二是树立美誉度和信任感,帮助企业在公众心目中取得心理上的认同,这点是其他传播方式无法做到的;三是通过体验营销的方式,让难以衡量的公关效果具体化,普及一种消费文化或推行一种购买思想哲学;四是提升品牌的"赢"销力,促进品牌资产与社会责任增值;五是通过危机公关或标准营销,化解组织和营销压力。

案例 11-8

农产品安全事件该如何"危机公关"

2013年我国多地出现"生蛆樱桃"的传言,引发消费者恐慌,果农也因此遭受冲击。除樱桃外,近年来,柑橘、杨梅、香蕉等水果都曾因为类似问题遭受信任危机,并给整个产业造成损失。在这种情况下,政府部门与行业组织、农业企业应做好"危机公关",稳定消费者信心,避免"一颗坏水果"毁了整个产业。这类事件的发生与恐慌情绪的扩散,缺少权威声音和正确的信息引导有关。樱桃生虫的现象并不普遍,之所以被过度关注和夸大,原因就在于缺乏有公信力的第三方机构进行调查和澄清,导致以讹传讹。

(3)销售促进传播。销售促进传播是指通过鼓励对产品和服务进行尝试或促进销售等活动而进行品牌传播的一种方式,其主要工具有赠券、赠品、抽奖等,主要用来吸引品牌转换者。它在短期内能产生较好的销售反应,但缺乏长久的效益和好处,尤其对品牌形象而言,大量使用销售推广会降低品牌忠诚度,增加顾客对价格的敏感,淡化品牌的质量概念,促使企业偏重短期行为和效益。

(4)人际传播。人际传播是人与人之间直接沟通,主要是通过企业人员的讲解咨询、示范操作、服务等,使公众了解和认识企业及其产品,并形成对企业和产品的印象和评价,这种评价将直接影响企业形象。在品牌传播的方式中,人际传播最易为消费者接受,也是形成品牌美誉度的重要途径。如农产品网络营销中的人际传播方式使真实市场对农产品经营者的直接冲击力得到缓冲,大大降低了农产品经营者对市场的恐惧,卖家可以以聊天的形式进行农产品的推介和交易。

(四)品牌价值管理

品牌价值是一种超越企业实体和产品以外的价值,是与品牌的知名度、认同度、美誉度、忠诚度以及消费者对品牌的印象紧密相关的,是能给企业和消费者带来效用的价值。品牌价值的大小,取决于它给企业和消费者带来的效用的总和。因此,对企业而言,品牌价值的效用主要体现在可提高市场占有率、使企业获得超额利润、扩大和延伸企业产品品牌等3个方面。农产品品牌价值来源于农产品质量的差异性,表现为市场价值、消费者价值、生产者价值和生态价值四个方面。因此,农产品品牌价值管理包括对品牌的核心价值以及相关价值体系,其过程的规范性和有效性,直接决定了品牌价值是否被稀释、被降低、被分化。

(五)品牌整合管理

由于市场竞争的压力加大、创建和维持品牌的费用昂贵,品牌家族需要协同作战与有序发展以及顾客不仅关注产品本身,而且关心提供产品的企业等因素导致品牌整合的产生。品牌整合是近十几年来出现的一种新的品牌管理方法。

1.品牌整合是指为了维持和提高企业的长期竞争优势而开展的把品牌管理的重点放在建立企业"旗帜品牌"上;明确企业品牌或"旗帜品牌"与其他品牌的关系,使品牌家族成员能够相互支持;充分利用企业现有品牌的价值和影响力来进行品牌扩张等工作。

2.品牌的整合管理包括品牌发展过程中的综合性内容,可以分为产品研发管理、产品生产过程管理、产品符号系统管理、相关人力资源管理、传播过程管理、品牌价值管理、品牌系统管理、品牌创新管理、品牌保护与品牌延伸管理等内容,它逐步形成了一个立体的产业扩展链。据《中国商标战略年度发展报告》显示,截至2011年年底,我国涉农产品的注册商标数量达到110万件,地理保护标志1 382件,居世界总量第一。但是,我国多数农业品牌影响力还仅停留在局部地域,跨省跨区域品牌少,国际知名品牌更是寥寥无几。我国不少优势农产品在国际贸易中只能占据低端市场,无法带来高溢价。

随着市场竞争压力加大、创建和维持品牌的费用越来越高、价格障碍和规模瓶颈已成为制约品牌农产品发展的重要因素,这就要求企业逐步实施品牌整合,积极培育农产品区域公用品牌。如四川蒲江县探索出以农业区域公用品牌建设为重点,"公用品牌+企业品牌"并进的路子,形成了区域品牌和企业品牌的良性互动机制。

四、农产品品牌建设主体类型

我国农产品品牌创建过程主要涉及的相关主体包括农业企业、行业协会、经济合作组织、农户和政府等。目前我国农产品品牌建设的主体大多数是企业和合作社,"企业+基地+合作社+农户"应该成为我国农产品品牌建设主体的重要组织形式(案例11-9)。

案例 11-9

南充市出台农产品品牌创建激励支持政策

近日,四川省南充市出台《农产品品牌创建工作实施方案》明确规定:凡新获得国家级驰名商标,且年销售收入达到5 000万元以上的农产品品牌创建主体,市委、市政府给予一次性奖励100万元;凡新获得国家级地理标志商标,且年收入达到5 000万元以上的农产品品牌创建主体,给予一次性奖励50万元;凡新获得省级著名商标,且年销售收入达3 000万元以上的农产品品牌创建主体,给予一次性奖励20万元。到2013年底,力争拥有全国驰名商标和地理标志商标农产品8件以上,省级著名商标农产品30件以上,市级知名商标农产品126件以上。

资料来源:中商情报网,2013-08-26

(一)政府

在农产品品牌化时,各级政府主要依托所管辖范围内或某地的特色产品与特色文化,如丽水遂昌县的"龙谷丽人"茶品牌的"龙谷"两字则借用汤显祖的手写真迹命名。政府通常是品牌开发、管理、维护、传播的决策者和战略制定者,主要体现在区域公用品牌的品牌化上,分为以下几种情况:

1.政府直接出面,成立相应的行政管理部门,既作为品牌持有人,又作为品牌管理者和经营者。

2.以政府为主导,与行业协会或专业社会团体共同创建品牌,以区域品牌、证明商标等为多数。品牌的得益者是区域及证明范畴内的产品生产与销售者,而政府与行业协会则作为管理机构对品牌的开发、管理、维护、传播等进行统筹。

3.以政府为主导,与某个企业共同创建品牌。企业是地方性的企业,政府间接成为品牌的得益者和品牌主体。

4.由政府主管下的某个事业单位作为品牌的主体,该事业单位企业化运作,与政府一起创建和管理品牌,共同受益。

5.政府主导并由某一龙头企业、各个农户形成品牌化系统,政府体现更多的服务意识和服务功能,龙头企业和各个农户是品牌的直接受益者,而政府是间接受益者。

(二)企业

企业为某农产品品牌的品牌主体,既是品牌的所有者、商标的持有人,又是整个品牌开发、管理、维护、传播的决策者、执行者,是品牌的完全主体。如浙江华发出口茶厂成立于1994年,现已成为农业产业化国家重点龙头企业,获得了绿茶自营出口权,是目前国内加工能力最大、联结基地和农户最多的一家大型绿茶生产加工出口企业。宁波恒康食品有限公司是一家专业生产炒货休闲食品的中外合资企业,创建了"恒康"品牌,先后获得"浙江省名牌产品"、"浙江省著名商标"、"浙江省绿色企业"等荣誉,并在全国行业中首家通过了ISO14001国际环境管理体系和ISO9001国际质量管理体系双认证。在以龙头企业为主体的农产品品牌化过程中,政府虽然不直接进行品牌运营,但对企业的品牌化管理提供了政策等方面的大力支持。

(三)协会

协会作为农产品品牌主体主要表现为:一是行业协会本身是品牌的持有者、品牌运营管理者;二是行业协会不是品牌持有者,但是品牌传播运营者。行业协会注册的证明商标,所体现的品牌的实际受益者是该证明商标区域中的农产品生存者和经营者。如浙江"开化龙顶"茶、杭州余杭的径山茶、衢州龙游小辣椒、绍兴新昌小京生等,都是专业协会作为品牌主体或运营主体进行农产品品牌化的。

(四)合作经济组织

合作经济组织作为品牌建设主体是指通过农民专业合作社等经济组织内部管理,达到品牌化各个过程中的"统一"(如统一技术、统一包装等)等专业或行业联盟运作。如浙江忘不了柑橘专业合作社创建于2002年10月,产品实行统一质量标准、统一分级包装、统一品牌上市,使产品知名度、信誉度、美誉度不断提高。

(五)研究机构

以研究机构作为品牌建设主体的情况在现实中不太常见,大多数体现在区域公用品牌中。如锦屏山牌水蜜桃,其品牌主体是宁波奉化市水蜜桃研究所,在2001年注册了锦屏山牌水蜜桃商标,承担品牌研发、产品生产、品牌管理、从包装到传播等工作。锦屏山牌水蜜桃先后荣获中国国际农业博览会金奖和名牌产品、国家原产地标记保护注册农产品、国家绿色A级农产品、浙江省著名商标、宁波市十大名果、浙江省十大特色农产品品牌和中国十佳农产品品牌等称号,大大提升了奉化水蜜桃在国内外市场的知名度和产品的档次。

(六)自然人

我国大量农民以自然身份注册农产品品牌商标,成为某一农产品品牌的所有权人。在各个农产品品牌化较好的省份如浙江等地,自然人身份拥有品牌并进行品牌化的情况较为普遍。如在江西南昌县,一大批农民开始为自己的农产品申请注册商标。这些"南昌县乡土制造",因为有了品牌,农产品的质量和声誉都有了提升,也就有了更高的附加值和经济价值。据南昌县工商局统计,截至2011年,共有212件农产品注册商标,其中就有生产食用面粉和玉米的"和慈"商标,还有"黄马虎岭"甜瓜、"洪峰"豆腐乳等商标。四川平昌县政府积极引导农民走品牌化道路,农民越来越意识到农产品品牌的重要,纷纷给农产品注册商标,先后注册了"巴山土鸡"、"望江牌"豇豆、"红尖牌"海椒等30多个农产品商标。

五、农产品品牌形态

(一)流通品牌形态

流通品牌形态是指以农产品品牌为销售内容的商业品牌。随着商业经济和连锁经营业态的快速发展,以及消费观念的变化,农产品流通品牌形态开始形成。如"优质流通"是商务部流通产业促进中心和深圳市农产品股份有限公司共同打造的农产品流通品牌,深圳市农产品股份有限公司旗下的依谷网的产品也被纳入"优质流通"体系。如江苏苏果超市、浙江新田园、宜兴佰绿吉生鲜超市、叶氏兄弟水果(案例11-10)等流通品牌形态。

案例 11-10

叶氏兄弟水果连锁超市

叶氏兄弟果业成立于1991年,专业从事水果、果汁及其他食品的采购与销售,经过20余年的稳健发展,已成为浙江省最大、最负盛名的大型专业化时尚精品水果连锁超市。该企业一开始便走出了一条差异化满足与差异化竞争的品牌发展路线,定位于"绿色时尚精品果业"——追求绿色健康品质、成就时尚精品生活,一举打破了传统的水果零售模式,成为杭州最高端商场杭州大厦的特约独家果品零售商、中国浙江省最具价值果品连锁品牌,被业界誉为"中国果品零售行业的标杆性企业"和"水果零售行业新时期的领路人"。

(二)商品品牌形态

农产品商品品牌形态是指以产品为核心形成的农产品品牌,多为单一产品品牌。产品品牌是对产品而言的,包含两个层次的含义:一是指产品的名称、术语、标记、符号、设计等方面的组合体;二是代表有关产品的一系列附加值,包含功能和心理两方面的利益点,如产品所能代表的效用、功能、品位、形式、价格、便利、服务等。农产品商品品牌多为蔬菜、瓜果、水产、畜牧、粮油等,其中农产品加工品牌规模最大。有些产品品牌在不断发展新的品类,产生新的品牌链。如萧山萝卜干起源于1890年的河庄,上世纪20年代初起,先后被销往上海、江西、港澳、新加坡等地,从一个种类发展到50多个新品种,形成了多品牌形态。

(三)企业品牌形态

企业品牌是指以企业名称为品牌名称的品牌。农产品企业品牌形态是指以生产农产品为企业主要生产内容的品牌。一般区域品牌大多为证明商标,旗下有多个同类产品的农产品品牌。

1.企业品牌与产品品牌的差异。企业品牌与产品品牌之间根本上的价值差异在于二者在企业运营中的战略位置、战略功能的不同。其差异具体表现为品牌塑造目的不同、涵盖范围不同、目标对象不同、出发导向不同等。企业品牌塑造的目的是将企业价值观和个性传递给利益相关者,而产品品牌的塑造是通过建立一个有吸引力的品牌形象或诉求来推动具体产品的销售。企业品牌涵盖的范围必须有足够的前瞻性和包容性,而产品品牌是以个别产品为核心,只需考虑该产品本身的发展及产品所在行业的发展趋势。企业品牌的受众更为广泛,包括政府及政府官员、媒体、投资者、商业伙伴、意见领袖、下属子品牌消费者、用户、内部员工及社会团体等,而产品品牌的核心受众聚焦在消费者及渠道成员的沟通,是产品走向消费者的桥梁。

2.企业品牌与产品品牌的联系。企业品牌需承载实现"母合"优势的战略功能。企业品牌是"母",产品品牌是"子",以企业品牌统领、助力产品品牌的发展与建设,将企业资源、企业品牌资产传递到每一个产品品牌,为产品品牌的发展提供保障。而产品品牌在企业经营战略之下,是企业经营战略实现的重要载体,同时也是实现消费者与企业链接的载体。

对于众多农产品企业来说,以产品为中心的品牌定位模式,很容易遭遇品牌发展瓶颈,而通过以消费者为中心的品牌作业模式容易突破企业品牌发展障碍,实现企业品牌获取高附加值的溢价能力。

案例 11-11

五谷磨房杂粮以消费者为中心的品牌定位

五谷磨房杂粮类满足现代消费者追求膳食营养的需求,产品原始价值直面的消费者多为家庭主妇,且类似产品比比皆是,很难实现品牌溢价。因此,它以现代女性对美容、养生需求为市场切入点,通过对杂粮产品进行深加工同时配以养生配方的形式进行品牌化营销,实现品牌溢价能力,同时从感性的角度满足消费者情感利益需求的品牌出路。

资料来源:企业家日报,2013-08-19

(四)综合品牌形态

农产品综合品牌形态是指以开发、生产、销售农产品及其农业产业链中集合农产品类产品、企业、流通、延伸产业为主导因素的品牌。农产品综合品牌的特征是在一个企业品牌下,实施综合管理、综合产业延伸,形成了集农产品商品开发、生产、传播、销售为一体化的上下游联动的产业链。如浙江不老神食品有限公司是全国农产品加工业示范企业、农业产业化重点龙头企业,也是一家全国性的连锁经营企业,已在全国25个省、市、自治区的160多个城市开设"不老神鸡"连锁店,有专卖店680多家,年配送、销售禽类1 100多万羽。

六、农产品区域公用品牌

2000年以来,农业领域悄然兴起一种不同于以往的品牌建设新模式——区域公用品牌,并逐渐成为社会关注的热点。目前我国许多地区具备了打造区域公共品牌的基础,但由于没有找到一个适当的平台,无法将自身在经济、文化等方面的比较优势转化为区域公共品牌向外界推广。

(一)农产品区域公用品牌内涵

1.含义。区域公用品牌是指在某个行政或地理区域内形成的以产业集群为依托,具有较强生产能力、较高市场占有率和影响力,并为该地产业与企业所共同享有的品牌。作为农产品品牌的一种重要类型,农产品区域公用品牌指的是特定区域内相关机构、企业、农户等所共有的,在生产地域范围、品种品质管理、品牌使用许可、品牌行销与传播等方面具有共同诉求与行动,以联合提供区域内为消费者的评价,使区域产品与区域形象共同发展的农产品品牌。

2.具备条件。农产品区域公共品牌至少要具备两个条件:一要有担负"公用概念"的功能,二要具有对区域经济的带动力。

3.表现形式。通常表现形式为区域名称+优势产业(或产品)名称,如灵宝苹果、桐乡杭白菊、金华火腿、涪陵榨菜、安吉白茶、盱眙龙虾、若羌红枣等。

案例 11-12

洛川苹果区域公用品牌价值高达30多亿

在陕西洛川县,"洛川苹果"成为全县共用的公用品牌。"洛川苹果"地理证明商标是国家工商行政管理总局商标局认定的中国驰名商标。洛川县苹果产业协会作为商标持有人,在政府支持下负责品牌形象塑造、推广使用、标准制订和宣传保护等工作,采取品牌授权使用的方式,将证明商标和争创的各类冠名荣誉权捆绑使用,按照"品牌统一、包装统

一、渠道统一、质量统一"要求,强化品牌经营管理。受益于此,"洛川苹果"品牌评估价值达30.36亿元。

(二)农产品区域公用品牌的特殊性

农产品区域公用品牌的物质载体是优质农产品,基础是某一区域的特殊气候、纬度、温差、土壤、水分、传统工艺、人文历史等众多因素。在长期发展过程中,这些因素赋予区域特色农产品天然孕育的差异性及相对的资源稀缺性,使该区域农产品与其他同类产品相比具有独有的特征,易于形成比较优势。其特殊性具体体现在以下几个方面:

1.一般须建立在区域内独特自然资源或产业资源的基础上,即借助区域内的农产品资源优势。

2.品牌权益不属于某个企业或集团、个人拥有,而为区域内相关机构、企业、个人等共同所有。

3.具有区域的表证性意义和价值。特定农产品区域公用品牌是特定区域代表,因此,经常被称之为一个区域的"金名片",对其区域的形象、美誉度、旅游等都起到积极的作用。在国际上,采用区域品牌类型创建农产品品牌、发展区域产品销售、提高区域形象的成功例子较多,如美国的艾达华土豆品牌、台湾地区的台湾好米等。

(三)实施农产品区域公用品牌战略意义

1.产业战略意义。在农产品市场国际化、高端化、品牌化快速推进的新形势下,全面实施农产品区域公用品牌战略,发展品牌农业,是优化调整农业结构的有效途径,可以优化配置区域内的生产要素,促进农业产业集群的形成。同时是提升农产品质量安全水平和市场竞争力的现实要求。

2.对于企业而言,可以通过标准化管理,降低单个品牌维护的重复投入,克服市场分散经营的风险。

3.对农户而言,一个有力的农业区域品牌,可以提升地区农产品的流通速度,有利于农户增加收入。

表11-1 2012年中国农产品区域公用品牌价值评估

排名	品牌名称	品牌价值(亿元)	排名	品牌名称	品牌价值(亿元)
1	寒地黑土	123.97	10	威海刺参	46.89
2	涪陵榨菜	123.57	11	射阳大米	46.26
3	烟台苹果	91.47	12	信阳毛尖	46.06
4	兰西亚麻	84.76	13	庆元香菇	45
5	余姚榨菜	57.44	14	灵宝苹果	44.11
6	西湖龙井	52.66	15	赣南脐橙	43.22
7	安溪铁观音	52.04	16	洛川苹果	42.86
8	五常大米	49.48	17	吐鲁番葡萄	42.64
9	普洱茶	47.14	18	金乡大蒜	41.88

续表

排名	品牌名称	品牌价值（亿元）	排名	品牌名称	品牌价值（亿元）
19	苍山大蒜	41.72	49	滕州马铃薯	27.61
20	栖霞苹果	41.49	50	章丘大葱	26.79
21	杞县大蒜	41.04	51	昌乐西瓜	26.18
22	信宜怀乡鸡	41.02	52	东港大米	25.97
23	双阳梅花鹿	36.58	53	安岳柠檬	25.9
24	庆安大米	36.35	54	福鼎白茶	25.34
25	凉山马铃薯	36.19	55	永春芦柑	25.28
26	舟山带鱼	34.78	56	东明西瓜	24.1
27	平凉金果	34.62	57	郁南无核砂糖橘	23.97
28	砀山酥梨	33.48	58	大佛龙井	22.91
29	吐鲁番葡萄干	33.48	59	安吉白茶	22.66
30	庆阳黄花菜	33.21	60	阿克苏苹果	22.39
31	中宁枸杞	32.86	61	阳信鸭梨	21.84
32	蒙阴蜜桃	32.8	62	武夷山大红袍	21.19
33	静宁苹果	32.52	63	阿克苏红枣	20.99
34	三门青蟹	32.46	64	祁门红茶	20.42
35	泌阳花菇	32.27	65	福州茉莉花茶	19.89
36	沂源苹果	31.27	66	云霄枇杷	19.77
37	延边大米	31.08	67	信丰脐橙	19.67
38	洞庭山碧螺春	30.94	68	坦洋工夫	19.5
39	方正大米	30.81	69	滨海白首乌	19.46
40	东港草莓	30.57	70	寻乌蜜橘	19.08
41	兴化香葱	30.13	71	盘锦河蟹	19
42	连城红心地瓜干	29.87	72	符离集烧鸡	18.87
43	台山鳗鱼	29.5	73	愚公楼菠萝	18.56
44	平和琯溪蜜柚	28.77	74	正阳花生	18.55
45	哈密瓜	28.69	75	天目雷笋	18.46
46	周至猕猴桃	28.12	76	迁西板栗	18.27
47	烟台大樱桃	27.84	77	磐安香菇	18.25
48	定西马铃薯	27.74	78	陆川猪	18.19

续表

排名	品牌名称	品牌价值（亿元）	排名	品牌名称	品牌价值（亿元）
79	宣化牛奶葡萄	18.01	108	沛县狗肉	13.54
80	祁东黄花菜	17.89	109	秦安苹果	13.48
81	扎兰屯沙果	17.59	110	龙安柚	13.15
82	涪陵青菜头	17.44	111	松阳银猴	13.09
83	中牟西瓜	17.31	112	汉中仙毫	13.08
84	泰安生丝	17.01	113	微山湖四鼻鲤鱼	13.05
85	白芽奇兰	16.57	114	梅州金柚	12.93
86	临安山核桃	16.19	115	桦川大米	12.91
87	罗田板栗	16.08	116	洪泽湖大闸蟹	12.9
88	辽中鲫鱼	15.87	117	福州橄榄	12.84
89	西吉马铃薯	15.46	118	武当道茶	12.74
90	舟山三疣梭子蟹	15.34	119	蒙顶山茶	12.72
91	香山压砂西瓜	15.15	120	双流冬草莓	12.64
92	宁国山核桃	14.95	121	太平猴魁	12.54
93	越乡龙井	14.92	122	祁县酥梨	12.5
94	柳林红枣	14.88	123	阿克苏核桃	12.44
95	正山小种	14.87	124	武当蜜橘	12.02
96	罗平菜油	14.69	125	径山茶	12
97	开封西瓜	14.39	126	中牟大白蒜	11.96
98	柴达木枸杞	14.33	127	荣成苹果	11.94
99	阳春马水橘	14.31	128	凉山桑蚕茧	11.86
100	大连(旅顺)海参	14.19	129	石门柑橘	11.86
101	象山梭子蟹	14.06	130	福山大樱桃	11.77
101	峄城石榴	14.04	131	扎兰屯葵花	11.62
102	淮安红椒	13.95	132	韩城大红袍花椒	11.4
103	武都花椒	13.88	133	都匀毛尖	11.39
104	伽师瓜	13.77	134	都江堰猕猴桃	11.3
105	天目笋干	13.74	135	紫阳富硒茶	11.18
106	平阴玫瑰	13.72	136	萧山萝卜干	11.17
107	长丰草莓	13.72	137	黄河口大闸蟹	11.12

续表

排名	品牌名称	品牌价值（亿元）	排名	品牌名称	品牌价值（亿元）
138	乳山大姜	10.96	168	蕲春珍米	9.21
139	胶州大白菜	10.91	169	辽中玫瑰	9.17
140	冠县鸭梨	10.88	170	苍溪猕猴桃	9.13
141	黔阳冰糖橙	10.87	171	黄山贡菊	9.03
142	甘南葵花籽	10.86	172	仙居鸡	9.03
143	兰州百合	10.82	173	六堡茶	8.79
144	仙居杨梅	10.68	174	蒲江杂柑	8.64
145	蒲江猕猴桃	10.55	175	雁江蜜柑	8.63
146	蒲江雀舌	10.52	176	英德红茶	8.51
147	滕州大白菜	10.5	177	曲堤黄瓜	8.5
148	宣威火腿	10.36	178	慈溪葡萄	8.45
149	城固柑橘	10.36	179	岷县当归	8.38
150	嵊州珠茶	10.33	180	安化黑茶	8.37
151	湄潭翠芽	10.3	181	昌平苹果	8.36
152	开化龙顶	10.24	182	金堂姬菇	8.31
153	千岛玉叶	10.21	183	榆中莲花菜	8.25
154	蒙自石榴	10.13	184	龙门年橘	8.24
155	永福罗汉果	10.12	185	阿图什木纳格葡萄	8.15
156	广水胭脂红鲜桃	9.99	186	永兴冰糖橙	8.12
157	榆中菜花	9.98	187	邻水脐橙	8.01
158	阳城蚕茧	9.95	188	雨花茶	7.9
159	武阳春雨	9.92	189	婺源绿茶	7.89
160	乾安黄小米	9.7	190	永春佛手	7.88
161	宁晋鸭梨	9.46	191	长兴紫笋茶	7.82
162	信阳红	9.44	192	金坛雀舌	7.78
163	微山湖乌鳢	9.43	193	淮安黄瓜	7.72
164	罗平小黄姜	9.42	194	华容芥菜	7.38
165	奉化水蜜桃	9.39	195	金山翠芽	7.38
166	肥城桃	9.39	196	闽笋干	7.34
167	恭城椪柑	9.24	197	桃源大叶茶	7.33

续表

排名	品牌名称	品牌价值（亿元）	排名	品牌名称	品牌价值（亿元）
198	霍山黄芽	7.33	203	特克斯苹果	7.11
199	常山胡柚	7.31	204	金堂脐橙	7.08
200	马边绿茶	7.28	205	涡阳苔干	7.06
201	宁红工夫	7.24	206	秦安蜜桃	7.04
202	景宁金奖惠明茶	7.13	207	建湖大米	6.97

（四）打造农产品区域公用品牌的途径

打造农业区域品牌不是单个企业和产品的事情，而是产业集群和地方政府协同作为，尤其需要政府的大力提倡和持续推动，关键在于品牌的多方共同管理与维护。政府扶持、龙头企业带动、行业协会组织运营是较理想的农产品区域品牌构建模式（案例11-13）。

1. 政府积极培育主体，增强建设主体品牌意识。建立层级递进的农产品区域公用品牌培育机制，培育农产品区域公用品牌建设主体，积极引导农业产业协会、龙头企业、涉农中小企业、农民专业合作组织、营销大户等农产品生产经营主体增强农产品区域公用品牌意识。把发展"三品一标"农产品与农产品区域公用品牌建设相结合，依靠品质打造区域公用品牌。充分利用报刊、广播、电视和网络等媒体，采取专栏节目、新闻发布、专题报道、网上农博会等形式，大力宣传推介农产品区域公用品牌和区域公用品牌企业。

2. 产业协会建立区域品牌使用许可证制度和特色农产品质量体系，保护品牌。行业协会是一种在市场中开展活动的，以企业或企业家为主体并具有一定经济关联性的（地缘、业缘或身缘）、会员制的、非营利的、非政府的、具有一定公共性和公益性的组织。行业协会要担负起行业自我管理的职责，发挥自律、协调、监督功能，监督企业遵循国家标准或者建立相应的行业标准。从机制上防范和减少类似金华火腿、重庆火锅事件的发生，实现对公共品牌的行业自律和长效监督。

3. 企业要加强行业自律，长期保持区域品牌形象，防范区域品牌被破坏，产生"柠檬市场"现象。

4. 农民要把好初级产品的质量关，严禁以次充好。品牌优势能让产业和企业做强做大，必须政府、企业、农民三位一体联合来进行品牌建设，夯实消费者对农产品认知度。

案例 11-13

"安吉白茶"身价高达 17.11 亿元

商标品牌是企业进入市场的入场券，也是企业巩固和扩大市场的锐利武器。2009年中国农产品区域公用品牌价值评估结果显示，"安吉白茶"的品牌价值为17.11亿元。安吉县政府通过一系列优化政策举措和各类推介活动，力推"安吉白茶"品牌建设，在对获得中国驰名商标、省、市著名商标和境外注册的茶叶类农产品商标进行奖励、补贴的同时，又出台了《关于加快现代农业品牌建设的实施意见》，拿出500万元专项资金用于"安吉白茶"等区域农产品品牌的宣传推介，为"安吉白茶"走向更广阔的市场给予了明确的引导和更强劲的助力。目前，安吉白茶商标培育已初显"金字塔"式品牌群落，据安吉县工商局统计，全县白茶产业链中已拥有中国驰名商标2件，浙江省著名商标5件，湖州市著名商标19件，国际注册商标35件。

资料来源：浙江市场导报，2010年01月26日，经作者改编

七、农产品品牌运作管理

（一）产地化发展策略

农产品产地化发展是农产品品牌化的重要因素，是农产品品牌的血统，也是农产品本身品质的衡量指标之一。农产品品牌发展首要依托的是产地优势，如西湖的龙井、山西陈醋等，是经过多年形成并且不断传承下来的。所以，对于农业企业来说，做好企业品牌化工作的第一步，就是企业品牌产地化，才能使农产品的价值和市场潜力被定性。如黑龙江绥化市凭借着拥有良好的寒地黑土资源，创立了寒地黑土品牌，2012年的品牌价值高达123.97亿元。

（二）品质化提升策略

农产品品牌化发展过程中，品质化提升是第二步。由于以往农产品经营都是粗放型的，一般以原料型销售为主，农产品缺乏深加工和包装，呈现出"一流产品、二流包装、三流价格"的怪圈，导致缺乏品牌竞争力，很难承载企业品牌化发展需要。但随着市场需求的不断提升，健康绿色、无公害、有机农产品的出现，使得传统农业向精细化、精品化发展转变，从而为农产品品牌化发展创造了品质基础和消费环境。如北京德青源农业科技股份有限公司在品质化的管理下，抢滩鸡蛋高端市场，使德清源鸡蛋的品牌化深入人心。

（三）政策化引导策略

在经营品牌过程中，农业企业要充分利用国家及地方的政策资源和优势，把企业品牌做成地方名片，成为农业龙头企业。这样不但可以减少企业在品牌化过程阻力，为企业经营赢得良好的政策环境，而且还可以为企业创造很多发展机会和背书资源。许多地产被地方当成旅游纪念产品、特产和政府专供产品，为企业创造了推广资源。如丽水市遂昌政府牵头推进原生态农产品电子商务发展打造淘宝县，当地政府大力扶持并愿意为遂昌的农产品电商信誉做"背书"。

（四）渠道化深耕策略

由于以农贸市场为主导的传统销售渠道网络的渠道环境比较差，使得农产品难以品牌化。随着越来越多的现代农产品流通方式产生，以及农产品新型连锁经营业态的产生，为农产品企业发展提供了品牌化的渠道基础。如河南好想你枣业在品牌化过程中，建立了连锁化专卖店主导的多层次渠道模式，为品牌升级实现了加速度增长。

第十二章 农业项目申报与管理

国家农业综合开发项目接受国检

9月12日至13日,国家农业综合开发检查组来到兴化市,对2011年度国家农业综合开发项目在兴化市实施情况,通过听汇报、查档案、查资金和现场查项目等方式对项目建设进行了综合检查。2011年兴化市国家农业综合开发土地整治项目涉及茅山、沈伦、临城、钓鱼、西鲍等5个乡镇的15个行政村和西郊镇姜戴葡萄专业合作社,产业化项目涉及双平禽业有限公司、永丰奶牛专业合作社、缸顾兴罗桑蚕专业合作社、大地蓝绢纺有限公司、九寿堂生物制品有限公司、联富食品有限公司等6个公司和合作社,项目计划总投资4 197.88万元,财政投资3 345万元(其中,中央财政资金1 659万元,省级财政配套资金1 447万元,县级财政配套资金238.2万元),自筹资金852.88万元。

农业综合开发项目的建设,进一步改善了兴化市农业生产条件,促进了农业结构调整,拓宽了农民增收渠道。全年农业综合开发改造中低产田1.65万亩,建设高标准农田1.3万亩,基本上建成为高产稳产、旱涝保收的基本农田。预计全年可新增粮食180.07万公斤,蔬菜268万公斤,干鲜果品34万公斤。全年农业综合开发投入财政资金399万元,扶持农业产业化经营项目6个,有力壮大了兴化市主导产业,促进了农业结构调整。土地治理项目实施区农民人均纯收入比非项目区多300元左右。而新建产业化经营项目预计全年可新增总产值2 950.36万元,新增利税278.62万元,使2 103户农户直接受益,受益农户年增加收入2.12万元。

资料来源:泰州市人民政府,http://www.taizhou.gov.cn,2012年9月14日,经作者整理改编

第一节 农业项目类型和申报

农业项目是指涉及种植、饲养、采集、编织、加工以及捕捞、狩猎等产业的所有相关的申报项目。农业项目的种类复杂、品种繁多,主要涉及粮食、油料、木材、肉、蛋、奶、棉、麻、烟、茧、茶、糖、畜产品、水产品、蔬菜、花卉、果品、干菜、干果、食用菌、中药材、土特产品以及野生动植物原料等,具体包括农业观光项目、特色农业园项目、种植项目、养殖项目、养

猪项目、农产品加工项目、粮油加工项目、水果加工项目、渔业项目、林业项目、木材加工项目、蔬菜加工项目、花卉园艺项目、食用菌项目、农业机械项目、屠宰项目、饲料加工项目、动植物提取物项目、农业科技项目、农业产业化项目等。

一、农业项目类型

农业项目依据所处农业产业类型、农产品加工程度以及项目来源部门等标准可以划分为不同的项目类型。

（一）按农业产业分类

按传统和习惯划分，一般将农业项目分成粮油、果蔬及花卉、畜禽产品、水产品、林产品和其他农副产品六大类。其中其他农副产品项目主要包括烟叶项目、茶叶项目、蜂产品项目、棉花项目、麻项目、蚕茧项目、畜产品项目、生漆项目、干菜和调味品项目、中药材及野生植物原料项目。

（二）按供应链环节分类

按农产品所处供应链环节可将农业项目分为种植类项目、养殖类项目、加工类项目、流通类项目或产销对接项目。从农产品的加工程度角度，又将农业项目分为初级农产品项目和加工农产品项目。初级农产品项目是指种植业、畜牧业、渔业产品，不经加工即可直接出售或使用的农产品。加工农产品项目是以初级农产品为原料经物理或化学方法处理后方可使用或便于使用的农产品。

（三）按项目来源部门分类

按申报或发布的部门不同，农业项目的来源有国家发改委、财政部、工信部、农业部、水利部、林业总局、商务部、科技部、环保部、供销合作总社等部门。

1. 国家发展和改革委员会项目：国家高技术产业发展项目、现代中药产业化发展项目、现代农业高技术工程项目、现代农业高技术产业化项目、农业产业化龙头企业项目、资源节约和环境保护项目等。

2. 科学技术部项目：国家高新技术研究发展计划（863 计划）、国家重点基础研究发展规划项目计划（973 计划）、国家星火计划、农业科技成果转化资金、科技型中小企业技术创新基金、科技惠民计划等。

3. 农业部农业科技项目：农业综合开发专项项目、引进国际先进农业科学技术项目、农业科技跨越计划项目、优势农产品重大技术推广旱作节水项目、国家丰收计划项目、全民教育培训发展规划等。

4. 财政部科技项目：中药材生产扶贫资金项目、国家农业综合开发产业化经营项目等。

5. 商务部农业科技项目："万村千乡"市场工程项目、农产品流通"绿色通道"项目等。

6. 水利部科技项目：水利部科技成果推广项目、农业综合开发水利骨干工程项目等。

7. 国家林业局项目：经济林、花木之乡项目，经济林、花卉示范基地项目等。

8. 中华全国供销合作总社项目：农业综合开发供销合作总社新型合作示范项目、全国供销合作社农业标准化示范基地（区）项目等。

根据农业项目不同来源部门、申报时间、支持范围以及资助金额等指标，结合历年项

第十二章 农业项目申报与管理

目申报的基本规律进行归纳每年度常见的国家农业项目类型(表12-1)。

表12-1 最新国家农业项目补贴政策一览表

序号	发布单位	项目名称	支持范围	资金补助数额	申报时间
1	农业综合开发办	现代农业园区试点项目	优质高产粮食生产基地、名特优新经济作物(或林果业)规模种植基地、粮食等农产品精深加工和冷链物流、生态观光休闲农业等各类功能区	1 000万～2 000万元	每年5月左右
2	农业综合开发办	中型灌区节水配套改造项目	粮食主产区,灌区位于或跨越农业综合开发县(市、区),灌溉面积为5～30万亩	单个项目的总费用不超过2 000万元	每年5月左右
3	农业综合开发办	农业综合开发产业化经营项目	种植、养殖基地和设施农业项目;棉花、果蔬、茶叶、食用菌、花卉、蚕桑、畜禽等农产品加工项目;储藏保鲜、产地批发市场等流通设施项目	100万～400万元	每年5月左右
4	农业综合开发办	龙头企业带动产业发展、"一县一特"产业发展试点项目	农业基础设施、良种繁育、农业污染物防治、废弃物综合利用和社会化服务体系等公益性项目建设,以及新产品新技术推广应用、农产品精深加工等	1 000万～1 600万	每年5月左右
5	农业部	农业综合开发专项—良种繁育及生产示范基地项目	品种具有明显的比较优势、特色优势和出口优势。具有良好的经济效益,且辐射带动能力强,促进周边群众增收作用显著。	200万～400万元	每年5月左右
6	农业部	农产品促销项目资金	主要用于组织农产品海外市场促销、开展国内市场产销对接、网络促销、市场开拓等方面	10万～80万元	每年6月左右
7	农业部	国家现代农业示范区旱涝保收标准农田示范项目	选择国家新增千亿斤粮食生产能力规划确定的800个产粮大县(场)以外的国家现代农业示范区建设旱涝保收标准农田示范项目	600元/亩,单项不超过10 000亩	每年5月左右
8	农业部	扶持"菜篮子"产品生产项目	重点扶持蔬菜(包括食用菌和西甜瓜等种类),适当兼顾果茶,每个设施基地200亩以上(设施内面积,下同),每个露地基地1 000亩以上	5 000元/亩,不超过300万	7—8月
9	农业部、财政部	农产品产地初加工补助项目	重点扶持农户和农民专业合作社建设马铃薯贮藏窖、果蔬通风库、冷藏库和烘干房等产地初加工设施	先建后补,视具体情况	每年9月左右

续表

序号	发布单位	项目名称	支持范围	资金补助数额	申报时间
10	财政部	种子工程植保工程储备项目	从事蔬菜集约化育苗3年以上,已有年培育蔬菜优质适龄壮苗500万株以上能力,近3年内未出现假劣种苗问题	中央资金500万元内	5—6月
11	国家扶贫办	扶贫项目	带动农民增收性强的农产品加工产业	500万元	不定
12	供销合作总社	农业综合开发产业化经营项目、产销对接项目	种植、养殖基地和设施农业项目;棉花、果蔬、茶叶、食用菌、花卉、蚕桑、畜禽等农产品加工项目;储藏保鲜、产地批发市场等流通设施项目。	100万~400万元 1 200万元	每年5月左右
13	供销合作总社	新网工程	农副产品及农资配送中心、连锁经营网点、批发交易市场改造;农副产品冷链物流系统改造;农副产品及农资市场信息收集与发布、农化服务体系、质量安全服务体系等公益性服务项目。	200万~400万元	每年4月左右
14	科技部	农业科技成果转化	现代种业、食品加工、饲料、生物农药、农业机械装备、生物质利用与生物能源、林产加工、乡村环保、乡村物流等涉农产业的重大技术成果转化	100万~300万元	每年4月左右
15	发改委、商务厅	冷链物流和现代物流项目	仓储设施、冷库、信息化系统建设等	不定	每年7月左右

二、农业项目申报审批流程

根据农业项目来源不同,农业项目实行常年申报、集中受理。农业项目申报原则上实行属地管理,按县、市、省、中央等逐级申报。一般而言,农业项目申报经历以下几个程序:申报项目单位选定项目→编制项目可行性报告→报当地农业行政主管部门和同级财政部门审核、筛选,提出意见→市农业行政主管部门和财政部门审核→统一上报省农业行政主管部门。

(一)项目前期准备

项目单位根据实际需求和发展情况,以科学、合理为原则,做好项目申报前期准备工作:组织相关人员仔细研究申报项目的指南;收集申报依据;整理收集相关资料;编写项目可行性研究报告。

(二)项目申报

根据不同项目类型,项目申报单位向当地主管部门提出书面或网上申请,并提交申请报告、项目申报表、项目任务书等纸质申报材料,经当地农业等行政主管部门初审后上报省农业等行政主管部门。如农业综合开发供销合作总社新型合作示范项目中的产销对接项目,由各分项任务所在地县级供销合作社会同同级农发机构签署申报意见后,经龙头企业或联合社所在地县级供销合作社、县级农发机构联合逐级向上申报。

(三)项目评审

成立由省农业行政主管部门、省财政厅等单位组成的项目专家评审小组,按照材料评审和现场陈述评审两个环节,对各地申报的项目材料进行建设的必要性、内容的科学性、资金安排的合理性等方面进行评审;同时成立由省相关单位的监察部门组成的监督小组,对项目评审进行全程监督,确保评审工作公开透明、公平公正。项目评审后,按照分值从高到低,确定项目建设候选单位初步名单。如农业综合开发供销合作总社新型合作示范项目中的产销对接项目,由省级供销合作社会同同级农发机构在此前申报准备工作基础上,对上报的项目进行汇总、筛选和初步评估,形成联合上报文件,报送至总社和国家农业综合开发办公室。

(四)项目公示和批复

项目公示内容包括拟实施项目建设的候选单位、实施地点、主要建设内容和总投资等。在省农业行政主管部门和省财政厅或国家相关部门等单位网站公布拟实施项目建设候选单位初步名单,公示时间不少于7天,公示无异议后,确定农业项目实施单位,并由省财政厅、省农业行政主管部门或国家相关部门联合下达项目建设计划和资金。省农业行政主管部门汇总编制项目计划上报国家农业行政主管部门备案。接到国家农业行政主管部门备案批复后,省农业行政主管部门向设区市、社区市向项目县、项目县向项目承担单位逐级批复项目计划。

第二节 农业项目管理与验收

农业基本建设项目要严格遵循基本建设程序,包括提出项目建议书、编制可行性研究报告、进行初步设计、施工准备、建设实施、竣工验收、后评价等阶段。根据农业部制定的农业建设项目验收技术规程(NY/T1717—2009)的标准,以及国家和省农业综合开发竣工项目验收办法等相关政策法规,农业建设项目的管理与验收由一般要求、验收内容、验收程序、验收标准等几个部分工作组成。

一、一般要求

1.农业建设项目竣工验收是验收工作的重要组成部分,也是项目建设的最后一个阶段,应按照农业建设项目竣工验收管理相关规定确定的职责分工、主要内容和程序,由农业建设项目审批、管理部门组织实施,项目设计、施工、监理、供货商、建设管理等有关各方根据承担的建设任务参与、配合验收工作。

2.农业建设项目必须经过竣工验收,核定新增固定资产、生产能力、使用功能后,才能结束项目建设工作。没有经过竣工验收或竣工验收不合格的,不能撤销项目管理机构,不能调离主要建设管理人员、财务人员。

3.建设单位在申请竣工验收前,应按照本规程规定完成初步验收工作,并做好项目实施收尾和竣工验收的各项准备工作。

4.农业建设项目应对项目整体完成情况、建设质量情况、资金使用情况、执行法规情况、竣工档案整理情况、竣工财务决算与审计情况、运行和效益情况等进行全面验收、总结、评价。

二、验收内容

项目验收主要内容包括项目实施情况、资金使用情况等,具体包括以下几个方面:

1.项目建设总体完成情况。重点验收建设地点、建设内容、建设规模、建设标准、建设质量、建设工期等是否符合批准的可行性研究报告和初步设计文件。具体包括项目建议书、可行性研究报告、项目工程设计或初步设计(实施方案)、项目计划的编制等资料。

2.项目资金到位及使用情况。重点验收资金到位及使用是否符合国家有关投资、财务管理的规定。包括中央投资、地方配套及自筹资金到位时间、实际落实情况,资金支出及分项支出范畴及结构情况,项目资金管理情况(包括专账独立核算、入账手续及凭证完整性、支出结构合理性等),材料、仪器、设备购置款项使用及其他各项支出的合理性。

3.项目建设内容完成情况。重点验收各单位工程和单项工程验收合格记录,包括完成的治理面积、建设地点、建设内容、建设标准、建设质量、建设工期等是否符合上级批复的项目计划,是否达到设计要求;推广的各项农业技术是否先进适用,对农民的技术培训是否真实、有效;生产性项目是否经过试产运行,有无试运转及试生产的考核、记录,是否编制了各专业竣工图。

4.法律、法规等制度执行情况。重点验收项目建设、管理单位在项目实施过程中执行各项管理制度、规定的情况,包括农业综合开发资金和项目管理制度、财务会计制度、财政无偿资金报账管理制度、财政有偿资金委托银行贷款制度、项目法人制、资金和项目公示制、工程招投标制、工程监理制等制度执行和合同管理情况;重点验收结构安全、消防安全、劳动安全等设施是否按批准的设计文件建成,是否经有关部门验收合格或办理备案手续;环保、卫生、节能等建设内容是否符合规定。

5.项目变更情况。重点验收项目在建设过程中是否发生变更,项目变更或建设内容调整是否按规定程序办理报批手续。

6.土地治理项目工程移交、管护以及投产或者投入使用准备情况。重点验收完工项目是否按规定进行产权移交以及管护措施落实情况,组织机构、岗位人员培训、物资准备、外部协作条件是否落实。

7.竣工决算情况。重点验收竣工财务决算,检查是否按要求编制竣工决算,是否经当地审计部门审计并出具了合格的审计报告。

8.档案资料情况。重点验收文件资料、财会资料、工程资料等各类资料是否齐全、完整,是否按规定归档。

9.项目建成后的效益。验收项目建成后产生的经济效益、社会效益、生态效益情况。重点是改善农业生产条件和生态环境,提高农业综合生产能力,发展优势农产品的示范作用,带动农户增收,推进社会主义新农村建设情况。

三、验收程序

一般情况下,农业项目验收由国家和省级相关部门组织,实行分级负责制。项目竣工后,县级依据省、市下达的项目年度计划,进行自查、自验。在县级自查、自验的基础上,由市级对项目进行全面验收。省级对市级验收、县级自验情况进行抽查考评,主要是核查市、县验收组织情况,验收程序和内容,验收结果,审计及验收发现问题的整改情况。农业项目验收一般流程为:

1.听汇报:由项目实施单位对项目建设任务完成情况、资金管理和县级自验情况进行简要汇报;

2.看现场:到现场实地查验项目完成的数量、质量及使用情况;

3.查资料:检查项目文件资料、财会资料、工程资料及其他相关资料是否完善、资金使用情况;

4.验收签表:由项目实施单位如实填写项目验收表,并经验收组成员签字,形成竣工项目验收报告;

5.形成验收意见:由验收组对项目实施情况形成验收意见、提出整改意见。

四、验收标准

根据被验收或抽查农业项目的建设内容完成、档案资料整理、工程质量安全、项目建设达标、财务管理规范等实际情况,作出"合格"或"不合格"两种评价。

1.合格标准。被验收或抽查的项目同时满足下列条件的,评为"合格":

(1)按照规定完成验收工作,及时向上级报送验收有关材料;

(2)执行农业项目建设有关政策和规定,规章制度健全;

(3)项目前期准备工作充分,能够按照规划建立项目库,按照要求编制初步设计等材料,各项管理程序规范;

(4)按计划全面完成各类项目建设任务和主要经济技术指标;

(5)工程规划设计合理,达到设计要求和建设标准,管护制度落实,正常发挥作用;

(6)各类项目资金及时足额到位,自筹资金有据可依,全面完成项目投资计划;

(7)资金投向和使用合理,全面实行县级报账制,管理规范;

(8)财务制度完善,会计核算规范,按要求进行专项审计;

(9)项目及财务档案资料齐全,管理有序。

2.不合格标准。被验收或抽查的项目存在下列情况之一的,被评为"不合格":

(1)存在挤占、挪用、抵顶财政资金等严重违规违纪问题;

(2)财政配套资金未足额到位;

(3)财政资金未实行专人管理、专款专用、分账核算;

(4)未全面实行财政资金县级报账制,财政资金拨付率低于80%;

(5)项目建设任务计划完成低于90%,存在严重的工程质量问题;

(6)超越权限,擅自调整项目计划;

(7)项目申报和实施中弄虚作假,套取财政资金;

(8)未按要求对审计、市级验收中发现问题整改到位;

(9)拒绝配合验收组工作。

对验收合格的项目,国家和省相关部门下达竣工项目验收合格文件。对达不到合格要求的项目,提出整改要求,限期整改。对整改不力或整改后仍达不到合格要求的,按照有关规定严肃处理。

第三节　农业项目可行性研究报告编写

可行性研究是确定建设项目前具有决定性意义的工作,是在投资决策之前,对拟建项目进行全面技术经济分析论证的科学方法。在投资管理中,可行性研究是指对拟建项目有关的自然、社会、经济、技术等进行调研、分析比较以及预测建成后的社会经济效益。在此基础上,综合论证项目建设的必要性、财务的盈利性、经济上的合理性、技术上的先进性和适应性以及建设条件的可能性和可行性,从而为投资决策提供科学依据。

可行性研究是在农业项目投资决策前必不可少的关键环节。可行性研究报告分为政府审批核准用可行性研究报告和融资用可行性研究报告。审批核准用的可行性研究报告侧重关注项目的社会经济效益和影响;融资用报告侧重关注项目在经济上是否可行。具体概括为:政府立项审批、产业扶持、银行贷款、融资投资、投资建设、境外投资、上市融资、中外合作、股份合作、组建公司、征用土地、申请高新技术企业等各类可行性报告。

农业项目因农业产业的特殊性,在可行性研究报告的格式和内容上,具有自身的特点。可行性研究报告的主要内容是要求以全面、系统的分析为主要方法,经济效益为核心,围绕影响农业项目的各种因素,运用大量的数据资料论证拟建项目是否可行。同时,对整个农业项目可行性研究提出综合分析评价,指出优缺点和建议。为了结论的需要,往往还需要加上一些附件,如试验数据、论证材料、计算图表、附图等,以增强农业项目可行性报告的说服力。农业项目可行性研究报告的一般格式和主要内容是:

一、总论

总论部分是对某一具体项目可行性研究报告内容的总体性和粗线条式概括,并说明可行性研究报告编制的依据。其主要内容包括:(1)项目建设单位的基本情况;(2)项目内容提要;(3)可行性研究报告的范围与依据;(4)项目建设的必要性和可行性;(5)项目预期目标;(6)主要的技术和经济指标(用表格的方式进行描述)。

可行性报告编写过程中应注意以下几个方面:(1)首先详读项目申报指南,要准确定位;(2)概述要说明产品的功能,并要说明开发背景;(3)项目的创新点;(4)项目知识产权;(5)项目经济、社会效益;(6)报告的核心是观点加数字,也就是宣传与沟通项目的内容及企业实力的过程;(7)具体写作时,要文字简练、流畅,态度谦虚诚恳,叙述逻辑层次清楚,紧紧扣住项目的主题。

二、项目实施方案

这部分主要描述项目建设总的指导思想、项目建设的基本构架、主要的技术路线等。项目实施方案的主要内容包括：

(一)项目建设条件分析

该部分从政策、资源、科技、基础设施条件等几个方面论述项目建设优势和主要障碍因素；当地政府围绕项目或相关产业出台的政策；项目所涉及的资源量、品质、价格情况以及人口、经济结构、产业结构、经济发展水平等社会经济状况对项目的影响；技术研发力量或技术依托单位及团队力量、相关成果及与项目的关联情况以及行业发展的现状及与项目有关的上下游产业发展状况等。水、电、路、气等现状以及土壤、地质及气象等自然条件对项目的保障情况。如果是扩建、改建项目，应说明现有基础情况；若是申报连续扶持的，应详细说明原有项目完成情况(建设、运行和资金使用、管理等)。

(二)项目产品市场分析

市场预测对产品立项是关键。过去的报告多数是主观臆断成分多，调查流于形式，重包装不重视内容，就会造成失实。只有做到数据的真实性，才有分析的客观性和有效性。因此，这部分主要是对本项目产品市场供求现状及前景、国内外市场竞争能力和市场占有份额等竞争优势分析。具体包括项目产品国内外市场供求状况和销售价格，同类产品生产企业布局、生产能力和销售情况等；项目产品的目标市场、市场需求、市场前景、预计占有份额等；产品质量、特色、性能、价格、商誉、认证情况，以及生产技术和装备、新产品研发能力等竞争优势。产品质量和功能是核心，因为这是用户最关心的部分。

(三)项目产品销售方案

这部分主要说明项目单位目前采取的营销策略、模式、销售渠道及项目实施后准备采取的营销策略、模式、销售渠道等。根据不同项目类型进行不同侧重点概述：流通类项目包括贮藏、交易或经营的主要产品、规模、交易额、季节安排等；加工类项目包括加工产品的种类、产量、产品的特性、季节安排等；种植类项目包括种植面积、作物种类、产量、季节安排等；养殖类项目包括养殖种类、畜禽舍面积、畜禽存栏数、出栏数及畜产品产量等；水产养殖类项目包括水产养殖面积、种类、产量、季节安排等。合作社项目应说明承担项目的农户姓名、种植面积、养殖数量等。对于改建、扩建、迁建项目，应说明现有种植、养殖基础和规模；对于畜禽养殖涉及扩繁的项目，应结合畜群周转表(养殖业扩繁项目根据项目情况自行编制)进行说明。

(四)项目实施风险评价

作为国民经济的基础产业，有相关部门的大力支持，项目承担单位具备完成项目的实力，经营风险很小。该部分可以从市场需求量风险、市场竞争能力风险、价格风险等角度对项目的风险性及不确定因素进行识别分析，并根据项目产品市场风险因素分析的内容，提出实际可行的措施来防范和降低市场风险，价格、消费心理、生产工艺等方面的障碍如何破解都要说明，要讲透彻。

(五)环境影响与节能评价

对于与周边环境联系紧密、噪音、粉尘、副产品及项目废弃物对环境影响较大，以及对消防、技术操作有特殊要求的建设项目,必须在环保及安全生产上提出切实可行的措施。因此该部分主要从环境影响和节能评价两个方面进行分析说明。

1. 环境影响评价。其内容主要包括项目主要污染源及污染物种类、数量,分析项目建设对周围环境产生的影响;各种废弃物、污(粪)水处理等环境保护与治理措施;根据国家有关法律法规,开展的环境影响评价工作及审批情况等。环境保护部分很重要,实施方案中要注明少用化肥和农药,保护资源环境。这部分将是一票否决的关键。

2. 节能评价。其内容主要包括项目消耗能源的种类、实物量、综合能耗量(折标准煤)、单位产品、单位产值及单位投资能耗等项目综合能耗情况;项目所在地供水供电等能源供应保障情况;从建筑、工艺或工序等环节说明项目采取的电源、动力、照明和建筑等主要节能措施及效果。

(六)投资预算与资金筹措

这部分是项目可行性研究报告中的一个重要章节,主要阐述项目投资的需要量与分布、描述资金筹集的方式与渠道,并说明投资使用的大体计划。其主要内容包括:

1. 项目总投资及其构成,包括建设投资(含工程费用、生产性和公益性生物资产、工程建设其他费用和预备费用)、建设期利息、流动资金等。根据项目需要转化的内容和目标,估算本项目在资金资助期内计划投资额,至项目申报时已到位的投资额、需要新增投资额,并对已到位投资部分分项说明资金来源及主要用途。

2. 资金来源。资金来源应说明申请中央财政投资、地方财政配套资金、自筹资金、银行贷款及其他资金等。对新增投资部分,需阐述资金筹措渠道、预计到位时间、目前进展情况。具体包括:利用银行贷款并已获得贷款的,在附件中须提供贷款合同,尚未取得贷款的,需说明目前贷款的进展情况;自筹资金部分,须详细说明筹措渠道、筹集额度;地方政府配套部分,应说明拨款部门、资金使用方式、资金到位时间,已经拨款的,须附相关证明文件;申请农业技术成果转化资金部分,需明确说明申请种类及其金额。

3. 资金使用计划。根据项目实施进度和筹资方式,编制资金使用计划,列出明细表说明主要使用方向。

(七)项目实施计划

项目单位可将按项目内容分阶段实施,绘制工程建设进度表(图),详细描述项目各项工作的进展计划,并明确标出完成各项工作预计所需时间及达到的阶段目标。如农业科技成果转化资金项目可以分为:研发阶段是指以生产为目的研制新技术、新工艺、新产品、新方法、新装置,其成果是样品、样机;中试阶段是以研发的样品、样机原型、工艺、技术等成果进行定型设计获取一系列数据,进行工业性试验和小批量生产;批量生产是指用中试的数据成果进行大批量生产。又如2013年浙江省上虞市联合果蔬专业合作社(产销对接项目)设计的进度安排:2012年7—8月,项目可研编制实施准备;2012年9月,编制初步设计;2012年10月,施工图设计;2012年11月,工程招标;2012年12月—2013年6月,工程施工;2013年5—7月,仪器设备招标、采购、安装;2013年7月,试运行;2013年8月,竣工验收。

三、项目预期效益分析

该部分主要是对项目建成后的经济与社会效益测算与分析,主要从经济效益、社会效益、生态效益三个角度进行量化分析。

(一)经济效益分析

经济效益分析主要简要列出项目预期的销售(营业)收入、利润、税金、创汇和替代进口情况,以及投资回收期、财务净现值、财务内部收益率等。

1.产品成本分析。按财务制度的规定,估算项目产品的年生产成本(包括人工费、材料费、制造费等)和期间费用(包括管理费及相关财务费用),并提供计算生产成本的基础;说明对生产成本产生负面影响的主要因素以及可采取的对策。

2.产品单位售价与盈利预测。根据产品的成本和市场分析,预测本项目产品进入市场的单位销售价格,并编制该项目五年内的产业化生产和推广应用预测,包括收入预测、成本预测、利润预测,上述预测分析要求列表计算。

3.经济效益分析。根据销售价格和市场占有情况的分析,预测本项目在农业科技成果转化资金资助期限内累计可实现的销售收入、净利润、缴税总额、创汇或替代进口情况。

4.项目投资评价。计算项目的净现值、内部收益率、投资回收期。得出财务评价结论:从财务净现值、内部收益率、投资回收期等所测算的财务指标结果显示均有一定的盈利能力,风险较小,项目在财务评价上可行。

(二)社会效益分析

该部分论述的角度是对社会和国家区域经济的整体意义,概述对当地主导产业发展、产业结构调整带来的影响,突出带动农户的方式、数量、农户增收等情况。叙述时:首先说明是国家、行业重点支持的项目,项目完成后,将产生深远意义;其次,项目对培育主导产业,调整农业结构的影响;再次,项目所提供的示范效果及其表现、作用;最后,项目直接带动农户和农民的数量、方式和来源,间接带动(辐射)农户和农民的数量、方式和来源等。总之,项目建设将能促进地区、行业和国家的经济发展,增加税收,促进劳动力就业,促使农民增收。

(三)生态效益分析

农业项目的特点是综合性强、涉及面广、影响深远,除项目自身的经济效益和社会效益外,还有很强的生态效益。农业生产中讲究生态效益,就是要使农业生态系统各组成部分在物质与能量输出输入的数量上、结构功能上,经常处于相互适应、相互协调的平衡状态,使农业自然资源得到合理的开发、利用和保护,促进农业和农村经济持续、稳定发展。这部分主要分析项目建成后对于合理利用自然资源的影响,对改善农业生态环境和生态效益的影响,从有利于环保,节约能源、材质,能充分利用自然资源,提高生产效率,减少成本等角度论述。

四、项目组织与管理

这部分主要描述项目准备与建设、运行过程中,主要的组织机构及管理措施。主要内容包括:项目筹建时期的组织与管理;项目运营时期(包括项目建设后期)的组织与管理;

劳动定员(管理人员、技术人员、工人等)与技术培训。

1.组织机构与职能划分。说明项目建设阶段和项目竣工后的组织机构设置,包括机构职责、人员配备等。

2.劳动定员。说明项目完成后项目单位管理人员、生产人员、辅助人员等配备情况,并列出人员配备表。

3.经营管理措施。分别说明建设阶段和项目竣工投产后的管理措施。建设阶段包括招投标、工程监理等保证措施,重点说明项目申报单位对参与项目的合作社如何进行监督管理,保障项目的顺利实施(包括建设过程中工程进度、质量及财政资金、自筹资金及银行贷款的具体管理办法等)。竣工投产后管理包括生产经营管理、财务管理、营销管理等,尤其要说明项目投产后项目申报单位和参与项目的合作社的连接机制、合作模式、运行机制等。

4.技术培训。根据生产技术要求,对项目申报单位、参与项目的合作社员工及农民开展技术培训的人数、方法、内容、措施和拟开展的主要工作。

5.劳动安全、卫生与消防。分项目申报单位及参与项目的合作社说明项目可能存在的不安全的因素、环节及相应的劳动安全保障措施。卫生要说明生产过程中的卫生保障措施和手段,消防要说明项目可能在哪些环节存在消防隐患及相应的消防措施。

五、附件

与本项目有关的证明、依据、示意图、表格等均应作为附件。如项目建议书及其批复、项目法人资格证明、财务报表、成果鉴定、项目位置图、主要工艺技术流程图、主要技术经济指标、项目投资概算表、经济评价类基本报表与辅助报表等。

参考文献

[1]中华全国供销合作社职业技能鉴定指导中心.农产品经纪人基础知识.北京:中国财政经济出版社,2005

[2]中华全国供销合作社职业技能鉴定指导中心.农产品经纪人高级技能知识.北京:中国财政经济出版社,2005

[3]浙江省供销社职业技能鉴定中心.农产品经纪人.杭州:浙江大学出版社,2007

[4]中国农产品流通经纪人协会.农产品经纪人业务技能.吉林:吉林人民出版社,2010

[5]中国农产品流通经纪人协会.农产品经纪人职业基础知识.吉林:吉林人民出版社,2010

[6]中国农产品流通经纪人协会.农产品经纪人创业与发展.吉林:吉林人民出版社,2010

[7]中国农产品流通经纪人协会.农产品经纪活动实用法律法规.吉林:吉林人民出版社,2010

[8]戴强主编.蔬菜市场营销.郑州:中原农民出版社,2010

[9]金发忠主编.无公害农产品认证申报与审查.北京:中国农业大学出版社,2010

[10]上海市标准化研究院编著.农产品市场准入指南.北京:中国计量出版社,2005

[11]李花粉等主译.国际有机农业标准汇编.北京:中国农业大学出版社,2010

[12]汪庆华等编著.浙江省特色农产品立地地质背景研究.北京:地质出版社,2007

[13]徐秀英等著.浙江山区特色农林产品市场竞争力提升途径研究.北京:中国林业出版社,2008

[14]陈龙主编.浙江省十大农业主导产业对策研究.北京:中国农业科学技术出版社,2008

[15]安玉发,臧日宏编著.农产品市场营销理论与实践.北京:中国轻工业出版社,2005

[16]李季圣等主编.农产品营销理论与实务.北京:中国农业大学出版社,2005

[17]农业部发展计划司编.优势农产品区域布局规划汇编.北京:中国农业出版社,2005

[18]理查德.库尔斯等著,孔雁译.农产品市场营销学(第九版).北京:清华大学出版社,2006

[19]王巾.浙江对日茶叶出口贸易研究.《现代商贸工业》,2010(1)
[20]黄祖辉等著.中国农产品出口贸易结构和变化趋势.《农业技术经济》,2009(1)
[21]翁鸣.我国农产品进出口特点及主要影响因素.《农业展望》,2006(5)
[22]田维明、武拉平.农产品国际贸易.北京:中国农业大学出版社,2005
[23]翁鸣.中国农产品出口面对国外技术壁垒的挑战.《世界农业》,2003(4)
[24]申加华.WTO 的基本制度及其运行机制.杭州:浙江省对外贸易经济合作厅编印,2001
[25]齐博等著.从绿色壁垒的形成机理看我国农产品出口对策.《农村经济》,2005(3)
[26]衢州统计年鉴.衢州统计局编.江西宜春资料印务有限公司印,2004
[27]韦恒.市场营销学.哈尔滨:哈尔滨出版社,2001
[28]刘世栋.中国经济地理.北京:高等教育出版社版,2001
[29]严复海等著.财务管理.北京:经济科学出版社,2008
[30]王世定著.最新企业会计准则实务操作(第二版).北京:经济科学出版社,2007
[31]胡怡建著.税收经济学.北京:经济科学出版社,2009
[32]张年勇等编著.实用发票答疑手册.北京:人民邮电出版社,2011
[33]池东生著.初级会计实务.北京:北京交通大学出版社,2010
[34]王雅鹏著.现代农业经济学.北京:中国农业出版社,2008
[35]孟繁森.国家资助农业项目申报程序及案例分析.北京:中国农业出版社,2012
[36]《中华人民共和国食品安全法》
[37]《农产品质量安全法》
[38]《合同法》
[39]中国农业信息网,http://www.agri.gov.cn
[40]中国农产品质量安全网,http://www.aqsc.gov.cn
[41]中国农民经纪人网,http://www.cpba.org.cn
[42]中国农业科技信息网,http://www.cast.net.cn
[43]中国农民专业合作社网,http://www.cfc.agri.gov.cn
[44]中国农副产品交易市场,http://www.caspm.com
[45]中国农产品服务中心,http://www.richfarm.net
[46]浙江农业信息网,http://www.zjagri.gov.cn
[47]浙江农产品网,http://www.zjagri.cn
[48]浙江农经网,http://www.zjsjjr.com
[49]中华粮网,http://www.cngrain.com
[50]百度百科,http://baike.baidu.com
[51]农民专业合作社网,http://www.cfc.agri.gov.cn
[52]中国票据网,http://www.zgpjw.com
[53]高新技术企业信息咨询网,http://www.cnnewtech.org

图书在版编目(CIP)数据

农产品经纪人中高级培训教程/张西华主编. —厦门:厦门大学出版社,2014.9
ISBN 978-7-5615-5208-7

Ⅰ.①农… Ⅱ.①张… Ⅲ.①农产品-经纪人-技术培训-教材 Ⅳ.①F323.7

中国版本图书馆 CIP 数据核字(2014)第 202868 号

厦门大学出版社出版发行

(地址:厦门市软件园二期望海路 39 号 邮编:361008)
http://www.xmupress.com
xmup @ xmupress.com

泉州新春印刷有限公司印刷

2014 年 9 月第 1 版 2014 年 9 月第 1 次印刷
开本:787×1092 1/16 印张:19.75 插页:2
字数:460 千字 印数:1~3 000 册
定价:36.00 元

本书如有印装质量问题请直接寄承印厂调换